여진족과 임진왜란

■ 민덕기

청주 출생
청주대학교 역사교육과 졸업
괴산군 목도중학교 역사교사
일본 와세다대학 석박사 수료
일본 와세다대학 문학박사 학위 취득
청주대학교 역사교육과(→역사문화학과) 교수
한일관계사학회 회장
현, 청주대학교 광고홍보문화콘텐츠 전공 명예교수

·저서
『前近代東アジアのなかの韓日關係』(일본 와세다대학출판부, 1994)
『前近代 동아시아 세계의 韓·日關係』(경인문화사, 2007)
『조선시대 일본의 대외 교섭』(경인문화사, 2010)

여진족과 임진왜란

초판 인쇄   2022년 08월 01일
초판 발행   2022년 08월 10일

지은이   민덕기
펴낸이   신학태
펴낸곳   도서출판 온샘

등 록   제2018-000042호
주 소   서울시 용산구 한강대로62다길 30, 204호
전 화   (02) 6338-1608   팩스 (02) 6455-1601
이메일   book1608@naver.com

ISBN   979 - 11 - 92062 - 14 - 3 93910
값 40,000원

여진족과 임진왜란

민 덕 기

도서출판 온샘

일러두기

이 책에 실리는 13개의 논문들은 다음과 같은 논문에 게재되었던 것으로 본서에 싣기 위해 다듬은 것이다. 다만 해당 논문내용과 관련한 최근의 연구성과는 반영하지 못했음을 밝혀둔다.

제1장 : 「경인통신사의 활동과 일본의 대응」『한일관계사연구』 43, 2012.

제2장 : 「이율곡의 십만양병설은 임진왜란용이 될 수 없다 - 동북방의 여진 정세와 관련하여 - 」『한일관계사연구』 41, 2012.

제3장 : 「임진왜란용이 되어버린 이율곡의 십만양병설」『역사와 담론』 65, 2013.

제4장 : 「임진왜란 직전 조선의 국방 인식과 대응에 대한 재검토 - 동북방 여진에 대한 대응을 중심으로 - 」『역사와 담론』 57, 2010.

제5장 : 「임진왜란 초기의 전개상황과 그 배경」『전북사학』 39, 2011.

제6장 : 「임진왜란기 조선의 북방 여진족에 대한 위기의식과 대응책 - '南倭北虜'란 측면에서 - 」『한일관계사연구』 34, 2009.

제7장 : 「임진왜란기 대마도의 조선 교섭」『동북아역사논총』 41, 2013.

제8장 : 「임진왜란기 정경운의 『孤臺日錄』에서 보는 아래로부터의 聞見 정보 - 實錄의 관련정보와의 비교를 중심으로 - 」『한일관계사 연구』 45, 2013.

제9장 : 「임진왜란기 '附賊' 정보와 조선 조정의 대응 - '附賊' 용례를 중심으로 - 」『한일관계사연구』 47, 2014.

제10장 : 「임진왜란에 활약한 조선 장수들의 성장 기반에 대하여 – 니탕 개의 난과 관련하여」『전북사학』 50, 2017.

제11장 : 「정유재란기 황석산성 전투와 김해부사 백사림」『한일관계사 연구』 57, 2017.

제12장 : 「사명당에 대한 역사적 전승 – 그의 渡日 관련 설화를 중심으로 – 」『전북사학』 29, 2006.

제13장 : 「임진왜란의 '戰後처리'와 동아시아 국제질서의 변동」『한일 관계사연구』 36, 2010.

vi

본서의 주된 관심

滿洲의 여진족 청나라가 명나라의 영역, 즉 중국의 전통영역까지 장악하면서 조선의 '만주'가 사라져 버렸다. 조선의 '여진족'이 한국사에서 없어지고 말았다. 도요토미 히데요시(豊臣秀吉)의 등장으로 한국사에서 '親조선 일본세력 巨酋'가 사라졌듯이, 북방 국경의 親조선 여진족 '藩胡'가 사라졌다. 참으로 아쉬운 일이다.

그런데 임진왜란 연구에서 여진족이 그간 간과되고 아예 소외되어 왔다. 아마도 임진왜란을 바라보는 일본인 학자들의 머릿속에는 여진족이 '일본사의 제3영역'이었기 때문이 아닐까. 한국학계도 그 영향을 받았지나 않았을까.

필자는 우리 학과 학생들과 1992년부터 '사료강독회'란 스터디를 만들어 임진왜란기의 實錄을 강독해 왔다. 그런 중에 느껴왔다. 왜란기에도 조선에선 일본만이 아니라 북방 여진족의 위협 또한 상존하고 있었구나, 라고.

그래서 검토한 것이 제6장인 「임진왜란기 조선의 북방 여진족에 대한 위기의식과 대응책 - '南倭北虜'란 측면에서 - 」이다. 검토한 결과, 앞뒤로 적을 마주하고 있다는 '腹背受敵'의 위기의식이 항존해 있었고, 일본군과 대적하던 남방의 조선군 정예를 북방으로 차출하기도 하는 상황이, 즉 왜란기임에도 '南倭'보다 '北虜'가 더 위급한 상황이 전개되기도 하였음을 알게 되었다. 왜란기 '북로'의 동향을 알게 되면서 왜란 전인 1580년대 특히 동북방에 주목하게 되었다.

종래의 임진왜란에 대한 이해는 왜란 초기의 연전연패의 처참한 상황에 구속되기 일쑤였다. 그래서 당시 조선의 위정자들은 당파싸움으로 날을 지새웠다, '倭軍'의 침략이 뻔히 예상되었는데도 태평성대에 젖어 전혀 대비 없이 안주하였다, 활 하나 쏠 줄 모르는 文弱해 빠진 書生들이나 득실대는 상황이었다, 등등의 자기반성을 전제로 한 임진왜란관이 팽배해 있다. 그리고 임진왜란의 머리말은 "동서양을 통틀어서 역사상 가장 文을 숭배하고 가장 武를 천시하여 허약해 빠졌던 조선과, 120여 년 간의 內戰인 전국시대를 거치면서 동서양을 통틀어 가장 무를 숭배하여 최강의 무력을 자랑하던 일본의 격돌이었다." 라고 서술되기 일쑤였다. 그리하여 임진왜란 전야의 조선은 그야말로 "文만 있는 비정상적인 이상한 나라"가 되고 만다. 이처럼 조선 내부에서 문제를 찾는 자기반성적인 '징비록적 왜란관'은 자칫 잘못하면 자학사관으로 임진왜란을 바라보게 만든다. "그 모양이니까 당했지"라는 논리가 되고 마는 것이다. 일본의 침략에 의해 시작된 전쟁을 우리가 잘못해서 맞이한 것으로 이해해서 될 것인가?

유성룡의 『징비록』은 왜란이 일어나기 전 조선은 태평성대였다고 서술하고 있다. 조선후기 선비들의 상식이었다가 현재는 한국인 전체의 상식이 되어버린 율곡의 십만양병설도, 10년 후인 1592년에는 태평성대가 끝나고 거대한 왜란이 일어난다고 예언하고 있다.

그렇다면 과연 왜란 前夜는 평화시대였는가?

"당시 태평세월을 오래도록 누린 나머지 군사들이 싸울 줄을 모르고 그저 성벽이나 지키면서 마치 먼 거리의 과녁에 맞추는 것처럼 활을 쏠 뿐이었다. 그래서 적이 혹시라도 육박전을 하며 성에 올라오기라도 하면 모두 겁에 질려 활을 제대로 쏘지 못하였다."(李裕元 『林下筆記』).

"평화가 오랫동안 계속되어 백성들이 전쟁을 모르다가 경기도 이하의 5道에 군사를 뽑아 북송하기에 이르자 거리에서 우는 소리가 들려왔다."(趙慶男 『亂中雜錄』).

〈4군과 6진〉

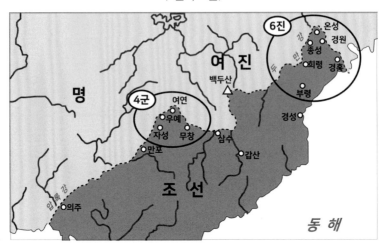

얼핏 이 기록들을 보고 임진왜란 때의 이야기 아냐? 라고 갸웃할지 모르겠다. 아니다. 1583년 1월 6진 지역에서 일어난 니탕개의 난 때의 이야기다. 자그마치 30,000의 여진 騎兵이 6진 지역을 유린했으니 당시 선조 임금이 얼마나 놀랐으면, 下三道 절간의 범종들을 죄다 징발하여 총통으로 만들라고 명령하였을까(『癸甲日錄』).

이러한 니탕개의 난을 진압하기 위해 불철주야 노심초사한 사람이 다름 아닌 병조판서 율곡이었다. 그는 반란 진압을 위한 병사와 군량미 확충책으로 서얼과 천민에게 벼슬과 從良을 대가로 제시할 정도였다. 1584년 율곡이 사망하였으나 그후에도 동북방은 내내 소란스러웠다. 1587년엔 이순신이 백의종군하게 되는 녹둔도 전투가 있었고, 88년엔 두만강 너머의 시전부락에 대한 응징작전에 2,500여 명의 조선군이 동원되어 여진족 380을 참획하고 있다. 그야말로 동북방은 準戰時상황이었던 것이다. 결코 왜란 前夜의 조선은 태평성대가 아니었다.

1580년대 동북방의 소란은 조선으로 하여금 장수들을 성장시키는 기반이 되었으며 이들은 임진왜란에서 크게 활약하게 된다. 신립과 이일은 敗

將이었지만 말이다. 왜란의 宣武공신 18명 중에 11명이 武科출신이며 그 중 6명이 니탕개의 난에서 활약한 장수들이었다. 이순신·원균·이억기·김시민 등이다. 그리고 남은 5명의 무과출신 중에 4명도 니탕개의 난 직후에 선출된 別試武士였다. 선무공신은 아니지만 왜란에 크게 활약한 김준민·선거이·원호·이경록·최호·황진 등 11명의 장수도 니탕개의 난 또는 1580년대 6진 지역에서 활약한 장수들이었다. '니탕개의 난 별시무사'는 이순신의 유력참모 15명 중에 4명을 점한다.

결국 '임진왜란용 십만양병설'은, 병조판서 율곡의 니탕개 반란 진압을 위한 개혁과 노력은 생략된 채 '왜란의 예언자 율곡'으로 재탄생시켰다. 그 결과 10년 후의 왜란을 예견된 전쟁임에도 율곡 이외 누구도 태평세월에 안주한 채 무방비로 참혹한 전란을 맞게 되었다는 새로운 기억을 만들어 냈다. 그래서 '십만양병설적 왜란관'은 임진왜란의 원인을 '內憂外患'으로 설명하려 들 때 '내우'적 요소로, 즉 사회의 기강 실추, 당쟁 격화 등등을 정당화하는데 악용되어지고 말았다. 그래서 당시의 조선을 '말기적 상황'으로 단정하게 만들었다.

왜란 전야, 북방을 準전시 상황으로 대처한 것이었다면 남방에 대해서는 어떠했을까? 1555년 을묘왜변 이후 잠잠하다가 1587년에 가서 손죽도 왜변이 일어났다. 그러자 조선은 1만명 규모의 왜구가 전라도로 침략해 오지 않을까 우려한다. 1591년 초 전라도의 왜구 침략을 우려해 이순신을 전라좌수사, 이광을 전라감사로 급거 임명한 것은 그 때문이었다. 1591년 12월, 제주와 남해에 유배 중인 '죄수'를 내륙으로 옮기게 하는 것도 왜구출몰을 우려한 때문이었다. 이처럼 조선은 적극적으로 對日 방어에 임했던 것이다. 그러나 그것은 16만명의 히데요시 군대가 아니라 1만명의 왜구 출몰에 대한 대응이었고, 전라도 연안방어 중심의 대책이었다.

그렇다면 실제 일본의 상황은 어떠했는가? '율곡의 지적'처럼 임진왜란 10년 전에 이미 히데요시의 조선 침략이 예상되었을까? 戰國시대 통일을 진행시켜 가던 오다 노부나가(織田信長)가 모반으로 자결하는 것은 1582

〈1582년 일본 지도〉

전국시대 유력 다이묘들의 판도(1582년)

日本　8大勢力　本拠地
伊達　(山形)
上杉　(新潟)
北条　(神奈川)
德川　(静岡)
織田　(滋賀)
毛利　(広島)
長宗我部　(高知)
島津　(鹿児島)

伊達政宗

上杉景勝

北条氏政

德川家康

織田信長

毛利輝元

長宗我部元親

島津義久

년으로, 히데요시가 정국을 장악하는 것은 도쿠가와 이에야스(德川家康)를 臣從시키는 1586년까지를 기다려야 했다. 1584년 사망한 율곡의 십만양병설이 對日用이 될 수 없음은 그 때문이다.

　그럼 1590년 일본에 간 경인통신사의 김성일은 히데요시의 조선침략을 예감할 수 있었을까? 관동지방의 호족세력 호죠씨(北條氏)를 진압하러 수개월째 서울인 교토를 비우고 있는 히데요시, 凱旋해서도 천황의 권위에 의존하여 자신의 지위를 확보하려하는 히데요시, 그런 히데요시를 보는 김성일에게 임진왜란이 상상될 수 있었을까? 대마도 또한 전쟁발발의 걱정은 커녕 조선과의 무역관계 확대를 김성일에게 간청하고 있었다면, 일본 안에서조차 히데요시의 조선 침략은 그저 宣言的인 것으로 여기지 않았을까? 그런 히데요시가 비로소 조선 침략을 실행에 옮긴 것은 1591년 8월 6일이었고, 그 날은 늦둥이 외아들 츠루마츠(鶴松)가 2살로 죽은 다음 날이었다. 아들을 잃은 비통함을 대외침략의 몰입으로 상쇄하려 했음일까, 조선 침략의 교두보로 규슈 북단의 나고야(名護屋) 築城 명령이 하달된다.

　이번 저서 출간에서 전망하고 싶은 것의 하나가 前근대사에서 '親日'을 발견하고 이를 규명하는 일이다. 임진왜란 발발로 서울에서 북쪽으로 도망가는 宣祖가 "나의 失國은 다른 죄가 아니라 明나라에 충절을 다하느라고 미친 왜적에게 노여움을 산 것이다."라고 탄식하고 있다(『선조실록』 25년 5월 3일[임술]). 조선이 중국 쪽만 바라보고 일본 쪽은 거들떠보지도 않은 결과, 임진왜란이 터졌다고 선조는 판단하고 있는 것이다.

　그런데 1471년 간행된 신숙주의 『해동제국기』는 사뭇 다르다. 그 序文에서 … 그들의 습성은 강하고 사나우며, 武術에 精練하고 舟楫에 익숙하였다. 그런데, 우리나라와는 바다를 사이에 두고 서로 바라보게 되었으니, 그들을 만약 도리대로 잘 어루만져 주면 예절을 차려 朝聘할 것이나, 그 도리를 차리지 못한다면 우리를 침략하길 함부로 할 것이다."라고 말하고 있다. 즉 '交隣'은 상대의 사정을 잘 파악하여 그에 합당한 禮와 마음을 다하는 것이므로, 일본에 대해서도 능히 그 회유하는 방법을 얻어서 일본인이 禮를 가지고 朝聘하도록 하지 않으면 안 된다고 주장하고 있는 것이다. 그는 일본을 "東海 가운데 (중략) 일본이 가장 오래되고 또 큰 나라(國於東海之中者非一而日本最久且大其地)"라 하여, 크고 오래된 나라로 인식하고 있다.

　이러한 '객관적 일본 인식'은 조선시대 다수의 인식은 아니었을 것이다. 더구나 임진왜란의 경험은 일본을 '불구대천지원수'로 각인시켰다. 그러나 병자호란 이후 청나라라는 '더 큰 원수'를 맞닥뜨리자 조선에선 일본을 '借重'하고 나아가 일본과 '連帶'하자는 의견이 대두되었다(제13장, 「임진왜란의 '戰後처리'와 동아시아 국제질서의 변동」). 실제적인 일본과의 연대가 이때 실행되지는 않았다지만, 엄연하게 '크고 오래된 이웃나라 일본'은 존재하고 있었으므로 한국사의 전개에 '일본차중'과 '일본연대'와 같은 '친일'적 요소는 때로 거론되었을 것이다. 아마도 전근대 시대에도 "일본은 백년의 원수, 중국은 천년의 원수"와 같은 상대적 비교론 또한 있었을 것이다. '親中'이 있다면 '親日'도 전근대 시대에 엄연하게 존재했을 터, 이를 발굴하고 究明하여야 할 때라 여겨진다.

차 례

차 례

제1장
경인통신사의 활동과 일본의 대응

1. 머리말

임진왜란을 이야기할 때 도요토미 히데요시(豊臣秀吉)에게 파견된 1590년의 庚寅通信使가 제외될 수 없을 것임에도 이 사절에 대한 시선은 곱지 않다. 1591년 초 귀국한 그들의 復命 때문에, 특히 히데요시가 침략해 오지 않을 것이라는 이른바 東人 김성일의 '不侵論' 때문에 임진왜란에 충분히 대비하지 못했다는, 극히 단선적이고 피상적인 因果論이 지금도 당쟁과 한 세트가 되어 생명력을 가지고 살아있다.

임진왜란 연구는 아직도 새로운 시각에서 재조명해 볼 수 있는 측면들을 가지고 있다. 그 하나가 율곡의 십만양병설이다. 1583년 동북방에서 니탕개의 난이 발생했을 때, 30,000騎라는 규모의 이 반란을 진압하기 위해 병조판서 율곡은 혼신의 노력을 기울였고 그 다음 해 병사한다. 그럼에도 율곡의 십만양병설은 임진왜란 대비용으로 인식되어 있다. 일본사로 보아도 일본의 거국적인 조선 침략은 1580년대 前半엔 상상하기 어려운 때였다. 통일의 주체였던 오다 노부나가(織田信長)가 부하의 배반으로 자결하여(1582년) 히데요시가 그 후계자로 부상하여 도쿠가와 이에야스(德川家康)를 臣從시키는 1586년까지 암중모색의 시기였기 때문이다. 그렇다면 십만양병설은 임진왜란용이 아니라, 오히려 제2의 니탕개의 난에 대비한 동북방용이었을 것이다.[1]

경인통신사행의 副使 김성일에 대한 연구는 아직 그리 많지 않다.[2] 더

---

1) 민덕기, 「이율곡의 십만양병설은 임진왜란용이 될 수 없다 - 동북방의 여진 정세와 관련하여 - 」 『한일관계사연구』 41, 2012.
2) 기존연구(~2012년)로는 아래의 연구들이 있다.
　김명준, 『임진왜란과 김성일』, 백산서당, 2005 ; 김석희, 「鶴峯 金誠一論(1) - 특히 그의 通信使 報告를 중심으로」 『又軒 丁中煥博士 還曆紀念論文集』 1974 ; 김정신, 「16世紀末 性理學 理解와 現實認識 - 對日外交를 둘러싼 許筬과 金誠一의 갈등을 중심으로 - 」 朝鮮時代史學會, 『朝鮮時代史學報』 13, 2000 ; 김태준, 「鶴

구나 통신사행의 의도에 대한 구체적인 검토와 평가는 아직이라 여겨진다. 이에 본 논문에서는 김성일을 비롯한 경인통신사행이 일본측과 무엇을 가지고 왜 싸웠는가? 그 의미는 무엇인가? 등을 조선시대 前後期 통신사행에 비춰 자리매김하여 보고자 한다. 또한 경인통신사의 使命이 무엇이었는가도 살펴보고자 한다. 일본 정탐만이 아닌 듯 보이기 때문이다.

아울러 임진왜란 以前의 일본 정세가 어떻게 변모하여 가고, 경인통신사에 대해 일본은 어떻게 반응하며, 히데요시의 침략은 어떻게 이와 연동되어 전개하는가를 검토 분석하고자 한다.

2. 왜란 직전의 한일관계

임진왜란 이전 일본은 100년을 이어가던 戰國시대가 오다 노부나가, 그리고 그 뒤를 이어받은 히데요시에 의해 끝나가고 있었다. 여기서 戰國시대란 흔히 15세기 후반부터 16세기 후반에 걸친, 이른바 1467년 오닌(應仁)의 난으로부터 무로마치 막부의 마지막 쇼군(將軍) 아시카가 요시아키(足利義昭)가 노부나가에 의해 교토에서 추방된 1573년까지를 일컫는다.[3] 이 시기 난세를 수습하지 못한 무로마치 막부의 권력은 완전하게 실추하고 수호 다이묘(守護大名)에 대신하여 전국 각지에 전국 다이묘(戰國大名)라고 불리는 새로운 세력이 출현했다.[4]

峯 金誠一의 日本日錄」, 명지대학 국어국문학과, 『明知語文學』 8, 1976 ; 방기철, 「鶴峯 金誠一의 對日인식」『건국대 인문과학논총』 42, 2004 ; 방기철, 「鶴峯 金誠一의 日本觀」 建國大 大學院 사학과 석사학위논문, 1999 ; 小幡倫裕, 「鶴峰 金誠一의 日本使行에 대한 思想的 考察-학봉의 사상과 華夷觀의 관련을 중심으로-」 『韓日關係史研究』 10, 1999.

3) 오닌의 난은, 오닌 연간(1467~1469) 쇼군의 후계자 쟁탈전에 山名氏·細川氏 등의 수호 다이묘의 권력 쟁탈과 畠山氏·斯波氏의 후계자 싸움이 더하여져 일어났다. 大內氏나 若狹武田氏 등 각지의 수호 다이묘가 교토로 올라와 수도를 전쟁터로 삼은 이 싸움은 10년간이나 지속되어 교토를 초토화시켰다.

4) 수호 다이묘가 무로마치 막부에 의해 임명된, 또는 무로마치 막부를 중심으로 한

전국시대를 마감하려 했던 자는 노부나가다. 그는 1551년 아버지의 사망으로 尾張國을 상속받는다. 18세였다. 1560년 25,000의 병력으로 쳐들어온 駿河國의 이마가와 요시모토(今川義元)를 그 10분의 1의 병력으로 기습하여 죽이고(오케하자마 전투), 이로 인하여 인질에서 해방된 岡崎城의 도쿠가와 이에야스와 동맹을 맺는다. 관동지역으로부터의 위협을 방어하는 역할을 이에야스에게 위임한 노부나가는 이로부터 적극적인 西進정책을 진행하여 간다.

노부나가가 1568년 쇼군 아시카가 요시아키(足利義昭)를 받들고 교토로 들어옴에 따라 전국시대의 상황은 일변한다. 노부나가는 요시아키의 명의로 전국의 다이묘들에게 명령을 내려 '天下人'에의 길을 걷기 시작한다. 그러나 이러한 노부나가의 전횡에 반발한 요시아키가 反노부나가派를 결집하여 노부나가 包圍網을 구축하였다. 그러나 포위망은 각개격파를 당하여 붕괴하고 요시아키 또한 교토에서 추방된다. 추방된 1573년 무로마치 막부는 사실상 붕괴하고 노부나가 정권이 확립된다. 이에 다시 동북방의 에치고(越後) 다이묘인 우에스기 겐신(上杉謙信)이 맹주가 되어 1576년 反노부나가 포위망을 재구축한다.

노부나가가 다시 이들을 격파해 나가던 1582년, 오카야마(岡山)의 다카마츠(高松)城을 공격하여 모리 데루모토(毛利輝元)의 4만 군대와 싸우고 있던 히데요시로부터 원군 요청을 받게 되자, 이에 대응하기 위해 手下 일부 병력만을 대동하고 교토의 혼노지(本能寺)로 가 체류하던 6월 2일 부하 아케치 미츠히데(明智光秀)의 모반으로 습격당하여 자결한다(本能寺의 變).

主君 노부나가의 변을 접한 히데요시는 이 사실을 은폐한 채 재빨리 데루모토와 휴전한 후 모든 휘하병력을 교토로 돌진시켜, 6월 13일 미츠히데를 격퇴하고 교토에서의 지배권을 장악한다. 그리고 노부나가의 후계자 선

기존권위에 의존하는 측면을 가진 호족세력이라면, 전국 다이묘는 기존권위를 부정하는 약육강식의 시대에 새로 부상한 부국강병을 모토로 한 호족세력이라 할 수 있겠다.

정에 관여하여 노부나가 정권의 주도권을 장악한다. 1584년엔 노부나가의 盟友이며 東國에서 일대세력을 가지고 있던 이에야스가 노부나가의 차남 노부오(信雄)와 손을 잡고 反히데요시 전선을 구축하여 오자, 히데요시가 이에 전면 대응한다. 그러나 전쟁이 우열을 가리지 못한 채 교착상태에 빠지자, 히데요시는 자신의 누이에 이어 어머니마저 이에야스에게 인질로 보내 신하로서 순종할 것을 강요했고 1586년 마침내 이에야스가 신하로 따를 것을 서약하게 된다.[5]

이보다 한 해 전인 1985년 9월, 히데요시는 처음으로 조선 및 중국을 정복하겠다는 뜻을 腹心의 部將 히도츠야나기 스에야스(一柳末安)에게 밝히고 있다. 關白에 취임한지 두 달 후였다. 이로 보아 히데요시가 관백 취임 직후부터 동아시아 정복계획을 구상한 것을 알 수 있다.[6]

1586년 6월, 히데요시는 규슈(九州) 출병에 즈음하여 대마도주 종씨(宗氏)에게 서한을 내어, 규슈 출병에 이어 준비가 되는대로 조선정벌을 결행할 것이니 충성을 다하여 종군해야 할 것이라고 통보하고 있다. 이 서한에서 히데요시는 조선과의 외교적인 접촉이 아니라 단도직입적으로 조선에 대한 군사적인 정복을 선언하고 있는데, 이는 그가 애초부터 조선에 대한 군사행동을 계획하고 있었음을 시사하는 부분이다.[7] 이에 종씨는 家臣 야나가와 시게노부(柳川調信)와 유즈야 야스히로(柚谷康廣)를 규슈의 陣地에 있던 히데요시에게 파견하였다.[8]

---

5) 히데요시는 그 한 해 전인 1585년 3월엔 紀州를, 7월엔 10만의 군사로 四國의 長宗我部元親를 굴복시키고 있다. 그리고 8월엔 越中를 평정하고 있다.

6) 北島万次, 『豊臣秀吉の朝鮮侵略』, 吉川弘文館, 1995, 14쪽. 임진왜란 직전의 조선·일본 간의 교섭에 대해서는 金文子, 『文祿·慶長期に於ける日明和議交涉と朝鮮』(お茶の水女子大學大學院·人間文化研究科課程·博士學位論文)의 제1장인 「文祿期以前の對朝鮮交涉と博多商人」에 상세하게 검토하고 있다.

7) 윤유숙, 「임진왜란 발발전 한일교섭의 실태」(한국일본어문학회 학술발표대회논문집, Vol. 2006, No.7) 881쪽.

8) 中里紀元, 『秀吉の朝鮮侵攻と民衆·文祿の役 - 日本民衆の苦惱と朝鮮民衆の抵抗 - 』, 文獻出版, 1993, 14쪽·17쪽.

1587년 5월 초순, 히데요시가 규슈의 시마즈씨(島津氏)를 정벌하기 위해 20만의 대군으로 출병하였을 때 대마도주 宗義調(소 요시시게)는 시게노부를 보내 공물을 진상했다. 시게노부는 이때 정벌 대신 조선에서 공물이나 인질을 제출하게 하는 방법을 히데요시에게 제안하고 있다. 히데요시는 이 제안을 거부하되 조선국왕을 일본의 天皇宮에 來朝시키도록 명하고, 만약 직접 내조하지 않을 경우 조선에 출병하겠다는 의사를 보였다. 곧이어 종의조도 아들 宗義智(소 요시토시)와 함께 규슈로 건너가 6월 7일 히데요시를 알현하고 있다. 여기서 종의조는 조선국왕을 내조시키는 조건으로 조선출병의 유예를 청하였고 히데요시도 이를 인정했으나, 만약 입조가 지체될 경우 즉시 출병하겠다고 재차 촉구했다.[9]

그런데 이때 내어진 히데요시의 명령서엔 "(조선이 지금까지) 대마도 다이묘에게 순종하고 있지만"(對馬の屋形ニしたかハれ候), 내년엔 반드시 일본에 입조하라, 고 쓰여있다.[10] 이처럼 대마도주 종씨에게 조선이 복속되어 있다고 히데요시는 이해하고 있었다. 마치 이것은 유구(琉球)왕국이 시마즈씨에게 종속하고 있다고 본 히데요시의 시마즈·유구관계 이해와 궤를 같이하는 것이다.[11] 그렇다면 히데요시가 조선국왕의 직접적인 來朝를 고집하고 있는 것도 조선이 대마도에 종속된 존재에 불과하다는 그의 조선관이 작용했기 때문인 듯하다. 히데요시는 조선이 대마도에 종속하고 있다고 하는 인식을 전제로 조선국왕의 來朝가 성공되면 대마도를 安堵하겠다는 것이었다.[12]

종씨가 야스히로를 일본국왕사라 칭하여 조선에 파견하여 히데요시의 명령을 전한 것은 1587년 9월이다. 이때 대마도를 감독하는 입장이며 종의지의 장인이기도 했던 고니시 유키나가(小西行長)의 경우, 자신의 경제기반을 중계무역에서 구하고 있었으므로 이를 위해서는 일본의 대외적 평

---

9) 윤유숙, 앞의 논문, 881쪽.
10) 中里紀元, 앞의 책, 19쪽.
11) 池內宏, 『文祿慶長の役 正編 第1』南滿洲鐵道株式會社, 1915, 58쪽.
12) 北島万次, 앞의 책, 16·20쪽.

화 유지와 무역 지속이 요망되었다. 그러므로 대마도주 종씨와 상의해서 히데요시의 요구인 조선국왕의 직접 來朝 요구를 숨기고 통신사의 파견 요구로 속여 조선에 접근하기로 한 것이다.[13]

이에 야스히로는, 일본에 새 왕이 나와 전국을 통합하였으므로 이를 축하하는 통신사를 파견해 달라고 조선에 요청했다. 그러나 그가 가지고 간 서한엔 '天下歸朕一握'이라 하여 '朕'이란 표현이 있었고 내용도 오만했다. 결국 요청은 거부되었고 야스히로는 빈손으로 귀국하게 되었다.

1589년 3월 히데요시는 종의지에게 조선국왕 내조가 2년이 경과되도록 이뤄지지 않은 것을 꾸짖고, 종의지가 직접 조선으로 가 이번 여름에라도 국왕 입조를 실현하라고 독촉했다.[14] 이에 종의지는 6월 하카타(博多) 聖福寺 승려 겐소(玄蘇)를 正使로, 자신은 부사가 되어 하카타 상인 시마이 소시츠(島井宗室) 등 25명을 일본국왕의 사절로 꾸며 조선으로 데리고 갔다. 그리고 자신들의 使命은 오직 통신사 파견이라고 강조하였다.

이에 조선 조정에서는 논의가 일어났다. 즉 일본 교토로 가는 바닷길을 모르기 때문에 파견할 수 없다고 핑계 대면 대마도가 길안내를 하겠다고 나설 것이니 구실이 되지 못한다. 또한 핑계만 계속하면 일본이 이를 수치스럽게 여겨 화친을 단절하고 조선을 침범하여 설욕하려 들 것이고, 그리되면 변방의 걱정거리가 될 것이다. 마침 몇 년 전에 조선 叛民 沙火同을 길잡이로 고토(五島)·히라도(平戸)의 왜인들이 손죽도를 습격한 사건이 있었으니, 그 沙火同 등을 비롯한 왜적의 압송 및 피로인의 송환을 요구하여 이를 이행하면 통신사 요청을 들어주자고 제안하기에 이르렀다.[15]

---

13) 笠谷和比古·黒田慶一 共著, 『秀吉の野望と誤算』, 文英堂, 2000, 30쪽.
14) 당초 히데요시는 조선국왕의 입조가 또다시 지연될 것을 우려하여 肥後에 入部한 유키나가·기요마사를 규슈의 다이묘들과 함께 조선에 출병시키려 했으나, 종의지 자신이 직접 조선과 교섭하는 것을 조건으로 내걸면서 이 계획은 중지되었다 한다(三鬼淸一郎, 「秀吉の國家構想と朝鮮出兵」大石慎三郎編, 『海外視点 日本の歴史8』, ぎょうせい, 1986, 136쪽). 종의조는 1588년 사망하여 대신하여 아들 종의지가 대마도를 이어받았다.

8월 말 선조가 일본국왕사를 인견하면서 조선의 조건이 전달되었고, 종의지는 즉각 사화동을 잡아오겠다고 약속하게 된다. 조선의 조건부 통신사 파견결정은 종의지 - 유키나가 - 아사노 나가마사(浅野長政)를 거쳐 히데요시에게 전달되었다. 히데요시는 이로써 조선국왕이 내조하는 것으로 기뻐하고 종의지에게 그 노고를 치하하였다.[16]

일본국왕사 겐소와 종의지는 서울의 東平館에 체류하면서. 시게노부를 일본으로 급파해 손죽도를 습격한 왜적 및 사화동을 압송하고 피로인도 송환하게 했다. 고토에 있는 사화동의 압송과 피로인 송환에는 소시츠와 유키나가가 중요한 역할을 하여 조속하게 이를 이행할 수 있었다.[17] 사화동과 160명의 피로인이 조선으로 보내져 서울에서 이를 처리하는 것은 1590년 2월 28일이다. 그리고 통신사가 서울을 출발하는 것은 3월 6일이다.[18]

3. 100년만의 모범 통신사 되려 한 경인통신사

경인통신사는 1590년 5월 1일 부산을 출발하여 대마도에 닿았고, 6월

---

15) 1587년 2월 왜구에 의해 전라도의 손죽도를 비롯하여 각처가 습격당한 결과 鹿島만호 이대원이 살해당했고 조선인들이 다수 납치되는 사건이 발생한다. 납치된 사람들 중 전라도 좌수영 鎭撫 김개동과 이언세 등이 타국으로 전매되었다가 중국을 경유하여 1588년 조선에 귀국하였는데 김개동의 진술을 통해, 손죽도 습격사건에서 왜구의 길안내를 한 자가 전라도 출신의 조선인 사화동이라는 인물이고, 사화동은 현재 고토에 거주하고 있으며 그곳에는 생포된 조선인이 많이 있다는 사실이 드러났다(『선조실록』 21년 11월 17일[병인]조).

16) 田中敏昭, 「豊臣政權의 日本統合과 對馬島主 宗氏의 朝鮮交涉」『동서사학』 5, 1999, 107~108쪽. 종의지의 보고사항(통신사 파견)을 전달받은 히데요시는 매우 기뻐하며 "國主參洛이 寒天 때문에 부자유하여 來春에 데리고 오기 위해 그곳에 체류한다 하니 장기간의 辛勞가 지극하다." 고 하면서 종의지의 노고를 칭찬하였다 한다. 그러나 유키나가의 보고문에는 분명 '高麗人의 出船'(통신사의 渡日)이라고 표현되어 있으나 히데요시는 이를 '國主參洛', 즉 조선국왕의 入貢으로 완전히 곡해하여 이해하고 있었다는 것이다(윤유숙, 앞의 논문, 883쪽).

17) 이에 대해서는 金文子, 앞의 책, 12~29쪽에 상세하다.

18) 田中敏昭, 앞의 논문, 108~109쪽.

에 가서야 이키(壹岐)에 상륙한다. 교토에 들어가는 것은 7월이지만, 宣祖의 국서를 히데요시에게 전달하는 傳命 의례는 11월 7일에 가서야 이뤄졌다. 히데요시의 답서는 11월 25일 받고, 대마도에 도착하는 것은 다음 해 1월 10일, 부산에 닿은 것은 2월 초였다.

1) 宣慰使件

흥미로운 것은 대마도에 도착한 김성일이 이미 거기서 벌써 선위사를 기다리고 있으며, 선위사의 마중을 받고 난 후에 대마도를 출발하자고 말하고 있다는 사실이다. 사신이 선위사를 기다리지 않고 출발하면 그것이 전례가 되어 일본측은 아예 중앙에서 대마도 쪽으로 선위사를 보내려고도 하지 않을 것이라고 그 이유를 말하고 있다. 이윽고 이키에 닿아서야 선위사가 기다리고 있음을 알게 되었고 선위사가 고니시 유키나가였음도 밝혀졌다.[19]

대마도 체류 중인 부사 김성일은 정사 황윤길에게 보낸 서한에서, 朝廷에서 내린 事目 안에 선위사를 기다려서 함께 가라는 조목도 없고 以前 사행의 기록을 보아도 그 前例는 없었지만, 100여 년이 지나 처음으로 가는 통신사인만큼 중요한 典例로 만들어야 한다. 마침 대마도에 와서야 비로소 선위사가 온다는 기별을 들었으니 기다려야 한다. 그래서 이후엔 사신이 대마도에 와 선위사의 마중을 받고서야 길을 떠나게 하여야 한다, 고 강조하고 있다.[20]

그렇다면 김성일이 의식하는 100여 년이 지나 처음 가는 통신사라는 말은 무엇일까? 1479(성종 10)년 조선은 이형원을 正使로 한 통신사를 파견했었다. 그러나 일본의 내란과 대마도의 비협조로 일본 본토로 나아가지 못한 채 대마도에서 귀국하고 말았었다.[21]

---

19) 김성일 지음·정선용 번역, 『국역 학봉전집 3』, 민족문화추진회, 1999, 34쪽.
20) 김성일 지음·정선용 번역, 『국역 학봉전집 1』, 민족문화추진회, 1998, 318~320쪽.

그런데 1590년의 선위사 유키나가는 도통 통신사를 만날 생각이 없는 듯하다. 김성일이 종사관 허성에게 보낸 서한을 보자. 이키에서 선위사를 대면할 날은 마침 김성일이나 허성의 조상 제삿날이었던 모양이다. 그런데 허성은 덥석 만나자고 청하며, 선위사를 만나는 것은 公的이고 조상의 제 삿날을 지킴은 私的인 것이라 평가했다는 것이다. 그런데 유키나가는 사신 과의 상견례를 이키에선 시모노세키에 가서 하자고 미루더니, 정작 그곳에 와선 또 몸이 아프다고 핑계를 대어 회피하고 있었다. 이에 대해 김성일이 허성에게 말한다. 이키에선 제삿날인데도 만나보길 청하더니 시모노세키 에서도 핑계 대어 상견례를 미루기만 하는데도 그에게 아무런 대꾸도 하지 못한다고 말이다.[22]

김성일의 『해사록』 등 관련 자료를 보아도 그후 언제 선위사 유키나가와 상견례를 하였는지, 통신사의 渡日기간에 유키나가와 사신 간에 어떤 교섭 이 있었는지 전혀 알 길이 없다. 다만 히데요시의 '征明假道' 요구를 표현한 답서를 수정하여 달라는 "선위사 平行長에게 답하려던 편지"가 있었음으로 보아 김성일의 선위사 유키나가에 대한 기대의 정도를 짐작하게 한다.[23]

여기서 의문스러운 점이 있다. '宣慰使'란 對日관계로 보는 한 세종대부 터 보이기 시작하며 무로마치 막부의 쇼군의 使者, 즉 일본국왕사에 대해 조선이 접대하기 위해 임시로 임명한 관직이었다. 이에 비해 일본측이 조 선 사절을 선위사란 이름으로 접대한 관례는 임진왜란 이전에는 한 번도 없다. 유사한 전례, 예를 들어 막부의 사자가 마중 나온 경우도 전혀 없다. 에도막부에 가서야 오카자키(岡崎)에 도착한 통신사에게 쇼군이 '上使'를 파견하여 문안하는 것이 보인다.[24] 그렇다면 경인통신사를 맞이할 일본측 의 '선위사'를 누가 제일 먼저 생각해 낸 것일까? 전술하듯 대마도측이 먼

---

21) 민덕기, 『前近代 동아시아 세계의 韓·日關係』, 경인문화사, 2007, 25쪽.
22) 김성일 지음·정선용 번역, 앞의 『국역 학봉전집 1』 336쪽.
23) 김성일 지음·정선용 번역, 앞의 『국역 학봉전집 1』 362~366쪽.
24) 민덕기, 앞의 책, 388쪽.

저 선위사가 올 것이라고 기대를 가지게 한 것 같다. 그러나 이에는 100여 년이 지나 처음으로 가는 통신사인만큼 중요한 典例로 만들어야 한다는 김성일의 추근거림이 크게 작용한 듯하다.

2) 대마도주 버릇고치기件

김성일의 『해사록』엔 대마도주 종의지를 질타하는 서한이나 내용이 많이 있다.

대마도에서 체류 중인 往路의 5월 國分寺에서의 연회 때의 일이다. 종의지가 가마를 탄 채 계단을 지나서 사신이 있는 中堂까지 근접하자 김성일이 역관을 통해 그 무례함을 지적하였고, 도주는 가마를 멨던 자에게 죄를 돌려 목을 베고는 사죄하고 있다. 또한 종의지의 문안인사를 보내는 자가 매일 아침마다 왔는데 창 두 자루와 칼 두 자루를 앞세우고 오는 것을 김성일이 무례하다고 고치게 하고 있다. 교토에서는 통신사가 대동한 악공의 음악 연주를 종의지가 청했으나 거절하고 있다. 使命을 받들고 왔으면서도 미처 王命을 전하지 못한 상태에서 음악 연주를 할 수 없다는 명분 때문이었다.[25]

이외에도 김성일은 의례 문제와 관련하여 대마도주를 자주 견제하고 있다. 왜 그랬을까? 이전의 통신사에게 대마도측이 무례하게 굴었음을 김성일은 도일에 즈음하여 이미 파악하고 있었을 것이다. 예를 들어 1535년 중종이 통신사의 일본 파견 여부를 묻자 좌의정 김근사가 답하는 가운데, 1479년 통신사 이형원이 渡日하려 대마도에 이르렀을 때 대마도측이 애초와는 달리 조금도 사절을 호송할 의도가 없었고, 하사하는 물품을 받을 때에도 뜰아래에서 절하는 庭下拜를 하지 않았었다고 말하고 있다.[26] 또한 1557년 지평 유승선이 통신사 파견에 대해 명종에게 말하는 가운데에도,

---

25) 김성일 지음·정선용 번역, 『국역 학봉전집 1』 332쪽 ; 『국역 학봉전집 3』 34~35·37쪽.
26) 『중종실록』 30년 2월 22일(계축).

『禮曹謄錄』을 상고해 보니 1479년 통신사 이형원이 대마도에 갔을 적에 그들이 오만하게 대하여 국위를 훼손시킨 것 때문에 분을 이기지 못해 병이 되어 죽으면서 '島夷'와 통신하는 것은 하나도 좋은 일이 없다고 전했다고 하고 있다.[27]

이 때문에 김성일은 선위사 건에서 주장하듯, 100여 년 만의 통신사이므로 이후의 모범이 되어야 한다는, 그러기 위해 조선국왕의 臣下 입장에 있는 대마도주로 하여금 통신사에 대해 깍듯한 대우와 예절을 보이게 하려한 것으로 여겨진다. 그렇다면 이번 기회에 대마도주를 닦달해 조선의 藩臣으로 확실히 바로잡아야 한다는 신념을 가지게 되었을 것으로 여겨진다.

그런데 당시 대마도주 종의지는 히데요시가 바꿔치기한 그의 手下라는 정보가 조선에 만연해 있었다. 김성일이나 허성도 그리 믿고 있고, 유성룡도 기존의 대마도주 宗盛長 대신 종의지로 히데요시가 바꿔쳤다고『징비록』에서 기술하고 있다.[28] 1591년 초 조헌의 상소에도, 히데요시가 대마도주 宗盛長의 족속을 도륙하고 자신의 심복인 平義智로 하여금 대신하게 한 다음 대마도에다 군대를 주둔시켜 놓고 몰래 조선을 습격할 음모를 키우고 있다는 정보를 거론하고 있다.[29] 대마도의 유학자인 마츠우라 카쇼(松浦霞沼, 1676~1728)는 대마도와 조선과의 관계를 기록한 책『朝鮮通交大紀』(1725년 간행)에서 대마도주를 히데요시가 교체했다는 조선측의 기록들을 소개하고, 아마도 宗氏가 이때에 와서 히데요시가 '平秀吉'이라 자칭한 것처럼 '平義智'라 칭했기 때문의 착각이었을 것이라고 평가하고 있다.[30] 그렇다면 히데요시에 의해 뒤바뀐 대마도주 '평의지'를 잘 버릇 들여야 하겠다고, 김성일은 더욱 그렇게 닦달했을 것으로 여겨진다.

---

27) 『명종실록』 12년 1월 29일(계미).
28) 김성일 지음·정선용 번역, 앞의『국역 학봉전집 1』, 329쪽 ; 유성룡 지음·김종권 역주, 『징비록』, 명문당, 1987, 29쪽.
29) 『선조수정실록』 24년 3월 1일.
30) 松浦霞沼 지음, 田中健夫·田代和生 校訂, 『朝鮮通交大紀』, 名著出版, 1978, 131쪽.

3) '來朝' 문제 제기와 히데요시 답서 수정 노력

6월 16일 사카이(堺)의 引接寺에 체류하고 있을 때의 일이다. 西海島의 유력자가 부하를 시켜 예물과 음식을 가져왔으므로 조선 사신은 무심코 일행들에게 나눠 먹였다. 김성일이 그날 저녁 일기를 쓰려고 낮에 가져온 예단을 확인하여 보니 '朝鮮國使臣來朝云云'이라 쓰여있었다. '來朝'에 깜짝 놀란 그는 왜인이 가져온 음식 수효대로 저잣거리에서 구입하여 되돌려주며, 그 까닭을 '來朝' 때문이라고 지적하게 한다. 이에 그 왜인은, 글을 몰라 남의 손을 빌려 썼기 때문이라고 사죄하고 있다.[31]

히데요시의 답서가 사신에게 전달되는 것은 11월 25일이었다. 그러나 후술하겠지만 답서에는 사신들로서 도저히 수용할 수 없는 표현들이 있었다. 김성일이 중심이 되어 적극 그 수정을 요구한 표현은 '閣下' '方物' '入朝' 등이었다. 이에 대해 겐소는 '閣下'와 '方物'은 '殿下'와 '禮幣'로 고치겠으나 '入朝'는 '大明入朝', 즉 명나라에 입조하겠다는 의미라고 둘러대어 부분수정에 그치고 있다.[32] 조선 前期 쇼군이 낸 일본의 답서를 수정해달라고 요구한 적은 없었다. 그러므로 이때 김성일이 처음으로 답서의 수정을 요구하고 있는 것이다. 이러한 답서 수정 요청은 에도막부에 가서 그 前例가 되어 통신사에 의해 여러 차례 그 수정요청이 내어지곤 하였다.

---

31) 김성일 지음·정선용 번역, 앞의 『국역 학봉전집 2』, 10~13쪽 ; 『국역 학봉전집 3』, 35~36. '來朝'란 아래 나라가 위의 나라에게 朝貢하러 왔다는 의미가 강하다. 대등한 나라(敵國)의 사자가 온 경우엔 '來聘'이란 표현을 쓰고 있다. 18세기 일본의 유학자 무로 큐소(室鳩巢)는 1711년의 통신사의 도일을 막부측이 來聘이라 표현했다가 1719년의 통신사의 도일에 대해서는 來朝라 표현하고 있는 것에 대하여, '내빙'과 '내조'의 차이조차도 모르는 막부 관료들의 무식한 소치라고 비판하고 있다(민덕기, 앞의 책, 390~391쪽).

32) 김성일 지음·정선용 번역, 앞의 『국역 학봉전집 1』, 354~365쪽 ; 『국역 학봉전집 3』 39쪽.

4) 대마도의 쇼니씨와 오우치씨의 멸망 은닉

통신사가 일본에 파견될 때엔 일본의 유력 다이묘들에게도 서한과 함께 예물이 지급되어 왔다.[33] 그러한 관례 때문인지 경인통신사도 쇼니(少貳) 씨와 오우치(大內)씨 등 6인의 다이묘에게 줄 선물을 가져갔다. 그런데 쇼니씨와 오우치씨의 영역인 시모노세키 지역을 지날 때 사신 일행은 그들이 오길 기다려 왕명을 직접 전하겠다고 하며 얼마간 기다리려 했으나 대마도 측이 배를 출항시키는 바람에 무산되었다.[34] 사신들이 쇼니씨와 오우치씨가 이미 멸망했다는 정보를 얻게 된 것은 교토에 들어가서였다. 이에 김성일이 따지게 되자 대마도측은 쇼니씨와 오우치씨의 영역을 현재 점유한 고바야카와(小早川)씨와 모리(毛利)씨가 그 명의를 승계한 것이라며, 그들도 조선과의 무역관계를 계속하고 싶어한다고 전하였다. 이에 대해 김성일은 대마도주에게 전하려 한 서한에서, 두 다이묘의 명의 승계의 허구를 논하고, 그 두 다이묘가 대마도측을 통해 전달하게 한 조선의 서한과 예물을 실제로 받았다면 왜 그들의 답례인사가 없느냐는 논리로 되받아치려 하고 있다.[35] 그러면 여기서 김성일이 무엇을 파악하였을까 알아보자.

1479년 예조에서 일본으로 가는 통신사의 事目을 올렸는데 그 내용 중엔, 여러 巨酋나 倭로서 우리와 通信하는 자들 가운데 혹 이미 죽었는데도 거짓 이름으로 사신이라고 칭탁하여 오는 자가 반드시 있을 것이니, 해당자

---

33) 예를 들어 1479년 예조에서 일본국에 가는 통신사의 事目을 올렸는데, 내용 중에 사절이 통과하는 길의 一岐(壹岐)·小二(少貳)·九州·松浦·志佐·大內氏 등에게 예물을 내려주라고 쓰여 있다(『성종실록』 10년 3월 25일[신사]).

34) 김성일 지음·정선용 번역, 앞의 『국역 학봉전집 1』 338쪽. 한 예로 1443년 일본에서 돌아온 통신사 변호문의 보고에 의하면(『세종실록』 25년 10월 13일[갑오]), 시모노세키에서 大內敎弘이 사신을 마중 나와 '賜物'을 받는데 "뜰아래에 서서 몸을 굽혀 맞이하고 堂에 올라가 꿇어앉아 머릴 조아리며 받았다."라고 하는 것으로 보아 교토에 들어가기 전에 시모노세키에서 접견하는 것이 전례였던 듯하다.

35) 김성일 지음·정선용 번역, 앞의 『국역 학봉전집 1』, 372~377쪽.

의 지역을 경유할 땐 그 생존 여부를 확인토록 해야한다고 당부하고 있다.[36)]
즉 이미 죽은 사람을 아직 살아있는 자라고 속여 그 명의를 빌어 조선에
무역이익을 추구하는 자들을 통신사를 통해 파악하려 하고 있는 것이다.

1535년 중종이 통신사 파견 여부를 묻자 좌의정 김근사가 답하는 가운
데, "더구나 듣기로는 지금 國王·大內·小二와 巨酋들의 사신이라고 일컬어
오는 자는 모두 중간에서 속임수를 부린 것이라 합니다. 우리나라에서 통
신사를 보내면 그 간악함이 반드시 드러날 것이므로 더욱 저들은 조선사절
을 원하지 않습니다."라고 밝히고 있다.[37)] 巨酋使들은 물론 쇼군이 보낸 일
본국왕사마저도 중간, 즉 대마도가 詐稱한 것이므로 통신사를 파견하면 이
것이 탄로날까봐 대마도는 조선의 통신사 파견에 반대하고 있다는 것이다.

이와 유사한 정보는 1597년 도원수 권율의 장계에서도 보인다. 즉 어떤
일본인(賊)이 말하길, 대마도 사람들이 조선의 米穀과 재물을 탐하여 일본
사신을 詐稱하여 왔으나 때가 혼란한 戰國시대였던만큼 일본 내에서는 전
혀 모르고 있었다는 것이다.[38)]

그렇다면 以上에서 김성일이 파악한 것이 무엇일까 알 수 있을 것이다.
이미 멸망한 쇼니씨나 오우치씨를 건재해 있다고 거짓말하여 대마도가 그
명의로 무역이익을 차지해 왔다는 것, 두 다이묘가 이미 멸망했음을 통신
사가 파악하자, 이번엔 그 영역을 차지하고 있는 고바야카와씨와 모리씨가
그 둘의 명의를 승계 받아 조선과의 무역관계를 계승하려 한다고 거짓말하
여 그 이익을 다시 확보하려 한다는 것을 알아차린 것이다. 『朝鮮通交大紀』
에는 위와 같은 쇼니씨와 오우치씨의 存亡을 논한 김성일의 2통의 서한이
실려 있고, 그 두 다이묘가 멸망한 사실을 은닉하여 僞使를 보낸 이유가
대마도의 무역이익을 확보하기 위한 것이었다고 실토하고 있다.[39)]

---

36) 『성종실록』 10년 3월 25일(신사).
37) 『중종실록』 30년 2월 22일(계축).
38) 『선조실록』 30년 3월 30일(경신).
39) 松浦霞沼 지음, 田中健夫·田代和生 校訂, 앞의 책, 124쪽, 131~139쪽.

5) 대마도의 무역관계 회복 획책

김성일의 『해사록』의 「雜著」 '왜인의 禮單에 대한 기록'에는 受職왜인들이 다투어 下程(사신에게 지급되는 물품)을 바쳤다고 하고 있다.[40] 이들이 임진왜란의 발발을 예상했다면 이런 행동이 가능할까?

김성일이 대마도주에게 보낸 서한에서도, 대마도측이 그동안 중단된 특송선의 파송 부활, 세견선의 증가, 圖書 증가, 수직인 회복 등을 사신에게 요청했음을 알 수 있다. 김성일은 이에 대해 조정이 결정할 일이라고 미루고 있다. 이 서한은 『朝鮮通交大紀』에도 실려 있다.[41]

이로 보아 이 시기에 대마도측은 임진왜란의 발발을 회피할 수 있을 것으로 자신하고, 오히려 통신사 왕복을 기회로 삼포왜란 이후 축소된 무역관계의 확대를 획책하려 하지 않았을까 여겨진다. 그렇다면 그런 동향을 보이는 대마도를 바라보는 김성일 등의 사신들의 눈엔 전쟁의 발발이 결코 우려될 상황이 아니었을 것으로 비춰졌을 것이다.

6) 모범 통신사 의식

100여년 만에 파견된 통신사이기 때문에 이후 통신사의 모범이 되어야 한다는 김성일의 의식은[42] 전술하듯 선위사 건에서도, 대마도주 버릇 고치기 件에서도 표현되고 있다. 히데요시의 답서를 수정하려 한 것도 오욕을

---

40) 김성일 지음·정선용 번역, 앞의 『국역 학봉전집 2』 10쪽.
41) 김성일 지음·정선용 번역, 앞의 『국역 학봉전집 1』, 369~371쪽 ; 松浦霞沼 지음, 田中健夫·田代和生 校訂, 앞의 책, 126~129쪽. 대마도는 1555년 五島를 근거지로 한 王直의 大倭寇가 전라도 방면에 출동하자, 즉 을묘왜변이 일어나자 이를 절호의 기회로 본 종씨는 이 정보를 신속하게 조선측에 전했고, 이에 의해 1557년 종씨는 조선에의 세견선 30척으로 개선시켜(丁巳약조), 조선통교권을 스스로의 것으로 집중시켰다(北島万次, 『豊臣秀吉の朝鮮侵略』, 吉川弘文館, 1995, 19쪽).
42) 김성일 지음·정선용 번역, 앞의 『국역 학봉전집 1』, 338쪽.

남기는 통신사로 기록되지 않기 위해서였다. 후술하는 楹外拜·庭下拜 논쟁도 같은 차원에서 이해할 수 있다. 결코 경인통신사가 정하배를 행한 前例를 남기는 치욕적인 사절이 되게 해서는 안된다는 확고한 역사인식을 가지고 있었다.[43] 11월 초, 宣祖의 국서가 이미 전달됐음에도 답서는 곧 보낼 터이니 堺濱(堺:사카이)에 사신이 가서 기다리고 있으라는 일본측의 통보에 대해서도 이의를 제기하고 있다. 즉 답서를 받지 못한 채 수도인 교토를 떠나게 하는 것은 무례라며 항의하고 있다.[44]

전술했듯 김성일은 또 대마도가 쇼니씨와 오우치씨의 몫, 즉 두 다이묘의 圖書와 세견선 등의 몫을 장악하려고 이미 그들이 16세기 중반 멸망했음에도 僞使 파견을 이어왔음을 알게 되었다. 교토에 들어간 사신에 의해 그 거짓이 밝혀지자 다시 고바야카와씨와 모리씨가 그 명의를 승계하려 한다고 사칭해 이를 대마도 몫으로 이어가려 하고 있다. 아울러 그동안 축소된 조선과의 무역관계 회복을 위해 사신에게 그 중재를 요청하고 있다. 임진왜란을 예상하고 있는 대마도라면 과연 이런 자세가 가능할까? 이런 대마도의 무역이익 유지와 확대를 위한 노력을 지켜보며 김성일은 과연 임진왜란을 상상이나 했을까?

4. 楹外拜와 庭下拜 논쟁

1590년 7월 말 교토에 들어간 통신사행은 일본의 정치 현실에 눈뜨게 된다. 關白이 '일본국왕'이 아니라 천황의 신하로서의 관직인 '관백'에 불과하다는 사실이었다. 이에 히데요시에 대한 傳命禮 때의 拜禮를 둘러싸고 김성일과 허성 사이에 논쟁이 벌어진다. 이하는 별도로 註를 내세우지 않는 한 김성일이 허성에게 보낸 서한을 정리한 것이다.[45]

---

43) 김성일 지음·정선용 번역, 앞의 『국역 학봉전집 1』, 346쪽.
44) 김성일 지음·정선용 번역, 앞의 『국역 학봉전집 2』, 9~10쪽.
45) 김성일 지음·정선용 번역, 앞의 『국역 학봉전집 1』, 341~345쪽.

〈표〉 히데요시에의 정하배와 영외배 주장 논리

	허성의 정하배 주장	김성일의 영외배 주장
a	히데요시가 천황의 官位로서는 '관백'으로 신하이지만 실제로는 '국왕'의 권력을 행사하고 있다.	조선국왕은 천황과 대등해야. 관백은 천황의 신하. 『해동제국기』에도 쇼군은 천황의 신하. 왜인들도 히데요시를 '관백'이라 하고 '국왕'이라 하지 않는다.
b	가지고 온 조선 國書에 宣祖와 히데요시를 대등하게 설정했으니 '敵禮' 필요.	조선 국서는 일본 실정을 모른 상태에서 작성. 관백≠국왕이 파악되었으니 '敵禮' 불가.
c	以前 사신이 행한 영외배는 잘못이라 事目에 기록, 이번 儀註엔 정하배.	사목 안에 게재한 정하배 시행을 禮官이 착오라고 삭제.
d	일본사신이 조선에서 정하배를 했으니 조선사신도 일본에서 정하배하라, 는 논리는 존중해야.	조선국왕≠일본관백이므로 정하배를 교환해서는 아니된다.

1) 천황과 관백과의 관계

허성은 천황이 정치와 외교에 전혀 관여하지 않으므로 실제적인 '국왕'
은 관백이며 그러므로 庭下拜가 마땅하다고 주장하고 있다. 이에 대해 김
성일은 인민에 대한 생사여탈권을 가진 자가 관백인 것은 사실이지만 어디
까지나 천황의 신하 입장이라는 명분에 주목하여 정하배에 반대하고 있
다.[46] 또한 『海東諸國記』에서는 물론 일본 국내에서도 히데요시를 '관백'
이라고만 하지 '국왕'이라 칭하지 않고 있음을 가지고 허성의 주장에 반대
하고 있다.[47] 그리고 조선 前期 일본의 여러 殿(다이묘)들이 조선국왕에게

---

46) 김성일은 『해사록』에서 천황을 '僞皇'이라 적고 있다. 방기철은 이에 대해, 조선보
  다 열등한 일본에 황제가 존재할 수 없다는 성리학적 대의명분에 의거한 표현이라
  평가하고 있다(방기철, 앞의 논문, 30쪽). 그런데 김성일이 關白을 천황의 신하로
  서 발견한 것은 히데요시가 천황의 권위를 빌려서 그 정치적 권위를 높여왔기 때
  문이다. 이전의 통신사는 아시카가 쇼군을 통해 천황을 발견하진 않고 있었다.
47) 김성일이 거론한 것은 『海東諸國記』의 「日本國紀 – 國王代序」의 내용이다. 거기에

'황제폐하'라 칭한 것은 일본천황=조선국왕이라고 보았기 때문이었다고 해
석하고 있다.[48] 정하배란 뜰아래(庭下)에서 殿閣 안의 옥좌에 앉은 사람에
게 행하는 拜禮를 가리킨다.

2) 宣祖의 국서 형식

허성은 이번에 지참한 宣祖의 국서에 일본관백을 '국왕'이라고 대등하
게 호칭하고 있으므로 일본사신이 조선국왕에게 행했던 정하배를 조선사
신도 관백에게 해야 한다고 주장하고 있다. 즉 대등한 나라(敵國) 사이에는
대등한 의례로 敵禮를 교환해야 한다는 것이다. 이에 대해 김성일은 지참
한 국서가 일본의 실정을 파악하지 못한 상태에서 내어진 것이므로 따르지
않아도 되며, 이전의 통신사가 관백이 국왕인줄 잘못 알고 있으면서도 楹
外拜를 행했는데 지금 우리는 관백이 국왕이 아닌 줄 알면서 정하배를 하
려 하느냐, 고 반박하고 있다.[49] 영외배란 건물의 지붕을 받치는 바깥 측
마루 위에서 행하는 拜禮를 일컫는다.

3) 事目과 儀註

허성은 사목과 의주에 의거하여 정하배를 주장하고 있다. 즉 조정에서

는, 비록 막부의 쇼군이 국왕이라 해도 일본 안에서는 그리 칭하지 못하고 御所라
하며 그가 내는 문서도 教書라고 부른다("所謂國王也, 於其國中, 不敢稱王, 只稱御
所, 所令文書, 稱明教書.")라고 있다. 유성룡도 관백 칭호와 관련하여 "그 나라에
서는 천황을 매우 높여서 히데요시부터 이하의 모든 관리가 다 신하의 예로서 이
에 처하였고, 히데요시는 나라 안에 있을 땐 왕이라 칭하지 않고 다만 관백이라
칭하였고, 혹은 博陵候라 칭했다."고 평가하고 있다(유성룡, 앞의 책, 34쪽).

48) '황제폐하'라고 칭한 例는 高橋公明, 「朝鮮遺使ブ-ムと世祖の王權」(田中健夫編,
『日本前近代の國家と對外關係』, 吉川弘文館, 1988) 362쪽을 참고.

49) 이전의 통신사가 傳命禮를 행했던 상대는 關白이 아니라 무로마치 막부의 쇼군
이었다. 관백은 히데요시가 취한 官職에 불과하다.

통신사에게 준 사목과 의주에 그리 쓰여있다고 했다. 그러나 김성일은 사목에 썼던 정하배를 禮官이 착오라고 여겨 삭제했다고 주장하고 있다. 그러면서 그는 금후 통신사의 사목과 의주를 영외배로 하여 이를 典例 삼아야한다고 역설하고 있다.

4) 대등 의례 교환

허성은 일본사신이 조선에 와서 정하배를 하니 조선사신도 일본에 가서는 정하배를 해야 한다는 논리로 일본측이 주장하면 어쩔 수 없지 않느냐고 반문한다. 그러나 김성일은 천황이어야 조선국왕의 대등한 외교상대인데 관백이 되므로 정하배는 불가하다고 한다.

그런데 김성일도 천황은 명분에 불과하고 실제권력은 어디까지나 관백인 히데요시가 행사하고 있음을 간과할 수 없었는가 보인다. 영외배를 행하면 조선사신이 높아지고 그리되면 조선이 上國이 되는 것이라고 말하고 있기 때문이다. 그리고 관백이 만약 정하배를 택하면 이는 천황을 참칭하는 의미를 갖게 된다고 일본측에 설득하려 하고 있다. 그러고도 불안했는지 그 하루 전날 외교승 겐소에게 일본의 다이묘들이 관백에게 정하배를 행하는가 묻고 있고, 관백은 君이 아닌 臣의 입장이기 때문에 다이묘들에게 영외배를 강요하지 못한다는 답을 듣고 있다. 이에 김성일이 다시 묻고 있다, 이전에 조선사신은 쇼군에게 영외배를 행해 왔는데 이번엔 어떻게 할 작정이냐고. 겐소가 이에 답하여 영외배로 할 것이며 일본에도 그런 典故가 있다고 하고 있다. 김성일은 이튿날 다시 다른 승려에게 관련 질문을 하여 다음처럼 답을 듣고 있다. 일본 풍속에 無官者에겐 정하배를, 관직 가진 자에겐 영외배를 시킨다. 그러므로 전에 온 琉球 사신에게 영외배를 시켰다.[50]

---

50) 이와는 다르게 무로마치 막부 쇼군의 경우 琉球사절에게 庭下 三拜禮를 행케 하

이에 김성일은 안심한 듯하다. 관백이 대내적으로 다이묘들에게 정하배를 시키지 않는 것처럼, 유구처럼 작은 나라의 사신에게도 영외배를 시킨 것처럼 조선사신에게도 정하배를 강요하지 않을 것이라고. 다만 겐소 등이 조선에 와서 정하배를 했으니 일본에서도 같은 의례를 해야한다는 '敵禮' 논리로 나오는 것을 걱정해서일까, 김성일은 미리 겐소에게 귀띔을 하고 있다. 김성일은 서한의 끝에 강조하여 히데요시가 진짜 왕이라 해도 정하배를 행하는 것은 더할 수 없는 치욕이 될 것이라 결론짓고 있다.

이처럼 정하배 논쟁에서 보여준 김성일의 강경한 자세는 역시 100여년 만의 통신사로서 나쁜 典例를 만든 비난받는 사신이 되어선 아니 되겠다는 다음과 같은 확고한 역사인식에서였다.

> "우리들의 행차가 100년 만에 있는 일이니, 이것도 하나의 시초입니다. 堂 위에서 절하는 것(楹外拜)과 뜰 아래에서 절하는 것(庭下拜)이 모두 오늘날 하기에 달려 있습니다. 그러니 어찌 시초에 조심하지 않아서 후일에 오는 사신이 팔뚝을 걷어붙이고 '뜰에서 절하는 굴욕이 아무개가 사신으로 왔을 때부터 시작되었다'고 하게 할 수가 있겠습니까."[51]

『선조수정실록』에도 김성일이 단독으로 겐소와 따져서 영외배를 하는 것으로 결정하여 이를 恒式으로 삼게 되었다고 적고 있다.[52]

그러면 여기서 위의 3)과 관련하여 예전의 통신사가 일본에 가서 행한 拜禮가 어떤 것이었나 살펴보자.

1439년 통신사 고득종이 쇼군 요시노리(義教)에게 행한 배례는 "고려

고 있다. 『蔭凉軒日錄』文正 元(1466)年 7월 28일조에 의하면, 유구사자가 寢殿의 前庭에서 쇼군에 대해 三拜禮를 행하고 있다.

51) "吾輩之行, 出於百年之後, 此亦一初也. 拜上拜下, 其幾皆在今日, 何可不謹其初, 使後日之使臣, 扼腕而言曰, 庭拜之辱, 自某行始也云乎."(김성일 지음·정선용 번역, 앞의 『국역 학봉전집 1』原本 97쪽).

52) 『선조수정실록』 24년 3월 1일.

(조선) 통신사가 殿中에 이르자 南面한 欄中에서 三拜를 받았다.” 라고 하
듯이 난간에서 행한 三拜禮였다.[53] 1443년의 변효문의 경우는 “臣 이하의
正官은 楹外에 서고, 軍官 이하는 뜰에 서서 모두 四拜를 행했다” 고 하
여,[54] 正·副使 등의 正官級은 영외배를, 군관 이하만이 정하배를 행했음을
알 수 있다. 楹外란 御殿의 지붕을 받치는 바깥기둥에서 처마 밑의 안쪽까
지의 공간을 가리키는 것으로 대체로 마루로 깔려있는 공간이다. 따라서
아시카가 쇼군이 통신사로부터 禮를 받는 楹內(바깥기둥에서 안쪽의 공간
으로 內殿)와 正官級의 통신사가 禮를 행하는 楹外와의 사이에는 공간적인
높낮이의 차가 별로 없다. 이러한 점에서 庭下와 楹外와는 큰 차이가 있다
하겠다. 이처럼 통신사가 쇼군에게 행한 배례는 영외배가 관례였다.

그러면 쇼군의 사자인 일본국왕사가 조선국왕에게 행한 배례는 어떤 것
이었을까? 1422년 일본국왕사 게이츄(圭籌)가 세종에게 행하는 의례와 관
련하여 다음의 기사를 보자.

> 게이츄 등이 殿庭에 들어와서 浮屠의 禮로써 하고 拜禮를 하지 않으려 하자,
> 禮官이 通事로 하여금 그를 타이르기를, “君臣의 禮가 없으면 어찌 使命을 받들
> 고 왔는가. 隣國의 사신이 庭下에서 배례함은 禮이니라.”하니, 마지못해하며 그
> 제서야 절하였다.[55]

조선측은 뜰에 선 게이츄에게 명하여 세종에게 拜禮를 하게 했으나 게
이츄는 불교의 禮인 合掌으로 끝내려하였다. 이에 대해 禮官이 隣國의 사
자가 조선국왕에게 신하의 예로서 정하배를 행함은 당연하다, 고 하여 이

---

53) “高麗通信使, 參殿中, 乃於南面欄中三拜.”(『蔭凉軒日錄』 永享11년 12월 26일條
[『古事類苑－外交部』], 吉川弘文館, 1978. 371쪽).
54) “臣以下正官, 立楹外, 軍官以下, 立庭, 皆行四拜.”(『세종실록』 25년 10월 13일[갑
오]).
55) “圭籌等入殿庭, 以浮屠禮欲不拜, 禮官, 使通事論之曰, 無君臣之禮, 則何以奉使而
來, 隣國之使, 拜於庭下, 禮也, 不獲已乃拜.”(『세종실록』 4년 11월 16일[기사]).

를 강요하고 있다. 이는 쇼군의 사자가 조선국왕에게 정하배를 행하는 것
이 쇼군의 조선국왕에 대한 '적례'라고 조선측이 인식하고 있었음을 보여
주고 있다.

이처럼 조선만이 일방적으로 정하배를 강요해서였을까, 1479(성종 10)
년 통신사가 파견될 때 조정에서는 '일본국왕'에게 書·幣를 전달할 때의
의례로 '日本國王處傳書幣儀'를 정비하여 통신사에게 전달하는 동시에,
1443년 통신사 변효문이 '일본국왕'에게 행한 영외배를 정하배로 바꾸게
끔 하고 있다.

> "변효문의 通信使行에는 正官 이상이 영외배의 禮를 행하였으니 이는 君臣
> 의 禮가 아닌 듯합니다. 대개 王命을 받들어 외국에 가는 사신은 모든 일을 禮
> 에 의거하여 행하도록 하고, 군신 상하의 義를 알도록 해야 합니다. 그러므로
> 이번에 가는 조선사절에게 만약 막부가 다시 영외배의 예를 행하게 한다면 마
> 땅히 禮가 아니라고 거절하고, 强請한다면 그때서야 (堂上에) 올라가서 拜禮하
> 는 것이 어떠하겠습니까?" 하니, 임금이 따랐다.[56]

즉 변효문 때의 영외배는 그 의례가 君臣의 禮가 아니었음을 비판하고,
이번에 파견될 통신사는 일본측에 '君臣上下之義'를 이해시키기 위해 막부
측으로부터 영외배를 허락 받아도 이를 非禮라고 사양하고, 막부가 강하게
요청한다면 그때엔 그에 응하게 하라고 건의하고 있다. 즉 가능한 한 정하
배를 행하게 할 것을 주장하고 있고, 成宗도 이 예조의 의견에 찬동하고
있다.

주목되는 것은 書·幣의 전달 의례가 조선에서 일본국왕사에게 행하게
해온 것과 기본적으로 거의 같다는 데에 있다.[57] 또한 정하배도 이때까지

---

56) "卞孝文之行, 正官以上於楹外行禮, 似非君臣之禮, 大抵奉使絶域, 凡事皆據行禮之,
　　使知君臣上下之義, 今若許陞楹外行禮, 則當以非禮辭之, 强請然後陞拜, 如何, 上從
　　之."(『성종실록』 10년 4월 2일[무자]).

조선측만이 일본국왕사에게 행하게끔 해오던 것이다. 書·幣 전달의례나 정하배의 의례를 막부측이 조선사절에게 행한 적은 없었다. 그런데 조선측은 이번에 통신사의 일본 파견에 즈음하여 두 의례를 솔선하여 행하려고 하고 있는 것이다.

그러면 成宗代 조선이 이러한 君臣관계를 명확히 표현하는 정하배나, 상세한 書·幣 전달의례를 통신사로 하여금 아시카가 쇼군에게 솔선하여 행하게 하려한 의도는 무엇일까? 일본을 기본적으로 '敵國'으로 인식한 점에 있을 것이다. 진정한 '적국' 관계는 사자를 통한 君臣儀禮의 교환으로 성립한다. 그리고 이 군신의례는 상호 교환하지 않는 한 궁극적으로 '적례'로서 성립될 수 없다. 정하배도 書·幣 전달의례도 조선측이 일본국왕사에게 일방적으로 행하게 한 의례이다. 이것을 진정한 '적례'로 위치시키기 위해서는 일본으로 하여금 조선사절에 대해 이들 의례를 행하게 하지 않으면 안된다. 이같은 '일본국왕'에 대한 의례 결정에 대해 당시 조선 조정에서 누구 하나 반대하고 있지 않다. 이는 이 시점에 와서 이러한 '적례' 실현의 의지가 조선에서 공통적인 것이 되어있음을 보여주는 것이다.

그와 똑같은 관점에서 관백 히데요시를 '일본국왕'으로 조선국왕과 적례를 교환해야 할 상대로 자리매김하여 정하배를 행하라고 경인통신사에게도 그 事目과 儀註에 실었지 않았을까? 그런데 禮官이 過禮라고 이를 일부 삭제한 것이 아닐까? 그러나 김성일은 관백≠국왕이란 관점에서 영외배로 바꾸려 한 것이다. 그렇다면 성종대의 정하배 儀註에 보이는 對日 포용적 자세가 宣祖代에 와서, 더욱이 華夷論을 강조하는 성리학자 김성일에겐 對日 멸시론으로 전환된 것이 아닌가 여겨진다.

그러면 왜란 이후인 조선후기 일본에 간 통신사는 에도막부 쇼군에게 어떤 배례를 행하였을까? 그것은 楹內拜였다. 영내배란 즉 영내(전각의 기둥 안쪽)의 上堂에 쇼군의 座位를 설정하고, 三使인 正使·副使·從事官은

---

57) 『세종실록』 卷133의 「受隣國書幣儀」 參照.

그 상당이나 中堂에서 배례를 행하는 것이다. 이는 무로마치시대의 영외배보다도 공간적인 차가 더욱 좁혀진 것을 의미한다. 즉 쇼군과 삼사는 君臣의 방향을 의미하는 북·남쪽에서 서로 마주하고 있기는 하지만 시각적으로는 거의 차가 없는 공간에 위치하고 있기 때문이다.[58]

이러한 통신사의 쇼군에 대한 영내배에 영향 받았기 때문일까, 대마도는 통신사가 쇼군에게 영내배를 행하듯이 자신들도 堂上에서 숙배를 행하게 해달라고 요청하고 있다. 다음의 자료가 그것이다.

> 인조 15년 丁丑(1637) (대마도가) 差倭로 平成連을 보내어 말하길, 조선통신사는 에도에 와서 堂上에서 절하는데 우리들만이 (부산 왜관에 와서) 뜰아래에서 절을 함은 상호간의 대등한 도리가 아니니 차후부터는 대청 마루위에서 배례하게 해달라고 요청했다. 이에 임금이 敎旨로 그 숙배를 모두 불허하니, 倭使가 계책이 궁하여 뜰 가운데 판때기를 깔고 절하기를 청하였고 이에 조정이 이를 허락했다.[59]

이른바 1609년의 기유약조 이후 대마도는 漢城 上京에 수반되는 조선국왕에의 숙배 요청이 조선에 의해 거부되자, 그 대신 부산 客舍에 조선국왕을 상징하는 '殿牌'를 마련하여 그것에 숙배하는 것을 요청하여 허용 받았다. 그러나 1637년 대마도는 差倭를 파견하여, 통신사가 에도에서 쇼군에게 행례할 때에는 堂上에서 하면서도 일본측 사자만이 부산에서 정하배를 행하는 것은 '적례'('均敵之道')가 아니므로 이제부터는 '廳上'(堂上)에서 행례하고 싶다고 요청해 왔다. 이에 조선은, 그렇다면 숙배하는 것조차 용서할 수 없다는 강경방침으로 대응했다. 그러자 '왜사'가 정하배를 행할 때

---

58) 민덕기, 앞의 책, 393쪽.
59) "至仁祖十五年丁丑, 送差倭平成連, 來言曰, 朝鮮通信使, 行禮於江戶堂上, 而吾人,
    則拜於庭, 殊彼此均敵之道, 請行禮於廳上, 因敎旨并不許其肅拜, 倭使計窺, 乃請鋪
    板於庭中, 朝廷許之."(金健瑞編, 『增正交隣志』[1802년 간행] 卷3, 「倭使肅拜式」).

판자를 깔아 그 위에서 하고 싶다고 입장을 후퇴하였으므로 조선은 이를 허용하였다고 한다.

5. 경인통신사에 대한 일본의 대응과 침략 준비

히데요시가 조선 사절을 어떻게 접견했는가는『징비록』이나『선조수정실록』에 상세하다. 즉 사신을 堂上에 올라가 배례를 행하게 했다고 하는 것으로 보아 히데요시는 영외배를 허락한 것으로 여겨진다. 그의 얼굴은 "작고 추하며 낯빛은 검어서 보통 사람과 다른 威儀는 없었으나, 다만 눈빛이 번쩍거려 사람을 쏘아보는 것처럼 느꼈다."고 한다. 그러나 접견 의례의 자리에는 "잔치 기구도 설비하지 않고 탁자 하나만 앞에 놓았으며, 탁자 한가운데에는 떡 한 접시를 놓았다. 술을 질그릇 사발에다 부어 돌리는데 술도 막걸리였다. 그 예절이 매우 간략하여 두서너 번 술잔을 돌리고는 그만두었으며, 절하고 읍하면서 서로 술잔을 주고받는 절차가 없었다."고 적고 있다.[60] 이로 보아 히데요시의 통신사절 접견 의례가 아주 간소했음을 알 수 있다.[61]

애초 대마도측은 통신사를 '高麗關白'이라고 거짓으로 선전했다. 그래서일까 당시 일본측 문헌엔 '조선국사절' '고려의 關白' "고려·남만에서도 복속의 예를 취하기 위해 사자가 와서 교토와 사카이(堺)에 체류하고 있으니 前代未聞의 일이다." 라고 기록하고 있다. 이는 히데요시가 자신의 일본

---

60) 유성룡 지음·김종권 역주, 앞의 책, 34쪽,『선조수정실록』24년 3월 1일.

61) 왜란 이전 무로마치 막부의 통신사 접대는 다음처럼 그야말로 한심했던 듯하다. 1443년 통신사 변효문의 子弟군관으로 일본에 다녀왔던 이인규는 1479년 성종의 질문, 즉 일본에서 사신을 전별할 때의 잔치 의례가 어떠했느냐고 묻자, "朝夕으로 주는 밥에는 모래가 섞였고 파를 넣어 끓인 국을 곁들일 뿐이었으니, 어찌 잔치를 베풀어 음식을 권하여 위로하는 禮가 있겠습니까? 다만 세 대신과 南仙寺·二靈寺·相國寺의 승려가 잇달아 음식을 권하여 위로하였으나, 또한 湯餠과 冷餠에 지나지 않았습니다." 라고 답하고 있다(『성종실록』10년 2월 9일[병신]).

국내에서의 정치적인 위엄과 위치를 강고히 하기 위해 의도적으로 유포시킨 것으로 보인다.[62] 그러나 조선 사절이 히데요시와 같은 권력을 가진 '관백'이 아니라 일개 관리에 불과하다는 것을 이윽고 파악해서인지 『言經卿記(도키츠네쿄키)』나 『晴豊記(하레토요키)』는 '高麗人' '狛人'이라 기록하고 있다. 그래서 히데요시도 접견 의례도 간략하게 행하고 다이묘들도 거의 동원시키지 않고, 公家 5명에 히데요시 측근 3명을 참여시켰을 것이라고 田中敏昭는 분석하고 있다.[63] 그러나 또 한 가지 이유가 있을 듯하다. 즉 히데요시가 여전히 조선을 대마도에 종속된 하찮은 나라로 보았기 때문은 아니었을까?

이어 히데요시의 통신사 접견 광경을 살펴보자.

> 잠시 후에 히데요시가 갑자기 일어나서 안으로 들어갔으나, 자리에 있던 사람들은 모두 움직이지 않았다. 조금 뒤에 한 사람이 便服으로 어린애를 안고 안으로부터 나와서 堂上을 서성거리므로 이를 바라보니 히데요시였다. 이때 자리에 앉아 있던 사람들은 모두 고개를 숙이고 엎드려 있을 따름이었다. 이윽고 난간 밖(欄外)에 나와서 우리나라 악공을 불러 여러 가지 풍악을 성대하게 연주하게 하고 이들 듣고 있는데, 안고 있던 어린애가 그 옷에 오줌을 누었다. 히데요시는 웃으면서 사람을 부르니 한 여자가 그 소리에 응하여 달려 나와 그 아이를 받았고 히데요시는 다른 옷으로 갈아입었는데, 그의 행동거지가 제멋대로였으며 마치 곁에 사람이 없는 것 같은 태도였다. 사신들이 하직하고 물러나왔는데 그 뒤로는 히데요시를 볼 수가 없었다. 상사와 부사에게 은 400냥씩을 주었고, 서장관과 통사 이하의 수행원에게도 차등을 두고 주었다.

여기서 히데요시가 안고 있던 아이는 그의 늦둥이 아들로 1589년 측실

---

62) 윤유숙, 앞의 논문, 884쪽.
63) 田中敏昭, 앞의 논문, 113쪽. 『言經卿記』는 公家 山科言經의 일기이며, 『晴豊記』 는 公卿 勸修寺晴豊의 일기. '狛人'는 고마비토라 읽어 '高麗人'과 같은 의미.

인 요도도노(淀殿)와의 사이에 태어난 츠루마츠(鶴松)였다. 히데요시는 그 갓난 아들을 안고 나왔다. 그리고 옷에 오줌을 싸자 웃고는 옷을 갈아입고 있다. 외교사절을 접견하는 자리에서 도저히 있을 수 없는 행위이다. 이로 보아 일본 전국을 호령하려는 帝王의 모습보다는 늦둥이의 安危 외에는 관심이 없는 늙은 애비의 모습이 이미 비춰진다. 츠루마츠는 1591년 만 2살에 병으로 죽는다.[64]

이어 히데요시가 상사와 부사에게 銀 400냥을 주었다는 기록이다. 그러나 이들이 이 돈을 어떻게 했다는 기록이 특별히 없다. 조선 후기엔 막부측이 보내온 이러한 銀子를 통신사행 三使는 모두 사양하고 있다. 즉 이 돈을 대마도에 건넬 公木用과 戶曹나 兵曹로부터 渡日을 위해 대출받은 금전에 대한 상환금으로, 그러고도 남는 것은 사절의 員役에게 나눠주고 있다.[65]

히데요시가 조선사신에게 건넨 답서는 『선조수정실록』 24년 3월 1일(정유)조에 실려 있다. 이 답서에서 히데요시는 "우리나라 60여 州는 근래 여러 나라로 나뉘어 국가의 기강을 어지럽히고 대대로 내려오는 예의를 저버리고 朝廷의 政事를 따르지 않기 때문에 내가 분격을 견디지 못하여 3~4년 사이에 叛臣과 賊徒를 토벌하여 먼 섬들까지 모두 장악,"하였다고 하고 있다. 그러고는 "일찍이 나를 잉태할 때에 慈母가 태양이 품속으로 들어오는 꿈을 꾸었는데, 相士가 '햇빛은 비치지 않는 데가 없으니 커서 필시 八方에 어진 명성을 드날리고 四海에 용맹스런 이름을 떨칠 것이 분명하다.' 하였는데, 이토록 기이한 징조로 인하여 나에게 敵心을 품는 자는 자연 기세가 꺾여 멸망하는지라, 싸움엔 반드시 이기고 공격하면 반드시 빼앗았다. 이제 천하를 평정한 뒤로 백성을 어루만져 기르고 외로운 자들

---

64) 츠루마츠가 죽자 히데요시는 곧 조카 히데츠구(秀次)를 양자로 삼지만, 1593년 56세에 다시 아들 히데요리(秀賴)를 얻게 되자 2년 후인 1595년 히데츠구에게 모반이라는 죄를 뒤집어씌워 할복자결 시키고 그의 일족 39명을 도륙한다.

65) 민덕기, 「조선후기 對日 通信使行이 기대한 반대급부 - 일본에서 받은 私禮單의 처리와 관련하여 -」『한일관계사연구』 24, 2006, 215쪽.

을 불쌍히 여겨 위로하여 백성들이 부유하고 재물이 풍족하므로 土貢이 전보다 만 배나 늘었으니, 本朝가 개벽한 이래로 朝政의 성대함과 首都의 壯觀이 오늘날보다 더한 적이 없었다.”라고 하며 하늘의 선택을 받은 자가 다름 아닌 자신이라고 칭찬을 늘어놓고 있다.[66] 그러고는 “국가가 멀고 山河가 막혀 있음도 관계없이 한 번 뛰어서 곧바로 大明國에 들어가 우리나라의 풍속을 4백여 州에 바꾸어 놓고 帝都의 政化를 억만년토록 시행하고자 하는 것이 나의 마음이다. 귀국이 앞잡이가 되어 入朝한다면 遠慮가 있음으로 해서 近憂가 없게 되는 것이 아니겠는가. 먼 지방 작은 섬도 늦게 入朝하는 무리는 허용하지 않을 것이다. 내가 大明에 들어가는 날 사졸을 거느리고 軍營에 임한다면 더욱 이웃으로서의 맹약을 굳게 할 것이다.” 라고 하고 있다. 明을 정벌하는데 조선이 길잡이가 되어 적극 협조하지 않으면 안 될 것이라고 엄포를 놓고 있는 것이다.

그런데 경인통신사를 보는 일본측의 시각에 대한 사료는 별로 없다. 아래처럼 『선조수정실록』의 기사가 보일 뿐이다.

> “倭人들은 黃(황윤길)과 許(허성)를 비루하게 여기고 성일의 처신에 감복하여 갈수록 더욱 칭송하였다. 그러나 平義智만은 대단히 유감스럽게 여겨 매우 엄격하게 대우하였기 때문에 성일이 그곳의 사정을 잘 듣지 못하였다. 그후 義智는 우리 사신에게 ‘성일은 節義만을 숭상하여 사단이 생기게 된다.’고 하였다.[67]

즉 일본인들은 황윤길과 허성의 타협적 자세 등을 비웃고 김성일의 節義를 신념으로 삼는 태도에 감탄하였다는 것이다. 그러나 종의지만은 김성일의 태도에 불만을 품어 별로 일본 현지 정보를 들려주지 않았다는 것이다.

---

66) 이에 대해 北島万次는 ‘天下・異域의 통일은 天命’이란 논리와 나란히 生誕의 ‘奇異’를 내용으로 하는 ‘日輪의 아들’이란 논리가 나타나고 있다고 평가하고 있다(北島万次,『豊臣政權の対外認識と朝鮮侵略』, 校倉書房, 1990. 100쪽).
67)『선조수정실록』24년 3월 1일.

한편 당시 일본에 거주했던 포르투갈의 예수회 선교사 루이스 프로이스 (Lois Frois)는 "몇 달 전 조선국왕이 보낸 외교 사절도 수많은 일행을 거느리고서 교토에 왔었는데 중국인과 조선인들은 평소 나다닐 때 보듯이 그 전원이 상스럽게 정강이까지 드러낸 채로 거리를 걸어 다니고 길거리에서 서서 음식을 먹는 등의 품위 없는 자들이었으므로 일본인은 그들을 매우 경멸하면서 포르투갈 인들도 그들과 마찬가지일 것이라고 생각하였던 것이다."라고 표현하고 있다. 여기서 일본인들이 통신사 일행을 경멸하는데 그 이유로 정강이까지 드러낸 채로 거릴 활보하기 때문이라고 한 점은 이해가 되지 않는다. 드러낸 것을 가지고 경멸하는 경우는 조선이 일본에 대해서 그러했기 때문이다. 그러나 길거리에 서서 음식을 먹는 행위는 그러지 않는 일본인들에게 멸시감을 갖게 했을지는 모르겠다. 또한 프로이스는 "일본인들은 이 사절단을 조금도 평가하지 않았지만, 그럼에도 관백은 그들을 매우 정중히 대접하고 명예로써 대우했다."고 적고 있다.[68]

그러면 히데요시의 조선 침략 준비는 언제부터 표면화 되었는가? 히데요시는 1587년 3월, 규슈 정벌에 즈음하여 臣從시킨 대마도주 宗氏를 통해 조선국왕의 入朝와 '征明嚮尊'를 명하고 있다. 주목되는 것은 전술한 것처럼 히데요시가 조선이 지금까지 "대마도 다이묘에게 순종하고 있다", 즉 조선은 종씨에게 종속하고 있다고 이해하고 있다는 사실이다. 히데요시는 대마도에 종속한 조선이란 인식을 전제로 조선국왕의 來朝에 성공하면 대마도 지배를 인정하여 주겠다고 하고 있다.

히데요시의 조선국왕 入朝 명령 이후 종씨가 보인 조선과의 교섭은 전술했으므로 생략한다. 1591년 늦둥이 아들이 병으로 죽은 다음 날인 8월 6일, 히데요시는 明나라 침략 결의를 밝힌다. 즉 교토 五山의 高僧에게 征明供奉을 명한 것이다.[69] 같은 8월, 조선과의 교섭이 결렬되었음을 보고받

---

68) 프로이스 지음, 오만·장원철 옮김, 『프로이스의 「일본사」를 통해 다시 보는 임진왜란과 도요토미 히데요시』, 국립진주박물관, 2003, 73·188쪽.

69) 北島万次, 앞의 책, 29쪽. 中里紀元는 히데요시의 '唐入' 出陣 명령을 1591년 1월

은 히데요시는 '唐人' 決行을 내년 봄에 실행할 것을 전국에 알리고 나고야 (名護屋)성곽의 축조를 규슈의 다이묘들에게 명령하고 있다. 다음 달인 9월엔 마츠라 시게노부(松浦鎭信)에 대해 이키(壹岐)에 대해서도 축성 명령이 내려졌다.[70]

프로이스는 성곽공사 개시 이전의 나고야의 모습에 대해, 그 땅은 외딴 곳으로서 사람이 살기에 부적당할 뿐만 아니라, 식량 이외에 과업을 수행하는 데 필요한 모든 물품이 결여되어 있었고, 산이 많고 더구나 늪지대로서 사람의 손이 닿지 않았던 황무지였다, 고 소개하고 있다.[71] 이런 나고야가 히데요시의 엄명에 의해 대도시로 변모해 갔다. 동북지방의 미토(水戸)에서 參陣한 히라츠카 다키토시(平塚瀧俊)는 나고야의 모습을 고향에 보낸 편지에서 "해안은 모두 다이묘들이 자릴 잡고 산도 들도 빈 곳이 없었다" "(나고야의) 중심지는 교토·오사카·사카이(堺) 사람들이 모두 모여, 물건 또한 없는 것이 없었다." 라 하여, 상인이나 匠人들까지 몰려들어 붐비는 광경을 기록해 두고 있다.[72]

이 나고야에서 1592년 3월, 규슈·츄고쿠·시코쿠의 다이묘들을 비롯하여 16만의 병력이 조선으로 출발하였고, 동시에 에조(蝦夷: 아이누)의 마츠마에(松前)씨까지 포함된 전국의 다이묘들이 나고야에 參陣하여 임진왜란의 전쟁태세에 돌입하게 된다.[73]

6. 맺음말

이상으로 검토한 것과 관련하여 우선 히데요시의 조선침략을 경인통신

5일 내어졌다고 하고 있으나 사료는 제시하지 않고 있다(中里紀元, 『秀吉の朝鮮侵攻と民衆文祿の役 - 日本民衆の苦悩と朝鮮民衆の抵抗 -』, 文献出版, 1993, 13쪽).
70) 笠谷和比古·黒田慶一 共著, 앞의 책, 35쪽.
71) 프로이스, 앞의 책, 179쪽.
72) 笠谷和比古·黒田慶一 共著, 앞의 책, 36쪽.
73) 北島万次, 『加藤清正』, 吉川弘文館, 2007, 2쪽.

사가, 부사 김성일이 과연 예상하고 있었을까 알아보자. 김성일은 교토에
온지 5개월이 지났는데도 王命을 전하지 못하는 이유를, 히데요시가 東征
(호조씨 정벌)을 나가 진압하고 돌아왔지만 교토에 돌아와서는 궁실을 짓
기 때문이라고 황윤길에게 말하고 있다.[74] 이처럼 동북지방의 반대세력을
진압해야 하고 교토의 궁실을 지어 권위를 가지려 하는 히데요시가 조선침
략을 곧 결행할 것이라고 김성일은 생각했을까? 대마도주는 이미 멸망한
쇼니씨와 오우치씨의 명의를 사칭하여 무역 이익을 가로채고 있었다. 이를
교토에 간 김성일이 알아차리자, 이번엔 그 지역을 차지한 고바야카와씨와
모리씨가 그 명의를 승계 받아 對조선 무역관계를 지속하려 한다고 거짓말
하여 그 명의를 계속 확보하려 하고 있다. 더욱이 그동안 축소된 무역관계
의 확대를 요청하고 있다. 이런 평화를 전제로 한 대마도의 잇속 챙기기 동
향을 바라보는 김성일에게 히데요시의 거국적 침략이 예상이나 되었을까?

경인통신사는 1591년 1월 28일 귀국한다. 그런데『선조실록』에서 귀국
관련기사는 있어도 復命 기사는 없다.[75] 황윤길과 김성일의 히데요시에 대
한 상반된 復命은 임진왜란이 일어난 후인 5월 3일자『선조실록』에 가서
야 회상의 형태로 실리게 된다. 이는 무엇을 뜻하는가? 경인통신사의 주된
파견목적이 일본정탐이 아니었으며, 그러므로 그 상반된 복명은 왜란 대비
여하에 어떠한 영향도 주고 있지 않음을 시사하는 것이 아닐까?

오히려 김성일의 경우, 100년만에 파견된 통신사이므로 모범을 보여 이
후의 典例로 삼게해야 한다는 확고한 신념을 가지고 있었다. 그래서 事目
에도 前例도 없었던 宣慰使의 마중을 일본측에 기대했고, 조선의 臣下格이
라는 측면에서 대마도주의 無禮에 대해 재삼재사 문제 삼게 되는 것이다.
그러나 관백이 천황의 신하인 이상 그에게 庭下拜를 행할 수 없다는 김성

---

74) 김성일 지음·정선용 번역, 앞의『국역 학봉전집 2』5쪽의 '客難說로 上使에게 답
   한 편지' 중에서.
75) 『선조실록』24년 1월 13일(경술), 2월 6일(계유).『선조수정실록』엔 선조 24
   (1591)년 3월 1일자에 복명 기사가 있다.

일에게는, 쇼군은 일본국왕이니 그에게 정하배를 행하여 일본에 '君臣上下
之義'를 보여주어야 한다는,[76] 이른바 성종대의 정하배 儀註에 보이는 對
日 포용적 자세는 이미 나타나지 않는다. 오히려 華夷論을 강조하는 성리
학자 김성일의 對日 멸시론이 돋보일 따름이다.[77]

그러면 당시 조선측이 히데요시의 통신사 파견 요청 의도를 어떻게 파
악하고 있었는가 살펴보자.

김성일은 허성에의 서한에서, 히데요시가 '交隣 通好'하려고 '獻俘'까지
하며 통신사 파견을 요청한 뜻은 禮義의 나라인 조선을 흠모하여 일본에
이를 '借重'하려 한 것에 불과하다고 말하고 있다.[78] '借重'이란 남의 권위
를 빌려와 위세를 떤다는 의미이다. 그러므로 막 일본에서 패권을 장악한
히데요시가 조선의 승인과 축하사절 파견을 대내적으로 선전하기 위한 것
이라고 인식하고 있는 것이다.

이러한 인식은 1588년 1월 일본에서 사신이 온 뜻을 모르겠다고 선조
가 의아해 하자, 참찬관 황섬이 조선을 차중하려는 것에 불과할 것이라고
답하고 있다던가, 1589년 8월 일본이 통신사를 파견해달라고 서두르는 이
유를 선조가 묻자 변협이 "借重하여 인심을 진정시키려는 것인지, 우리에
게 흔단을 만들려는 것인지 모르겠습니다."라고 답하고 있는 데서도 보인
다.[79] 왜란 이후인 1606년 2월 선조가 "우리나라 사람은 敵을 잘 헤아리지
못한다. 임진년에 히데요시가 우리나라에 使節을 청한 것에 대해 모두들
논하길 (우리나라를) 借重하려는 뜻일 거라고 하였다. 그러나 히데요시는
天朝마저 경멸하였는데 어찌 우리나라를 借重하려 함이 있었겠는가?" 라

---

76) 『성종실록』 10년 4월 2일(무자).
77) 小幡倫裕는 김성일이 君臣上下의 구별이 있는 일본이라 인식하여 德化시킬 수
   있는 나라로 보고 있었다고 평가하고 있다(小幡倫裕, 앞의 책, 76쪽).
78) "其欲交隣通好, 獻俘請使者, 其意不過慕禮義之國, 欲借重於其邦耳."(김성일 지음·
   정선용 번역, 앞의 『국역 학봉전집 1』, 329쪽, 原本은 같은 권1의 90쪽).
79) "恐不過借重於我國耳"(『선조실록』 21년 1월 3일[정해]), "欲借重鎭定人心耶, 抑開
   釁於我耶, 未可知也."(『선조실록』 22년 8월 1일[병자]).

고 히데요시를 비판하는 가운데서도 보이고 있다.[80] 이처럼 히데요시가 조선을 '차중'하여 파견된 통신사를 통해 대내적인 정치안정에 이용하려고 한 것으로 조선은 평가하고 있었던 것이다. 이렇게 본다면 경인통신사의 使命이 단지 일본 정세의 정탐이나 히데요시의 침략 여하 탐지만은 아니었던 것이다.

이 논문을 끝내면서 한 가지 문제를 제기하고 싶다. 임진왜란의 배경에 대해서다. 먼저 히데요시의 조선 인식을 보자. 전술했듯이 조선이 대마도 종씨에게 지배되고 있다고 여겼다. 그런 인식이라면 침략 일본군의 조선 점령은 그다지 어렵게 여겨지지 않았을 것이다. 그래서 부담 없이 '征明假道'를 조선에 요청했을 것이다. 그렇다면 당시 히데요시의 明나라 인식은 어떠했을까? 프로이스는 히데요시의 대륙정복사업이 실패할 것이라 전망하는 이유 가운데 다음처럼 말하고 있다.

> "일본인은 원래부터 타민족과 전쟁을 하는 일에 훈련되어 있지 않았다. 중국으로 가는 순탄한 길도, 항해도, 정복하고자 하는 敵軍의 언어나 지리도 그들에게는 전혀 알려져 있지 않았다."[81]

조선은 물론 明에 대한 제대로 된 정보나 지식도 없이 히데요시가 중국 정벌을 획책하고 있다고 프로이스는 평가하고 있는 것이다. 히데요시의 일본 전국 평정은 호죠씨 정복으로 1590년 중반에 가서야 이뤄진다. 조선침략 기지로서 나고야 성곽 축조는 1591년 8월에 시작된다. 그리고 1592년 초엔 완성된다. 그리고 임진왜란이다.

이런 전개로 보면 임진왜란은 일본 全國 평정의 연속선상에 있다. 전국 평정의 전쟁이 慣性의 힘 때문에 일본 내에서 멈춰지지 못하고 그대로 조

---

80) 『선조실록』 39년 2월 12일(신해).
81) 프로이스, 앞의 책, 174쪽.

선으로까지 옮겨지게 된 것으로 보인다. 이러한 끊임없는 전쟁의 재생과
확대에 일본 내엔 일촉즉발의 긴장 분위기였던 듯하다. 프로이스는 1591
년 후반기 왜란 직전의 일본 상황을 다음처럼 묘사하고 있다.

> "모든 사람이 이 (대륙) 정복 사업의 준비에 쫓기고 있는 동안 다음과 같은
> 소문이 널리 퍼져 나갔다. 곧 老관백(히데요시)의 이 사업은 결국 성공하지 못
> 할 것이고, 그리고 조선으로 出陣하기에 앞서 일본 도처에서 대규모 반란이 일
> 어날 것이라는 등의 소문이었다. 사실 사람들은 이 정복 사업에 참여하는 것을
> 지독히 혐오하였고, 마치 죽음으로 나아가는 것을 보장 받는 길인 것처럼 여겼
> 다. (중략) 사실 일본 전체가 불안과 感慨에 가득 차 있었기 때문에 누군가 강력
> 한 武將이 老관백을 향해 틀림없이 반란을 일으킬 것이라고 생각하였다."[82]

이런 분위기라면 조선침략을 위한 전진기지로서의 나고야 성곽이 완성
된 시기에도 과연 임진왜란이 시작될 것인가 의아해했을 것으로 보인다. 전
쟁에 의해 모든 것을 잃게 될 대마도에게 특히 전쟁 임박은 어느 시점부터
실감했을 것일까 궁금해진다. 적어도 김성일에게 축소된 무역관계의 회복
을 요청한 시점까지는 조선침략이 상상되지 않았던 것이 틀림없어 보인다.

---

82) 프로이스, 앞의 책, 118~119쪽. 『선조수정실록』에도 다음과 같은 기사가 보인다.
"정유왜란 때 우리나라 어떤 士人이 포로로 잡혀 일본으로 들어가서 民間으로 다
니며 구걸하다가 한 사람의 老僧을 만났는데 그의 말이, '히데요시는 조선에 대
해서는 한때의 賊이지만 일본에 있어서는 만세의 賊이다. 그때에 한두 명의 義士
가 있어 격문을 보내고 義에 입각하여 거사하였다면 히데요시로 인한 재앙이 필
시 이 지경에 이르지는 않았을 것이다.'"("秀吉於朝鮮爲一時之賊也; 於日本爲萬世
之賊也. 當時若有一二義士, 傳檄擧義, 則秀吉之禍, 必不至若是") 라고 하였다 한
다(『선조수정실록』 24년 3월 1일).

제2장
이율곡의 십만양병설은 임진왜란用이
될 수 없다
―동북방의 여진 정세와 관련하여―

1. 머리말

어린 시절 읽었던 임진왜란 野史에는 피난을 떠나는 宣祖가 칠흑같이 어둔 임진강을 무사히 건너는 이야기가 있다. 임진왜란을 미리 예상했던 율곡이 강가의 亭子에 기름을 흠뻑 먹여두어 선조가 장대비를 맞으며 강을 건너는데 활활 타오르게 했다는 것이다. 이런 율곡의 이야기는 그의 십만 양병론과 묶여져서 임진왜란을 예상된 전란으로 기억하게 만들었다.

그래서인지 율곡의 십만양병론은 국가안보와 관련하여 '유비무환' 정신으로 강조되었고, 박정희 정권이 추진한 자주국방 확립을 목적으로 한 戰力증강사업에 붙인 암호명도 '율곡사업'이었다. 박정희는 '율곡사업'을 추진하여 방위산업을 일으켰고 1974년 시작한 제1차 율곡사업은 제3차까지 이어졌다. 그리고 2010년 8월 최신예 구축함인 이지스함이 '세종대왕함'에 이어 제2호로 '율곡이이함'이라 명명되었다.[1] 바야흐로 율곡은 임진왜란을 대비하려했던 선각자로서 바다를 지키는 역사적 인물로 되살아나고 있는 것이다.

십만양병설은 일본 침략이 눈앞으로 다가오는데 오직 율곡만이 이를 알아차리고 대비하자고 했다는 논리를 가지고 있다. 그래서 임진왜란을 이야기할 때에도 "조선에서는 여러 경로로 일본이 침략할 것이라는 정보를 입수하고 그 대책을 논의했습니다. 율곡 이이가 십만양병설을 주장한 것은 그런 정보에 토대를 둔 것이었죠."라는 서술이,[2] 또는 "(율곡은) 병조 판서로 있을 때, 국방을 튼튼히 하기 위해 10만의 군사를 길러야 한다는 10만양병설을 주장했다. 그 무렵 함경도 경원부에 여진족들이 쳐들어왔으나 명

---

1) 김강녕 「율곡의 10만양병론 : 군사적 함의와 교훈」 한국군사학회 『군사논단』 61, 2010, 88~91쪽.
2) 고석규·고영진, 『역사 속의 역사읽기 2 - 우리다움의 전통 조선왕조 500년』, 풀빛, 1997, 158쪽.

장 신립 장군이 쉽게 막아냈다. 그러나 이이가 염려했던 것은 북쪽의 여진족보다는 남쪽의 왜인들이었다. 여러 領主國으로 갈라져 있던 일본은 그 무렵 도요토미 히데요시라는 장수에 의하여 강력한 통일 국가가 되어 있었다."라는 식의 설명이 곧잘 등장한다.[3]

이러한 십만양병설이 최초로 한국사 개설서에 등장하는 것은 이병도에 의해서였다. 그는『한국사 대관』제5권의 「왜인의 동태와 임진, 정유의 왜란」에서 율곡의 십만양병설을 역사적 사실로 싣고 있다. 또한 이상백도 진단학회『한국사』(근세전기편) 6장 「왜란과 대외관계」에서 거의 같은 내용을 싣고 있다. 그런데『한국사대관』의 기사는 김장생이 찬술한 「栗谷行狀」의 기록(후술)을 옮겨 적은 것이고,『한국사』의 그것은『栗谷全書』에 수록된 「栗谷年譜」(후술)를 옮겨 적은 것이다.[4] 이런 과정을 통해 율곡의 십만양병론은 '국민적 상식'이 되어있다.

율곡의 십만양병론에 대하여 1980년대 이후 이를 부정하는 연구가 나타나기 시작했다. 그러나 대체적인 접근 시각이 율곡의 양병론을 반대했다는 유성룡을 긍정한다는 전제에서 성립하고 있다.[5] 즉 율곡의 양병론을 유

---

3) 이야기 한국역사 편집위원회,『이야기 한국역사 7 – 지배체제의 재편과 거듭되는 전란』, 풀빛, 1997. 88쪽.

4) 이재호,『조선사 3대 논쟁』역사의 아침, 2008. 88~92쪽. 여기서『율곡전서』의 간행과정을 보면 최초의 「율곡집」은 1611년(광해군 3) 박지화가 편집한 시집과 제자 박여룡 등이 成渾의 지시를 받아 편집한 문집을 엮어 황해도 해주에서 간행했다. 그러나 여기에는 누락된 것이 많아 1682년(숙종 8)에 박세채가 빠진 것을 모아 續集·外集·別集을 편집하여 다시 간행했다. 이때까지의 「율곡집」은 모두 율곡의 仲兄인 이번이 기록하여 써놓았던 초본을 주로 하고, 여러 사람들이 소장하고 있던 것을 모아 엮어놓은 것이기 때문에 체제가 일관되지 못했다. 그래서 1742년(영조 18) 이재가 율곡의 5대손인 鎭五 등과 상의하여 시집·문집·속집·외집·별집을 합본하고 「성학집요」·「격몽요결」 등을 보완하여, 1749년 「율곡전서」라는 이름으로 38권 23책을 간행했다. 그후 1814년(순조 14) 拾遺 6권과 부록의 속집을 보충하여 총 44권 38책으로 완간하였다.

5) 십만양병설을 부정하는 논문은 다음과 같다. 이재호, 「선조수정실록 기사의 의점에 대한 변석 – 특히 이율곡의 '십만양병론'과 유서애의 '양병불가론'에 대하여 – 」

성룡이 반대하는 바람에 무산되어 결국 아무런 대책 없이 임진왜란을 맞게 되었다는, 일면 '유성룡 반대론'을 부정한다는 측면을 강조하여 이를 극복하려는 시각으로 접근하고 있는 것이다.[6]

최근 필자는 임진왜란기의 북방 여진족을 검토하다가 왜란 10년 전에 발발한 니탕개의 난에 주목하게 되었다.[7] 그리고 왜란 직전까지 조선이 우려한 것은 '南倭'가 아니라 '北虜'였음을 알게 되었다.[8] 니탕개의 난이 일어났던 1583년 당시 율곡은 마침 병조판서였다. 그의 십만양병설도 이 시기에 제시된 것이라 한다. 그렇다면 율곡의 양병설 대상은 북방의 여진이

성균관대학교 대동문화연구원『대동문화연구』19, 1985 ; 황준연, 「율곡 '10만양병설'의 의문점」『한중철학』5, 1999 ; 송복, 『위대한 만남, 서애 류성룡』지식마당, 2007 ; 이재호『조선사 3대 논쟁』, 역사의 아침, 2008 ; 신봉승, 「10만 양병론의 허구」전국한자교육추진총연합회『한글한자문화』137, 2010.

한편, 십만양병설을 긍정하는 논문은 다음과 같다. 최병길, 「율곡 국방론의 이론과 실제」『율곡학보』4, 1997 ; 이진표, 「율곡의 경세사상」『대불대학교 논문집』4, 1998 ; 장숙필, 「율곡의 십만양병설에 대한 소고」『율곡학보』12, 1999 ; 정문교, 「율곡선생 양병 10만: 조선왕조실록 게재자료」『율곡학보』12·13호, 1999 ; 이기남, 「이이의 십만양병론에 대한 재검토」『율곡사상연구』5, 2002 ; 김강녕, 「율곡의 10만양병론 :군사적 함의와 교훈」, 한국군사학회『군사논단』61, 2010 ; 김언수, 「율곡 10만 양병론의 진실」『인물과사상』160, 2011 ; 김언수, 『율곡 10만 양병론의 진실』, 태봉, 2011.

6) 이기남은「이이의 십만양병론에 대한 재검토」(『율곡사상연구』5, 2002), 337쪽에서, "십만양병설의 비판적 고찰 연구는 유성룡 측에 서서 접근하여 '서인 이이와 동인 유성룡' 이라는 등식으로 그 초점을 당파적 성격으로 스스로 제한하여 진정한 史實확인이라는 본지를 흐리게 하였다."고 평가하고 있다.

7) 니탕개의 난에 대한 직접적인 선행연구(~2012년)로는 송우혜, 「조선 선조조의 니탕개란 연구」『역사비평』72(2005년 가을)와 윤호량, 「선조 16(1583) '尼湯介의 亂'과 조선의 군사전략」『고려대학교 대학원 한국사학과 석사학위논문』(2009)에 불과하다.

8) 이에 대한 필자의 연구로는「임진왜란기 조선의 북방 여진족에 대한 위기의식과 대응책 - '南倭北虜'란 측면에서 - 」『한일관계사연구』34, 2009 ; 「임진왜란 직전 조선의 국방 인식과 대응에 대한 재검토 - 동북방 여진에 대한 대응을 중심으로 - 」『역사와 담론』57, 2010 ; 「임진왜란 초기의 전개상황과 그 배경」『전북사학』39, 2011.

지 남방의 일본이어서는 안된다.[9] 당시 일본은 오다 노부나가(織田信長)가 사망한 직후로 도요토미 히데요시(豊臣秀吉)가 아직 정국을 장악하지 못한 시기였으며, 이와 관련한 어떤 정보도 조선에 전달되지 않았던 시기였다.[10] 그럼에도 불구하고 기존연구에서는 '십만양병설 = 임진왜란용'에 세뇌되어선지 이 등식을 부정하려는 시도는 전혀 찾아볼 수 없다.[11]

이에 본 논문에서는 첫째, 십만양병설이 언제 성립되었으며 이를 부정하는 기존연구의 논리가 어떤 것인가 정리·소개하고자 한다. 이는 필자의 새로운 부정 논리를 부각시키기 위해서이기도 하다. 둘째, 병조판서 율곡이 처한 당시대 국방상의 정황을 검토하여 보고자 한다. 즉 '북로'와 '남왜'의 동향 및 조정의 대응을 구체적으로 살펴보고자 한다. 이를 발판으로 셋째, 율곡의 軍政개혁이 무엇을 지향하고 있었는가를 분석하여 십만양병론이 결코 발등의 불이 되는 '북로'用이지 10년 후의 '남왜'용이 될 수 없음을 입증하고자 한다.

2. 기존연구에서의 십만양병설 否定논리

십만양병설이 처음 나타나는 것은 율곡의 문집이 아니라 그의 門人인 김장생(1548~1631)이 찬술한 「栗谷行狀」(1597년)이다. 뒤이어 이를 바탕으로

---

9) 그래서 필자는 이미 2010년에 "그가 만약 십만양병설을 제기하였다면 그건 북방의 여진이지 남방의 일본일 리가 없다", 라고 추정해 보았었다(민덕기, 「임진왜란 직전 조선의 국방 인식과 대응에 대한 재검토 – 동북방 여진에 대한 대응을 중심으로 –」 『역사와 담론』 57, 2010. 346쪽).

10) 16세기 조선에 전달된 일본 정보는 오직 대마도를 통해 여과된 한정적인 것이기 일쑤였다. 16세기는 조선 사절을 일본 중앙정부에 파견하지 않은 世紀였기 때문이다. 1590년에 가서야 통신사가 파견되어 직접 일본 정보를 접하게 된다.

11) 다만 이덕일이 『교양 한국사 3 – 사림의 등장에서 대한제국의 멸망까지』(휴머니스트, 2005) 73쪽에서, "비록 그의 행장에만 기록되어 있지만, 이이는 여진족 이탕개(尼湯介)의 침공에 당황하여 조선 군사력의 현실을 체험하고 '십만양병설'을 주장했으며" 라고 표현하고 있으나 구체적인 내용은 전혀 없다.

이정구(1564~1635)가 찬술한 「栗谷諡狀」(1612년), 이항복(1556~1618)의 「栗谷神道碑銘」(1618년 추정)과 송시열(1607~1689)이 편찬한 「栗谷年譜」에 나타난다. 이를 근거로 『선조수정실록』 15년(1582) 9월조와 『증보문헌비고』에도 나타난다. 그런데 『율곡연보』엔 『선조수정실록』과는 다르게 계미년(1583년, 선조 16년) 4월조에 실려 있다.[12]

먼저 김장생의 행장에 보면, "선생[율곡]이 한번은 경연에서 미리 군대 십만명을 양성하여 급한 일이 있을 때에 대비하소서. 그렇지 않으면 10년이 못가서 흙이 무너지듯 하는 화가 있을 것입니다." 하니 유성룡이 "일이 없이 군대를 양성하는 것은 화근을 만드는 것이다." 라고 반대하였다. 이 당시는 난리가 없은지 오래되어 안일한 것만 좋아하여서 경연에 있던 신하들이 모두 "선생의 말씀은 잘못이다." 고 하였다. 선생은 나와서 유성룡에게 말하기를, "국세의 위태로움이 달걀을 쌓아놓은 것 같은데 時俗 선비는 時務를 모르니 다른 사람이야 진실로 기대할 것이 없거니와, 당신도 또한 이런 말을 하는가." 하였다. 임진왜란이 난 뒤에 유성룡이 조정에서 언젠가 사람에게 말하기를 "지금 와서 보면 李文成은 참으로 聖人이다. 만약 그의 말대로 하였으면 나라일이 어찌 이렇게 되었겠는가. 또 그가 전후에 계획한 정책을 혹자들은 비난하였지만 지금 모두 꼭꼭 들어맞으니 참으로 따라갈 수 없다." 고 말하였다고 적고 있다.[13]

그리고 『선조수정실록』 15년 9월조에는, "이이가 일찍이 경연에서 '미리 10만의 군사를 양성하여 앞으로 뜻하지 않은 변란에 대비해야 한다.'고 말하자, 유성룡은 '군사를 양성하는 것은 禍端을 키우는 것이다.'라고 하며 매우 강력히 변론하였다. 이이는 늘 탄식하기를 '유성룡은 재주와 기개가 참으로 특출하지만 우리와 더불어 일을 함께 하려고 하지 않으니 우리들이 죽은 뒤에야 반드시 그의 재주를 펼 수 있을 것이다.' 하였다. 임진년 변란

---

12) 이기남, 앞의 논문, 338~339쪽.
13) 『국역 율곡전서』 7, 한국정신문화연구원, 1988. 권35, 부록3 행장, 213쪽. 李文成은 후술하듯 율곡의 시호이다.

이 일어나자 유성룡이 국사를 담당하여 軍務를 요리하게 되었는데, 그는 늘 '이이는 선견지명이 있고 忠勤스런 절의가 있었으니 그가 죽지 않았다면 반드시 오늘날에 도움이 있었을 것이다.'고 하였다 한다."고 적고 있다.

이러한 내용의 십만양병설에 대하여 기존연구에서는 다음처럼 부정하는 논리를 펴고 있다.

(1)율곡의 십만양병설을 부정하는 논리의 첫 번째는 제자 김장생에 가서야 이를 처음으로 기록하였고, 이를 바탕으로『선조실록』이 아닌『선조수정실록』에 실려있다는 사실에 대해서이다. 율곡의 문집에도 없고, 십만양병론에 반대했다는 유성룡이나, 또는 양병론을 제기했다는 경연에 참석하였을 당시의 그 어떤 누구의 문집 등의 기록에도 없고, 더더욱『선조실록』에도 실려 있지 않다는 것이다.『선조실록』은 광해군 원년(1609) 편찬되기 시작하여 8년에 완성된다. 당시 집권당이었던 북인 기자헌·이이첨 등이 주도하여 편찬한 것이지만, 임진왜란 이전의 기사는 관련 자료가 전란 통에 타버렸기 때문인지 매우 소략하다는 것이 흠이다. 이후 인조반정으로 북인정권이 몰락하고 서인이 정권을 잡게 되자 실록의 수정이 제안된다. 그리하여 개인의 행장과 碑文, 야사와 잡기 등을 수집하여 효종 8 (1657)년『선조수정실록』이 완성된다. 그러나 수정실록은 이러한 개인적 기록 등을 엄정하게 취사선택하지 않고 그대로 인용하는 등하여『선조실록』에 비하여 공정성을 상실한 것으로 평가되고 있다. 그럼에도 이식은 전술한「행장」과「시장」,「신도비명」과「연보」등을 인용해『선조수정실록』에 그대로 싣고 있다. 그래서 수정실록은 서인의 당파성이 반영되었다는 비판을 받고 있다.[14)

(2)부정 논리의 두 번째는 십만양병설이 시기를 달리할수록 구체화되고 살이 붙는다는 것이다. 즉 김장생의「율곡행장」보다 이정구의「율곡시장」의 내용이 풍부해졌다고 한다.[15) 그런데 송시열의「율곡연보」에 이르러서

---

14) 이재호, 앞의 책, 109~111쪽.

는 以前의 3者, 즉 행장·시장 및 이항복의 「율곡신도비명」과는 다르게 양
병론의 건의시기를 계미년(1583년) 4월이라고 명시하고 있다. 이전의 3자
는 "일찍이 경연에서 건의했다"고만 기록하고 있었다. 또한 「율곡연보」에
선 군병의 배치와 교련방법까지 구체적으로 설명하고 있음이 이전의 3자
와 다르다. 즉 10만을 양병하여 都城에 2만, 각 도에 1만씩 배치하고는 戶
役을 면제하고 才幹者를 교련한 후, 그들에게 6개월씩 교대로 도성을 수비
하게 하고, 사변이 있으면 10만 명을 합하여 도성을 파수하도록 하여 위급
한 사태에 대비하게 하라고 하고 있다.[16] 그러나 계미년에 주장했다는 것
에 대해 근거를 제시하지도 않고 있다.[17] 또한 양병론의 건의시기가 『선조
수정실록』에선 선조15(1582)년 9월조에 게재되어 있음에 비해 「율곡연보」
에선 선조16년 4월조에 기록된 것을 가지고 의문을 제기하고 있다.

그리고 유성룡이 율곡를 가리켜 "李文成 眞聖人也"라고 했다고 「행장」·
「시장」·「연보」에서 기록하고 있음을 들어, 율곡의 시호가 '문성'으로 내려
지는 것은 유성룡이 사망한지 17년이 경과한 1624년인데 어찌 그 시호를 미
리 알았을 것인가 문제 삼아 이를 양병론을 부정하는 단서로 삼고 있다.[18]

(3)십만양병설을 부정하는 논리의 세 번째는 당시 조선왕조에서 10만의
상비군 양성이 애당초 성립할 수 없을 것이라는 추정에 근거한다. 특히 이
를 당대의 평가를 통해 입증하려 하고 있다. 김만중은 율곡이 주창한 십만
양병을 유성룡이 불가하다고 한 것은 잘한 일이라고 평가했다. 조선이 십
년 동안 병졸을 군적에 등록시켜 훈련 검열을 하더라도 반드시 도요토미
히데요시의 철검과 화총을 대적할 수는 없을 것이고, 민심이 한번 離散되
면 틀어질 것으로 양병의 효과를 보기도 전에 이미 양병의 피해를 받게 될

---

15) 이재호, 앞의 책, 95~96쪽.
16) 『국역 율곡전집』 7, 1988. 권 34 부록 2 연보 下.
17) 이재호, 앞의 책, 97~98쪽.
18) 이재호, 앞의 책, 99쪽. 이에 대해 장숙필은 시호를 받게 된 후에 수정한 것이라고
    추정하고 있다(장숙필, 앞의 논문, 187쪽). 이기남도 율곡문집을 복간하는 과정에
    서 착오로 시호로 바뀐 것일 거라고 설명하고 있다(이기남, 앞의 논문, 349쪽).

것이라고 진단하고 있다.[19] 실학자 이익 또한 다음처럼 십만양병론에 대해 부정적이었다.

> "우리나라 풍속에는 한가하게 노는 자가 수없이 많으니 난리가 일어났다고 통보가 있을 경우 군사를 늘리는 것은 어렵지 않다. 다만 병사를 먹이는 일이 쉽지 않을 따름이다. 우리나라 사람은 하루에 쌀 2되를 먹지 않으면 굶주린다. 병사가 10만명이면 하루에 2만 말(斗)을 먹는다. 우리나라 관례에 15말을 1石이라 하니 하루에 1,330여 석을 소비해야 한다, 한 달 동안 훈련을 한다면 4만석을 소비하게 된다. 그 가운데는 騎兵도 끼어 있으니 말먹이는 이 수량에 포함되어 있지 않다. 또 행군할 적에 소나 말 1필이 쌀 20말을 운반하는 것을 표준으로 삼는다면, 1,000필이 있어야 하루의 식량을 운반할 수 있다. 1,000필의 소나 말이 동원되면 이를 모는 자도 1,000명이 있어야 하는데 그들의 식량도 여기에 포함되어 있지 않다. 만일 10일 동안 행군을 한다면 사람과 말을 먹이는 곡식은 이루 헤아릴 수 없을 것이다. 게다가 무기를 구입하고 이리저리 쓰는 비용은 이 수효에 들어 있지 않으니 어떻게 견딜 수 있겠는가? 이런 형편으로 천만년 동안 난리가 없기를 바랄 뿐이니 난리가 일어나면 반드시 패하게 된다."[20]

이익은, 군사는 10만을 채울 수 있을지 모르나 군량 마련과 운반이 至難한 문제가 될 것이라고 구체적인 수량을 적시하며 비판하고 있다. 즉 10만 군사의 1개월 군량만도 4만석에 이르며, 여기에 군량 운반을 위한 牛馬 조달이나 무기 확보 등으로 전쟁이 나기 전에 국가가 망할 것이라고 단언하고 있다. 이재호는, 율곡의 군정개혁에 대한 건의가 여러 차례 있었지만 대부분 邊將의 侵虐을 제거하고 군적의 정비를 단행해야 한다는 것이었으며, 그가 제시한 '時務六條'를 보아도 養兵은 養民으로 그 근본을 삼아야

---

19) 김만중, 『서포만필』 하, 535~536쪽.
20) 이익, 『성호사설』 상3, 「人事門」 豫養兵條.

된다고 강조하면서 양병에 따른 '재용을 충적시킬 것'과 '전마를 준비할 것'만이 군정개혁으로 10만 양병의 내용은 없었다고 주장하고 있다.[21]

(4)십만양병설을 부정하는 논리의 네 번째는 유성룡이 반대했다는 것을 들어 이는 당쟁적 차원에서의 날조라고 주장하고 있다. 이재호는 율곡의 『경연일기』(1565~1581년)에 유성룡과의 의견대립 내용이 全無하며, 또한 유성룡의 연보와 문집 등에도 율곡과의 대립 내용이 전무함을 들어 유성룡의 반대를 날조로 보고 있다.[22]

이덕일도 「주류 역사학계를 쏘다 ⑨ 노론사관에 일그러진 조선후기사」란 글에서, 십만양병설의 가장 큰 문제는 유성룡의 반대로 무산된 것처럼 기록한 데 있다고 하고, 이는 서인의 영수 율곡의 선견지명을 남인의 영수 유성룡이 반대해 전란이 초래되었다고 주장하기 위한 조작이었다고 추정하고 있다. 그리고 잠곡 김육이 쓴 '이순신 신도비'에는 율곡과 유성룡이 이순신을 등용하기 위해 서로 협력하는 내용이 나오고 있는 만큼, 율곡과 유성룡은 당파를 초월해 나랏일에 협력할 수 있는 사이였으나 黨心에 찌든 율곡의 제자들이 십만양병설을 창조해 그 무산 혐의를 유성룡에게 뒤집어 씌우고 둘 사이를 이간질했던 것이라고 진단하고 있다.[23]

이처럼 기존연구에서는 십만양병설이 오직 율곡의 제자인 김장생의 기록에서 비롯되고 있다는 점, 시기를 달리하며 그 내용에 살이 붙고 구체화된다는 점, 10만의 養兵이 當代 불가능하다는 점, 서인 율곡 對 동인 유성룡이란 構圖를 가지고 있다는 점 등을 들어 양병설을 부정하고 있다. 그러나 그 어디에도 율곡의 양병설을 제기한 시점을 가지고 이를 문제 삼은 연구는 전혀 찾아볼 수 없다.

---

21) 이재호, 앞의 책, 125~128쪽. '시무육조'는 賢能 임용, 軍民 양성, 財用 충족, 藩屛 굳건히 할 것, 戰馬 준비, 교화를 밝힐 것을 가리킨다.
22) 이재호, 앞의 책, 113~115쪽.
23) http://www.hani.co.kr/arti/society/society_general/364624.html

3. 병조판서 율곡이 처한 대외적 상황

율곡이 병조판서가 되는 것은 1582년 12월이다.[24] 그리고 이윽고 동북방이 니탕개의 난으로 소란스럽게 된다.[25] 실록으로 보면 경원부의 번호 니탕개 등이 경원과 아산보를 포위한 것이 선조 16(1583)년 2월 7일(경인)조에 실려 있다. 그리고 이 두 곳이 함락되었음은 이틀 뒤인 9일(임진)조에 실려 있다. 실록의 2월 20일(계묘)조의 북병사 서장이 2월 9일의 내용을, 8일 뒤인 28일(신해)조의 북병사 서장이 2월 16일에 행한 일을 보고하고 있는 점으로 보아 6진 지역에서 올린 보고가 조정에 전달되어 논의되어지는 것은 대체로 10여일이 소요되는 듯하다. 그렇다면 니탕개의 난은 1월말 발생한 것으로 여겨진다. 처음엔 경원 아산보 藩胡의 추장 우을지(迂乙知)가 전 萬戶 최몽린의 포악함을 명분으로 격문을 이웃 번호들에게 보내 난을 일으켰다고 한다. 이들 賊胡 1만여 기병은 경원부를 포위하여 난입하기에 이르렀는데, 그때 호응하여 합세한 번호가 종성의 栗甫里와 회령의 尼湯介였고, 특히 니탕개가 제일 강성하였다고 한다.[26]

이에 조정에서는 서둘러 군사 8,000명을 선봉으로 파견하고 후속 군사

---

24) 이 시기 율곡이 병조판서에 발탁된 것은 그가 軍政의 개혁을 주장하는 「萬言封事」(선조 7년 1월), 「陳海西民弊疏」(선조 7년 10월), 「陳時事疏」(선조 14년 5월) 등의 상소를 올려서 강력하게 軍政의 문란상을 지적하고 개혁 방안을 제시했던 일이 그 배경이 된 듯하다(송우혜, 앞의 논문, 302쪽).

25) 조선의 동북방에 대한 우려는 이미 명종대부터 커지고 있었다. 즉 西水羅의 조선 백성이 야인에게 150명이나 잡혀가 조정에서는 그 응징이 거론되고 있었다(『명종실록』 8년 12월 9일[신사]). 선조대 실록으로 보아도 1575년 9월 執義 신점이, 北方이 텅 비어서 오랑캐 騎兵이 침입해온다면 지킬 방책이 없으니 미리 장수를 파견해 달라고 요청하고 있고(『선조수정실록』 8년 9월 1일 ; 『선조실록』 8년 9월 27일[임술]), 1577년 12월 경흥부사 장준에게 선조가, 경흥은 요새지로 군졸이 잔약하고 고을이 허술하여 오랑캐에 대한 경계가 염려된다며 軍民과 오랑캐를 잘 무휼하고 방비를 엄하게 하라고 당부하고 있다(『선조실록』 10년 12월 24일[병오]).

26) 『선조수정실록』 16년 2월 1일조.

파견을 서두르고 있다.[27] 또한 죄를 짓고 유배 또는 감금 중인 전임 장수도 방면하여 해당지역에 파견할 것, 군량용으로 경상도 연해 고을의 쌀을 육로나 해로로 운반하되, 운반에 민력이 부족하면 종친과 대신들에게 소나 말을 내놓게 할 것, 안변 이북의 私奴들을 군대로 징발 편성해 북도의 방어에 임하도록 하되, 징발당한 사노의 주인에겐 하삼도의 公賤으로 충당하거나 다른 명목으로 상을 내리도록 할 것, 探銀 금령을 해제하여 군량에 보태도록 하되 6진과 갑산에 한정하여 探銀할 것, 등등의 대대적인 대응에 나서고 있다.[28]

이후 賊胡는 훈융진을 포위하다 격퇴당한다. 함락 당했던 경원과 안원보는 2월 중순께 탈환하고 북병사 이제신이 적호 부락을 소탕해 300여급을 참획하고 있다. 그러나 5월 다시 적호의 공격이 시작된다. 즉 2,000騎로 종성에서 시작된 것이 회령·온성 등지의 藩胡들까지 경원의 번호와 통모하여 20,000여 기로 늘어나, 종성을 포위 공격하여 군관과 토병 다수를 살해하고 兵使마저 포위하였다고 한다. 특히 5월 16일의 동관진 공격엔 30,000 기 규모였다고 한다.[29] 조정은 대책을 서둘러 公·私賤 중에 활을 잘 쏘는 자 200명을 선출해 면포와 쌀을 주고, 활을 쏠 줄 모르는 백성들에겐 保를 주어 戰馬를 갖추어 보내기로 하고, 군량의 보충을 위해 고급 관료와 수령들에게까지 쌀을 걷어 보내자고 제안하고 있다.[30]

---

27) 저자 미상, 『癸未記事』 2월 7일조. 이 책은 선조 16년(癸未) 1년간의 時政을 날짜 순으로 기록한 것이다.

28) 『선조실록』 16년 2월 10일(계사).

29) 윤호량, 앞의 논문, 24쪽.

30) 『선조실록』 16년 5월 13일(갑오). 『선조수정실록』 16년 5월 1일조엔 大酋 율보리와 니탕개가 10,000여 기로 종성으로 진입하였고, 조선군이 이를 저지하다 군관 권덕례 등이 피살되었지만, 종성이 포위된 이튿날 신립의 기병대에 의해 구원되었다고 적고 있다. 그리고 본문의 '保'란 保人을 가리키는 듯하다. 보인이란 군역의 의무를 가진 자가 현역에 나가지 않는 대신 正軍을 경제적으로 지원하기 위해 편성된 身役 담당자를 말한다(심승구, 「朝鮮 宣祖代 武科及第者의 신분」 『역사학보』 144, 1994, 54쪽).

이후에도 적호는 적게는 千, 많게는 수만 騎가 조선군에 대항하며 6진 지역에서 출몰을 거듭한다. 조정은 6월 북방의 방어 확충을 위해 각도에서 정예를 뽑아 파송하기로 하고, 전라·경상도 각 800명, 충청도 600명, 황해도 500명, 개성부 100명, 서울 200명으로 도합 3,000명을 보내기로 하고 있다.[31] 그 후 7월 19일의 순찰사 치계에 의하면 니탕개와 율보리 등이 20,000여 기를 인솔하고 방원보를 포위하여 寅時부터 未時까지 진퇴하며 서로 접전하였다고 한다.[32] 이를 마지막으로 실록 등의 사료에서 1583년의 니탕개를 중심으로 한 침략은 종식되는 듯하다.[33]

그러나 이보다 조금 전인 7월 초에도 선조는 다음처럼 명령하고 있다.

> 牧에 명하여 下三道에 있는 사찰의 종을 거둬들여서 銃筒을 만들라고 분부하다. 下教하기를, "佛氏는 본시 자비심으로 은덕을 베푸는지라, 머리와 눈까지 아끼지 않고 인명을 구한다. 하물며 지금은 국가가 어려운 처지에 있고 변방의 백성들이 도탄에 빠져 있으니, 그 종을 버려서 敵國을 막는 것은 불씨의 소원일 것이다." 하다.[34]

하삼도 사찰의 종을 거둬들여 총통을 만들라는 선조의 이같은 분부로 보아서도, 니탕개의 난이 조정에 얼마나 큰 위기의식을 불러일으켰을까 가히 짐작할 수 있다.

---

31) 『선조실록』 16년 6월 11일(신유).

32) 禹性傳, 『癸甲日錄』 萬曆11年 癸未 8월 1일조, 『선조실록』 16년 8월 1일(경술). 『계갑일록』은 계미(1583)년 6월부터 갑신(1584)년 8월까지의 정치 기사를 일기체로 엮은 사료이다.

33) 니탕개의 난에 대해서는 송우혜와 윤호량의 앞의 논문 이외에 민덕기, 「임진왜란 직전 조선의 국방 인식과 대응에 대한 재검토 – 동북방 여진에 대한 대응을 중심으로 – 」(『역사와 담론』 57, 2010), 348~353쪽을 참고.

34) "令牧取下三道寺刹鍾, 鑄銃筒. 上教, 有佛氏本慈悲施捨, 不惜頭目, 以救人命. 況今國家艱虞, 邊民塗炭, 其損鍾禦敵國, 佛氏之所願聞也."(『癸甲日錄』 萬曆11年 癸未 7월 3일조).

율곡이 병조판서로 있던 시절 동북방의 '北虜'문제가 이렇게 극히 우려할 단계였다면 '南倭'문제는 어떠했을까?

1555년의 을묘왜변 이후 이렇다 할 對日 방어 관련기사는 실록에 보이지 않는다. 1583년의 경우 국방과 관련한 실록의 對日 기사는 3건 정도이다. 전라·경상도 연해의 창원·양산·장흥·순천·영광·강진·해남 등지 고을의 문관 수령을 모두 武臣으로 대체 임용하기로 한 것이 그 하나다. 남방의 유사시에 防禦使나 元帥로 누가 적합하냐는 선조의 질의가 그 둘이다. 전라 감사 김명원이 사임하면서 자신에 대신할 후임으로 전주부윤 심의겸을 추천한 것에 대해 조정에서 그 처벌이 논의되는 가운데 "지금은 남쪽 지역의 방어가 바야흐로 긴요한 때이니, 우선은 국문하는 것을 그만두도록 하라."는 선조의 발언이 그 셋이다.[35]

그런데 같은 해 6월 전술했듯 하삼도를 중심으로 한 지역에서 군사 3,000명을 뽑아 동북방에 파송하고 있다. 송우혜는 이에 대해 "당시 군이 '경기도 이하 5도'에서 군사를 징발한 까닭은, 전쟁터에 가까운 지역은 전쟁이 확대될 경우 등 만약의 사태에 대비하여 지역 방어 체제를 고수해야 했기 때문에 전쟁이 휩쓸릴 위험이 상대적으로 적은 남쪽 지방의 장정들을 동원한 것"이라고 추정하고 있다.[36] 본론 전개상 매우 수긍이 가는 추정이다.

1584년의 對日 방비에 대한 기사는 단 한 개뿐이다. 선조가 동북방의 방어를 위해 武士 別試를 제안하면서, 이러한 이벤트로 무예에 종사하는 사람이 많아져야 '南倭'의 변고(南倭之變)나 지방의 도적(域中之賊)이 덩달아 일어나는 일도 방비할 수 있을 것이라고 하고 있다. '北虜' 방어책이 부수적으로 '남왜'나 지방 도적 대비에도 도움이 된다는 논리라 하겠다.[37]

---

35) 『선조실록』 16년 2월 20일(계묘), 3월 4일(병술), 5월 20일(신축). 김명원은 그러나 곧 推考되어 파면되고 있음이 같은 해 5월 20일조에 보이고 있다.

36) 송우혜, 앞의 논문, 305쪽.

37) 『선조실록』 17년 1월 14일(임진). 對日방어 기사가 증가하는 것은 1587년 2월 왜선이 18척이 고흥 등지를 침범하면서부터이다(손죽도 왜변). 그러나 이것은 왜구의 약탈 수준을 넘지 못했다(민덕기, 앞의 논문, 356~357쪽).

이처럼 율곡이 십만양병설을 제안했다는 병조판서 전후의 시기, 동북방은 戰時상황인데 비하여 남방은 특별한 변화가 없었다. 그렇다면 이 시기 조선이 전혀 감지하고 있지 못하고 있지만 일본 정세는 어떠했을까? 1582년 6월, 100년간의 戰國시대를 종식시키고 전국을 통일하여 가던 오다 노부나가(織田信長)가 부하의 배반으로 자결하자, 이 기회를 틈타 그의 부장이었던 도요토미 히데요시가 두각을 나타나게 된다. 그가 점차 세력을 넓혀가 라이벌인 도쿠가와 이에야스를 臣從시키는 것은 1586년이다. 20만의 대군을 이끌고 규슈를 진압하는 것은 그 다음 해인 1587년이다. 이렇게 전국적인 패권을 장악하는 시기에 이르러서야 히데요시는 대마도 宗氏를 통해 조선에 압력을 가하려 한다.[38] 그렇다면 일본 내에서조차 패권을 누가 장악할지 안개 속이었던 1583년, 임진왜란과 같은 일본 정규군의 침략을 상정하여 율곡이 십만양병설을 주창하였다는 것은 언어도단이다.

4. 율곡이 지향한 군정개혁

다음은 율곡의 주요 개혁안을 그가 병조판서로 있었던 기간의 軍政개혁과 관련한 건의 기사를 중심으로 실록에서 발췌 정리한 것이다. 이를 가지고 십만양병설에 관하여 검토하고자 하는데, 밑줄 친 부분이 특히 그러하다.

a)『선조수정실록』15년(1582) 9월 1일(병진)
율곡이 네 가지 時弊의 개정을 논한 상소문에서,
①"혹시라도 외적이 변방을 침범하거나 도적이 국내에서 반란을 일으킨다면 방어할 만한 병력도 없고 먹을 만한 곡식도 없고 신의로 유지할 수도 없는데," 라는 현실 인식 표현.

---

38) 田中敏昭,「豊臣政權의 日本統合과 對馬島主 宗氏의 朝鮮交涉」『동서사학』5, 1999. 102~104쪽.

②"제거시켜야 할 누적된 폐단에 대해서는 첫째 貢案을 개정하고, 둘째 守슈을 줄이고, 셋째 監司를 久任시키는 세 가지뿐." (중략) 監司는 자주 교체하지 않아야 백성들을 잘 다스릴 수 있고 변란에도 적절히 대응할 수 있기 때문이라고 설명.

③"이이가 일찍이 경연에서 '미리 10만의 군사를 양성하여 앞으로 뜻하지 않은 변란에 대비해야 한다.'고 말하자, 유성룡은 '군사를 양성하는 것은 禍端을 키우는 것이다.'라고 하며 매우 강력히 변론하였다. 이이는 늘 탄식하기를 '유성룡은 재주와 기개가 참으로 특출하지만 우리와 더불어 일을 함께 하려고 하지 않으니 우리들이 죽은 뒤에야 반드시 그의 재주를 펼 수 있을 것이다.' 하였다. 임진년 변란이 일어나자 유성룡이 국사를 담당하여 軍務를 요리하게 되었는데, 그는 늘 '이이는 선견지명이 있고 忠勤스런 절의가 있었으니 그가 죽지 않았다면 반드시 오늘날에 도움이 있었을 것이다.'라고 하였다 한다."

b) 『선조실록』 16년(1583) 1월 22일(병자)

선조가 병조 판서 율곡에게 "我朝의 병력이 前朝에 못 미치고 있는데 오랫동안 昇平을 누린 나머지 兵政 또한 해이된 지 오래이다. (중략) 지금 경이 참으로 기발한 계책을 세워 전래의 폐습을 모조리 혁파하고 이어 養兵의 계획을 세운다면 국가에 있어서 다행일 것이다."

c) 『선조실록』 16년(1583) 2월 15일(무술)

병조판서 율곡이 아뢰었다.

①"(前略) 군대와 식량이 모두 부족하여 하찮은 오랑캐가 변경만 침범하여도 온 나라가 이렇게 놀라 술렁이니, 혹시 큰 적이 침범해 오기라도 한다면 아무리 지혜로운 자라도 어떻게 계책을 쓸 수가 없을 것입니다. (중략) 더구나 지금 慶源의 적으로 말하면 1~2년 만에 안정시킬 수 있는 것이 아닌데, 만약 兵威를 한번 떨쳐 그들의 소굴을 소탕해 버리지 않는다면 6진은 평온을 누릴 기회가 영원히 없을 것입니다. 지금 서둘러 다스릴 수 있는 힘을 길러 후일의 대책을

세우지 아니하고, 그때그때 미봉책만 쓰려 든다면 어찌 한 모퉁이에 있는 적만
이 걱정거리이겠습니까. 아마 뜻밖의 환란이 말할 수 없이 많게 될 것입니다."

②'時務六條'로 첫째 賢能을 임용할 것, 둘째 軍民을 양성할 것, 세째 財用을
풍족하게 만들 것, 네째 藩屛을 튼튼하게 할 것, 다섯째 戰馬를 갖출 것, 여섯째
敎化를 밝히는 것이라고 제기.

③軍民 양성을 설명하며, "養兵은 養民이 밑바탕이 되어야 합니다. 양민을
하지 않고서 양병을 하였다는 것은 옛부터 지금까지 들어본 적이 없습니다. (중
략) 1백만 군대가 하루아침에 흩어지게 되는 것은 먹을 것이 없기 때문입니다.
지금의 국가 저축은 1년도 지탱 못할 빈약한 것이니, 참으로 나라가 나라답지
못하다는 것이 바로 이 경우입니다. 위아래가 이러한 걱정이 있음을 뻔히 알면
서도 재정을 늘릴 방도는 생각하지도 않고 어찌할 수 없다는 핑계만 대고 있으
니, 큰 적이라도 나타나 남쪽이나 북쪽에서 돌진하여 온다면 무엇으로 군량을
할 것입니까."

④藩屛을 튼튼하게 할 것을 설명하여, "서울이 腹心이라면 사방은 울타리가
되는 것입니다. 울타리가 튼튼해야지만 복심이 믿는 데가 있어 안정을 누릴 것
인데, 지금 사방의 여러 고을들이 모두 殘弊되어 있는 데다 監司까지 자주 바뀌
어 백성들이 道主가 어느 사람인지조차 모르고 있으니, 가령 포악한 적이 불의
에 나타나 사납게 쳐들어온다면 감사가 비록 창졸간에 節制를 하려고 해도 백
성들이 서로 믿지를 않아 명령이 행해지지 않을 것이니 무엇을 어떻게 할 수
있겠습니까. 이는 반드시 패할 수밖에 없는 길입니다."

d) 『선조수정실록』16년(1583) 4월 1일(임자)

율곡의 상소문에,

①"(연산군 이후) 근심에 쌓인 백성들이 항상 도탄 속에 빠져 아무리 호소해
도 위에는 알려지지 않으니, 외적의 침입이 없다 하더라도 진실로 이미 위태로
운 형편에 이르렀다 하겠습니다. 더구나 지금은 북쪽 오랑캐와 틈이 벌어져 병
화가 잇달아 일어나고 있는데 구원하자니 나라의 병력이 모자라고 군량을 대자

니 창고에 쌓아둔 저축이 없으며, 늦추어주면 해이해져 단결되지 않고 다그치면 흩어져서 도둑이 됩니다. (중략) 오늘날의 일로써 말한다면 조정을 화합시키고 옳지 못한 정사를 고치는 것이 근본이고, 병력과 식량을 조달하여 방비를 튼튼히 하는 것은 말단입니다."

②"弊政을 혁신하는 문제에 대하여 臣이 전부터 간청한 바는 貢案을 개정하고, 軍籍을 고치고, 州縣을 병합하고, 監司를 久任시키는 4조항이었을 뿐입니다. (중략) 지금 변방 사태가 점점 심각해져서 안정될 기약이 없으니, 우선 시급한 것은 군사인데 식량이 모자랍니다. 그렇다고 부세를 더 징수하게 되면 백성이 더욱 곤궁해질 것이고 더 징수하지 않으면 國庫가 반드시 바닥날 것입니다. 더구나 軍器를 별도로 만들고 禁軍을 더 설치하는 등의 일 모두가 불가피한 것으로서 경비 이외에 조달할 곳이 매우 많은데, 어떤 특별한 계책을 내어 경비의 용도를 보충해야 될지 모르겠습니다."

③"그러나 만약 慶源의 하찮은 오랑캐들이 끝내 잘못을 뉘우치지 않고 다른 진영의 藩胡들까지 기회를 틈타 부추김을 받고 난을 일으킨다면 함경도의 병력만으로는 결코 지탱할 수가 없을 것입니다. 그렇다고 해서 지금 구원병을 보내자니 훈련도 안 된 백성을 몰아넣기가 어려운 형편이고 식량을 실어 보내자니 2천리의 먼 길에 양식을 모으기가 어려운 형편입니다. 이러한 때에 일상적인 규정에만 얽매인다면 잠깐 사이에 일을 그르치고 말 것입니다."

④"서얼과 公賤·私賤 중에서 武才가 있는 자를 모집하여 스스로 식량을 준비해서 南道와 北道에 들어가 防守하게 하되, 북도는 1년, 남도는 20개월을 기한으로 하여 응모자가 많도록 하는 한편 병조에서 試才한 뒤 보내게 하소서. 그리하여 서얼은 벼슬길을 허통하고 賤隷는 免賤하여 良人이 되게 하며, (중략) 그리고 만약 무재가 없는 경우에는 남·북도에 곡식을 바치게 하되 멀고 가까운 거리에 따라 그 많고 적은 수를 정하고, 벼슬길을 허통하고 양인이 되게 하는 것도 武士와 같게 하소서. 그러면 군사와 양식이 조금은 방어에 대비할 수 있게 될 것입니다."

e) 『선조수정실록』 17년(1584) 12년) 1월 1일(기묘)

이조판서 율곡의 졸기에, "(前略) 그러나 이이가 졸한 뒤에 편당이 크게 기세를 부려 한쪽을 제거시키고는 조정을 바로잡았다고들 하였는데, 그 내부에서 다시 알력이 생겨 사분오열이 되어 마침내 나라의 무궁한 화근이 되었다. 그리하여 임진왜란 때에 이르러서는 강토가 무너지고 나라가 마침내 기울어지는 결과를 빚고 말았는데, 이이가 평소에 미리 염려하여 먼저 말했던 것이 사실과 부합되지 않는 것이 없었다. 그래서 그가 건의했던 각종 便宜策들이 다시 추후에 채택되었는데, 국론과 民들이 모두 '이이는 도덕과 충의의 정신으로 꽉 차 있어 흠잡을 수 없다.'고 칭송하였다."

이 기사들을 통해 첫째 율곡이 추진한 개혁의 골자를 살펴볼 수 있다. 1582년 단계에선(a - ②), 세금부과의 근거자료인 貢案의 개정과 守令 감축 및 監司 久任을 들고 있다. 그리고 설명으로 공안 개정은 民力이 여유를 갖게 해야 조세도 적량 증액하고 국가재정도 충족될 수 있기 때문이라고 하고, 수령 감소는 고을과 수령이 너무 많고 백성이 적으므로, 감사는 자주 교체하지 않아야 백성들을 잘 다스릴 수 있고 변란에도 적절히 대응할 수 있기 때문이라고 설명하고 있다. 그렇다면 (a)에선 (a - ③)을 제외하곤 군정개혁과 직접적 관련이 없다. 니탕개의 난을 맞은 1583년 2월 단계에선 時務六條를 들고 있다(c - ②). 즉 賢能者 임용, 軍民 양성, 국가재정 확충, 藩屏 강화, 戰馬 확충, 敎化 明徵이다. 여기서 번병 강화는 피폐한 변방지역을 監司 등 지방관이 장기간 통치하여야 서울의 든든한 울타리가 될 수 있다고 하는 것이므로(c - ④) a - ②의 감사 久任 주장과 다름없다. 그렇다면 6개 조목 중에 軍民 양성과 戰馬 확충이 군정개혁에 해당한다. 그러나 율곡은 養兵보다 養民을 우선시하고 있다(c - ③). 니탕개의 난이 확산되어 군사와 군량이 모자람에도 율곡은 더 중요한 것으로 조정의 화합과 정치 개혁을 꼽고 있다(d - ①). 그리고 여전히 貢案과 軍籍의 개정 및 州縣 병합과 監司 久任을 강조하고 있다(d - ②). 여기선 군적의 개정만이 군정개혁에 해당된다.

둘째, 율곡은 이처럼 양민과 정치화합 등의 內治를 우선시하면서도 양병을 생각하지 않을 수 없었던 것 같다. 선조가 병조판서 율곡에게 폐습의 혁파와 양병 계획을 기대하고 있다(b). 그러나 곧 니탕개의 난이 발생하였고 율곡은 6진 지역을 근본적으로 완전 평정해야 한다고 설파하며(c-①), 군량 확보의 중요성을 지적하게 된다(c-③). 반란세력은 이미 1만 騎의 규모였다(후술). 더더욱 니탕개의 난이 쉽게 진압되지 않게 되자 병력과 군량의 보급이 급박한 문제로 제기된다(d-①②③). 마침내 율곡은 병력과 군량 문제해결을 위해 서얼에게 벼슬길 허락과 賤民에게 良人이 되는 길을 터주는 방안을 건의하기에 이른다(d-④).[39]

셋째, 이 기사들을 통해 주목되는 점은 율곡이 우려한 외적이 누구였느냐는 것이다. 니탕개의 난이 일어나기 약 반년 전인 (a)에서는 병력도 군량도 없는데 '외적'이 침범하거나 도적이 반란을 일으킨다면 큰일이라고 우려하고 있다(a-①). 監司를 자주 교체하지 않아야 '변란'에 잘 대응할 수 있다고 한다(a-②). 여기서의 '외적'이나 '변란'은 가정에 불과하다. 이윽고 니탕개의 난이 발생하자 '하찮은 오랑캐'가 침범했는데도 이렇게 온 나라가 술렁이는데 '큰 적'이 쳐들어오면 큰일 나겠다고 걱정한다. 그리고 '경원의 적'이 단기간에 평정될 것이 아닐 거라고 적 소굴의 소탕이라는 적극 대응을 주문한다(c-①). 그러나 니탕개의 난이 규모가 커지고 진압이 늦어지자 병사와 군량 충원이 절실한 사안으로 대두되고 급기야는 조선사회의 신분제도를 변화시키는 제안마저 내놓게 된다(d-①~④). 이처럼 율곡이 당면한 외적은 니탕개의 반란세력이요, 동북방의 여진이다. 그렇다면 "혹시 큰 적이 침범해 오기라도 한다면"(c-①), "큰 적이라도 나타나 남쪽이나 북쪽에서 돌진하여 온다면"(c-③), "포악한 적이 불의에 나타나 사납게 쳐들어온다면"(c-④) 등의 (c)에서의 가정은 무엇을 상정한 것일까? (c)

---

39) 율곡의 이러한 제안은 선조의 허락으로 시행된다(『선조수정실록』 16년 4월 1일자 기사).

는 1583년 2월로 니탕개의 난의 초기단계이다. 그러므로 '큰 적'이나 '포악한 적'은 곧이어 확대되는 반란을 우려한 예상으로 여겨진다. 주목되는 점은 결코 일본이 아닐 것이라는 점이다. 전술했듯이 '남왜'에 대한 위협은 거의 거론되지 않고 있다.

넷째, 그렇다면 (a-③)에서 말하는 십만양병론은 어떻게 이해해야 할 것인가? 이 십만양병론은 (a-①②)와 아무런 상관관계를 갖지 못한 만큼 댕그라니 (a)에 올려져 있을 뿐 어떤 구체적인 후속 조치 하나 보이지 않는다. 그러므로 졸기인 (e)에서 십만양병에 대해서는 하등 언급이 없는 채 "이이가 평소에 미리 염려하여 먼저 말했던 것이 사실과 부합" 또는 "그가 건의했던 각종 편의책들이 다시 추후에 채택"이란 표현 등은 (d-④)에서 제시한 대책 등이 납속책 등으로 구현된 것을 말하는 것으로 여겨진다. 만약 십만양병론을 긍정한다면 (a-③)에서처럼 1582년 9월 단계가 아니라, 전술한 송시열의 『율곡연보』에서처럼 1583년 4월 단계로 그 시기를 늦춰야 할 것이다. 왜냐하면 후자의 시기야말로 니탕개의 반란 격화로 조정이 '양병'에 더욱 조바심하던 때였기 때문이다.

5. 맺음말

율곡의 십만양병설은 임진왜란 이후 국방상 유비무환의 대명사가 되었다. 『인조실록』부터 등장하기 시작하여 『정조실록』까지 등장하는 걸 보면 조선후기 사대부의 상식이 된 것 같다.[40] 해방 이후엔 국사교과서에도 실리게 되어 국민적 상식이 되었다.

그러나 본론에서 검토하듯 율곡의 십만양병설은 임진왜란과 연결시킬

---

40) 율곡의 십만양병설이 기록된 실록 기사는 『인조실록』 2년 10월 11일(임진), 『효종실록』 7년 1월 26일(을사), 『효종실록』 9년 9월 9일(계묘), 『숙종실록』 7년 5월 26일(무인), 『숙종실록』 13년 9월 26일(신축), 『숙종실록』 30년 1월 29일(기사), 『영조실록』 41년 10월 29일(신미), 『정조실록』 20년 3월 22일(무진)자에 있다.

수 없다. 율곡이 살던 시대에 일본으로부터의 예상되는 위협은 을묘사변의 수준을 넘지 못했다.[41] 그가 병조판서로 있던 1583년은 할거의 시대 戰國시대를 마감하려던 오다 노부나가가 스러진 다음 해로 혼란이 재생되던 시기였다. 누가 주도권을 쥘 수 있을지 일본 내에서조차 오리무중이었던 그런 때 율곡이 임진왜란 수준의 일본 침략을 예상했다는 것은 어불성설이다.[42] 이에 비해 동북방에선 니탕개의 난이 일어나 30,000여 騎가 6진을 유린하고 있었다. 십만양병설이 사실이라면 일본용이 아니라 동북방 여진용이라고 할 수 있는 이유가 여기에 있다. 그렇다면 임진왜란이라는 거대한 쓰나미가 1580년대의 니탕개의 난으로 촉발된 동북방의 제반문제를 삼켜버린 것이다. 율곡이 그토록 고심하던 동북방 문제 해결책은 임진왜란의 발발로 對日用 십만양병설이 되어버린 것이다.[43]

그러면 여기서 율곡이 어찌하여 동북방용으로 십만양병을 주장했을까 생각해 보자. 윤호량은 니탕개의 난에 "조선전기에 수차례 발발했던 여진

---

41) 율곡 사망 5년 후인 1589년 8월, 선조와 변협의 다음과 같은 대화가 주목된다. 변협은 을묘왜변 때 달량진을 분탕한 왜적은 모두 70척 배에 6,000명 정도였다고 회상하고 있다. 그리고 선조가 일본이 수만 명으로 쳐들어올 기세는 없는가 물은데 대하여 변협은, 倭船은 1척당 100명밖에 실을 수 없어 100척이라 해도 10,000명으로 이 이상 쳐들어올 수 없다고 추정하고 있다. 선조는 또 변방의 일정지역을 점거한 왜적이 이를 교두보로 삼아 계속 전쟁을 수행하려 하지는 않을까? 조선이 對왜구 방어 주력지역이 전라도임을 간파하고 다른 지역을 공략하지나 않을까, 걱정하고 있다(『선조실록』 22년 8월 1일[병재]). 이것이야말로 히데요시 위협론에 대한 구체상이 파악되기 전의 일본 위협론의 전모였을 것이다.

42) 실록으로 볼 때 율곡의 일본과의 직접 관련기사는 단 한 건이 있다. 일본사신을 임금이 인견할 때 전례대로 女樂을 사용하는 것은 예의에 어긋난다고 三司가 반대하였다. 그러나 담당관인 大司諫 율곡이 백성들에 대한 우선 사안이 있다며 삼사의 반대를 묵살하고 있다(『선조수정실록』 14년 3월 1일).

43) 윤호량은 앞의 논문, 5쪽에서, 그동안 니탕개의 난이 학계에서 주목을 받지 못한 이유의 하나로서, 임진왜란의 초기 패전 원인을 조선의 전쟁준비 소홀에 두려는 고정관념으로 이 난이 발발했던 16세기 후반에선 커다란 외침이 없었으며 조정은 武備 강화에 심혈을 기울이지 않았다는 기존의 인식이 강하게 자리 잡고 있었기 때문이라고 주목되는 평가를 내리고 있다.

의 침입규모와는 달리 최대 3만여 騎의 규모로 조선을 침입"하였는데, "조선군의 병력은 巨鎭이 500여 명 내외, 諸鎭은 土兵과 赴防軍을 합쳐도 100~300명 정도로 소규모였다. 물론 남방 지역에서 선발되거나 징발된 병력이 전투에 동원되었지만 藩胡와 조선군의 수적 차이는 단순히 병력의 규모만을 놓고 볼 때" 대단하였다고 평가하고 있다.[44] 그렇다면 10만 양병의 주장이 그렇게 의외일 수는 없을 듯하다. 율곡은 반란 진압의 군사를 확보하기 위해 公私賤의 군역 편입을 시도하였다. 즉 안변 이북에 거주하는 私奴를 6진지역으로 부방시키고 하삼도의 公賤으로 하여금 이들의 빈자리를 채워주었다. 군역의 대상이 아니었던 公私賤을 군사로 선발하여 기존의 군사동원체제였던 良人皆兵制를 상당부분 변화시켰던 것이다.[45] 아마도 율곡은 10만 양병을 주장하였다가 니탕개의 난이 진압되면서 철회했을 수도 있을 것이다.

이제 마지막으로 짚고 넘어가야 할 문제가 있다. 율곡의 십만양병설을 유성룡이 극구 반대했다는 것에 대해서다. 유성룡의 반대는 십만양병설이 임진왜란용이라는 전제하에서 그 의미를 갖는다. 율곡이 先知者가 되고 유성룡은 참회자가 되기 때문이다. 그러나 임진왜란용이 아니게 될 경우, 유성룡의 반대는 별다른 의미를 가지지 못한다. 니탕개의 난이 결국 진압되었기 때문이다. 또한 임진왜란용으로 구성된 전술한 율곡 제자 김장생 이하의 모든 십만양병설 기록은 임진왜란의 경험 위에 재구성된 것이 아닐 수 없게 된다.[46]

---

44) 윤호량, 앞의 논문, 22쪽.
45) 윤호량, 앞의 논문, 30쪽.
46) 본 논문은 16세기 중반 중국의 '北虜'가 율곡의 십만양병설에 어떤 영향을 주었을까에 대해 아무런 접근도 시도하지 못하고 있다. 그러나 㺜子 騎兵 20만이 중국을 침범했다가 격퇴 당했다는 정보, 중국으로 향하던 冬至使 양희가 十三山驛에 이르자 三衛㺜子 10여만 騎가 들이닥쳐 약탈을 마구 행하므로 성으로 피신하여 굳게 지켜 3일 후 물리쳤다는 보고가 실록에 있다(『선조실록』 7년[1574] 11월 3일[계유], 『선조실록』 13년[1580] 11월 3일[기사]).

제3장
임진왜란용이 되어버린 율곡의 십만양병설

1. 머리말

임진왜란을 예상된 침략으로 설정한 것이 율곡의 십만양병설이다. 왜란이 일어나기 10년 전에 율곡이 이미 일본 정규군의 대규모 침략을 예견하고 10만의 상비군을 갖추어 이에 대비할 것을 건의했다고 하기 때문이다.

십만양병설에 대하여 1980년대 이후 이를 부정하는 연구가 나타나기 시작했다. 그러나 대체적인 접근 시각이 율곡의 양병론을 반대했다는 유성룡을 긍정한다는 전제에서 성립하고 있다.[1] 즉 율곡의 양병론을 유성룡이 반대하는 바람에 무산되어 결국 아무런 대책 없이 임진왜란을 맞게 되었다는, 일면 '유성룡 반대론'을 부정한다는 측면을 강조하여 이를 극복하려는 시각으로 접근하고 있는 것이다.[2]

기존연구에 보이는 양병설의 부정논리를 정리하면 다음과 같다. 양병설

---

[1] 십만양병설을 부정하는 논문(~2013년)은 다음과 같다. 이재호, 「선조수정실록 기사의 의점에 대한 변석 – 특히 이율곡의 '십만양병론'과 유서애의 '양병불가론'에 대하여 –」 성균관대학교 대동문화연구원, 『대동문화연구』 19, 1985 ; 황준연, 「율곡 '10만양병설'의 의문점」 『한중철학』 5, 1999 ; 송복, 『위대한 만남, 서애 류성룡』, 지식마당, 2007 ; 이재호, 『조선사 3대 논쟁』, 역사의 아침, 2008 ; 신봉승, 「10만 양병론의 허구」 전국한자교육추진총연합회 『한글한자문화』 137, 2010. 한편, 십만양병설을 긍정하는 논문(~2013년)은 다음과 같다. 최병길, 「율곡 국방론의 이론과 실제」 『율곡학보』 4, 1997 ; 이진표, 「율곡의 경세사상」 『대불대학교 논문집』 4, 1998 ; 장숙필, 「율곡의 십만양병설에 대한 소고」 『율곡학보』 12, 1999 ; 정문교, 「율곡선생 양병 10만론 :조선왕조실록 게재자료」 『율곡학보』 12·13호, 1999 ; 이기남, 「이이의 십만양병론에 대한 재검토」 『율곡사상연구』 5, 2002 ; 김강녕, 「율곡의 10만양병론 :군사적 함의와 교훈」 한국군사학회 『군사논단』 61, 2010 ; 김언수, 「율곡 10만 양병론의 진실」 『인물과사상』 160, 2011 ; 김언수, 『율곡 10만 양병론의 진실』, 태봉, 2011.

[2] 이기남은 「이이의 십만양병론에 대한 재검토」(『율곡사상연구』 5, 2002), 337쪽에서, "십만양병설의 비판적 고찰 연구는 유성룡 측에 서서 접근하여 '서인 이이와 동인 유성룡'이라는 등식으로 그 초점을 당파적 성격으로 스스로 제한하여 진정한 史實확인이라는 본지를 흐리게 하였다."고 평가하고 있다.

이 율곡의 기록이 아닌 율곡 死後 그의 제자 김장생의 기록에서 오직 비롯되고 있다는 점, 양병론이 시기를 달리하면서 그 내용에 살이 붙고 구체화된다는 점, 10만의 養兵이 조선시대 재정상 불가능했다는 점, 서인 율곡 對 동인 유성룡이란 構圖를 가지고 있다는 점 등을 들어 양병설을 부정하고 있다.[3]

이에 대하여 필자는 기존연구가 간과한 점으로 양병설을 주장한 시기의 율곡이 처한 대외적 상황에 대한 검토가 이뤄지지 않았다고 보고, 병조판서 율곡 시기인 1583년의 남북 상황을 검토하여 율곡의 십만양병설이 결코 임진왜란용이 될 수 없음을 밝히려 하였다.[4] 그러나 이후에도 계속 自問하지 않을 수 없었던 것은, 십만양병설이 임진왜란용이 될 수 없는데도 왜 임진왜란용으로 그 생명력을 유지하여 왔을까 하는 점이었다.

임진왜란이 시대에 따라 어떻게 기억을 달리하여 가는가에 대해 흥미로운 연구결과가 있다. 전란의 책임에서 자유롭지 못한 선조가 왜란 극복의 주된 요소를 明軍과 水軍의 활약으로 인식한데 비하여, 왜란 초기 활발한 分朝 활동으로 집권의 정당성을 확보하였던 광해군에게는 의병 활동에 대한 평가가 강조될 수 있었다는 것이다. 인조반정에 가서는 그 주도세력인 서인층이 서인의 의병활동을 적극 부각시키려하게 되고, 華夷관이 좌절된 병자호란 이후엔 기존의 戰功 중심에서 절의와 충절에 바탕한 항쟁 중심으로 변화한다는 것이다.[5]

그래서 였을까, 엄청난 재난을 치루고 나면 왜 그 재난이 발생했을까? 무엇이 문제였을까? 유성룡이 『징비록』을 통해 그 교훈을 발견하려 하듯이, 율곡의 양병설 또한 임진왜란이란 대참화를 경험하여 비로소 만들어진

---

3) 민덕기, 「이율곡의 십만양병설은 임진왜란용이 될 수 없다 – 동북방의 여진 정세와 관련하여 –」 『한일관계사연구』 41, 2012, 160~165쪽.
4) 민덕기, 위의 논문 참고.
5) 노영구, 「공신선정과 전쟁평가를 통한 임진왜란 기억의 형성」 『역사와 현실』 51, 2004.

것이 아닐까 하는 생각을 지울 수 없게 되었다.

이에 본 논문은 첫째, 김장생이 처음 제기한 십만양병설을 비롯하여 실록 속에 살아있는 율곡의 양병설을 검토하고자 한다. 그리하여 양병설을 제기한 시대가 태평시대였다는 전제를 가지고 있음을 지적하고자 한다. 그리고 둘째, 결코 그 시대가 태평시대가 아니었음을 니탕개의 난 등을 통해 입증시키고자 한다. 그렇다면 셋째, 율곡의 말년기 남왜북로에 대한 인식이 어떠했고, 일본의 실제 정세는 어떻게 전개되어가고 있는가를 검토하고자 한다. 이는 양병설이 임진왜란용이 될 수 없음을 밝히려는데 있다. 넷째, 율곡에게 일본군의 대규모 침입 따위는 전혀 예상되지 않았다면, 어찌하여 임진왜란과 율곡을 결합시킨 십만양병설이 만들어지고 기억되어 왔는가를 율곡의 개혁과 임진왜란의 타개책을 비교하여 검토하여 보고자 한다.

2. 왜란 이전 태평시대였다는 십만양병설

십만양병설이 처음 나타나는 것은 율곡의 문집이 아니라 그의 門人인 김장생(1548~1631)이 찬술한 「栗谷行狀」(1597년)이다. 뒤이어 이를 바탕으로 이정구(1564~1635)가 찬술한 「栗谷諡狀」(1612년), 이항복(1556~1618)의 「栗谷神道碑銘」(1618년 추정)과 송시열(1607~1689)이 편찬한 「栗谷年譜」에 나타난다. 이를 근거로 『선조수정실록』 15년(1582) 9월조와 『증보문헌비고』에도 나타난다. 그런데 『율곡연보』엔 『선조수정실록』과는 다르게 계미년(1583년, 선조 16년) 4월조에 실려 있다.[6]

김장생의 행장에 실린 십만양병설 전문을 소개해 보면 다음과 같다.[7]

  "선생[율곡]이 한번은 경연에서 미리 군대 십만명을 양성하여 급한 일이 있을

---
6) 이기남, 앞의 논문, 338~339쪽.
7) 『국역 율곡전서』 7, 한국정신문화연구원, 1988. 권35, 부록3 행장, 213쪽. 李文成은 후술하듯 율곡의 시호이다.

때에 대비하소서. 그렇지 않으면 10년이 못가서 흙이 무너지듯 하는 화가 있을 것입니다." 하니 유성룡이 "일이 없이 군대를 양성하는 것은 화근을 만드는 것이다." 라고 반대하였다. 이 당시는 난리가 없어진지 오래되어 안일한 것만 좋아하여서 경연에 있던 신하들이 모두 "선생의 말씀은 잘못이다." 고 하였다. 선생은 나와서 유성룡에게 말하기를, "국세의 위태로움이 달걀을 쌓아놓은 것 같은데 시속 선비는 時務를 모르니 다른 사람이야 진실로 기대할 것이 없거니와, 당신도 또한 이런 말을 하는가." 하였다. 임진왜란이 난 뒤에 유성룡이 조정에서 언젠가 사람에게 말하기를 "지금 와서 보면 李文成은 참으로 聖人이다. 만약 그의 말대로 하였으면 나라일이 어찌 이렇게 되었겠는가. 또 그가 전후에 계획한 정책을 혹자들은 비난하였지만 지금 모두 꼭꼭 들어맞으니 참으로 따라갈 수 없다."

여기서 지적하고 싶은 것은 밑줄 친 부분이다. '일이 없이 군대를 양성'하려 한다고 유성룡이 반대했고, '당시는 난리가 없어진지 오래되어' 신하들이 모두 십만 양성을 반대하였다고 그 까닭을 말하고 있다. 『선조수정실록』 15년 9월조에도, "이이가 일찍이 경연에서 '미리 10만의 군사를 양성하여 앞으로 뜻하지 않은 변란에 대비해야 한다.'고 말하자, 유성룡이 '군사를 양성하는 것은 禍端을 키우는 것이다.'라고 하며 매우 강력히 반론하였다고 적고 있다. 이어서 임진왜란이 일어나자 유성룡이 국사를 담당하여 軍務를 요리하게 되었는데, 그는 늘 '이이는 선견지명이 있고 忠勤스런 절의가 있었으니 그가 죽지 않았다면 반드시 오늘날에 도움이 있었을 것'이라" 개탄하였다고 하고 있다.

이러한 행장과 수정실록의 영향을 받았음인지 이후의 실록에서는 다음처럼 관련 기사들을 볼 수 있다. 밑줄 친 부분은 특히 강조된다.

(가)『인조실록』2(1624)년 10월 11일(임진)
좌찬성 이귀가 御營軍을 창설하면서 군관들을 3番으로 나눠 교대로 숙직하며 조련케 할 것을 건의하며 이것이 "이이가 10년 동안 養兵해야 한다고 한 뜻이다(此先正臣 李珥, 十年養兵之意)."라고 하였다.

(나) 『효종실록』 7(1656)년 1월 26일(을사)

효종이 이르기를, "선조조의 태평하였던 시기에 이이가 서울에 10만의 군사를 양성하려고 하니(珥欲養兵十萬於都下), 사람들이 모두 비웃으며 세상물정에 어둡다고 하였는데, 임진왜란이 일어나자 비로소 그의 밝은 식견에 승복하고 모두가 聖人이라고 일컬었다. 참으로 近古에 없던 인재이다."라고 말하였다.

(다) 『효종실록』 9(1658)년 9월 9일(계묘)

贊善 송준길이 효종에게 아뢰기를, "참으로 선정신 李珥가 한 말을 가지고 논하면 선묘조에는 태평한 때라고 할 만한데도 이이가 10만 군사를 기르자고 청하니(而珥請養兵十萬) 그 때의 여러 신하들이 모두 세상물정에 어둡다고 하다가 임진란을 당하자 조정 신하들이 탄식하기를 '李文成은 참으로 성인이다.'라고 하였습니다."라고 하였다.

(라) 『숙종실록』 7(1681)년 5월 26일(무인)

同知經筵 이단하가 말하기를, "임진년 전에 李珥가 마땅히 10만 명을 양성해야 한다고 하였는데(李珥以爲宜養十萬), 임진란이 일어나자 유성룡이 이이는 진실로 聖人이라고 말한 바 있었습니다."라고 하였다.

(마) 『숙종실록』 13(1687)년 9월 26일(신축)

병조판서 이사명이 차자를 올려 아뢰기를, "(전략)비록 크게 변통을 하여 옛적의 제도대로 복구는 할 수 없을지라도, 만일 그 사이에 짐작하여 가감한다면 훈련된 군사 10만은 그래도 마련할 수 있을 것입니다. (중략) 지난 宣祖朝에 先正臣 李珥가 10만의 군사를 양성하여 환란에 대비하기를 청했었는데(李珥, 請預養十萬兵以備患亂), 그 때에 의논하는 사람들이 아무 일도 없는데 백성을 동요시킴은 그르다고 했었기 때문에, 이이가 마침내 한 가지 계책도 조치해보지 못하고서 뜻만 가지고 있다가 죽었습니다. <u>그 뒤 임진왜변의 초두에야 故 相臣 유성룡이 뒤쫓아 그의 말을 써주지 않은 것을 한탄하게 되었습니다.</u> 옛말에 이르기를, '일에 앞서 근심해야 그 근심이 없어지게 될 수 있고, 일이 닥쳐서야 근심하면 그 일에는 소용이 없다.'고 했었으니, 이는 어찌 오늘날 監戒로 삼아야 할 바가 아니겠습니까?"라고 하였다.

(바) 『숙종실록』 30(1704)년 1월 29일(기사)

좌의정 이여가 아뢰기를, "先正臣 李珥가 일찍이 십만명의 군사를 기르고자 하였는데(李珥, 嘗欲養兵十萬), <u>사람들은 모두 옳게 여기지 않았었습니다. 그러다가 임진왜란이 일어나서야 비로소</u> 李文成은 참으로 聖人이라고 하는 탄식을 발했었습니다."라고 하였다.

(사) 『영조실록』 41(1764)년 10월 29일(신미)

장령 안겸제가 宋의 신하 진덕수의 변방 軍備 계획 8가지 방책과 先正臣 文成公 李珥의 10만 양병의 주장(先正臣文成公李珥養兵十萬之言)을 인용하여 국가의 변방에 대비하고 군사를 충실히 하는 방책으로써 군비의 소홀한 폐단을 방지할 것을 아뢰니, 임금이 가납하였다.

(아) 『정조실록』 20(1796)년 3월 22일(무진)

훈련대장 이주국이 상소하여, "京城이 八道의 근본이 되는데 都城에 현재 있는 군사가 1만 명에도 차지 못하여 臣이 항상 도성의 군제가 허술함을 걱정하였습니다. 그래서 매양 선정신 李珥가 군사 10만 명을 길러야 한다고 한 말을 생각할 때마다(每念先正臣李珥養兵十萬之說) 일찍이 되풀이하며 길이 탄식하지 않은 적이 없었습니다."라고 하였다.

실록 속의 율곡 양병론은 이것이 전부이다. 이 실록의 기록들로 보아 조선 후기 율곡의 십만양병설은 이미 사대부들의 常識이 되어있었음을 알 수 있다. 그런데 실록의 기록엔 시기에 따라 조금씩 서술상의 차이를 볼 수 있다. 1624년인 (가)에서는 10만 양병이 아닌 10년 양병을 논하고 있다. 즉 양병의 기간과 방법을 따지고 있다. 1658년의 (나)에서는 율곡의 십만 양병론을 비웃다가 왜란이 일어나자 율곡을 '聖人'이라 승복했다는 다소 구체적인 내용이 실리게 된다. 1659년인 (다)에선 왜란 후 신하들이 '李文成은 성인'이라 했다고 표현하고 있다. '이문성'은 율곡의 시호로 이것이 내려진 것은 인조 2년인 1624년이라고 한다. 1681년의 (라) 이후에는 율곡의 양병설을 반대하고 왜란 이후 이를 후회했다는 유성룡이 등장하고 있다. (마)에서는 아주 구체적으로 양병설을 묘사하고 있고, (바)에서는 사람들이 모두 이문성이 성인이었다고 한다고 하고 있다. (사) (아)에 이르러서는 국방대책으로 율곡의 십만양병설이 아주 쉽게 입에 오르내리는 상식이 되어 있음을 알 수 있겠다.

흥미로운 것은 율곡의 양병론을 반대한 자에 대해 (나)에선 "사람들이 모두 비웃으며", (다)에선 "여러 신하들이 모두 세상물정에 어둡다고", (라)에는 언급하지 않고 왜란 후에 유성룡이 감탄했다고 하고, (마)에선 "그 때에 의논하는 사람들이 아무 일도 없는데 백성을 동요시킴은 그르다"고 했다가 왜란이 일어나자 유성룡이 후회했다고 기술하고 있다. (바)에선 "사람들이 모두 옳게 여기지 않았습니다" 라고 하고 있다. 이처럼 유성룡이 반대했다는 기본 구도가 여기선 일일이 반영되지 않고 있다. 그런데 (나)~(바) 모두가 "임진왜란이 일어나자 비로소"라는 전개를 보여, '십만양병설 = 임진왜란용'이란 등식이 완성되고 있음을 보여주고 있다.

그러면 이쯤에서 김장생의 전제한 율곡 양병론이나 실록의 그것이 가진 문제를 짚어보자. 우선 주목되는 것이 율곡의 십만양병설이 태평시대였다는 전제에서 출발하고 있다는 점이다. 즉 '태평하였던 시기에'(나), '태평한 때라고 할 만한데도'(다), '아무 일도 없는데'도(마) 불구하고 율곡이 십만양병을 제창하였기 때문에 당시 조정에서 모두가 비웃으며 세상물정을 모른다 하였고(나, 다), '옳게 여기지' 않았으며(바), '백성을 동요'시키는 일이라고 반대하였다는 것이다(마).

이처럼 십만양병설은 임진왜란 10년 전에 율곡이 십만양병을 부르짖었는데 당시 태평시대여서 조정에선 이를 무시하게 되었다는 전제를 달고 있다. 과연 평화시대였을까? 이것이 만약 부정된다면 십만양병설은 태생적 한계를 가진 것이며, 애당초 그 설정이 잘못된 것이라 할 수 있다.

3. 왜란 이전 태평시대론 비판

앞에서 지적한 임진왜란 이전 10여년이 태평시대였다는 십만양병설을 비판하기 위해 1583년부터 검토하여 보기로 하자.

1583년 1월 6진지역에서 니탕개의 반란이 일어났다. 경원부의 藩胡 니탕개가 경원과 아산보를 함락하였다는 급보에 조정이 보인 대응은 그야말로 신속했다. 서둘러 군사 8,000을 선봉으로 파견하고 후속 군사 파견을 서두르고 있다.[8] 또한 죄를 짓고 유배 또는 감금 중인 전임 장수도 방면하여 해당지역에 파견할 것, 군량용으로 경상도 연해 고을의 쌀을 육로나 해로로 운반하되, 운반에 民力이 부족하면 종친과 대신들에게 소나 말을 내놓게 할 것, 안변 이북의 私奴들을 군대로 징발 편성해 북도의 방어에 임하도록 하되, 징발한 사노의 주인에겐 하삼도의 公賤으로 충당하거나 다른 명목으로 상을 내리도록 할 것, 探銀 금령을 해제하여 군량에 보태도록 하되 6진과 갑산에 한정하여 探銀할 것, 등등의 대대적인 대응에 나서고 있다.[9]

5월에 다시 시작된 6진의 반란세력은 20,000여 騎로 불어나 종성을 포

---

8) 저자 미상, 『癸未記事』 2월 7일조. 이 책은 선조 16년(癸未) 1년간의 時政을 날짜 순으로 기록한 것이다.

9) 『선조실록』 16년 2월 10일(계사). 니탕개의 난에 대한 직접적인 선행연구로는 송우혜, 「조선 선조조의 니탕개란 연구」 『역사비평』 72, 2005년 가을호 ; 윤호량, 「선조 16(1583) '尼湯介의 亂'과 조선의 군사전략」 『고려대학교 대학원 한국사학과 석사학위논문』(2009) ; 민덕기, 「임진왜란 직전 조선의 국방 인식과 대응에 대한 재검토 - 동북방 여진에 대한 대응을 중심으로 -」 『역사와 담론』 57, 2010.

위 공격하여 군관과 토병 다수를 살해하고 있다. 특히 5월 16일의 동관진 공격엔 30,000 기 규모였다고 한다.[10] 조정은 대책을 서둘러 公·私賤 중에 활 잘 쏘는 자 200명을 선출해 면포와 쌀을 주고, 활을 쏠 줄 모르는 백성 들에겐 保人으로 편성시켜 戰馬를 갖추어 보내기로 하고, 군량의 보충을 위해 고급 관료와 수령들에게까지 쌀을 걷어 보내자고 제안하고 있다.[11]

이후에도 반란세력은 적게는 千, 많게는 수만 騎가 조선군에 대항하며 6진 지역에서 출몰을 거듭한다. 조정은 6월 북방의 방어 확충을 위해 각도 에서 정예를 뽑아 파송하기로 하고, 전라·경상도 각 800명, 충청도 600명, 황해도 500명, 개성부 100명, 서울 200명으로 도합 3,000명을 보내기로 하고 있다.[12] 그 후 7월 19일의 순찰사 치계에 의하면 니탕개와 율보리 등 이 20,000여 기를 인솔하고 방원보를 포위하여 寅時부터 未時까지 진퇴하 며 서로 접전하였다고 한다.[13] 이를 마지막으로 실록 등의 사료에서 1583 년의 니탕개를 중심으로 한 침략은 종식되는 듯하다.[14]

그러나 7월 초에도 선조는 다음처럼 명령하고 있다.

牧에 명하여 下三道에 있는 사찰의 종을 거둬들여서 銃筒을 만들라고 분부 하다. 下敎하기를, "佛氏는 본시 자비심으로 은덕을 베푸는지라, 머리와 눈까지

---

10) 윤호량, 앞의 논문, 24쪽.
11) 『선조실록』16년 5월 13일(갑오). 『선조수정실록』16년 5월 1일조엔 大酋 율보 리와 니탕개가 10,000여 기로 종성으로 진입하였고, 조선군이 이를 저지하다 군 관 권덕례 등이 피살되었지만, 종성이 포위된지 이튿날 신립의 기병대에 의해 구 원되었다고 적고 있다.
12) 『선조실록』16년 6월 11일(신유). 여기서 하삼도 군사를 도합 2,200명 차출하여 북송하고 있음은, 그만큼 동북방이 위험했던 것이고 남방은 염려가 적었음을 보 여주는 것이다.
13) 禹性傳, 『癸甲日錄』萬曆 11年 癸未 8월 1일조, 『선조실록』16년 8월 1일(경술). 『계갑일록』은 계미(1583)년 6월부터 갑신(1584)년 8월까지의 정치 기사를 일기 체로 엮은 사료이다.
14) 민덕기, 앞의 논문, 348~353쪽을 참고.

아끼지 않고 인명을 구한다. 하물며 지금은 국가가 어려운 처지에 있고 변방의 백성들이 도탄에 빠져 있으니, 그 종을 버려서 敵國을 막는 것은 불씨의 소원일 것이다." 하다.[15]

    하삼도 사찰의 종을 거둬들여서 총통을 만들라는 선조의 이같은 분부로 보아서도, 니탕개의 난이 조정에 얼마나 큰 위기의식을 불러일으켰을까 짐작할 수 있다. 니탕개의 난은 진압되었지만 조정의 동북방에 대한 위기의식은 그 다음 해에도 진행형이었던 듯하다. 선조가 1584년 4월에도 전라좌도의 쌀 5,000석과 경상도 쌀 4,000석을 북도에 수송하라고 명하고 있기 때문이다.[16] 경상·전라도의 미곡 9,000석을 북방으로 운송시켰다는 사실은 북로에 비해 남왜의 위협이 그다지 느껴지지 않았기 때문일 것이다.

    한동안 잠잠해 보이던 6진 지역이 다시 소란스러워지는 것은 1587년 후반이다.[17] 즉 8월에 賊胡 100기가 운룡 지역을 침범하여 백성과 가축을 약탈해 갔고, 이를 추격하던 조선군이 다수 피살되었다고 하고 있다. 9월에도 적호 1,000기가 혜산진을 포위하였다가 격퇴되었다고 한다.[18]

    이른바 녹둔도 전투는 그해 9월 하순에 일어난 듯하다. 楸島의 胡酋 마니응개(亐尼應介)가 무리를 이끌고 녹둔도에 쳐들어왔고, 이에 대해 경흥부사 이경록과 造山萬戶 이순신이 제대로 대응하지 못하여 '戰士' 10여 명

---

15) "令牧取下三道寺刹鍾, 鑄銃筒. 上敎, 有佛氏本慈悲施捨, 不惜頭目, 以救人命. 況今國家艱虞, 邊民塗炭, 其損鍾禦敵國, 佛氏之所願聞也."(우성전, 『癸甲日錄』 萬曆11년 癸未 7월 3일조).
16) 『계갑일록』 1584년 4월 1일.
17) 니탕개의 난 이후 동북방이 완전 조용했던 것은 아니었다. 1585년말 賊胡 30기가 풍산보를 침입하였다 격퇴당했고, 적호 10여 기가 회령을 침입하여 약탈하자 회령 부사 이일이 추격해 적호 30급을 참획하기도 했다. 이때 장백산 밖의 深處 胡가 틈을 노려 침략하여 인명과 가축에 피해를 끼치곤 하였으나 크게 침범하지는 못했는데, 이는 조선군의 군율이 아직도 엄하였기 때문이었다는 것이다(『선조수정실록』 18년 12월 1일).
18) 『선조실록』 20년 8월 26일(계미), 9월 24일(경술).

이 피살되고 160명이 납치되었다고 한다.[19] 조선측의 이에 대한 응징은 그해 늦가을부터 시작되고 있다. 우선 경흥부의 적호를 소탕해 33급을 참획하고 있다.[20] 다음 해인 1588년 1월 중순에는 녹둔도를 침략했던 時錢部落에 대한 대대적인 소탕작전을 벌이고 있다. 즉 함경도의 土兵과 京將士 2,500여 명으로 적호 소굴을 급습하여 380명을 참획하고 있다.[21] 『선조수정실록』 21(1588)년 1월 1일조엔, 北兵使 이일이 경흥에서 虞候 김우추로 하여금 400기를 거느리고 얼음을 타고 도강하여 새벽에 추도를 급습케 하여 적호 33급을 참획하고, 길주 이북의 여러 진지의 군사 2,000여 기를 출동시켜 야밤에 도강하여 時錢부락의 叛胡를 급습하여 200여 가옥을 불태우고 380급을 참획하였다고 한다.[22]

다음 달인 2월이 되자 다시 적호가 혜산을 침입하여 방어하는 조선의 군관 등을 다수 살상하였다고 한다.[23] 그리고 6월에는 西水羅卵島에 賊胡船 20척이 침범하였다가 조선군의 추격을 받아 도주하였다는 보고를 접한 선조는, 時錢부락 소탕전에서 가장 거센 도적이 빠져 달아났다가 몇 달 전에 몰래 나타나 우리의 백성과 소를 노략질하고 관군에 대항하였으며, 이번에 또 몰래 작은 배를 타고 이 卵島에 쳐들어와 그 사나운 흉모를 여지

---

19) 『선조실록』 20년 12월 26일(경진)조에 의하면 녹둔도 전투는 9월 24일에 발생했고, 전사자는 新及第 오형 등이라고 하고 있다. 납치인원에 대해서는 『선조실록』 20년 10월 10일(을축)조엔 106명이라 하고 있고, 실록의 같은 해 11월 21일(병오)조엔 160명, 『선조수정실록』 20년 9월 1일조에서도 160명이라 하고 있다. 특히 『선조수정실록』의 같은 날 조에선 이경록·이순신이 추격하여 적 3명을 참획하고 잡혀가던 조선인 50여 명을 빼앗아 돌아왔지만 이순신이 백의종군하는 처벌을 받게 되었고, 그후 순변사 휘하에 종군하여 反虜 于乙其乃를 꾀어내어 잡아서 드디어 죄를 사면 받았다고 하고 있다.

20) 『선조실록』 20년 11월 15일(경자).

21) 『선조실록』 21년 1월 27일(신해).

22) 『국조보감』 29권 선조 21년 1월조에도 같은 내용이 실려 있다. 『연려실기술』의 「별집18 - 邊圉典故 - 北邊」에는 兵使 이일이 군사 5,000으로 시전부락을 소탕해 400여급을 참획하였다고 하고 있다.

23) 『선조실록』 21년 2월 16일(기사).

없이 나타냈다고 하고, 겨울 얼음이 얼면 또 노략질하러 올 수 있으니 정병을 선발해 가을엔 요해를 지키게 해야 한다고 주의를 환기시키고 있다.[24] 그 후 남병사 신립은 6월 20일 古未浦의 적호 부락을 공격하여 20명을 참획하고 있다.[25]

다음 해인 1589년 6월엔 비변사가, 근래 조선 軍民 20명이 적호에게 납치되어 가고 堡將이 구타를 당했다고 한탄하고 있다. 그리고 이 적호들이 破吾達胡과 연대할 태세이니 이들이 공모하여 조선 변경을 쳐들어오면 큰 환난이 될 것이라고 우려하고 있다.[26]

이상으로 동북방의 6진지역을 중심으로, 그것도 1583년의 니탕개의 난, 그리고 1587년과 그 다음 해에 이르는 녹둔도 전투와 시전부락 소탕전을 검토해 보았다. 그 결과 동북방 사태만으로도 임진왜란 전야의 10년간 조선은 斷續的이기는 하나 準전시 상태였음을 이해할 수 있을 것이다. 태평시대를 구가하고 있다가 임진왜란을 당하고 말았다는 십만양병설의 전제는 그러므로 성립될 수 없을 것이다.

4. 율곡의 대외적 위기의식의 실체와 일본 정세

1) 율곡이 의식한 대외적 위기의식

앞장에서는 십만양병설이 가지고 있는 왜란 이전 태평시대론이 왜곡되었음을 밝혔다. 동북방 정세로 보는 한 準戰時 상황이 단속적으로 이어져 왔던 것이다. 그렇다면 이번에는 십만양병설에 등장하는 예언, 즉 율곡이 살아생전에 10만을 양병해야 하는 對日 위기의식을 과연 가지고 있었을까 하는 점이다. 이를 규명하기 위해 율곡의 軍政을 중심으로 한 개혁 주장에,

---

24) 『선조실록』 21년 6월 14일(병인).
25) 『선조실록』 21년 윤6월 2일(계미).
26) 『선조실록』 22년 6월 24일(기해).

또는 그 율곡의 개혁을 지지하는 宣祖의 대응에 어떠한 대외적 위기인식이 자리잡고 있는가? 과연 임진왜란과 같은 대규모의 전쟁 발발을 우려한 차원에서의 개혁주장일까 하는 것을 검토하고자 한다.

a) 1574년 1월 우부승지 율곡이 時弊와 災變에 관해 올린 萬言訴에서 軍政에 대해 논하는 내용 가운데.

이른바 '軍政을 개혁하여 안팎의 방비를 굳건히 한다.'는 것은 이런 뜻입니다. (중략) 현재 軍政은 무너지고 모든 국경은 무방비 상태인데, 만약 급박한 일이라도 생긴다면 비록 장양·진평 같은 이가 지혜를 짜내고 吳起·한신 같은 이가 군대를 통솔한다 하더라도 거느릴 병졸이 없는 상황에서 어떻게 홀로 싸울 수가 있겠습니까.[27]

b) 조정에 올린 시기는 불명확하나 니탕개의 난 이전으로 보이는 율곡의 '軍政策' 내용에.

대개 백성들은 번성한데 군사가 부족하다면, 나라를 지키는 계책이 아니며, 사졸은 정예롭고 강한데 백성이 부족하다면, 나라를 안정케 하는 도리가 아닙니다. 이것이 빛나는 덕을 지닌 선왕들이 끝내 군병을 버리지 못했던 까닭입니다. 하물며 우리나라는 바다에 접한 땅으로서 왜구가 날뛰어 불시에 출현하니, 어떻게 전쟁을 잊은 채 군비를 넉넉케 할 도리를 생각하지 않을 수 있겠습니까. 그러나 백성이 많으면 군사가 없을 것을 걱정할 필요가 없고, 백성이 적으면 병사를 낼 길이 없습니다. 그러므로 "군비를 넉넉하게 하는 도리는 백성을 기르는 것에 달려 있을 따름이다." 하였던 것입니다.

(중략) 지금 방어하는 데에 가장 요긴한 것은 바다에 접한 삼면보다 더 급한 것은 없습니다. 그리하여 바다에 연접하여 진을 설치하고 진에는 배를 두고 배에는 군졸을 두었던 것이니, 뜻밖의 일을 방비하는 것이 가히 지극하다고 이를

---

27) 『선조수정실록』 7년 1월 1일.

만합니다. 그런데도 이제 수군의 명부에 이름만 있고 실상이 없으니, 배는 있으되 군졸이 없는 것이 괴이할 것이 없습니다.

만약 군졸의 인원수를 삭감하여 백성의 부담을 줄이려고 하면, 진의 군대가 점점 적어져 변경의 방비가 날로 소략해져, 왜적이 침입해 와도 막고 지킬 수가 없을 것입니다. 더구나 도망하는 군졸은 끝이 없고 군사의 인원수는 한정이 있으니, 끝없이 도망하는 군사 때문에 한정이 있는 군사의 인원을 삭감한다면, 종내에는 쓸 만한 사람이 한 사람도 없게 될 것입니다. [28]

c) 1583년 1월 22일 신병으로 병조판서를 사직하고 싶다고 요청한 율곡에게 선조가 한 발언으로『계미기사』의 내용에.

"국가의 병력이 진실로 前朝에 미치지 못하면서 태평하게 백년 동안을 지냈으니 兵政의 폐단이 오래므로 내 일찍이 깊이 근심하였으나 적당한 인재를 얻지 못하였더니 경이 고쳐서 새롭게 하고 기율을 개혁하고자 하여 전후에 정성껏 하고 이제 능히 기이한 계책을 내어 지금까지 내려오던 폐단을 모두 개혁하고 養兵의 규범을 만들게 되었으니, 국가에 다행한 일이다. 경이 노력하여 조리해서 공무를 집행하면 또한 일을 잘 다스릴 것이니 사직하지 말라."고 하다.[29]

d) 위의 c)와 같은 상황에서 선조가 만류한 내용으로『국조보감』의 기록에.

"우리나라의 병력은 진실로 고려보다도 못한데, 1백 년 동안 태평 세월을 누리면서 군사 정책이 산만해진 지가 오래되었다. 내가 가끔 그 문제를 생각하며 속으로 걱정하지 않은 적이 없었으나 사실상 적임자를 얻지 못하여 탄식만 해 왔었다. 경은 일찍이 정책을 고치고 기강을 바로잡는 일에 대하여 전후에 걸쳐 관심을 쏟아왔으니, 이것이야말로 경이 뜻한 바라 하겠다. 경이 진실로 기발한 계획을 짜내어 지금까지의 폐단을 모두 고쳐서 군대를 양성하는 규율을 제대로

---

28)『율곡전서』「율곡선생전서습유 제4권 雜著 軍政策」.
29) 저자 미상,『癸未記事』1월 22일조.

세워만 준다면 국가에 다행이겠다."[30]

e) 1583년 율곡이 선조에게 여섯 가지(六條) 개혁을 아뢰었을 때의 내용에.

우리나라는 태평한 지 이미 오래되어 매사에 태만함이 날로 심해지고 서울과 지방이 공허하고, 군사와 식량이 모두 궁핍하여 조그만 오랑캐가 변경을 침범하여도 온 나라가 驚動하니, 만일 큰 오랑캐가 침입해 온다면 비록 슬기로운 사람일지라도 이를 막을 계책이 없을 것입니다. (중략) 옛말에, "적이 나를 이기지 못하도록 먼저 준비하여 내가 적을 이길 수 있는 기회를 기다리라." 하였는데, 오늘날 나라의 정사는 하나도 믿을 만한 것이 없으니, 적이 닥쳐오면 반드시 패하고 말 것입니다. 생각이 이에 미치고 보니 한심하여 가슴이 터질 듯합니다. 하물며 지금 경원의 오랑캐는 한두 해에 평정될 것이 아니니 어떠하겠습니까. 만일 군사의 위력을 한 번 떨쳐 그들의 소굴을 소탕하지 않는다면 6진은 끝내 편안할 때가 없을 것이요, 이제 급급히 다스리기를 도모하여 힘을 길러서 뒷날의 계책으로 삼지 않고서 고식책으로 미봉하기만 한다면, 어찌 변경 한 구석의 작은 적만 걱정할 뿐이겠습니까. 말할 수 없는 뜻밖의 환난이 있을까 두렵습니다.[31]

f) 1583년 3월 병조판서 율곡이 상소하여 弊政 혁신으로 네 가지를 논할 때의 내용에.

근심에 쌓인 백성들이 항상 도탄 속에 빠져 아무리 호소해도 위에는 알려지지 않으니, 외적의 침입이 없다 하더라도 진실로 이미 위태로운 형편에 이르렀다 하겠습니다. 더구나 지금은 북쪽 오랑캐와 틈이 벌어져 병화가 잇달아 일어나고 있는데 구원하자니 나라에 병력이 모자라고 군량을 대자니 창고에 쌓아둔 곡식이 없으며, 늦추어지면 해이해져 단결되지 않고 다그치면 흩어져서 도둑이 됩니다. 이렇게 난망의 조짐이 눈앞에 훤히 나타나고 있으니, 이는 일이 닥치기

---

30) 『국조보감』 제28권, 선조조 5 16년(계미, 1583).
31) 『율곡전서』 「율곡선생전서 제8권 六條啓」.

전에 하는 말이 아니고 보면 구제하려고 해도 소용이 없는 일이 아니겠습니까. (중략) 오늘날의 일로 말한다면 조정을 화합시키고 옳지 못한 정사를 고치는 것이 근본이고, 병력과 식량을 조달하여 방비를 튼튼히 하는 것은 말단입니다. 말단도 물론 거행해야 하겠지만 근본을 더욱 우선적으로 해야 합니다. (중략) 오늘날 위아래가 모두 경원 문제로 근심하면서 반드시 적임자를 얻으려고 여러 차례나 선택을 하였으니 그 계책이 지극하다 하겠습니다. 그런데 온 나라의 위태로운 상황이 경원과 다를 것이 없다는 데 대해서는 깊이 생각하고 원대한 염려를 했다는 말을 듣지 못하였습니다. (중략) 어찌 경원이 온 나라보다 중하며 변장이 육경과 대시보다 더 중요하겠습니까. 어찌 경원을 근심하는 것처럼 나라를 근심하지 않으십니까.[32]

여기서 a)와 b)는 1583년 1월 발생한 니탕개의 난 이전의 것이다. c)와 d)는 1583년 1월이지만 그 반란이 아직 조정에 보고되기 이전의 것이다. 우선 a)를 보면 만약 급박한 상황이 발생한다면, b)에서는 왜구가 바다로 침입해 오면 지킬 수 없다는 가정 하에서 군정의 대응을 서둘러야 한다고 주장하고 있다. 더욱이 '바다에 접한 三面'에 대한 수군의 방어를 강조하고 있다(b). 그렇다면 삼면의 바다로 출몰할 존재는 왜구적 존재이다. 왜구 때문에 10만을 양병하여 대적할 필요는 없을 것이다. c)나 d)도 구체적인 대외적 위기 때문이 아니라 군정의 폐단을 고쳐 양병의 규범을 만들기를 율곡에게 선조가 기대하는 것이다. 그렇다면 a)~d)에서 율곡이, 또는 율곡에게 기대하는 선조가 느끼는 대외적 위기의 정도는 군정이 너무 해이해졌으므로 '유비무환' 해야 한다는 정도일 것이다.

그러나 e)는 니탕개의 난이 터져 6진이 위험해진 상황이다. 조그만 오랑캐의 변경 침입이라 해도 미봉책으로 대응했다가 큰 오랑캐가 침입하면 큰 환난이 될 것이라 우려하고 있다. 주목되는 것은 對日 위기인식은 보이

---

32) 『국조보감』 제28권 선조조 5 16년(계미, 1583).

지 않는다는 것이다. f)는 니탕개의 반란 진압에 구체적인 문제를 지적하고 있다. 병력과 군량이 모자란 급박한 상황인데 이 또한 조정을 화합시키고 옳지 못한 政事를 고치는 것이 근본이라 강조하고 있다. 그렇다면 율곡이 초지일관 주장한 군정개혁은 國政 전반에 걸친 개혁과 맞물려 진행되어야 할 것으로 10만을 양병하여 일본의 침략에 대비하자는 것이 아니었다.

2) 율곡 말년기 일본의 정세

여기서는 율곡이 사망하는 1584년 1월까지의 일본정세를 검토하여 십만양병설에서 주장하는 일본위기론이 허구임을 밝히고자 한다.

임진왜란 이전 일본은 100년을 이어가던 戰國시대가 오다 노부나가, 그리고 그 뒤를 이어받은 도요토미 히데요시에 의해 끝나가고 있었다. 여기서 戰國시대란 흔히 15세기 후반부터 16세기 후반에 걸친, 이른바 1467년 오닌(應仁)의 난으로부터 무로마치 막부의 마지막 쇼군(將軍) 아시카가 요시아키(足利義昭)가 노부나가에 의해 교토에서 추방된 1573년까지를 일컫는다.[33] 이 시기 난세를 수습하지 못한 무로마치 막부의 권력은 완전하게 실추하고 수호 다이묘(守護大名)에 대신하여 전국 각지에 전국 다이묘(戰國大名)라고 불리는 새로운 세력이 출현했다.[34]

전국 다이묘들은 상호간에 발생하는 제반 문제의 해결에 행사가 가능한 수단으로서 武力을 무엇보다도 중시했다. 그들은 軍備의 정비와 유지 및

---

33) 오닌의 난은, 오닌 연간(1467~1469) 쇼군의 후계자 쟁탈전에 山名氏·細川氏 등의 수호 다이묘의 권력 쟁탈과 畠山氏·斯波氏의 후계자 싸움이 더하여져 일어났다. 大內氏나 若狹武田氏 등 각지의 수호 다이묘가 교토로 올라와 수도를 전쟁터로 삼은 이 싸움은 10년간이나 지속되어 교토를 초토화시켰다.

34) 수호 다이묘가 무로마치 막부에 의해 임명된, 또는 무로마치 막부를 중심으로 한 기존권위에 의존하는 측면을 가진 호족세력이라면, 전국 다이묘는 기존권위를 부정하는 약육강식의 시대에 새로 떠오른 부국강병을 모토로 한 호족세력이라 할 수 있겠다.

향상에 주의를 기울였다. 또한 전술이 개인에서 집단전법으로 전환하여 무기나 갑옷 및 투구의 수요가 증가하고, 칼을 만드는 匠人도 이전까지의 名刀를 제작하는 주문생산에서 일정한 소모를 염두에 둔 대량생산으로 바뀌어갔다. 나아가 조총 등의 화기류의 유입은 종래의 비상시 징발에 의해 대부분을 마련하고 있던 군수물자에다, 화약 등의 대량 소비형의 물품을 더하게 되어 병참보급의 중요성이 높아졌다. 그 결과 챠야 시로지로(茶屋四郎次郎)처럼 이른바 '죽음의 商人'으로서 전국 다이묘의 병참을 하청 받는 상인도 출현했다.[35]

전국시대를 마감하려 했던 노부나가가 1551년 아버지의 사망으로 오와리(尾張)를 상속받았을 때는 18세였다. 1560년 25,000의 병력으로 쳐들어온 스루가(駿河)의 이마가와 요시모토(今川義元)를 그 10분의 1의 병력으로 기습하여 죽이고(오케하자마 전투), 이로 인하여 인질에서 해방된 오카자키(岡崎)城의 도쿠가와 이에야스와 동맹을 맺는다. 동북지역으로부터의 위협을 방어하는 역할을 이에야스에게 위임한 노부나가는 이로부터 적극적인 西進정책을 진행하여 간다.

노부나가가 1568년 쇼군 요시아키를 받들고 교토로 들어옴에 따라 전국시대의 상황은 일변한다. 노부나가는 쇼군의 명의로 전국의 다이묘들에게 명령을 내려 '天下人'에의 길을 걷기 시작한다. 그가 上京하여 최초로 한 일은 오오츠(大津)·사카이(堺)·야마자키(山崎) 등의 상업도시를 직할화한 것이다. 또한 耶蘇會의 루이스 프로이스에게 교토 거주와 포교를 허가하는 등 교토 통치도 행하고 있다.

노부나가의 전횡에 반발한 쇼군 요시아키가 反노부나가派를 결집하여 노부나가 包圍網을 구축하였지만, 노부나가에게 각개격파를 당하여 붕괴하고 요시아키 또한 교토에서 추방된다. 추방된 1573년 무로마치 막부는 사실상 붕괴하고 오다(織田)정권이 확립된다. 이에 다시 동북방의 에치고

---

35) 위키피디아 일본판 '戰國時代' 참고.

(越後) 다이묘인 우에스기 겐신(上杉謙信)이 맹주가 되어 1576년 反노부나가 포위망을 재구축한다.

노부나가가 다시 이들을 격파해 나가던 1582년, 오카야마(岡山)의 다카마츠(高松)城을 공격하여 모리 데루모토(毛利輝元)의 4만 군대와 싸우고 있던 히데요시로부터 원군 요청을 받게 되자, 이에 대응하기 위해 그는 手下 일부 병력만을 대동하고 교토의 혼노지(本能寺)로 가 머물게 된다. 그러던 6월 2일 부하 아케치 미츠히데(明智光秀)의 모반으로 습격당하여 자결한다 (本能寺의 變).

主君 노부나가의 변을 접한 히데요시는 이 사실을 은폐한 채 재빨리 데루모토와 휴전한 후 모든 휘하병력을 교토로 몰아 들이닥쳐, 6월 13일 미츠히데를 격퇴하고 교토에서의 지배권을 장악한다.

그리고 6월 27일 기요스(清洲)城에서 노부나가의 후계자와 遺領의 분할을 정하기 위한 회의가 열린다(清洲會議). 오다家의 중신그룹은 노부나가의 三男인 노부다카(信孝)를 추대했지만, 히데요시는 혼노지의 변에서 죽은 노부나가의 장남 노부타다(信忠)의 아들로 당시 3살인 산보시(三法師, 뒤에 織田秀信: 오다 히데노부)를 추대했고, 히데요시의 안이 관철되었다. 이에 의해 오다정권 안에서 주도권 쟁탈전이 벌어진다.

히데요시는 재빠르게 1583년 4월 시즈카타케(賤か岳)싸움을 벌여 오다 家 家臣 중의 제1인자였던 시바타 카츠이에(柴田勝家)의 3만 군사를 5만의 군사로 궤멸시킨다. 이 승리의 결과 노부나가가 구축한 권력과 체제의 계승자로서의 자리를 굳히고, 표면상으로는 산보시를 받드는 척하면서 실질적으로는 오다家를 장악하게 된다. 그해 그는 노부나가의 居城이었던 아즈치(安土)城에 대신하여 오사카에 거대한 오사카(大坂)城을 축성하기 시작한다.

여기까지가 율곡의 살아생전의 일본 정세이다. 그러면 이 당시 율곡의 10만 양병이 필요할 만큼 전면적인 일본의 조선침략이 가능한 상태였을까? 오히려 히데요시는 물론 그 어떤 세력도 일본이 아닌 외부세계로 눈을 돌릴 여유는 물론 의도조차 품기 어려운 시기가 이 1580년대 前半이었을 것이다.

〈1582년의 일본〉

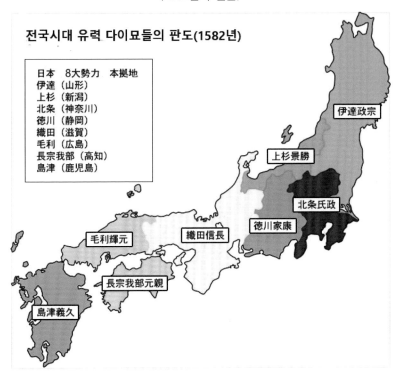

전국시대 유력 다이묘들의 판도(1582년)

日本　8大勢力　本拠地
伊達　（山形）
上杉　（新潟）
北条　（神奈川）
徳川　（静岡）
織田　（滋賀）
毛利　（広島）
長宗我部　（高知）
島津　（鹿児島）

伊達政宗

上杉景勝

北条氏政

織田信長

徳川家康

毛利輝元

長宗我部元親

島津義久

노부나가는 사망 직전, 교토를 중심으로 한 기나이(畿內)와 그 주변을 수중에 넣었고 다케다(武田)씨도 멸망시키고 있었다. 관동지방의 호죠(北條)씨, 동북지방의 다테(伊達)씨, 규슈지방의 오토모(大友)씨도 恭順하는 자세를 표명하고 있었다. 당시 남은 그의 적대세력으로는 츄고쿠(中國)의 모리(毛利)씨, 시코쿠(四國)의 쵸소카베(長宗我部)씨, 호쿠리쿠(北陸)의 우에스기(上杉)씨, 규슈의 시마즈(島津)씨가 있었다(지도 참고).[36]

그렇다면 노부나가에게 공순을 표명했던 호죠씨·다테씨·오토모씨가 히

---

36) 해당지도의 범위표시는 유력 다이묘들의 '판도' 또는 세력권역의 표시로, 영유하는 지배영역 그 자체는 아니다.

데요시에게는 어떻게 대응했을까? 먼저 오토모씨는 시마즈씨의 공격을 받아 1586년 히데요시에게 공순을 표하며 원군을 요청했고, 다테씨는 1590년 히데요시가 호죠씨를 포위 공격하는 오다와라(小田原) 정벌 때에 가서야 공순을 표명한다. 호죠씨는 끝까지 저항하다 오다와라 정벌로 1590년 멸망한다.

한편 노부나가의 적대세력이었던 다이묘들은 어떠했을까? 츄코쿠의 모리 데루모토가 히데요시에게 굴복하여 시코쿠의 쵸소카베씨 정벌에 참여하는 것은 1585년이다. 그렇다면 쵸소카베씨가 항복한 1585년에 츄고쿠와 시코쿠가 히데요시에게 복속한 셈이 된다. 우에스기씨는 1586년 우에스기 가게카츠(上杉景勝)가 히데요시를 알현하는 것으로 굴복한다.

그러나 무엇보다도 1583년 단계에서 히데요시에게 가장 우려할만한 적대세력은 노부나가와 오랜 동맹관계였던 이에야스였을 것이다. 당시 동쪽 지역에서 크게 세력을 키우고 있던 이에야스는 히데요시에게 반발한 노부나가의 차남 노부오(信雄)와 동맹하여 反히데요시 전선을 구축하여 대결한다. 전쟁이 우열을 가리지 못한 채 장기적 교착상태에 빠지자, 히데요시는 자신의 누이에 이어 어머니마저 이에야스에게 인질로 보내 신하로서 순종할 것을 강요했고 1586년 마침내 이에야스가 신하로 따를 것을 서약하게 된다.

히데요시가 천황의 권위에 접근하여 간빠쿠(關白)와 다죠다이진(太政大臣)이란 최고의 관직을 받고 도요토미(豊臣)란 성씨를 하사받는 것은 1586년이다. 이에 의해 동북의 다테씨, 관동의 호죠씨, 규슈의 시마즈씨를 제외하고는 전국을 제압하고 있다. 그리고 1587년 20만의 대군으로 히데요시가 규슈에 쳐들어가 시마즈 요시히사(島津義久)를 굴복시키고 있다.

1588년 4월 14일, 히데요시는 자신의 저택 쥬라쿠다이(聚樂亭)에서 고요제이(後陽成)천황을 맞이하여 화려한 잔치를 벌이고 있다. 그 자리에서 이에야스와 노부나가의 차남 노부오 등 유력 다이묘에게 자신에의 충성을 서약시키고 있다. 같은 해 히데요시는 武器 몰수령인 가타나가리(刀狩)슈이나 海賊 停止令을 일본 전국에 발포해 일본 '天下人'으로서의 권력을 행사한다. 이때에 와서 일본은 통일되었다고 할 수 있다. 그러나 명실 공히 완전 통일은 1590년 관동지방의 호죠씨 평정을 기다려야 할 것이다.

5. 율곡의 군정개혁과 임진왜란

1) 율곡의 개혁내용

앞장에서 검토한 것처럼 살아생전의 율곡에게서 임진왜란 수준의 對日 위기의식은 찾아볼 수 없었다. 물론 선조에게서도 같다. 실제 전개된 당시의 일본정세 또한 전혀 조선 침략은 상상조차 할 수 없는 시기였다. 그렇다면 일본을 대상으로 하지 않는 십만양병설은 별 의미가 없을 것이다. 니탕개의 난을 진압하기 위해 율곡이 십만양병을 주장할 수 있었을 것이나, 난이 진압된 이상 더 이상 생명력을 갖지 못할 것이기 때문이다.[37]

율곡이 살아생전에 임진왜란 같은 참화를 예상하지 못했다면 그가 죽은 지 10년 후에 터진 임진왜란은 율곡과 상호 관련이 없어야 한다. 그런데 십만양병설은 율곡과 왜란을 연결시키고 있다. 어찌하여 율곡은 왜란과 연결 지어졌을까? 이 장에서는 이와 관련하여 검토하여 보기로 하자.

다음은 1584년 1월의 율곡의 卒記로 『선조수정실록』과 『국조보감』의 내용이다.

a) 그러나 이이가 졸한 뒤에 편당이 크게 기세를 부려 한쪽을 제거시키고는 조정을 바로잡았다고들 하였는데, 그 내부에서 다시 알력이 생겨 사분오열이 되어 마침내 나라의 무궁한 화근이 되었다. 그리하여 임진왜란 때에 이르러서는

---

37) 율곡의 십만양병 주장이 사실이라면 동북방 여진용이었을 것이다(민덕기, 앞의 논문, 177~178쪽).

강토가 무너지고 나라가 마침내 기울어지는 결과를 빚고 말았는데, 이이가 평소에 미리 염려하여 먼저 말했던 것이 사실과 부합되지 않는 것이 없었다. 그래서 그가 건의했던 각종 편의책들이 다시 추후에 채택되었는데, 국론과 民言이 모두 '이이는 도덕과 충의의 정신으로 꽉 차 있어 흠잡을 수 없다.'고 칭송하였다.[38]

b) 이조 판서 이이가 죽었다. 이이는 병조 판서로 있을 때부터 과로로 인하여 병이 생겼는데, 이때에 이르러 병세가 악화되었으므로 상이 의원을 보내 치료하게 하였다. 이때 서익이 순무어사로 關北에 가게 되었는데, 上이 이이에게 찾아가 변방에 관한 일을 묻게 하였다. (중략) (율곡은) 나라 형세가 쇠퇴해져 난리의 조짐이 있음을 분명히 알고는 항상 임금의 마음을 바르게 하고 풍속을 바로잡고 조정을 화합하게 하는 것을 근본으로 삼았고, 폐정을 고치고 생민을 구제하고 군사 대비를 갖추는 것을 급선무로 삼았다. 그리고 이를 반복해서 시종일관 한 뜻으로 논계하였는데, 소인이나 속류의 배척을 당했으나 조금도 거들떠보지 않았다. 임금도 처음에는 견제를 가하였으나 늦게나마 다시 뜻이 일치되어 은총과 신임이 바야흐로 두터워지고 있는 때에 갑자기 죽은 것이다.[39]

a)의 졸기에선 왜란을 당하여 채택한 각종 편의 정책들이 모두 율곡이 이미 건의했던 것이라 하여 그를 칭송하고 있다. b)의 졸기엔 율곡이 '난리의 조짐이 있음을 분명히 알고는' 선조에게 조정의 화합과 폐정 개혁 및 생민 구제와 군사 대비를 되풀이 일렀다고 하고 있다. 그러나 십만 양병에 관한 내용도 없고, 6진으로 떠나는 순무어사를 시켜 선조가 변방 방어건을 자문케 한 것으로 보아 '난리의 조짐'이란 동북방과 관련한 것으로 볼 수 있다. 그렇다면 살아생전 율곡의 개혁들이 임진왜란에 유용하게 쓰였다는

---

38) "(전략) 至于壬辰之亂, 封疆自潰, 國遂以傾, 凡珥平日預慮而先言者, 無不符驗. 其所建請便宜之策, 頗見追思, 採用國論, 民言皆誦. "其道德忠義之實, 有不可枉者矣."(『선조수정실록』 17년 1월 1일).
39) 『국조보감』 제29권 선조조 6 17년(갑신, 1584) 1월.

것이 되겠다. 그러한 관점에서 허균이 임진왜란이 끝난 후 율곡을 평가한 것을 검토하여 보자.

> 이이가 곤욕을 당했던 것으로는 의론하던 사람들이, 貢案을 고치려 했음은 불편했다느니, 여러 郡에 額外兵(가외군사)을 둠은 부당하다느니, 곡식을 바치고 관작을 제수 받음은 마땅치 못하다느니, 서얼에게 벼슬길을 열어주자 함도 옳지 못하다느니, 城과 堡를 다시 쌓자는 것도 합당치 못하다느니 했던 때문이었다. 병란을 치른 뒤에 왜적을 막고 백성을 편하게 하려고 부지런히 강구하던 방책으로는 위의 다섯 가지에서 벗어나지 못했다. 왜 그랬을까? 대체로 이이가 앞날을 내다본 것은 수십 년 전에 이미 명확하였다. 몇 가지의 시행은 평상시에는 구차스런 일임을 알았지만 환난을 생각하고 예방하는 데에는 更張하지 않을 수 없어서였다. 때문에 뭇 사람들의 꺼려함을 무릅쓰고 과감하게 말했었다. 그러나 속된 선비(俗士)들은 좁은 소견에 이끌려서 소란하게 된다느니, 타당하지 않다 하여 요란하게 차질을 내었으니 당연히 그의 지위도 허용되지 못했고 나라도 되어질 수 없었다. 그러나 지금의 논의하는 자들은 온 힘을 다하여 이이를 배척하면서 앞의 다섯 가지 일을 받들어 시행하는데 오히려 힘을 다하려 않으니 이거야말로 매우 가소로운 짓이다.[40]

허균은 말하길 율곡이 그토록 조정에서 탄핵을 받은 것은 다섯 가지 때문이었다고 하고 있다. 즉 세금 부과의 근거 자료인 貢案을 고치려했고, 가외군사로 額外兵을 여러 郡에 두려했으며, 곡식을 바치고 관작을 제수 받게 하며, 서얼에게도 벼슬길을 열어주자 하였고, 城과 堡를 다시 쌓자고 했다는 것이다. 그런데 막상 임진왜란을 당하여보니, 이를 극복하는 데는 율곡이 주장한 그 다섯 가지로 충분했다고 단언하고 있다. 율곡은 이미 어떻

---

40) 허균, 『惺所覆瓿藁』 제11권 文部8 論 政論. 이 [政論]에서 율곡과 비견하여 유성룡도 임진왜란을 극복한 위인으로 높이 평가하고 있는 점이 주목된다.

게 하면 환난을 극복할 수 있을 것인가 꿰뚫고 있었던 것이다. 그러나 '속된 선비들'의 반대로 안타깝게 쓰이지 못했다고 한탄하고 있다.[41]

이쯤에서 율곡이 왜 왜란과 연결 지어질 수 있었는가를 알 수 있을 것 같다. 창졸지간에 왜란을 당하였지만 율곡이 평소 염려하여 건의했던 각종 개혁들이 채택되어 극복할 수 있었다고 위의 졸기에서는 말하고 있었는데, 그 각종 개혁들이 무엇인가를 허균이 짚어준 것이다. 즉 貢案 개정을 통한 인민 구제, 군사 증강과 城堡 수축 같은 군정 개혁, 납속책에 의한 관직 제수, 서얼에의 벼슬길 마련(許通) 등이 왜란 극복에 절대조건이었다는 것이다.

그러면 허준이 제시한 납속책과 서얼 허통을 1583년 니탕개의 반란을 진압해 가던 병조판서 율곡의 제시한 대책을 통해 검토하여 보자.[42]

율곡은 이 반란이 함경도의 병력만으로 진압할 수 없을 것이라는 예상이 되자 2월 12일 파격적인 제안을 내놓고 있다. 자원하여 6진의 방어에 임하는 자는 만 3년이 되면 서얼의 경우엔 과거에 응시할 수 있도록 허락하고, 公私賤은 從良시키되, 私賤을 양인화시킨 경우에는 公賤으로 대신 그 주인에게 돌려주자는 것이다.[43] 다음 달인 3월, 반란이 진압되지 않게

---

41) 송우혜는 이러한 허균에 대하여, "계미년 니탕개란 당시에 이이를 가장 극렬하게 공격했던 세칭 '三奸' 중의 한 사람으로서 극지에 귀양까지 갔던 허봉의 친아우"인 허균이었지만, "계미년에 이이를 공격했던 자들과 그들의 행위를 가리켜서 '속된 선비들의 좁은 소견'이었다고 질타하고 그들 탓에 '이이의 지위가 보존될 수 없었고, 나라일도 제대로 되지 못했다.'라고 지적했다. 그가 임진왜란의 참상을 몸소 겪으면서 새삼 높이 평가하게 된 선각자 이이의 과감한 개혁성과 예지와 불운을 자기 나름의 언어로서 애도한 것으로 보인다."고 적극 평가하고 있다(송우혜, 앞의 논문, 314쪽).
42) 율곡은 1582년 연말에 병조판서로 발탁된다. 이는 그가 軍政 개혁을 주장하는 「萬言封事」(선조7[1574]년 1월), 「陳海西民弊疏」(선조7[1574]년 10월), 「陳時事疏」(선조14[1581]년 5월) 등의 상소를 올려 강력하게 軍政의 문란상을 지적하고 개혁 방안을 제시했던 일이 그 배경이 된 듯하다(송우혜, 앞의 논문, 302쪽).
43) 『선조실록』 16년 2월 12일(을미).

되자 율곡은 상소하여 다음처럼 병사와 군량 충당책으로 구체적인 대책을
제시하게 된다.

> 臣의 계책은 전에 이미 발의되었다가 다시 중지되었는데, 지금 와서도 더욱
> 별다른 대책이 없습니다. 따라서 신의 말을 쓰신다면 서얼과 公私賤 중에서 武
> 才가 있는 자를 모집하여 스스로 식량을 준비해서 남도(함경남도)와 북도(함경
> 북도)에 들어가 방수하게 하되 북도는 1년, 남도는 20개월을 기한으로 하여 응
> 모자가 많도록 하는 한편 병조에서 試才한 뒤 보내게 하소서. 그리하여 서얼
> 은 벼슬길을 터주고 賤隸는 免賤하여 良人이 되게 하며, 私賤인 경우에는 반
> 드시 본 주인이 병조에 단자를 올린 다음에 시재를 허락하여 주인을 배반하는
> 종이 없게 하고, 그 대신하는 자원에 따라 골라 주게 하소서. 그리고 만약 무
> 재가 없는 경우에는 남·북도에 곡식을 바치게 하되 멀고 가까운 거리에 따라
> 그 많고 적은 수를 정하고, 벼슬길을 터주고 양인이 되게 하는 것도 武士와
> 똑같이 해주소서. 그러면 군사와 양식이 조금은 방어에 대비할 수 있게 될 것
> 입니다.[44]

즉 서얼과 공사천 중에서 武才가 있는 자를 모집하여 병조에서 試才한
뒤 함경북도엔 1년, 함경남도엔 20개월 방어임무를 이행케 한 후, 武科를
보여 서얼은 許通케 하고 천민은 양민이 되게하자는 것이다. 무재가 없는
경우엔 곡식을 바치게 하여 허통과 從良을 해주자는 것이다. 율곡은 이러
한 개혁이 至難한 문제임을 알고, 선조의 허락을 구하기 위해서인지 서얼
허통과 천민 종량의 전례가 이미 있었다고 소개하고 있다. 즉 이시애의 반
란을 진압할 때 世祖가, 軍器를 운반한 천인들을 양인으로 해 주었고 從軍
한 서얼들은 과거에 응시케 해주었다고 설명하고 있다.[45]

---

44) 『국조보감』 제28권 선조조 5 16년(계미, 1583) 3월. 이와 동일한 내용이 『선조수
   정실록』 16년 4월1일자에 실려 있다.
45) 앞의 註와 같음. 여기에서 선조는 이 제안에 대해 자신은 이미 이전에 허용하였

다음 달인 1583년 4월 선조는 "서얼과 공사천에게 벼슬길을 터주고 從良하게 하는 것을 허락해주도록 다시 명했다. 스스로 장비를 갖추고 변방에 가서 만 3년 동안 防戍한 자는 벼슬길을 터주고 종량하게 하였고, 또 변방에 쌀을 바친 서얼도 벼슬길을 터주고 종량하게 하였으며, 첩의 자식과 천첩의 자식은 바치는 것에 차등이 있게 하였다."라고 하고 있음을 보아,[46] 변방 방어 종사기간이 3년이지만 납속으로도 허통과 종량이 열려졌음을 알 수 있다.

2) 임진왜란의 대책

전술한 실록의 율곡 卒記나 허균의 평가에 보이는 것처럼 율곡의 개혁들은 임진왜란기 그대로 적용되어 왜란 극복에 큰 밑거름이 되었다. 그 대표적인 것이 군량확보책인 납속책의 운용이다.

1592년 12월 우참찬 성혼이 올린 便宜時務에는 군량 보충책으로 각도에 파견하는 募粟官의 수를 늘리고 空名帖・告身帖・免役帖・免賤帖을 더 많이 지급해 주어 군량 모집을 활성화 시켜야 한다고 주장하고 있다.[47]

12월 29일의 경기・황해도의 調度御史의 別事目엔 "本道 부근 地界의 수일 程 내의 군현에서 米粟과 太豆를 납부하는 자는 본도의 예에 의하여 보상하고, 운반하는 자 역시 본도의 예에 의하여 상을 준다."고 전제하고, 첫째로 本官의 守令으로 힘을 합쳐 곡식을 모으고 운반하는 자에 대한 규정, 둘째로 留鄕所와 前銜人員 및 믿을 만한 모든 品官들이 곡식을 모으고 운반하는 것을 담당하는 경우에 대한 규정이 있다. 이어서 셋째로 서얼・鄕

없으나 言官이 논박하여 지체되고 있었다며 비변사에 논의하여 시행했으면 좋겠다고 한 발 물러서고 있다.

46) 『국조보감』 제28권 선조조 5 16년(계미, 1583) 4월. 같은 내용이 『선조수정실록』 16년 4월 1일자에도 있다.

47) 『선조수정실록』 25년 12월 1일(정해). 告身이란 조정에서 내리는 벼슬아치의 임명장인 職牒과 같은 말이다.

吏·公私賤 등에게 힘을 다해 곡식을 모으고 운반하는 것을 담당하게 하여 1백 석 이상인 자는 5년을 기한으로, 3백 석 이상은 10년을 기한으로 免役完護하며, 5백 석 이상인 경우 서얼은 허통하고 향리 및 유역인은 자신을 면역하고 공사천은 從良한다고 규정하고 있다.[48]

이러한 事目은 1593년 2월 호조가 올린 納粟事目에도 보여, 향리나 士族인 경우 이외에 서얼인 경우의 許通 수효가 규정되어 있다.[49]

납속책 이외에 서얼과 공사천에게도 許科의 길이 열리게 된다. 그 예가 비변사가 1593년 7월 내놓은 다음과 같은 의견이다.

"서얼이나 공사천은 士族이나 良人과 한 榜에 섞어서 시험을 보일 것이 아니라 聖敎대로 따로 시험을 보여 입격한 뒤에, 서얼인 경우에는 적의 수급 둘을 베어 오는 것으로 許科하고, 공사천의 경우에는 수급 셋을 베어 오는 것으로써 허과하소서. 이는 근래 규정에 서얼인 경우에는 1級으로 허통하고 2급으로 除職하며, 공사천인 경우에는 1급으로 免賤하고 2급으로 허통하고 3급으로 제직하는 例에 따른 것입니다."[50]

비록 조건부 許科라고는하나 서얼과 공사천에게 도전할 길이 열리게 되었다고 볼 수 있다. 또한 전란기 때문이라고는 하지만 "서얼을 허통시키고 공사천을 양인이 되게 하면 常人들이 모두 무재를 익히게 될 것이고 生員·進士試에도 (무재의) 시험을 보이면 양반도 모두 무재를 익힐 것이다."[51]라는 선조의 이해는 율곡을 아꼈던 입장에서 가능한 시각이었을 것이다.

---

48) 『선조실록』 25년 12월 29일(을묘). 留鄕所란 지방 군현의 수령을 보좌하던 자문 기관. 前銜이란 前職과 같은 말. 完護란 나라에서 법률로 특수한 집단의 생명이나 생활의 안전을 보장해 주던 일을 가리킨다.
49) 『선조실록』 26년 2월 16일(신축).
50) 『선조실록』 26년 7월 17일(기사).
51) 『선조실록』 26년 10월 22일(임인).

6. 맺음말

이상의 검토를 통해 다음과 같은 사실을 명확히 할 수 있었다.

첫째, 김장생을 비롯하여 실록 등에 묘사된 십만양병설은 모두 임진왜란 10년 전이 태평시대였다고 전제하고 있었다는 사실이다. 그런 때에 율곡이 십만양병을 주장하였으므로 유성룡 등 모두로부터 반대를 받았다는 것이다. 그러나 이는 허구였다. 니탕개의 난으로 조선은 전쟁 중이었다. 병사와 군량을 확충하기 위해 서얼과 천민에게 각각 벼슬과 從良을 댓가로 제시할 정도로 니탕개의 난은 조선 조정을 허둥대게 했다.

둘째, 십만양병설은 왜란 10년 전 일본으로부터 거국적 침략이 있을 것을 율곡이 예견하고 있었고, 그러므로 10만 양병을 호소했다고 하고 있다. 그러나 율곡의 어떤 제안이나 주장에도 왜구 이상의 對日 위기의식은 보이지 않는다. 실제 당시 일본 정세를 보아도 다이묘들의 각축전 상황으로 결코 國外로 눈을 돌릴 때가 아니었다.

셋째, 임진왜란 10년 전에 죽었으며, 왜란을 예상하지도 못한 율곡을 그럼 왜 십만양병설을 왜란과 연결시켰을까? 그것은 그의 개혁안이, 특히 니탕개의 난을 진압하기 위해 내놓은 병사 확충과 군량 확보책이 왜란을 극복하는데 아주 유효하게 쓰여졌기 때문이었다.

그렇다면 왜 십만양병설이 만들어졌을까? 이를 검토하기 위해 다시 김장생의 십만양병설을 분석하여 보자. 김장생의 그것이 최초의 양병설이며 이후 양병설의 기본 틀이 되었기 때문이다.

①율곡 : 한번은 경연에서 "미리 군대 10만명을 양성하여 급한 일이 있을 때에 대비하소서. 그렇지 않으면 10년이 못가서 흙이 무너지듯 하는 화가 있을 것입니다."

②성룡 : "일이 없이 군대를 양성하는 것은 화근을 만드는 것입니다." 라고 반대하였다.

③이 당시는 난리가 없은 지 오래되어 안일한 것만 좋아하여서 경연에 있던 신하들이 모두 "선생(율곡)의 말씀은 잘못이다."고 하였다.

④율곡 : "(성룡에게) 국세의 위태로움이 달걀을 쌓아놓은 것 같은데 時俗 선비는 時務를 모르니 다른 사람이야 진실로 기대할 것이 없거니와, 당신도 또한 이런 말을 하는가?"

⑤성룡 : "(왜란이 발발한 후) 지금 와서 보면 李文成(율곡)은 참으로 聖人이다. 만약 그의 말대로 하였으면 나라일이 어찌 이렇게 되었겠는가. 또 <u>그가 전후에 계획한 정책을 혹자들은 비난하였지만 지금 모두 꼭꼭 들어맞으니 참으로 따라갈 수 없다.</u>"

10년 후를 위해 10만의 군대가 필요하다고 예언자 율곡이 절규한다(①). '10년 후 임진왜란'이란 기본설정 때문인지, 1583년의 병조판서 율곡과 니탕개의 난은 감춰지고 평화시대라는 전제가 마련된다(③). 당연히 조정의 모두를 반대케 하여 율곡의 주장을 극대화시킨다. 여기에 왜란 극복의 제1인자인 유성룡을 등장시켜 '時俗선비'와 다른 그마저 반대하게 하여 율곡을 탄식하게 한다(②④). 마침내 임진왜란이 터지고 누구도 아닌 유성룡으로 하여금 율곡이야말로 '참으로 聖人'이라 감탄하게 한다. 이렇게 보면 김장생의 양병설은 훌륭한 무대장치와 등장인물을 가진 각본이다. 이 각본에서 역사적 史實을 지닌 것은 허균이 이미 지적한 것처럼 ⑤의 밑줄 친 부분뿐이다.

여기서 본 논문의 마지막으로, 율곡을 주인공으로 한 십만양병설이 조선후기 지속적으로 생명력을 가지고 이어져 왔을까 추론하여 보자.

병조판서 율곡이 니탕개의 반란을 진압하는 과정에서 행한 여러 개혁들에 대해 반대파들인 홍문관이나 兩司의 탄핵은 격렬했다. 그들은 전술한 허균이 지적한 '속된 선비들'이었다. 반대 이유는 곡물을 바치게 하여 죄를 면하거나 서얼을 벼슬길로 許通하고 공사천을 양민으로 만들어 버린다는 것이었다. 이러한 율곡의 개혁은 실로 나라의 법전인 '國典'을 훼손하는 것이

며 나라의 형률인 '邦刑'을 무시해 버리는 일이라고 맹비난했던 것이다.[52]

　그들은 니탕개의 난이 진압되어 가는 듯하자 융단폭격처럼 율곡을 탄핵해댔다. 그 때의 죄목은 율곡이 임금을 무시하고 병권을 제멋대로 휘둘렀다는 것이었다. 즉 율곡은 북방으로 가는 장정 중에 허약한 자에게 튼실한 戰馬를 바치는 조건으로 군 복무를 면제해 주기로 하였는데, 군사들의 출발이 임박하자 이들을 출발시키고 사후 선조에게 보고해 윤허를 받았던 적이 있었다. 또 한 번은 선조가 불러 입궐했으나 갑자기 심한 현기증으로 부축을 받아 숙직실에 들어갔다가, 전달받은 선조의 허락으로 알현하지 않은 채 퇴궐한 것을 죄목으로 삼아 공격한 것이다.[53]

　탄핵에 시달리던 율곡은 선조의 만류에도 불구하고 6차례에 걸쳐 사직 상소문 올리며 "北道에 가서 종군하게 해달라."라고까지 호소하기에 이르렀다. 결국 선조는 1583년 6월 율곡의 사직을 수리하였지만, 율곡 탄핵에 앞장섰던 세 사람은 용서하지 않고 귀양을 보냈다.[54] 그리고 9월 다시 이조판서로 율곡을 임명하여 서울로 불렀고, 10월 말 율곡이 되돌아왔지만 두 달 후인 1584년 1월 중순 49세로 病死한다. 탄핵에 시달린 스트레스성 急死였을 것이다.

　율곡에 대한 비난이 얼마나 삐뚤어져 있는가는 율곡의 사후 2개월이 지난 1584년 3월 선조가 한 말로서도 알 수 있다. 병조판서 율곡이 자원하여 6진에 나가 3년을 근무하는 사람은 서얼이라도 과거에 응시할 자격을 주자고 한 일에 대해 반대파들은, 율곡이 자신이 일찍 죽을 것을 미리 알고 자기의 庶子를 위해서 이러한 納粟法을 만들었다고 비난했다고 술회하며 한탄하고 있다.[55]

---

52) 『선조실록』 16년 4월 26일(정축), 5월 1일(임오)
53) 『연려실기술』 제13권 「宣祖朝故事本末」.
54) 선조는 율곡 탄핵에 앞장섰던 송응개를 회령, 박근원을 강계, 허봉을 종성으로 귀양 보냈다. 그러나 종성이 바야흐로 니탕개의 난으로 兵禍를 입고 있다 하여 허봉을 다시 갑산으로 옮겨 보냈다(『계미기사』 1583년, 8월 28일).
55) 『선조실록』 17년 3월 4일(신사). 율곡에겐 嫡子가 없었다.

그 후 임진왜란을 경험한 조선의 朝野는 율곡을 새로 보았을 것이다. 자신들이 그렇게 핍박하고 비난하고 탄핵하여 병사케 한 율곡이, 그리고 율곡이 강조한 개혁들이 왜란 극복에 유효하게 운용되었기 때문이었을 것이다. 그것은 일종의 율곡에 대한 負債의식으로 작용하게 되지 않았을까? 전술한 율곡의 졸기에서도, 허균의 술회에서도 그것이 감지될 수 있다.

율곡을 왜란의 예언자로 추앙하고, 왜란 극복의 제1인자 유성룡으로 하여금 '聖人'으로 평가하게 한 십만양병설은 율곡에 대한 고마움과 죄스러움에서 창작되었을 것이다. 그렇기 때문에 율곡의 문인이며 西人인 김장생의 손에서 만들어졌으면서도 조선후기 사대부층의 상식으로 사랑받게 되고 정착되기에 이르렀을 것이다.

그러나 이러한 '임진왜란용 십만양병설'은, 병조판서 율곡의 니탕개 반란 진압을 위한 개혁과 노력은 생략된 채 왜란 예언자 율곡으로 만들어냈다. 그 결과 10년 후의 왜란을 예견된 전쟁임에도 율곡 이외 누구도 태평세월에 안주한 채 무방비로 참혹한 전란을 맞게 되었다는 새로운 기억을 만들어 냈다. 그래서 '십만양병설적 왜란관'은 임진왜란의 원인을 '內憂外患'으로 설명하려 들 때 '내우'적 요소로, 즉 사회의 기강 실추, 당쟁 격화 등등을 정당화하는데 악용되어지고 말았다. 그래서 당시의 조선을 '말기적 상황'으로 단정하게 만들었다.

과연 그러할까? 지봉 이수광은 말했다고 한다. "우리 임금(宣祖)의 치세가 되니, 뛰어난 인물이 이토록 많았던 때가 없구나"라고. 성호 이익도 "宣祖 임금의 시대야말로 이 땅에 인재가 넘치던 시절"이었다고. 선조시대야말로 이 땅에 유례가 없을 만큼 인재들이 넘쳐났던 시절이었다.56) 그렇다면 왜란 前夜는 조선시대 極盛期가 아니었을까?

---

56) 함규진, 『선조, 나는 이렇게 본다』 보리, 2012, 69·95쪽.

제4장
임진왜란 직전 조선의 국방 인식과
대응에 대한 재검토
−동북방 여진에 대한 대응을 중심으로−

1. 머리말

임진왜란 전야는 어둡다. 캄캄하다. 强震이 쓰나미 되어 시시각각 다가오는데 팔짱끼고 있었다고 말하여져 왔기 때문이다. 유성룡은 『懲毖錄 - 錄後雜記』에서 말한다.

> "사람들이 알아채지 못했을 뿐 大亂이 생기려고 이상한 조짐이 나타났던 것임을 깨닫게 되었다. 하나가 아니었다. 흰 무지개가 해를 뚫거나 태백성이 하늘을 가로지르는 일이 일어나지 않은 해가 없었는데도 사람들이 예삿일로 보았다. …… (이렇게 여러 방법으로) 하늘이 사람에게 매우 간절하게 알려주었다고 할만하지만 사람들이 살피지 못한 것이다."[1]

하늘은 애타게 일본의 침략에 대비하라고 알려 주었는데, 조선의 임금을 비롯한 위정자들이 이를 알아차리지 못한 채 엄청난 재난을 맞게 되었다는 논리다. 董仲舒의 天人感應說에 의하면 임금이 失政한 것에 대해 '天'은 재해로 충고하고, 그 다음 단계엔 奇怪현상으로 경고하여 임금에게 각성을 촉구한다고 한다. 임금이 계속 이를 몰각하면 天命이 그를 떠나는 것으로 이해한다. 易姓혁명의 긍정이다.

이렇게 유성룡에 의해 잘못된 과거를 징계하여 다시는 그러한 후환이 없도록 반성과 경계로서 집필했다는 '징비록적 왜란(임진왜란. 이하 동일)觀'은, 그래서 전쟁을 일으킨 일본에 대한 비판보다 전쟁을 막지 못한 조선의 위정자들에게 각성을 촉구하고 있다.

만약 누군가가 선조는 도망이나 다니려 했던 아둔한 임금이었다, 조정은 당쟁으로 날을 새웠다, 그런 조선이었으니 임진왜란 때 망했어야 옳았

---

1) 유성룡 지음, 구지현 옮김, 『징비록』, 중앙북스, 2008, 172쪽.

다, 라고 주장한다면 이 또한 '징비록적 왜란관'의 연장선에서 이해한 것이라 평가할 수 있을 것이다.

'징비록적 왜란관' 때문일까, 임진왜란 전야는 총체적 부실 투성이로 설명되기 일쑤다.[2] 이와 관련하여 본론의 전개상 임진왜란 전야를 다음처럼 정리하여 문제로서 제기하여 보고자 한다. 이를 위해 인용하는 기존연구는 定說을 수록한 개설서類를 주로 참고하였다.

우선 왜란 전야 태평성대를 구가하고 있었다는 '무사태평론'적 설명에 대해서이다.

예를 들어, "임진왜란이 일어났던 선조 代의 조선은 약 2백 년 동안 부분적인 외침을 제외하고는 거의 전쟁을 치른 적이 없는 나라였다. 때문에 조선 전역은 불시에 예상되는 전쟁에 대한 대비를 소홀히 했다."는 식의 설명이다.[3]

그렇다면 "당시 태평세월을 오래도록 누린 나머지 군사들이 싸울 줄을 모르고 그저 성벽이나 지키면서 마치 먼 거리의 과녁에 맞추는 것처럼 활을 쏠 뿐이었다. 그래서 적이 혹시라도 육박전을 하며 성에 올라오기라도 하면 모두 겁에 질려 활을 제대로 쏘지 못하였다"는 서술을 임진왜란 초기 상황으로 이해할지 모르겠다. 그러나 이것은 1583년에 일어난 니탕개의 난에 대한 조선군의 대응을 기술한 것이다.[4] 이미 '무사태평론'은 니탕개

---

2) 국사편찬위원회,『한국사 29 – 조선 중기의 외침과 그 대응』탐구당, 2003, 22쪽에서 최영희는, "당시의 상황은 지배층의 편당, 정치기강의 해이, 稅制의 문란 등의 폐단으로 민심이 이반되고 있었다. 그리고 이러한 민심의 이반과 연계된 폐단들은 모두 임진왜란이 일어나기 이전부터 나타났다"고 한다.

3) 박영규,『한권으로 읽는 조선왕조실록』, 웅진닷컴, 2004. 282쪽. 국사편찬위원회, 앞의 책, 26~27쪽에서도, "200년간 평화 속에서 살아온 사람들의 전쟁대비란 백성의 원한만 샀지 일본 대군을 격퇴할 방비가 되지 못했다." "무엇보다도 조선왕조는 건국 이래 큰 외적의 침입 없이 2백년간 태평시대를 구가"했으므로 왜란 초기에 패전했다고 보고 있다.

4)『선조수정실록』16년 2월 1일, 李裕元(1814~1888),『林下筆記』10 – 典謨編 – 변방 방비.

의 난의 발생으로 물 건너간 논리가 되고 만다. 후술하듯 니탕개의 난은 조선을 準戰時상황으로 치닫게 했기 때문이다.

둘째, 對日위기론에 대해서이다.

임진왜란 전야 조선에선 대일 위기론이 심화되어 이율곡의 십만양병설까지 제기되었으나, 이에 대한 대비를 제대로 하지 못했다는 것이다. 예를 들어 "조선에서는 여러 경로로 일본이 침략할 것이라는 정보를 입수하고 그 대책을 논의했습니다. 율곡 이이가 십만양병설을 주장한 것은 그런 정보에 토대를 둔 것이었죠."라는 서술이다.[5] 또는 "(율곡은) 병조 판서로 있을 때, 국방을 튼튼히 하기 위해 10만의 군사를 길러야 한다는 10만 양병설을 주장했다. 그 무렵 함경도 경원부에 여진족들이 쳐들어왔으나 명장 신립 장군이 쉽게 막아냈다. 그러나 이이가 염려했던 것은 북쪽의 여진족보다는 남쪽의 왜인들이었다. 여러 영주국으로 갈라져 있던 일본은 그 무렵 도요토미 히데요시라는 장수에 의하여 강력한 통일 국가가 되어 있었다."라는 식의 설명이다.[6]

그런데 임진왜란 전야 국방차원에서 주로 논의된 지역은 '南倭'가 아니라 동북방의 '北虜'였다. 또한 니탕개의 난이 일어났던 1583년 당시 이율곡은 병조판서였으며 그는 그 다음 해 과로로 사망하였다. 그런 그가 만약 십만양병설을 제기하였다면 그건 북방의 여진이지 남방의 일본일 리가 없다. 왜냐하면 당시 일본은 오다 노부나가(織田信長)가 사망한 직후로 히데요시가 아직 정국을 장악하지 못한 시기였으며, 이와 관련한 어떤 정보도 조선에 들어오지 않았던 시기였기 때문이었다.[7] 또한 '남왜'가 거론되어도

---

5) 이덕일, 『교양 한국사 3 - 사림의 등장에서 대한제국의 멸망까지』, 휴머니스트, 2005, 158쪽.

6) 이야기 한국역사 편집위원회, 『이야기 한국역사 7 - 지배체제의 재편과 거듭되는 전란』, 풀빛, 1997, 88쪽.

7) 16세기 조선에 전달된 일본 情報는 오직 대마도를 통해 여과된 한정적인 것이기 일쑤였다. 16세기는 조선 사절이 일본에 파견되지 않은 世紀였기 때문이다. 그 결과일까, 1590년 파견된 통신사는 親朝鮮系 호족인 오우치(大內)氏에 대한 예물

그 방어지역은 경상도와 부산이 아니라 전라도 연안지역까지 합친 남해안 전체였다. 그렇다면 조선이 경계한 대일 위기는 '倭軍'(정규군)이 아니라 '倭賊'(왜구)의 내습이었을 것이다. 본 논문에서는 이율곡의 십만양병설에 관한 검토는 제외하고자 한다. 다만 임진왜란 전야 對日위기 인식은 어느 정도였으며 그 성격이 어떠한 것이었는가에 대해 검토하여 보고자한다.

셋째, 文弱·解弛論에 대한 검토이다.

임진왜란 연구의 대가 최영희는, "조선의 각군 지휘관에는 武術을 모르는 문관이 많이 등용되었고, 무인을 천대함으로써 그 사기와 전투력이 저하되었다."라고 설명하고 있다.[8] 그러면서 "국가의 각 방면에서의 쇠퇴의 기미는 軍紀문제에도 영향을 미치고 있었다. 군사들의 군기문란도 심각하였다."고 하며 그 한 예로 1578년 경상도 병영의 군사 난동사건을 들고 있다. 또한 사회적인 면에서는 지배계층이 엄격하게 신분제를 고수하려고 하였다고 평가하고 있다.[9]

유성룡이 임진왜란 전야, 기강 해이의 대표적 예로 후추 이야길 들고 있다. 예조판서가 주관하는 연회에서 술에 취한 다치바나 야스히로(橘康廣)가 연회석에 후추들을 꺼내 흩뿌렸다. 그러자 기녀와 악공들이 앞다투어 후추를 가져가느라 정신이 없었다. 숙소로 돌아온 야스히로는 탄식하며 역관에게 말했다. "너의 나라는 망할 것이다. 기강이 이러하니 어찌 망하지 않기를 기대하겠느냐?" 라고 한 이야기였다.[10]

까지 지참하게 된다. 그러나 오우치씨가 멸망한 것은 이미 그 40년 전이었고, 이 사실을 통신사가 확인한 것은 규슈에 상륙해서였다(민덕기, 『조선시대 일본의 대외 교섭』, 경인문화사, 2010, 252쪽).

8) 최영희, 『임진왜란』, 세종대왕기념사업회, 1974, 50쪽.

9) 국사편찬위원회, 앞의 책, 24~26쪽. 경상도 병영의 군사 난동사건이란 軍紀와 훈련에 엄격했던 虞侯에게 불만을 품은 군사들이 야간에 집단 탈영한 사건을 말한다.

10) 유성룡, 앞의 책, 16쪽. 이 후추 이야기는『선조실록』21년 2월 9일(임술)과『선조수정실록』20년 9월 1일조에 실려 있으나 날짜는 서로 다르다. 당시 조정은 그 책임을 물어 예조 堂上을 추고하고 있다.

그런데 과연 임진왜란 전야는 문관 우월주의에다 기강이 땅에 떨어진 사회였을까? 본론에서 검토하듯 니탕개의 난 이후 武士를 대폭 확충하는 別試가 빈번히 이뤄지고 武班을 중시하는 정황이 속속 나타나고 있다. 또한 선조는 조선의 문관에 대하여 어려움을 만나면 달아나며 편안히 날짜만 보내길 좋아할 뿐이라며 국방 차원에서 부정적인 인식을 가지고 있었다.[11] 또한 군량 확보책이라고는 하나 신축적인 신분제가 운용되고 있었으며, 기강의 측면에서도 해이하지 않은 사례들을 찾아볼 수 있다.

본 논문은 이러한 검토들을 통해 임진왜란 전야가 안이하고 태평한, 기강이 땅에 떨어지고, 외세의 위협에 그저 무방비했던 그런 말기적 상황이 결코 아니었음을 밝히고자 한다. 이를 밝히는 것에 의해 임진왜란 초기의 연전연패의 원인을 구명하는데 일정한 도움을 줄 것으로 여겨진다.

2. 無事太平論에 대한 검토

임진왜란 전야의 위기상황은 북방에서 시작되었고 그것은 니탕개의 난으로부터 시작된다. 『國朝寶鑑』은 이에 대해 다음처럼 간단히 서술하고 있다.

> 북쪽 국경의 藩胡가 난을 일으켜 慶源府를 함락시키자 병마사 이제신이 연달아 장계를 올려 급한 상황을 보고하였다. 처음에 임금이 변방의 보고를 듣고 三公과 비변사의 신하들을 인견하고 나서 閑職으로 있는 武臣 오운과 박선을 조방장으로 삼아 勇士 8천 명을 인솔하고 먼저 달려가 구원하게 하고, 경기 감사 정언신을 우참찬 겸 도순찰사로, 이용을 남도 병마사로 삼아 빠른 시일 내에 계속해서 구원하게 하였는데, 나라 안이 크게 술렁거렸다. 그런데 얼마 후에 경원에서 패배하였다는 보고가 이르자 임금이 부사 김수와 판관 양사의를 제대로 지키지 못했다는 이유로 선전관을 보내 군사들 앞에서 효수함으로써 군대의 기

율을 진작게 하였다.[12]

실록으로 보면 경원부의 번호 니탕개 등이 경원과 아산보를 포위한 것이 선조 16(1583)년 2월 7일(경인)조에 실려 있다. 그리고 이 두 곳이 함락되었음은 이틀 뒤인 9일(임진)조에 실려 있다. 실록의 2월 20일(계묘)조의 북병사 서장이 2월 9일의 내용을, 8일 뒤인 28일(신해)조의 북병사 서장이 2월 16일에 행한 일을 보고하고 있는 점으로 보아 6진 지역에서 올린 보고가 조정에 전달되어 논의되어지는 것은 대체로 10여일이 소요되는 듯하다. 그렇다면 니탕개의 난은 1월말 발생한 것으로 여겨진다. 처음엔 경원 아산보 藩胡의 추장 우을지(迂乙知)가 전 萬戶 최몽린의 포악함을 명분으로 격문을 이웃 번호들에게 보내 난을 일으켰다고 한다. 이들 적호 1만기는 경원부를 포위하여 난입하기에 이르렀는데, 그때 호응하여 합세한 번호가 종성의 栗甫里와 회령의 尼湯介였고, 특히 니탕개가 제일 강성하였다고 한다.[13]

이에 조정에서는 서둘러 군사 8,000명을 선봉으로 파견하고 후속 군사 파견을 서두르고 있다.[14] 또한 죄를 짓고 유배 또는 감금 중인 전임 장수도 방면하여 해당지역에 파견할 것, 군량용으로 경상도 연안 고을의 쌀을 육로나 해로로 운반하되, 운반에 民力이 부족하면 종친과 대신들에게 소나

---

12) 『국조보감』 28권 선조조 5, 16년(1583) 2월조. 니탕개의 난에 관한 연구로는 송우혜, 「조선 선조조의 니탕개란 연구」(『역사비평』 72, 2005년 가을)가 주목된다. 여기서 藩胡란 조선의 대마도와 같은 존재로 조선을 정치적으로 '國家'로 떠받드는 대신 경제적인 혜택을 받는 6진 지역이나 그 북방 국경지역의 여진족을 가리킨다. '深處胡'도 있는데 이는 국경 바깥의 여진족으로 조선과 항상적인 관계를 갖고 있지는 않다. 그런데 조선을 노략질하는 여진족을 賊胡라 하는데, 이들 중에는 叛胡처럼 번호에서 배반하는 경우도 많았다(민덕기, 「임진왜란기 조선의 북방 여진족에 대한 위기의식과 대응책 - '南倭北虜'란 측면에서 -」『한일관계사연구』 34, 2009, 181쪽 註 5).

13) 『선조수정실록』 16년 2월 1일조.

14) 저자 미상, 『癸未記事』 2월 7일조. 이 책은 선조 16년(癸未) 1년간의 時政을 날짜 순으로 기록한 것이다.

말을 내놓게 할 것, 안변 이북의 私奴들을 군대로 징발 편성해 북도의 방어에 임하도록 하되, 징발한 사노의 주인에겐 하삼도의 公賤으로 충당하거나 다른 명목으로 상을 내리도록 할 것, 採銀 금령을 해제하여 군량에 보태도록 하되 6진과 갑산에 한정하여 採銀할 것, 등등의 대대적인 대응에 나서고 있다.[15]

적호가 이번엔 훈융진을 포위했으나 첨사 신상절과 온성 부사 신립이 역전 끝에 물리치고 이어 추격하여 적호 70급을 참획하고 있다. 적호들은 곧 다시 훈융진을 포위했다가 격퇴당하고 있다[16] 당시 적호가 된 번호는 경원·회령·종성 등 6진 지역 대부분이었으나 신립이 부사로 있던 온성만이 온전하였다고 한다.[17] 적호에게 함락당한 경원과 안원보는 2월 중순 이전에 탈환한 것으로 여겨진다. 왜냐하면 북병사 이제신이 16일에 적호 부락을 모두 소탕해 300여급을 참획하였다고 보고하고 있기 때문이다. 이때 참여한 장수는 온성 부사 신립, 부령 부사 장의현, 첨사 신상절과 군관 김우추·이종인·김준민 등으로, 이들은 세 길로 나누어 강을 건너서 金得灘·安豆里·者中島·麻田塢·尙加巖·于乙其·車汝邑·浦多通·介洞 등 여러 부족의 소굴을 습격하였다 한다.[18]

같은 해 5월이 되자 다시 적호의 공격이 시작되고 있다. 2,000騎의 적

---

15) 『선조실록』 16년 2월 10일(계사).

16) 『선조실록』 16년 2월 13일(병신), 2월 20일(계묘).『선조수정실록』 16년 2월 1일조. 앞의 실록 2월 13일조엔 참획한 적호의 수급을 50급이라 하고 있다.

17) 『선조수정실록』 16년 2월 1일조. 온성의 번호가 유독 배반하지 않은 이유를 동일 조에선 신립의 武勇에 승복했기 때문으로, 신립은 평소에 鐵騎 500여 명을 훈련시켜 사냥을 하며 전술을 익히게 하고 연안에서 내달려 돌격하는 연습을 시키곤 했는데 그 빠르기가 귀신같음을 번호들이 익히 구경해 파악하고 있었기 때문이었다고 평하고 있다.

18) 『선조수정실록』 16년 2월 1일조엔 참획한 적호의 수급을 300급이라 하고 있으나,『선조실록』 16년 2월 28일(신해)엔 150급 참획, 이틀 후인 2월 30일(계축)엔 65급을 참획했다고 하고 있다. 2월 30일조엔 적호의 두목이 살고 있다는 卓頭 부락을 소탕하였다고 적고 있는 만큼 65급이란 탁두 부락에서의 참획 숫자로 여겨진다.

호가 운집해 종성으로 접근하다가 조선군의 공격을 받아 퇴각했는데, 이들
은 회령·종성·온성 등지의 번호들이 경원의 번호와 통모하여 배반한 것이
라 한다.[19] 이들 적호는 세력을 키워 20,000여 기로 종성을 포위 공격하여
군관과 토병 다수를 살해하고 兵使마저 포위하였다고 한다. 조정은 대책을
서둘러 公·私賤 중에 활 잘 쏘는 자 200명을 선출해 면포와 쌀을 주고, 활
을 쏠 줄 모르는 백성들에겐 保를 주어 戰馬를 갖추어 보내기로 하고, 군
량의 보충을 위해 고급 관료와 수령들에게까지 쌀을 걷어 보내자고 제안하
고 있다.[20] 적호들은 또 회령을 포위 공격하다가 반격을 받아 퇴각했는데,
특히 會寧의 酋 니탕개와 원수사이라는 번호 孝汀이 니탕개가 소굴을 비운
사이에 그곳을 불태우는 바람에 하는 수 없이 군대를 철수시킨 것이라고
추정하고 있다.[21]

또 5월 13일에는 1,000기의 적호가 종성을 포위했다가 철수하였고, 16
일엔 동관진과 방원보 등지를 포위했다가 퇴각했다고 순찰사가 보고하고
있다.[22] 그리고 다시 19일에 율보리가 이끄는 적호 수만 기가 동관진을 포
위했으나 첨사 정곤과 助戰將 박석의 공격을 받아 철수했다는 것, 종성·회
령 근방의 번호들이 틈만 보이면 약탈과 납치를 일삼는다는 것을 순찰사가
다시 보고하고 있다. 이에 선조는 활 솜씨에 능한 자 100명을 더 뽑아 들
여보내고, 화살로서 片箭 1,000部와 長箭 500부를 軍器寺에서 보내도록
분부하고 있다.[23] 『선조수정실록』 16(1583)년 5월 1일조엔, 적호 5,000여

---

19) 『선조실록』 16년 5월 6일(정해).
20) 『선조실록』 16년 5월 13일(갑오). 『선조수정실록』 16년 5월 1일조엔 大酋 율보
　　리와 니탕개가 10,000여 기로 종성으로 진입하였고, 조선군이 이를 저지하다 군
　　관 권덕례 등이 피살되었지만, 종성이 포위된지 이튿날 신립의 기병대에 의해 구
　　원되었다고 적고 있다. 그리고 본문의 '保'란 保人을 가리키는 듯하다. 보인이란
　　군역의 의무를 가진 자가 현역에 나가지 않는 대신 正軍을 경제적으로 지원하기
　　위해 편성된 身役 담당자를 말한다(심승구, 「朝鮮 宣祖代 武科及第者의 신분」 『역
　　사학보』 144, 1994, 54쪽).
21) 『선조실록』 16년 5월 17일(무술).
22) 『선조실록』 16년 5월 26일(정미).

기가 방원보를 침입했다가 격퇴당하자, 율보리와 니탕개가 세력을 키워 다시 와서 방원보를 포위했지만 종성의 구원군과 합세한 조선군이 안팎에서 공격하는 바람에 퇴각하였음을 기록하고 있다. 조정은 북방의 방어 확충을 위해 각도에서 정예를 뽑아 파송하기로 하고, 전라·경상도 각 800명, 충청도 600명, 황해도 500명, 개성부 100명, 서울 200명으로 도합 3,000명을 보내기로 하고 있다.[24]

그 후 7월 19일의 순찰사 치계에 의하면 니탕개와 율보리 등이 20,000여 기를 인솔하고 방원보를 포위하여 寅時부터 未時까지 진퇴하며 서로 접전하였다고 한다.[25] 이를 마지막으로 실록 등의 사료에서 1583년의 니탕개를 중심으로 한 침략은 종식되는 듯하다. 『선조수정실록』16(1583)년 5월 1일조에서도, 적호들이 반년 동안 반란을 일으켜 여러 번 6진지대를 침략했으나 번번이 패배하기에 이르자 번호로서 순종하겠다고 항복해 왔다고 하고, 니탕개와 율보리는 深處로 도망하였으나 니탕개는 그로부터 수년 후 죽었다고 하고 있다.

1584년 1월, 선조가 북방 방어를 위해 경상도 곡식 수만석의 북도 운송을 검토하라고 하고 있다.[26] 『癸甲日錄』 萬曆12(1584)年 甲申 4월 1일조에도 전라좌도의 쌀 5,000석과 경상도 쌀 4,000석을 북도로 수송하라고 선조가 명령하였음이 기록되어 있다. 『西厓先生文集』에는 니탕개의 난으로 북도에 운송된 곡식의 양은 이미 10여 만 섬이 넘고, 布 5만여 필이 되니 이것으로 1만 명의 몇 년간 양식을 충당할 수 있을 것이라고 하고 있다.[27]

---

23) 『선조실록』16년 5월 26일(정미), 『선조수정실록』16년 5월 1일.
24) 『선조실록』16년 6월 11일(신유).
25) 禹性傳, 『癸甲日錄』萬曆 11年 癸未 8월 1일조, 『선조실록』16년 8월 1일(경술). 『계갑일록』은 계미(1583)년 6월부터 갑신(1584)년 8월까지의 정치 기사를 일기 체로 엮은 사료이다.
26) 『선조실록』17년 1월 14일(임진).
27) "北道運穀之數, 已過十餘萬石, 布五萬餘匹, 此乃萬人數歲之食."(『西厓先生文集』14 - 雜著 - 북방 대책).

니탕개의 난 시기의 상황에 대하여 『亂中雜錄』은, 평화가 오랫동안 계속되어 백성들이 전쟁을 모르다가 경기도 이하의 5道에 군사를 뽑아 북송하기에 이르자 거리에서 우는 소리가 들려왔다고 적고 있다.[28] 『癸甲日錄』萬曆11(1583)年 癸未 7월 3일조엔. 하삼도 사찰의 종을 거둬들여서 총통을 만들라고 선조가 분부하고 있다. 이로 보면 니탕개의 난이 조정에 얼마나 큰 위기의식을 불러일으켰나 짐작할 수 있다. 특히 5월과 7월의 적호의 규모는 기병 20,000이었다. 단순비교이기는 하나 임진왜란의 선봉군인 고니시 유키나가(小西行長)의 군사는 18,000명이었다고 한다.

한동안 잠잠해 보이던 6진 지역이 다시 소란스러워지는 것은 1587년 후반이다.[29] 즉 8월에 적호 100기가 운룡 지역을 침범하여 백성과 가축을 약탈해 갔고, 이를 추격하던 조선군이 다수 피살되었다고 하고 있다. 9월에도 적호 1,000기가 혜산진을 포위하였다가 격퇴되었다고 한다.[30]

이른바 녹둔도 전투는 그해 9월 하순에 일어난 듯하다. 楸島의 胡酋 마니응개(亇尼應介)가 무리를 이끌고 녹둔도에 쳐들어왔고, 이에 대해 경흥부사 이경록과 造山萬戶 이순신이 제대로 대응하지 못하여 '戰士' 10여 명이 피살되고 160명이 납치되었다고 한다.[31] 조선측의 이에 대한 응징은 그

---

28) 『亂中雜錄』 1권 계미년 선조 16년조.
29) 니탕개의 난 이후 동북방이 완전 조용했던 것은 아니었다. 1585년말 적호 30기가 풍산보를 침입하였다가 격퇴 당했고, 적호 10여 기가 회령을 침입하여 약탈하자 회령 부사 이일이 추격해 적호 30급을 참획하기도 했다. 이때 장백산 밖의 深處胡가 틈을 노려 침략하여 인명과 가축에 피해를 끼치곤 하였으나 크게 침범하지는 못했는데, 이는 조선군의 군율이 아직도 엄하였기 때문이었다는 것이다(『선조수정실록』 18년 12월 1일).
30) 『선조실록』 20년 8월 26일(계미), 9월 24일(경술).
31) 『선조실록』 20년 12월 26일(경진)조 의하면 녹둔도 전투는 9월 24일에 발생하였고, 전사자는 新及第 오형 등이라고 하고 있다. 납치인원에 대해서는 『선조실록』 20년 10월 10일(을축)조엔 106명이라 하고 있고, 실록의 같은 해 11월 21일(병오)조엔 160명, 『선조수정실록』 20년 9월 1일조에서도 160명이라 하고 있다. 특히 『선조수정실록』의 같은 날 조에선 이경록·이순신이 추격하여 적 3명을 참획하고 잡혀가던 조선인 50여 명을 빼앗아 돌아왔지만 이순신이 백의종군하는 처

해 늦가을부터 시작되고 있다. 우선 경흥부의 적호를 소탕해 33급을 참획하고 있다.[32) 1588년 1월 중순에는 녹둔도를 침략했던 時錢部落에 대한 대대적인 소탕작전을 벌이고 있다. 즉 함경도의 土兵과 京將士 2,500여 명으로 적호 소굴을 급습하여 380명을 참획하고 있다.[33) 『선조수정실록』 21(1588)년 1월 1일조엔, 北兵使 이일이 경흥에서 虞候 김우추로 하여금 400기를 거느리고 얼음을 타고 도강하여 새벽에 추도를 급습케 하여 적호 33급을 참획하고, 길주 이북의 여러 진지의 군사 2,000여 기를 출동시켜 야밤에 도강하여 時錢부락의 叛胡를 급습하여 200여 집을 불태우고 380급을 참획하였다고 한다.[34)

다음 달인 2월이 되자 다시 적호가 혜산을 침입하여 방어하는 조선의 군관 등을 다수 살상하였다고 한다.[35) 그리고 6월에는 西水羅卵島에 賊胡船 20척이 침범하였다가 조선군의 추격을 받아 도주하였다는 보고를 접한 선조는, 時錢부락 소탕전에서 가장 거센 도적이 빠져 달아났다가 몇 달 전에 몰래 나타나 우리의 백성과 소를 노략질하고 관군에 대항하였으며, 이번에 또 몰래 작은 배를 타고 이 卵島에 쳐들어와 그 사나운 흉모를 여지없이 나타냈다고 하고, 겨울 얼음이 얼면 또 노략질하러 올 수 있으니 정병을 선발해 가을엔 요해를 지키게 해야 한다고 주의를 환기시키고 있다.[36) 그 후 남병사 신립은 6월 20일 古未浦의 적호 부락을 공격하여 20명을 참획하고 있다.[37)

벌을 받게 되었고, 그후 순변사 휘하에 종군하여 反虜 于乙其乃를 꾀어내어 잡아서 드디어 죄를 사면 받았다고 하고 있다.

32) 『선조실록』 20년 11월 15일(경자).
33) 『선조실록』 21년 1월 27일(신해).
34) 『국조보감』 29권 선조 21년 1월조에도 같은 내용이 실려 있다. 『연려실기술』의 「별집18 - 邊圉典故 - 北邊」에는 兵使 이일이 군사 5,000으로 시전부락을 소탕해 400여급을 참획하였다고 하고 있다.
35) 『선조실록』 21년 2월 16일(기사).
36) 『선조실록』 21년 6월 14일(병인).
37) 『선조실록』 21년 윤6월 2일(계미).

1589년 6월엔 비변사가, 근래 조선 軍民 20명이 적호에게 납치되어 가고 堡將이 구타를 당했다고 한탄하고 있다. 그리고 이 적호들이 破吾達胡과 연대할 태세이니 이들이 공모하여 조선 변경을 쳐들어오면 큰 환난이 될 것이라고 우려하고 있다.[38]

이상으로 동북방의 6진지역을 중심으로, 그것도 1583년의 니탕개의 난, 그리고 1587년과 1588년에 이르는 녹둔도 전투와 시전부락 소탕전을 검토해 보았다. 그 결과 동북방 사태만으로도 임진왜란 전야의 10년간 조선은 準전시 상태였음을 이해할 수 있었을 것이다. 태평성대를 구가하고 있다가 임진왜란을 당하고 말았다는 시각은 그러므로 수정되어져야 마땅하다.

3. 對日 위기인식의 정도와 내용 검토

전술한 동북방의 對여진 위기상황에 비하여 對日 위기론은 과연 어느 정도의 것이었을까? 이율곡이 말했다고 하듯 십만양병설 같은 위기상황이 있었을까? 실록을 통해 살펴보자.

1555년의 을묘왜변 이후 이렇다 할 대일 방어책은 보이지 않는다. 그리고 1583년의 경우 국방과 관련한 對日 기사는 3건 정도이다. 전라·경상도 연안의 창원·양산·장흥·순천·영광·강진·해남 등지 고을의 문관 수령을 모두 武臣으로 대체 임용하기로 한 것이 그 하나다. 남방의 유사시에 防禦使나 元帥로 누가 적합하냐는 선조의 질의가 그 둘이다. 전라 감사 김명원이 자신에 대신할 후임을 천거한 죄목으로 파면이 논의되던 중에 남방의 방어가 더 긴요하니 유임하자는 선조의 발언이 그 셋이다.[39]

1584년 이후 1586년까지의 對日 방비에 대한 기사는 단 두 개뿐이다. 그 하나가 선조가 북도의 방어를 위해 武士 別試를 제안하면서, 이러한 이

---

38) 『선조실록』 22년 6월 24일(기해).
39) 『선조실록』 16년 2월 20일(계묘), 3월 4일(병술), 5월 20일(신축). 김명원은 그러나 곧 推考되어 파면되고 있음이 같은 해 5월 20일조에 보인다.

벤트로 무예에 종사하는 사람이 많아져야 '南倭'의 변고나 지방의 도적이 덩달아 일어나는 일도 방비할 수 있을 것이라고 하고 있다. '北虜' 방어책이 부수적으로 '남왜' 대비에도 도움이 된다는 논리라 하겠다.[40] 또 하나의 기사는 제주도 정의현 현감 김대이가 賊의 큰 배 1척과 만나 접전하다가 놓쳤다고 하여 구금된 기사이다.[41]

그런데 1587년에 이르러 대일 방어에 대한 기사가 증가한다. 2월에 倭賊船 18척이 고흥의 흥양을 침범하여 鹿島 權管 이대원이 전사하기에 이르자 신립을 방어사로 삼아 군관 30명을 거느리고 가게 하였다. 또 다른 왜적이 전라도 加里浦의 伏兵해 둔 곳을 침범하여 병선 4척을 탈취해 달아났다.[42]

3월 선조가, 적이 損竹島에서 승리하고 또 仙山島에서 약탈하니 精兵을 보내어 방어에 힘쓰도록 당부하고 있다. 이에 비변사는, 전라도에서 방어가 허술한 곳은 加里浦·진도·제주도 세 곳과 法聖倉·群山倉이라는 것, 堂上·당하의 武臣과 錄名人 및 잡류와 公·私賤으로 활쏘기에 능한 사람을 정병으로 선발해 대기하게 하였다는 것, 활과 화살 및 총통도 구비하였지만 鐵甲과 鐵丸은 제조 중이라고 답하고 있다.[43]

1588년 1월 일본의 사자 파견에 대해 선조가 말하길, 일본엔 문자를 터득한 승려들이 있으니 그들로 하여금 조선에 수호를 청하는 것이 마땅할 터인데, 일개 용렬한 武夫를 사자로 보냈다. 이는 조선에 사신을 청하였다가 조선이 허락하지 않으면 이를 구실로 作賊하려 함이 아닐까? 또한 일본 측이 조선 사신의 渡日을 청하는 것은 조선을 借重하려 함이 아닐까 추정하고 있다. 이에 홍인상은, 지금 병력과 民力이 병들어 있어 작은 도적을 만나도 수모를 겪는데 큰 도적(大賊)을 만나면 어려움이 더 클 것이라고 우려하고 있다.[44]

---

40) 『선조실록』 17년 1월 14일(임진).
41) 『선조실록』 19년 6월 3일(병인).
42) 『선조실록』 20년 2월 26일(을유)·27일(병술).
43) 『선조실록』 20년 3월 2일(신묘).

3월이 되자 선조는 '倭變'을 우려하여 罪廢 중인 武士라도 쓸만하면 서용하라고 하고 있다. 이에 軍律이나 장람(贓濫) 또는 기망(欺罔)한 죄를 범한 자도 서용되고, 성적이 下等였던 자도 무사로서 참여하게 된다.[45] 4월에는 하삼도에 왜변이 발생할까 우려하여 방어사를 두어야 하니 우선 助防將을 파견하자고 논의하고 있다.[46]

1589년 7월, 선조의 하삼도 兵·水使를 잘 선택하라는 분부에 따라 비변사가 부적격자를 거론하고 있다. 비변사는 또 남해안 賊路가 될 列邑이 많아 城을 쌓고 濠도 파야하지만 흉년이라 백성 징발이 어렵다고 토로하고 있다. 이즈음 선조는 이순신을 기용하기로 한다.[47]

같은 해 8월, 선조와 변협의 다음과 같은 대화가 주목된다. 변협은 을묘왜변 때 달량진을 분탕한 왜적은 모두 70척 배에 6,000명 정도였다고 회상하고 있다. 그리고 선조가 일본이 수만 명으로 쳐들어올 기세는 없는가 물은데 대하여 변협은, 倭船은 1척당 100명밖에 실을 수 없어 100척이라 해도 10,000명으로 이 이상 쳐들어올 수 없다고 추정하고 있다. 선조는 또 변방의 일정지역을 점거한 왜적이 이를 교두보로 삼아 계속 전쟁을 수행하려 하지는 않을까? 조선이 對왜구 방어 주력지역이 전라도임을 간파하고 다른 지역을 공략하지나 않을까, 걱정하고 있다.[48]

1590년의 경우엔 별다른 기사가 실록에 보이지 않는다. 3월 황윤길을 正使로 한 통신사가 서울을 출발하고 있다. 1591년 2월, 사헌부가 전라좌

---

44) 『선조실록』 21년 1월 3일(정해). '借重'이란 남의 권위를 빌려 자기를 높인다는 뜻이다. 『선조실록』 39년 2월 12일(신해)조에는 선조가, 임진왜란 직전 히데요시의 통신사 파견 요청에 대하여 그가 조선의 권위를 필요로 하는 것으로('借重之計') 이해하여 이에 조선이 응해 주었으나 전란을 일으켜 명나라조차도 '輕侮'하였다고 술회하고 있다. 즉 조선은 그의 통신사 파견 요청을 자신의 일본 내에서의 위상과 권위를 높이기 위한 것 정도로 파악하고 있었음을 알 수 있다.

45) 『선조실록』 21년 3월 26일(기유).

46) 『선조실록』 21년 4월 13일(병인).

47) 『선조실록』 22년 7월 28일(계유).

48) 『선조실록』 22년 8월 1일(병자).

수사는 '敵'을 정면으로 맞는 지역인만큼 그 방어 또한 매우 긴요하므로 유극량이 부적합하다고 그 교체를 요구하게 된다. 그 결과 후임으로 이순신이 전라좌수사로 임명된다. 이에 대해 사간원은 정읍현감인 이순신에 대한 관작의 남용이 이보다 심할 수 없다고 교체를 요청했지만, 인재가 모자라 그리했다고 선조는 불허하고 있다. 이틀 후 다시 사간원이 재론했으나 역시 거절하고 있다.[49]

같은 해 3월에는 '倭釁'을 우려하여 호남의 方伯을 엄선하도록 하자는 여론에 비변사 전원의 의사로 이광을 천거하여 전라감사 겸 도순찰사로 삼고 있다.[50] 7월에는 호남과 영남의 성읍을 수축하고 있다. '倭'가 水戰에 강하고 육전에 약할 것이라는 예상에 의해서였다.[51] 12월에는 선조가, 바야흐로 '倭賊'이 출몰하는 때에 외딴 섬과 같은 제주도와 남해에 유배하는 것은 위험하다고 하여 利城과 熙川으로 그 유배지를 바꾸게 하고 있다.[52]

이상으로 임진왜란의 前夜 약 10년간의 對日 방어책을 중심으로 살펴보았다. 그 결과 히데요시의 위협과 이에 대한 대응으로 통신사를 파견하면서도, 동북방에 비해 일본에 대한 위기의식이 그다지 크지 않았음을 알수 있었다. 니탕개의 난에서 보이는 적극적 대비책, 예를 들어 다른 지역의 병사나 식량을 징발해 보낸다거나, 후술하듯 빈번한 武科 別試 통한 武士 확충책이나 서얼이나 公·私賤의 兵士化와 納粟策 등이 對日 방어책으로 거론되지 않고 있다.

그런데 주목되는 점이 있다. 바야흐로 부산으로 밀려들 '倭軍'에 대한 방비가 특별히 보이지 않는다는 점이다. 전술하듯, 오히려 하삼도 전체에 대한 방비가 강조되고 있고, 부산을 낀 경상도보다 전라도 연안에 대한 방어가 중점적으로 거론되고 있다는 점이다.

---

49) 『선조실록』 24년 2월 8일(을해)·16일(계미)·18일(을유).
50) 『선조수정실록』 24년 3월 1일.
51) 『선조수정실록』 24년 7월 1일.
52) 『선조실록』 24년 12월 1일(계사).

그렇다면 조선은 점령자로서의 '倭軍'이 아닌 약탈자로서의 '倭賊'의 내습에 대비하고 있었던 것이 아닐까? 히데요시의 위협이 조선에 전달되기 시작하는 1588년 이후에도 '大賊'의 침입을 경계하고 있기는 하다. 그러나 조선이 예상한 것은 '倭變'이었고, 그것도 을묘왜변보다 조금 큰 규모의 왜변으로 1만명 규모의 왜구적 세력의 출현이었던 듯하다. 그렇기 때문에 예상 戰域을 남해안 전체로 설정한 것이 아닐까? 1591년 전라감사로 이광이 엄선되는 것도, 종6품 현감에서 정3품 전라좌수사로 이순신이 파격적 승진으로 발탁되는 것도 '倭變'의 戰域으로 전라도 연안이 중시되었기 때문이 아닐까? 임진왜란이 발발하기 4개월 전인 1591년 12월, 제주도와 남해에 유배한 죄인을 왜적 출몰이 걱정된다며 내륙으로 이송시킨 것도 그러한 인식과 무관하지 않을 것이다. 을묘왜변 이후 변경된 '제승방략'을 '진관체제'로 환원하지 않은 것도 '왜구'만을 우려했기 때문이었을 것이다.

4. 文弱·해이론에 대한 검토

과연 임진왜란 전야는 文班 우월주의의 文弱해 빠진 상태였을까? 일컬어지듯 극도로 기강이 해이해진 사회였을까? 신분질서 또한 고루하게 엄격 고수하려고만 했던 경직된 사회였을까? 여기서는 이에 대해 否定할 수 있는 사실들을 들어 이를 비판해 보고자 한다.

1) 武士 확충과 武班 중시책

① 빈번한 武科 別試에 의한 武士의 대거 확충

1583년 2월말 선조는 武科 別試를 병진년의 전례를 따라 初試에서 800명, 殿試에서 300명을 뽑되 兩界(평안·함경도)에서는 鄕試로 치르게 하고, 下三道에서는 상경하여 시험에 응하도록 하고 있다.[53] 병진년이라면 1556

년으로 을묘왜변이 일어난 다음 해이기 때문에 무과 과거가 확충되어 있었을 시기였다. 이를 전례로 하자는 것이다. 아울러 북방 지역에서 무과 초시를 향시 형태로 치르게 한 것도 니탕개의 난에 대한 방비가 우선시되었기 때문일 것이다.

4월에 이르러 선조는 무과에 대한 특별조치를 취하고 있다. 즉 초시에 입격한 무과 100명을 전원 다 임용하기로 한 것으로 사헌부가 이를 문제 삼았으나 묵살하고 있다.[54]

5월 다시 무과 별시를 치르기로 하여 초시는 7월, 전시는 8월로 하되, 전라·경상도와 평안·함경도는 방어의 일이 긴요하다는 이유로 초시를 향시로 치르게 하고 있다. 주목되는 점은 선출인원을 초시에서 1,000명, 전시에서 500명으로 정한 것으로, 2월의 선출인원보다 각각 200명씩 증가했다는 것이다. 이 또한 니탕개의 난 때문이었다.[55]

7월 선조가 備忘記로 북방 방어를 위해 서울의 '將士'들을 모두 북방으로 보내라며 주의를 환기하는 가운데, 북방으로 "新及第者 500명을 들여보낸 후에 지난 봄에 들여보냈던 精兵과 지난 여름 防戍에 임했던 급제자들"은 돌려보내라고 말하고 있다. 이로 보아 이 시기 무과 급제자가 도합 500명이며 이들이 모두 북방 방어로 파송될 것을 알 수 있다.[56]

또한 武科別試의 初試에 응시하려 하면서도 함경도 현지에서 방어에 임

---

53) 『선조실록』 16년 2월 30일(계축). 武科 式年試의 경우, 3년 1회로 28명을 선발하되 初試·覆試(兵曹의 會試)·殿試의 3단계로 행해졌다. 그러나 別試의 경우엔 初試(覆試)와 殿試 두 단계였다. 그리고 초시도 서울에서 행해졌다(심승구, 「朝鮮初期 武科制度」『북악사론』 1, 1989, 11쪽, 25~26쪽).

54) 『선조실록』 16년 4월 1일(임자).

55) 『선조실록』 16년 5월 18일(기해). 이때의 무과 500명 선발이 북방 방어를 위한 것이었음은 그해 8월, 제주 목사 최여림이 제주도 사람 고명길 등을 殿試가 끝나는 대로 제주도로 귀환케 해달라는 요청에 대해 이를 선조가 비판하는 표현에 보이고 있다(『선조실록』 16년 8월 27일[병자]).

56) 『선조실록』 16년 7월 16일(을미). 이 500명은 다음 달인 8월에 전시로 선출될 인원을 가리키는 듯하다.

하느라 상경하여 응시하지 못하는 현실을 선조가 안타까워하고 있다.[57] 한편 5월에 立案했던 별시의 전시는 예정대로 8월 하순에 시행되었고, 거기서 500명이 선출되어 함경도로 파견되고 있다.[58]

그해 12월 선조는 북도 방어에 임할 초시 입격자 88명에 대하여 돈화문 밖에서 전시를 보이면서 講書를 면제하게 하였다. 이에 兩司가 무과에 대한 특혜라며 여러 날 이를 문제 삼았으나 선조로부터 묵살되고 있다.[59]

이기(李墍: 1522~1604)는 『松窩雜說』에서, 니탕개의 난을 당하여 율곡의 건의를 받아들인 조정에서 특별 무과 과거로 무사 600여 명을 선발했고, 이후 해마다 수백 명을 뽑았다. 이로 인하여 조종조부터 내려온 科擧 규칙이 이때에 와서 바뀌어 조금이라도 활을 집을 줄 아는 자는 모두 榜에 올랐다고 적고 있다.

1584년 1월이 되자 다시 선조는 북방 방어를 위해 금년 후반기에 또 別試를 거행하여 무사 수백명을 뽑자고 제안하고 있다. 그래야 무예에 종사하는 자가 많아질 것이고, 그 결과 남방 왜적의 변고나 국내 도적을 진압하는 데도 도움이 될 것이라 전망하고 있다.[60]

② 武班 중시책

니탕개의 난에 대응하여 1583년 2월 비변사는, 前 兵使 임진·전 첨사 이숙남·전 府使 양사준·전 첨사 유옥·전 현감 이정서·전 萬戶 송전 등은 다 쓸 만한 인재들인데 유배 또는 구금 중이니 이들을 북도 요해처의 鎭堡

57) 『선조실록』 16년 7월 23일(임인).
58) 『선조실록』 16년 8월 24일(계유). 『亂中雜錄』 1권 계미년 선조 16년조에는 그해 9월 무과 과거로 500명을 선출해 함경도로 파송하였다고 적고 있다. 이는 8월 선출하여 9월에 파송했다는 것으로 이해된다.
59) 『선조실록』 16년 12월 12일(경신). 式年試의 경우 武科의 시험과목엔 무예 외에 講書도 포함되며, 兵書와 유교경전이 이에 해당한다(심승구, 앞의 논문, 36쪽).
60) 『선조실록』 17년 1월 14일(임진).

로 각각 나누어 방어하게 하여 공을 세워 충성을 바치도록 하자고 제안하고 있다.[61]

그리고 전라·경상도 연해의 창원·양산·장흥·순천·영광·강진·해남 등지 고을의 문관 수령을 모두 武臣으로 대체 임용하고, 무신으로서 永不敍用·削去仕版·奪告身·罷職 등에 처해 있는 사람들도 모두 다시 敍用하기로 하고 있다.[62]

이러한 파격적인 인사는 1587년에도 재현된다. 북방의 방어를 위해 관직의 高下를 막론하고 전직에 있다가 죄를 지어 폐출된 사람도 따지지 말고 모두 천거하도록 하라고 선조는 당부하고 있다.[63] 그 다음 해에도 선조는 남방의 왜변을 걱정하여 죄인 중에서도 武才가 있는 자를 서용키로 하여 군율을 범한 자들을 등용하고 있다.[64]

1587년 여름, 전라좌수사 이천이 소집 날짜에 지각하였다고 순천 부사·보성 군수·낙안 군수·흥양 현감 등에게 杖刑을 집행했는데, 보성 군수 이흘이 즉사해버리는 사건이 일어난다. 戰時상황도 아닌데 武班인 전라좌수사가 文班 堂上 수령을 杖刑으로 다스리고 있는 것이다(후술).[65]

이순신이 전라좌수사로 임명되는 것은 임진왜란의 1년 전인 1591년 2월로 대단히 파격적인 인사였다. 이에 일개 현감이었던 이순신에 대한 관작의 남용이 이보다 더 심할 수 없다고 사간원이 그 교체를 요청하지만 선조는 묵살하고 있다. 이틀 후 다시 사간원이 재론했으나 역시 거절하고 있다.[66]

이상과 같은 검토를 통해 임진왜란 전야가 결코 文弱한 문관 우선주의적 체제가 아니었음을 밝힐 수 있지 않았을까 여겨진다. 특히 무과 別試를 자주 실시해 국방을 위한 武士 인력을 대충 확보하고 있다는 것,[67] 때론 문

---

61) 『선조실록』 16년 2월 10일(계사).
62) 『선조실록』 16년 2월 20일(계묘).
63) 『선조실록』 20년 12월 22일(병자).
64) 『선조실록』 21년 3월 26일(기유).
65) 『선조실록』 20년 6월 1일(기미)·7월 18일(을사).
66) 『선조실록』 24년 2월16일(계미)·18일(을유).

반 수령들을 무반 수령으로 대체하고, 유배형이나 감금형에 처해 있던 전임 武班들을 대거 사면하여 敍用하고 있다는 것, 전라좌수사 이천이 문관인 府使와 군수 및 현감에게 소집명령에 지각했다는 이유로 杖刑을 집행했다가 논란이 되었는데, 이는 다름 아닌 그 중 한 사람인 보성 군수가 杖死하는 바람에 문제가 된 것으로, 戰時가 아닌 平時에 문반 수령에게 장형을 가했다는 것이 문책되었다는 것, 이순신이 현감에서 전라좌수사로 파격적 승진을 하고 있다는 것, 등등으로 볼 때 그러하다.

2) 신축적 신분제 운용을 통한 병사·군량 확보책

1583년 초 니탕개의 난이 일어나자 선조는 안변 이북의 종(私奴)들 중 건장한 자는 모두 징발하여 군대로 편성한 후 북도 방어에 임하게 하고, 그 종의 주인에겐 하삼도의 公賤이나 다른 보상을 해주는 것으로 대신함이 어떨까 제안하고 있다.[68]

이 제안의 배경이 된 『國朝寶鑑』에 기록된 율곡의 개혁 原案은, 서얼과 公·私賤 중 武才가 있는 자는 兵曹에서 試才한 뒤 스스로 식량을 준비해 함경남도나 북도에 들어가 방어에 임하게 하되 북도는 1년, 남도는 20개월을 기한으로 한다. 무재가 없는 자에겐 남·북도에 곡식을 바치게 하여 벼슬길을 터주고 양인이 되게 하되 武士와 똑같이 하게 하자는 것이었다.[69]

---

67) 1402년부터 임진왜란 직전까지 무과는 매년 1회 꼴로 시행되었다. 그러나 1회당 평균 선발인원은 38.9명이었다(심승구, 「조선후기 무과의 운영실태와 기능」『조선시대사학보』 23, 2002, 150쪽). 그런데 니탕개의 침입으로 별시무과를 1583년과 그 다음 해 5회에 걸쳐 실시해 909명을 선발하였고, 임진왜란 직전인 1591년에도 北道 방어를 위해 300명을 별시로 선출했다고 한다(심승구, 앞의 논문, 151쪽 ; 심승구, 「朝鮮 宣祖代 武科及第者의 신분-1583~1584년의 大量試取 榜目을 중심으로-」『역사학보』 144, 1994, 48쪽). 이러한 무사 선발의 파격적 증가는 당시 동북방 방어에 대한 대응의 정도를 이야기해 주는 것이라 하겠다.

68) 『선조실록』 16년 2월 10일(계사).

69) 『국조보감』 28권 선조조 5, 16년 3월.

2월 중순, 6진의 방어에 임한 자로 3년이 경과되면 서얼에겐 과거 응시가 허락되고, 公·私賤은 良民化(從良)하는 개혁이 兩司의 반대에도 불구하고 선조에 의해 수용된다.[70] 그러나 이러한 서얼·賤人의 신분상승(許通)件은 기존 관료층의 반대 때문에 4월 중순 다시 비변사에 그 시행을 재론케 하고 있지만,[71] 곧 같은 달에 다시 북방 방어 3년 또는 納粟에 의한 許通件의 이행을 선조가 명하고 있다.[72] 같은 달 조정은, 강섬의 상소를 채택하여 流刑 이하의 죄인이 곡식을 북도에 바치는 경우 죄를 赦하기로 하고 있다.[73] 죄인에게조차 納粟策이 발령된 것이다.

그해 6월 비변사는, 중·남부 지방에서 정예를 뽑아 도합 3,000명을 북방으로 파송하는데, 그 출신이나 양반 및 公·私賤을 따질 것 없이 모두 正軍으로 골라 뽑아 모두에게 保人을 충당하여 주고 戰馬를 갖추어 대령하도록 하고 있다.[74] 양인만이 아닌 賤人도 正軍으로 편입시킨 개혁이라 할 수 있겠다.

그러나 6년이 지난 1589년 6월 비변사가, "(함경도) 道內 각 읍의 건장한 官奴나 雜類軍 등을 십분 정밀히 뽑아 山堡 중 외롭고 위험한 곳에 적절히 나눠 배치시켰다가 精兵이 들어온 뒤에 교체시키는 것이 좋을 듯하다", 고 건의하고 있는 것을 보면 그 사이에 변화가 일어난 듯하다.[75] 즉 官奴·雜類軍을 '精兵'과 구분하고 있기 때문이다.

율곡의 건의에 의해 단행된 賤人의 양민화나 서얼 許通 개혁이 기존 관료층에겐 결코 달가운 것이 아니었음에 틀림없다. 특히 후자가 더 그랬을

---

70) 『선조실록』 16년 2월 12일(을미).
71) 『선조실록』 16년 4월 14일(을축). 『국조보감』 28권 선조조 5, 16년 3월조에도 言官의 논박으로 선조가 다시 비변사에 재론케 했음을 적고 있다.
72) 『국조보감』 28권 선조조 5, 16년 3월조. 임진왜란기 납속책으로 서얼의 과거를 통한 官界 진출이 가능해졌다고는 하나 가장 인기 있었던 淸要職은 허락되지 않았다고 한다(『숙종실록』 1년 7월 9일[을미]).
73) 『선조실록』 16년 4월 19일(경오).
74) 『선조실록』 16년 6월 11일(신유).
75) 『선조실록』 22년 6월 24일(기해).

것이다. 그래서인지 1584년 3월 선조가

> "서얼을 許通하게 하자고 한 일에 대해서는 매우 구차한 일이지만, 祖宗의
> 토지를 朝夕間에 상실하는 것을 민망히 여겨 이를 위해 부득이 시행한 것이지,
> 이이가 어찌 그 자신이 일찍 죽을 것을 미리 알고 자기의 庶子를 위해서 한 일
> 이겠는가. 그런데 이제 '그는 반드시 자기 아들 때문에 이 納粟法을 만들었다.'
> 고 하니, 이는 범범하게 外人들의 假說인 것처럼 하였으나 실상은 그의 행위를
> 배척한 것이다."

라고 탄식한 것에서도 알 수 있을 것이다.[76] 자식으로 庶子만 기르고 있던
율곡이 그 자식을 위해 서얼 許通 개혁을 제안했다는 터무니없는 비방을
하고 있는 것이다.

한편 선조는 採銀 금령을 해제하여 군량에 보태도록 하되 6진과 갑산에
한정하여 採銀할 것을 제안하고 있다. 니탕개의 난이 일어난 1583년 2월
의 일이다.[77] 그리고 4월, 監役 박인적을 屯田判官으로 삼아 함경도로 보
내 둔전을 만들고, 또 소금도 구워 그것으로 곡식을 무역하여 군량을 넉넉
하게 하도록 하고 있다. 아울러 忠州判官 최덕순을 敬差官 칭호를 붙여 함
경도로 보내 銀을 채취하여 무역하도록 하고 있다.[78]

이상에서 본 것처럼 서얼에게의 과거 응시 허용과 公·私賤의 良民化 개
혁은 조선의 신분질서의 근간을 변화시키는 파격적인 것이었을 것이다. 그
렇다면 非常시국에 대한 파격적 대응이 허용될 수 있는 임진왜란 전야의
조선은 신축적이고 융통성 있는 사회였지 않았을까? 또한 세종조 이래의
採銀 금령을 군량 해결책으로 부분 해제하는 것도 그러한 시각에서 이해할
수 있지 않을까?

---

76) 『선조실록』 17년 3월 4일(신사).
77) 『선조실록』 16년 2월 10일(계사).
78) 『선조실록』 16년 4월 7일(무오).

3) 기강이 살아있음을 보여주는 사례들

① 장수 신립과 이일의 참형 行使件

1588년 10월 南道兵使 신립이 堡將을 모욕했다고 加乙波堡의 병사를 참수한 사건이 일어났다. 이에 대해 사간원이 戰時가 아닌 평시에 참형을 행사했다고 그의 파직을 세 차례나 요청하기에 이르자 선조가 윤허하고 있다.[79] 그런데 신립의 참형 남용을 이유로 사헌부가 그의 나포와 국문을 요청한 것에 대해서 선조는, 군졸 참형은 잘못된 것이나 군졸에게도 죄가 있었으므로, 장수인 신립을 국문까지 할 수는 없다고 하여 허락하지 않고 있다.[80]

마침 그 시기 북병사 이일도, 造山 土兵 송천수 父子가 賊胡와 내통하고 길잡이가 되어 조선 변경을 노략질하게 했다 하여 참한 일이 벌어졌다. 이에 대해서도 선조는 신립의 지은 죄와 같다고 하여 그의 파직을 명하고 있다.[81] 그러나 파직이 시행되기 전에 함경 감사 권징에게서 글이 올라와, 이일은 북방 여진의 두려워하는 장수라고 그 유임을 요청하기에 이른다. 이에 선조는 비변사로 하여금 의논케 하였고, 비변사 또한 유임에 찬성한다. 이를 토대로 선조는 북방 방어의 절박함을 들어 이일의 유임을 결정한다. 그러면서도 이일에겐 戰時가 아님에도 인명을 참한 것은 불법이었음을 새삼 주지시키고 있다. 그리고 함경감사 권징에게는 자세하게 조정의 결정 배경을 통보하고 있다.[82]

이처럼 선조는 신립이나 이일이 둘 다 최일선의 장수로서 군기를 확립하기 위해 참형을 썼을 것이라고 이해하고 있으면서도, 평상시 참형은 위법이라는 律文을 존중한 사간원의 파직 요청을 수용하고 있다. 그렇지만

---

79) 『선조실록』 21년 10월 15일(을미).
80) 『선조실록』 21년 10월 21일(신축).
81) 『선조실록』 21년 10월 29일(기유).
82) 『선조실록』 21년 11월 17일(병인).

북방 방어의 절박함을 이유로 함경감사와 비변사가 파직의 부당함을 제의하자 곧 이일을 유임시키고 있다.[83] 이 과정에서 선조를 비롯한 모든 관련 당사자가 각자 맡은 직책의 소임대로 할 일을 다 하고 있다. 기강이 이완된 말기적 현상은 찾아볼 수 없다.

② 전라좌수사 이천의 杖刑 行使件

1587년 여름, 전라좌수사 이천이 소집 날짜에 지각하였다고 순천 부사와 보성 군수·낙안 군수·흥양 현감 등에게 모두 杖刑을 집행했는데, 보성 군수 이흘이 즉사하였다. 이에 대해 전라감사가 조정에 그의 파직을 청했다. 이유는 소집에 임하여 路程의 거리를 제대로 헤아리지 않았고 형장을 과도하게 사용하였으며, 또 사용한 곤장이 너무 커서 죽음에 이르렀다는 것이었다. 비변사도 이천이 戰時상황도 아닌데 마음대로 堂上 수령을 刑杖으로 다스렸으며 또 그 호령이 적법성을 잃었다 하여 推考할 것을 청하였다. 그러나 선조는 추고까지는 부당하다고 반대하고 있다.[84]

그러자 비변사가 다시 이천을 비난하고 있다. 그 처사가 잘못되어 그 아랫사람들의 마음을 떠나게 했으므로 위급한 경우 자중지란에 빠질 것이라는 것이었다. 이에 선조는 국방차원에서 이천을 옹호하면서도 파직시의 적임자를 의논해보라고 한 발 물러나고 있다.[85] 그러면서도 선조는, 아침저녁으로 賊變이 염려되는 때인 만큼 굳세고 용맹스러운 이천이 비록 과실이 혹 있더라도 사졸들이 장수를 존경할 줄 모르는 때를 당해 그 죄를 깊이 따질 것 없다고 여전히 옹호론을 펴고 있다.[86]

---

83) 한편 당시 파직된 신립이 다시 벼슬을 하는 것은 언제일까? 실록으로 보면 선조 22년 1월 21일(기사)의 기사에는, 비변사가 武臣을 不次採用한다고 그 추천을 의뢰하자 신립이 이에 참여해 정현룡 등을 추천하고 있다. 이로 보아 1589년 1월 이전이 아닌가 여겨진다.

84) 『선조실록』 20년 6월 1일(기미)·7월 18일(을사).

85) 『선조실록』 20년 7월 2일(무신).

그런데 신임 전라감사 윤두수가 현지에 부임하자마자 이천의 副官인 虞候 등을 잡아들였고, 이천이 刑杖을 과도하게 행사한 전번 일을 문제 삼아 이들에게 杖刑을 가하였다. 그리고 조정에 장계하여 인심이 이천을 떠났으므로 사변이 발생하면 내분으로 발전할 수 있다고 하며 이천의 파직을 요청하고 있다. 한편 이천도 자신의 우후 등에게 지난 일을 허물로 사사로이 윤두수가 형을 가했음을 이유로 조정에 장계를 올려 辭職을 표명하고 있다.[87]

이렇게 되자 사간원이 兩非論을 펴게 된다. 즉 이천은 외람되게 자신의 일을 가지고 장계하여 전라감사를 능멸하였으니 파직시키고, 윤두수 또한 이천 휘하의 우후에게 이유 없이 형벌을 가했으니 추고하라는 것이었다. 이에 윤두수가 사직서를 올렸지만 선조는 반려하고 있다.[88]

이에 이르러 선조는, 감사는 병마절도사와 수군절도사를 겸하므로 通訓 이하는 모두 처단할 수 있는 입장이다. 감사의 호령은 道 전체에 미치는 것이므로 이천의 우후에게 장형을 가한 것이 불가한 일이 아니다. 라고 감사를 두둔하고 있다. 그러면서 이 문제를 기강과 관련한 중대한 문제로 설정하여 승정원에 그 의견을 묻고 있다. 승정원은 답하여, 우후가 형벌을 받은 것은 그 主將 이천의 잘못에 대한 것이었으므로 사간원에서 윤두수의 논죄를 청한 것도 수긍할 수 있지만, 이런 일로 감사가 추고된다면 그 권위가 떨어져 폐단이 생길 것이므로 임금의 뜻에 동의한다고 답하고 있다. 이에 선조는 전라감사의 추고를 중지하라고 사간원에 분부한다.[89]

한편 이천은 그 과실이 밝혀지게 된다. 즉 수사의 上官인 방어사가 보성군수 이흘이 소집한 날짜에 도착하지 못하는 연유를 공문서로 이미 보냈었는데 이천이 이를 열람하지도 않은 채 곤장을 가했다는 것이다. 결국 이천은 체포되어 추국되고 곤장 80대에 벼슬을 3등급 떨어뜨리는 告身三等에

86) 『선조실록』 20년 7월 23일(경술).
87) 『선조실록』 20년 7월 24일(신해).
88) 『선조실록』 20년 7월 30일(정사)·8월 1일(무오).
89) 『선조실록』 20년 8월 1일(무오).

처해졌다. 8월 말의 일이다.[90]

그러나 한 달이 지난 1587년 10월 초가 되자, 副護軍 유옥이 이전에 북도의 변방 장수로 있을 때 탐욕을 벌였음을 들어 助防將에서 제외시키고 대신 이천을 임용하라고 선조가 명하고 있다.[91] 그리고 임진왜란 전해인 1591년 2월에 이르러 이천은 이억기·양응지·李純臣 등과 같이 남해안의 군사요충지로 부임하고 있다.[92]

③ 군량 확보 위한 지배층의 부담 공유책

니탕개의 난이 발생했을 때 선조는, 경상도 연해의 각 고을에 있는 미곡을 배를 이용하여 6진 지역으로 운반하되, 배가 가지 못하는 곳은 육로로 운반하라. 혹 운반에 필요한 民力이 부족하면 종친과 宰臣들로 하여금 각기 소와 말을 내어놓게 하는 것도 무방할 것이라고 말하고 있다.[93] 지배층의 부담 공유책이 제안된 것이다.

니탕개의 난이 더욱 극성을 부리는 1583년 5월이 되자 다음처럼 비변사가 제안하고 선조가 윤허한 북방지역 식량 확보책이 등장한다.

> 북도의 식량이 부족하니 동·서반의 堂上과 종친 종2품 이상은 각기 쌀 1석씩을 내어 안변으로 수납케 하고, 동·서반 4품 이상과 종친 副正 이상도 각기 쌀 1석씩을 내고, 동·서반 6품 이상과 종친 副守 이상은 官米 1석을 받아 아울러 안변에 수납케 하자. 함경도와 평안도 博川 이북의 각 고을을 제외한 外方의 수령들은 모두 耗穀으로 正米 2석씩을 안변에 수납하게 하자.[94]

---

90) 『선조실록』 20년 8월 1일(무오)·8월 26일(계미).
91) 『선조실록』 20년 10월 7일(임술).
92) 『선조실록』 24년 2월 12일(기묘).
93) "慶尙道沿海各官米穀, 舟運達于六鎭, 舟船不通處, 陸路搬軍, 民力若不足, 則令宗宰各出牛馬, 亦不妨."(『선조실록』 16년 2월 10일[계사]).
94) "以北道糧餉不繼, 令東西班堂上宗親從二品以上, 各出米一石, 輸納于安邊, 東西班

즉 북방의 군량확보를 위해 문·무반 4품과 종친 副正 이상은 쌀 1석씩을 내게 하고, 6품 이상에겐 官米 1석을 안변으로 운송하게 하고 있다. 함경도와 평안도 박천 이북을 제외한 전국의 수령들에겐 耗穀으로 正米 2석을 안변으로 수납케 하고 있다.[95] 이처럼 관료지배층에게 차등 있게 북방지역 식량 확보에 부담을 지우고 있음을 알 수 있다. 그런데 이러한 부담은 실제로 시행된 듯하다. 權文海(1534~1591)의 『草澗集年譜 - 草澗先生年譜』에는, "그때 藩胡들이 종성을 포위하여 더욱 위급한 상황이 되자 조정은 中外의 관리들로 하여금 각기 쌀을 운반하여 안변에 이르게 하였는데, 3품 이상은 스스로 쌀 1석과 官米를 마련하게 하였다, 고 적고 있다.[96]

이상에서 본 것처럼 장수 신립과 이일의 참형 행사에 대하여 선조가 변방 방어라는 특수상황론으로 참작하고 있다. 그러나 참형이 非戰時엔 위법이라는 兩司의 논죄 주장에 이르러서는 선조도 이를 수용한다. 그러면서도 결국은 변방 방어 중시차원에서 다시 그들을 敍用하게 된다.

전라좌수사 이천의 杖刑 행사도 변방 방어차원에서 선조는 긍정하나, 전라감사와 비변사는 非戰時엔 위법이라 하여 그 推考를 요구한다. 새로 부임한 전라감사 윤두수가 이천의 副官에게 장형으로 심문한 후 이천의 파직을 요청하자 이에 분노한 이천은 사표를 낸다. 그러자 사간원은 감사를 능멸했다고 이천에겐 파직을, 이천의 부관에게 까닭 없이 장형을 행사한 윤두수는 추고하라고 요청한다. 이에 이르러 선조는 전라감사는 전라좌수사까지 휘하에 두고 있으니 좌수사의 부관에게 장형을 못 가할 이유가 없다 하여 윤두수를 두둔한다. 결국 선조는 승정원의 자문을 얻는 방식으로

四品以上, 宗親副正以上, 各出米一石, 東西班六品以上, 宗親副守以上, 受官米一石, 竝輸納于安邊, 外方守令, 則咸鏡道及平安道博川以北各官外, 耗穀正米二石, 輸納于安邊事."(『선조실록』 16년 5월 13일[갑오]).

95) 耗穀이란 양곡을 대여하였다가 받아들일 때 창고에서 축이 날 것을 대비하여 미리 10분의 1 정도를 더 받아들여 놓은 곡식을 말한다.

96) "時, 藩胡圍鐘城益急, 朝廷令中外官, 各運米至安邊, 三品以上則自備米一石, 官米一石."

윤두수의 추고를 중지시킨다. 파직에 머물 것 같던 이천은 과실이 밝혀져 곤장 80대와 벼슬 降等이 이뤄진다. 그러나 장수로서의 능력을 기대한 선조에 의해 다시 서용된다.

이처럼 훗날 임진왜란에서 활약하게 될 이 세 장수, 즉 신립·이일·이천의 파직과 서용 과정을 살펴보면 사간원·사헌부·비변사 등등의 관련자 그 누구도 억지를 부리지 않고 있음이 주목된다. 각자 자기가 처한 입장에서 주장하고 논죄하고 있다. 무엇보다 국방을 우선시하는 선조였지만 그 또한 順路를 택하여 順理로 풀어나가려 하고 있다.

니탕개의 난은 남방의 곡식을 동북방으로 운송하게 만들었다. 그런데 조정은 종친과 대신에게 운송용 말과 소를 내놓게 하려 한다. 나아가 부족한 동북방 식량 확보를 위해 관품별·관직별로 관료와 종친에게 쌀 1석 이하를 각각 부담지우고 있다. 국가적 위기상황에서 지배층도 그 부담을 공유하게 한 것이다. 그렇다면 과연 이러한 모습을 가진 임진왜란 전야를 기강이 극도로 해이해진 말기적 상황으로 치부해 마땅할 것인가?

5. 맺음말

본 논문은 임진왜란 전야의 상황을 부정적으로 이해하여, 왜란의 원인을 침략자 '倭軍'에서가 아닌, 조선의 선조를 비롯한 위정자들에게서 찾는, 이른바 '징비록적 왜란관'을 비판하기 위해 쓴 것이다.

종래의 임진왜란에 대한 이해는 왜란 초기의 연전연패의 처참한 상황에 구속되기 일쑤였다. 그래서 당시 조선의 위정자들은 당파싸움으로 날을 지새웠다. '倭軍'의 침략이 뻔히 예상되었는데도 태평성대에 젖어 전혀 대비 없이 안주하였다. 활 하나 쏠 줄 모르는 文弱해 빠진 書生들이나 득실대는 상황이었다. 등등의 자기반성을 전제로 한 임진왜란관이 팽배해 있었다.[97]

---

97) 이영·김동철·이근우 지음, 『전근대한일관계사』, 한국방송대학교출판부, 1999,

그래서 임진왜란의 머리말은 "동서양을 통틀어서 역사상 가장 文을 숭배하고 가장 武를 천시하여 허약해 빠졌던 조선과, 120여 년 간의 內戰인 전국시대를 거치면서 동서양을 통틀어 가장 무를 숭배하여 최강의 무력을 자랑하던 일본의 격돌이었다." 라고 서술되기 일쑤였다.[98] 그리하여 임진왜란 전야의 조선은 그야말로 "文만 있는 비정상적인 이상한 나라"가 되고 만다.

조선 내부에서 문제를 찾는 자기반성적인 '징비록적 왜란관'은 자칫 잘못하면 자학사관으로 임진왜란을 바라보게 만든다. "그랬으니 당했지"라는 논리가 되고 마는 것이다.[99] 일본의 침략에 의해 시작된 전쟁을 우리가 잘못해서 맞이한 것으로 이해해서 될 것인가?

임진왜란 전야의 조선이 결코 세종~성종 代와 같은 번영·안정기는 되지 못할 것이다. 그러나 남북방의 전란에 나름대로 대비하고, 군량 부족에 대해서는 지배층이 부담을 공유하려는 그런 시대라면 결코 내우외환으로 설명되는 말기적 시대였다고 치부할 수는 없을 것이다. 임진왜란이 있었던 宣祖 代에 조선에선 武將만이 아닌 수많은 인물들이 등장하고 있다. 이황

307쪽에서, "종래 일본에서는 승전관에 바탕을 둔 武威가 에도시대 우월관과 일본형 화이관념의 지주가 되었다. 이에 비해 조선은 자기반성적인 패전관이 일반화되었다. 이러한 패전 인식은 패배의 원인, 책임의 소재와 연결되어 16세기 역사에 대한 부정적인 인식을 낳았다. 즉 당시 정치지배세력인 사림이 이른바 당쟁만 일삼으면서, 일본군의 침입이 충분히 예상되는데도 대비를 하지 않아 패배했다는 것이다." 라고 평가하고 있다.

98) 백지원,『조일전쟁』, 진명출판사, 2009, 25쪽.
99) 고석규·고영진,『역사 속의 역사읽기 2 - 우리다움의 전통 조선왕조 500년』, 풀빛, 1997, 155~156쪽의 "(임진왜란의) 원인이나 결과 등을 살필 때도 지금까지는 주로 우리 내부 문제에만 선을 긋고 들여다보기 때문에 사건의 본질을 이해하는 데 큰 어려움이 있었습니다. 일본이 침략한 전쟁이라고 보기보다는 조선정부에서 국정을 소홀히 했기 때문에 터진 전쟁이라는 식의 설명이 많았던 거죠. 그러므로 이 전쟁을 국난 극복이라는 관점에서 접근할 필요성이 있으며, 아울러 외국의 침략에 대한 방어라는 국제전쟁으로서의 성격을 확실히 인식하는 것이 필요합니다. 문 열어놓고 잠을 자다가 도둑을 맞았을 때, 문을 열어놓고 잔 사람에게도 잘못이 있지만 근원적인 잘못은 도둑에게 있는 것 아니겠습니까?" 라는 평가가 그러하다.

이나 이율곡이 살던 시대였다. 이는 그 시대가 결코 말세적 시대가 아니었음을 반증하는 것이 아닐까?

이렇듯 임진왜란 전야가 갖출 것은 다 구비한 정상적인 시대였다면 왜 전란 초기 연전연패를 당하며 서울-평양이 단기일 내에 무너져야 했을까? 이에 대해 앞으로의 전망으로서 하나의 시각을 다음처럼 제시하여 보고자 한다.

첫째 원인으로 조선의 주력군이 북방에 있었기 때문은 아니었을까? 임진왜란 전야 조선은 동북방 방어 때문에 準전시상황을 맞았다. 1583년 적호 20,000여 기병이 출몰한 니탕개의 난이 그것이었다. 병사와 군량 확보를 위해 서얼출신에게 과거 응시를 허락했고, 賤人에게 良民으로 나갈 길을 열어줄 정도였다.[100] 1587년엔 녹둔도 전투가 일어나 적호들에게 조선군 10여명이 피살되고 160명이 납치되어 갔다. 그 다음 해에 벌어진 시전부락 전투엔 조선군 2,500명이 동원되어 적호 380급을 참획하고 있다. 1589년에도 조선 軍民 20여명이 적호들에게 납치되었는데, 조정은 이 적호들이 破吾達胡와 연대하여 큰 변란으로 확대될까 우려하고 있다. 그렇다면 임진왜란 발발 당시에도 조선의 精兵은 동북방의 적호 방어로 붙들려 있었을 가능성이 높다.(이 가설은 그후 잘못된 것임을 깨달아 제5장 제5절의 '동북방 지역의 파탄'에서 수정하였다)

둘째 원인으로 조선의 남방 수비군이 있다 해도 경상·전라도에 걸쳐 주

---

100) 송우혜는 앞의 논문, 300쪽에서 "(니탕개의 난 때) 수립된 비상 대책과 비상조치들은 9년 뒤에 발발한 임진왜란에서도 그대로 다시 시행되었다"고 주장하고 있다. 또한 327쪽에서 "니탕개란은 임진왜란과 직결된 역사적 맥락을 지닌 변란이었다. 만약 당대의 조선 사회가 니탕개란을 통해 축적했던 전쟁의 경험과 교훈과 검증 효과가 없었다면, 임진왜란에 대처하는 조선 측의 역량은 훨씬 더 미흡하고 부실했을 수밖에 없었다. 그렇기 때문에 니탕개란에 대한 연구는 임진왜란 전사(前史)를 명징하게 파악하고 규명하는 기초 작업으로서의 의의를 지니고 있으며, 개국 이래 미증유의 전란을 겪었던 선조 대 전쟁사의 전모를 입체적으로 이해할 수 있는 통로가 될 것이다."라고 하여 임진왜란과 관련지어 니탕개의 난에 대한 적극적 평가를 아끼지 않고 있다. 필자도 이에 전적으로 동감한다.

둔해 있었고, 특히 전라도 연안에 주로 포진해 있었기 때문은 아니었을까? 임진왜란 전야 조선은 남해안 전역, 그중에서도 전라도 연안이 戰域이 될 것을 우려하여 그 방비에 치중하지 않았을까? 조선이 우려한 것은 점령을 위한 '왜군'의 침입이 아니라 을묘왜변보다 더 큰 규모의 '왜적'의 출현 정도가 아니었을까? 임진왜란 1년 전에 파격적으로 기용된 이순신은 경상우수사가 아닌 전라좌수사였다. 이순신이 애당초 대비한 것은 부산에 상륙할 '왜군'이 아니라 전라도 연안에 출몰할 '왜적'이지 않았을까?

그러면 왜 통신사 正使 황윤길이 히데요시가 침략할 것 같다고 復命하기 전까지, 또는 복명한 이후에도 조선은 '倭軍' 정예의 擧國的 침략에 왜 제대로 대비하지 못했을까?[101] 아마도 당시 조선의 辭典엔 하나의 일본이 그려지지 않기 때문은 아니었을까? 663년 이른바 '白村江의 전투' 이후 '하나의 일본'으로서의 위협은 없었다고 볼 수 있지 않을까? 오히려 '왜구'의 위협, 또는 왜구세력을 조종하는 '巨酋'(큰 호족세력)의 위협 정도가 예상되지 아니했을까? 한반도 역대 위정자들에게 '하나의 일본'은 보이지 않았고, 1471년 간행된 『해동제국기』에 나오듯 "다원적 일본"만이 인식되지 않았을까? 그러므로 히데요시에 의해 일사불란하게 움직일 "단일체로서의 일본"을 상상하지 못한 것은 아닐까? 히데요시의 침략과 같은 역사적 경험과 史實이 전혀 없었다는 것은 대비의 한계마저 불러오는 것이 아닐까? 임진왜란 이전 한일관계사에선 약탈자로서의 '倭賊'은 있었으나 점령군으로서의 '倭敵'은 인식조차 할 수 없었던 듯하다. 그런 만큼 조선이 당시 대비한 것은 을묘왜변의 확대판일 수밖에 없었을 것이다.

---

101) 『선조수정실록』 24년 3월 1일조엔, 당시 조정에서 황윤길의 히데요시 침략론에 대해 세력을 잃은 서인들이 황윤길을 내세워 인심을 소란 시키려 한 것이라 배척하였다고 하고 있다. 그러면서도 유성룡에게 김성일이 답하여 히데요시 不侵략론을 말한 것은 인심이 소란해질까 우려한 까닭이었다는 발언도 실려 있다. 이로 보아 당시 조정에선 침략 그 자체보다 민심의 소요가 더 걱정되었던 모양이다.

셋째 원인으로 일본군이 너무 강했기 때문이 아니었을까? 전쟁이 일상화된 100년 이상의 戰國시대를 살아오며 풍부한 實戰을 경험하고, 엄격한 軍律과 일사불란한 지휘계통하에서 전쟁을 직분으로 싸워온 사무라이들은 최첨단 무기인 조총으로 무장되어 있었다. 이러한 당시 조선군에겐 상상조차 할 수 없었던 강한 일본군에게 백전백패 당한 것은 당연하지 않았을까?[102] 주목해야 할 것은 그런 일본군에게 당한 것은 왜란 발발 후 2개월 뿐이었다는 것이다.

1583년의 니탕개의 난은 조선에게 커다란 쓰나미였을 것이다. 그러나 임진왜란이란 더욱 커다란 쓰나미가 조선을 덮쳐버렸다. 그런 까닭에서일까, 그 후 사람들에게 1580년대의 여러 긍정적 개혁과 그러한 분위기는 매몰되어 '멸망 *前夜*'처럼 그 시대가 이야기되어져 온 것은 아니었을까?

---

102) 명나라로서도 히데요시의 '倭軍'은 무척 버거운 존재였던 듯하다. 그래서인지 『明史』卷320, 「朝鮮列傳」 제208, 만력 26년(1598) 11월에, "倭가 조선을 어지럽힌 지 7년 동안 잃은 군사가 수십만이나 되고, 소모한 군량이 수백만이나 되었는데도 中國과 朝鮮이 이길 가망이 없는 지경에까지 이르렀었는데, 關白(히데요시)이 죽고서야 禍亂이 비로소 종식되었다."("自倭亂朝鮮七載, 喪師數十萬, 糜餉數百萬, 中朝與屬國迄無勝算, 至關白死而禍始息.")라고 히데요시의 사망에 의하여 겨우 전쟁이 끝날 수 있었다는 평가를 내려놓고 있다.

제5장
임진왜란 초기의 전개상황과 그 배경

1. 머리말

임진왜란의 7년 전쟁엔 흔히 "여러 고을들이 그저 (왜적이 오고 있다는) 소문만 듣고도 놀라 무너졌다"로 표현되는 조선군의 일방적 패전 인식이 오랫동안 계승되고 있었다.[1] 이러한 일방적 패전 인식은 유성룡의 『징비록』인식과 무관하지 않다. 이 책은 기본적으로 성공한 공적은 감추고 실패한 것을 드러내어 뒷날의 교훈으로 삼기 위해 쓰여졌다. 그러므로 주로 임진왜란에서의 실패한 부분을 강조하여 조선의 전쟁 초기 대응 양상에 대해 상당히 비판적으로 서술하고 있다.

그래서인지 임진왜란에 대한 기억은 전쟁 전체 7년의 기간 중 대부분 전쟁 초기에 집중되어 있고 그 전쟁 극복의 주체도 이순신 주축의 조선 수군과 전국 각지의 의병, 그리고 명나라 원병을 들고 있다. 따라서 임진왜란 관련 연구도 이에 집중되고 있다.[2]

임진왜란의 초기 상황은 조선측의 연전연패였다. 부산에 상륙한 일본군이 서울에 입성하는데 20일 밖에 걸리지 않았고, 60일 안에 평양도 함락되었기 때문이다. 그 敗因에 대해서는 制勝方略의 채택, 海上에서의 격퇴를 고려하지 않은 점, 지형지물을 이용하지 못한 점이 지적되고 있다.[3] 그러

---

1) '郡縣絀望風奔潰'나 '列邑皆望風瓦解'란 표현으로 『선조실록』 25년 4월 13일(임인) 과 5월 9일(무진) 기사 참고. 임진왜란 패전관에 대해서는 이영·김동철·이근우 지음, 『전근대한일관계사』(한국방송대학교출판부, 1999), 307쪽에서, "종래 일본에서는 승전관에 바탕을 둔 武威가 에도시대 우월관과 일본형 화이관념의 지주가 되었다. 이에 비해 조선은 자기반성적인 패전관이 일반화되었다. 이러한 패전 인식은 패배의 원인, 책임의 소재와 연결되어 16세기 역사에 대한 부정적인 인식을 낳았다. 즉 당시 정치지배세력인 사림이 이른바 당쟁만 일삼으면서, 일본군의 침입이 충분히 예상되는데도 대비를 하지 않아 패배했다는 것이다." 라고 평가하고 있음을 그 한 예로 들 수 있다.

2) 임진왜란에 대한 선행연구에 대해서는 이선희, 「임진왜란 시기 咸陽 守令의 전란 대처 - 『孤臺日錄』을 중심으로 -」 『진단학보』 110, 2010, 97쪽을 참고.

나 이것만이 아닐 것이다. 개국 이래 태평성대를 구가하고, 지배층은 당쟁만 일삼아 이율곡이 '10만 양병'하여 일본군을 막아야 한다고 외쳤음에도 탁상공론으로 끝났다는, 등등의 이른바 총체적 위기상황을 방치한 상태였기 때문이라고 말해지고 있다(제4장의 머리말 부분 참고).

과연 그럴까? 당시 조선은 총체적 위기상황이었고 조정에서는 이를 그저 방치해 왔는가? 그래서 초기 전투에서 연전연패 당한 것인가? 그럼에도 혜성처럼 이순신의 수군과 각지의 의병이 나타나 전황이 역전된 것인가?

필자는 최근 임진왜란 직전의 조선의 상황을 긍정적으로 평가해 보았다.[4] 당시 조선이 文弱해 빠지고 기강이 해이한 그러한 말기적 상황이 결코 아니었음을 입증하려 하였고, 특히 1583년에 있었던 六鎭 지역의 니탕개 난의 영향으로 임진왜란 때까지 동북방은 準戰時상황이 이어져 갔다고 주장해 보았다. 조선 건국 이후 200년 동안 전쟁이 없었다는 '無事太平論'을 부정한 것이다.[5]

이에 이어 본 논문에서는 왜란 초기 조선이 연전연패한 배경에 대해 대내적·대외적 측면에서 검토하고자 한다. 이를 위해 먼저 니탕개의 난과 이후의 동북방의 상황을 구체적으로 검토하고자 한다. 둘째, 조선의 전략적 착오가 있었다는 가정 하에 『선조실록』의 對日 방비 관련기사를 검토하고자 한다. 전라도 연안의 기사가 다수 보이기 때문이고, 제승방략이란 전략이 견지되고 있기 때문이다. 셋째로는 왜란 직전의 韓中외교를 검토하고,

---

3) 조원래, 『새로운 관점의 임진왜란사 연구』, 아세아문화사, 2005, 60쪽 註 6).

4) 민덕기, 「임진왜란 직전 조선의 국방 인식과 대응에 대한 재검토 - 동북방 여진에 대한 대응을 중심으로 - 」『역사와 담론』57, 2010.

5) 윤호량도 「선조 16(1583) '尼湯介의 亂'과 조선의 군사전략」『고려대학교 대학원 한국사학과 석사학위논문』, 2009, 5쪽에서, 그동안 이 난이 학계에서 주목을 받지 못한 이유의 하나로서, 임진왜란의 초기 패전 원인을 조선의 전쟁준비 소홀에 두려는 고정관념으로 이 난이 발발했던 16세기 후반에선 커다란 외침이 없었으며 조정은 武備 강화에 심혈을 기울이지 않았다는 기존의 인식이 강하게 자리 잡고 있었기 때문이라고 주목되는 평가를 내리고 있다.

넷째로 일본군의 전투력 수준을 소개하고자 한다.

최근의 연구로, 왜란 초기 특히 경상도에서 전개된 전황을 종래의 부정적인 시각과는 다르게 긍정적인 측면에서 분석한다거나, 의병에 비하여 그동안 부정적으로 평가되었던 관군과 수령 및 향리의 활동에 대해 적극적으로 자리매김하려는 경향이 있다.[6] 본 논문에서는 이러한 최근 연구 성과를 염두에 두고 경상도에서의 초기 전투를 재분석해 보고자 한다.

마지막으로 準전시 상황과도 같았던 동북방 지역이 어떤 이유로 왜란 초기에 가토 기요마사 등의 일본군에 의해, 또는 국경인 등의 반란세력에 의해 처참하게 붕괴해 버렸는가를 밝히고자 한다.

2. 왜란 초기 전황 전개의 대내적 배경

1) 동북방 지역의 긴장

임진왜란 초기 연전연패하게 되는 배경의 첫 번째로 동북방 지역이 위기였으며 準戰時상황이었기 때문이라 할 수 있다.

동북방의 위기는 니탕개의 난으로부터 비롯된다. 이른바 1583년 1월말에 발생한 6진 지역의 藩胡의 반란으로 시작된 니탕개의 난은 처음엔 경원 아산보 藩胡의 추장 우을지(迂乙知)가 前 萬戶 최몽린의 포악함을 명분으

---

6) 이와 관련하여 본 논문에서 적극 반영한 논문으로 다음과 같은 것이 있다.
노영구, 「임진왜란 초기 양상에 대한 기존 인식의 재검토 - 和歌山縣立박물관 소장 '壬辰倭亂圖屛風'에 대한 새로운 이해를 바탕으로 - 」『한국문화』 31, 서울대학교 규장각 한국학연구원, 2003 ; 노영구, 「전쟁과 일상 - 『고대일록(孤臺日錄)』을 통한 임진왜란 이해 - 」『역사와 현실』 64, 한국역사연구회, 2007 ; 권기중, 「임진왜란 시기 향리층의 동향과 戰後의 향리사회」『역사와 현실』 64, 한국역사연구회, 2007 ; 이선희, 「임진왜란 시기 咸陽 守令의 전란대처 - 『孤臺日錄』을 중심으로 - 」『진단학보』 110, 2010 ; 정해은, 「임진왜란 초기 영남 의병의 활동과 지방관의 역할」『2011년 워크샵 〈임진왜란 의병〉』, 2011년 2월 18일.

로 격문을 이웃 번호들에게 보내 난을 일으켰다고 한다. 이들 賊胡 10,000
騎는 경원부를 포위·난입하였다.[7]

　이에 조정에서는 서둘러 군사 8,000명을 선봉으로 파견하고 후속 군사
파견을 서두르게 된다. 군량용으로 경상도 연해 고을의 쌀을 육로나 해로
로 운반하되, 운반에 민력이 부족하면 종친과 대신들에게 소나 말을 내놓
게 할 것, 안변 이북의 私奴들을 군대로 징발 편성해 북도의 방어에 임하
도록 하되, 징발한 사노의 주인에겐 하삼도의 公賤으로 충당하거나 다른
명목으로 상을 내리도록 할 것, 採銀 금령을 해제하여 군량에 보태도록 하
되 6진과 갑산에 한정하여 採銀할 것, 등등의 대대적인 대응에 나서고 있
다. 이 난은 2월 중순에 이르러 일단 진압되었다.

　그러나 5월에 다시 적호의 공격이 시작되는데 그 세력은 20,000여 기로
종성을 포위 공격하여 군관과 토병 다수를 살해하고 兵使마저 포위하였다
고 한다. 이에 조정에서는 대책을 서둘러 公·私賤 중에 활 잘 쏘는 자 200
명을 선출해 면포와 쌀을 주고, 활을 쏠 줄 모르는 백성들에겐 保를 주어
戰馬를 갖추어 보내기로 하고, 군량의 보충을 위해 고급 관료와 수령들에
게까지 쌀을 걷어 보내자고 제안하고 있다. 또한 북방의 방어 확충을 위해
각도에서 정예를 뽑아 파송하기로 하고, 전라·경상도 각 800명, 충청도
600명, 황해도 500명, 개성부 100명, 서울 200명으로 도합 3,000명을 보
내기로 하고 있다. 이러한 니탕개의 난은 7월에 다시 20,000여 기로 봉기
하지만 이를 마지막으로 진압되고 있다.

　니탕개의 난 시기의 상황에 대하여『亂中雜錄』은, 평화가 오랫동안 계
속되어 백성들이 전쟁을 모르다가 경기도 이하의 5道에 군사를 뽑아 북송
하기에 이르자 거리에서 우는 소리가 들려왔다고 적고 있다.『癸甲日錄』萬
曆11(1583)年 癸未 7월 3일조엔, 하삼도 사찰의 종을 거둬들여서 총통을

---

7) 이하 니탕개의 난을 중심으로 한 동북방의 소란에 대한 서술은 민덕기, 앞의 논
　문, 348~355쪽을 정리한 것이다.

만들라고 선조가 분부하고 있다. 이로 보면 니탕개의 난이 조정에 얼마나 큰 위기의식을 불러일으켰나 짐작할 수 있다.

한동안 잠잠해 보이던 6진 지역이 다시 소란스러워지는 것은 1587년 후반이다. 즉 8월에 적호 100기가 운룡 지역을 침범하여 백성과 가축을 약탈해갔고, 이를 추격하던 조선군이 다수 피살되었다고 하고 있다. 그 다음 달에 일어난 녹둔도 전투는 胡酋 마니응개(亇尼應介)가 1,000기를 이끌고 녹둔도에 쳐들어왔고, 이에 대해 경흥 부사 이경록과 造山萬戶 李舜臣이 제대로 대응하지 못하여 '戰士' 10여 명이 피살되고 160명이 납치되었다고 한다.

조선측의 이에 대한 응징은 그해 늦가을부터 시작되고 있다. 우선 경흥부의 적호를 소탕해 33급을 참획하고 있다. 다음 해인 1588년 1월 중순에는 녹둔도를 침략했던 時錢部落에 대한 대대적인 소탕작전을 벌이고 있다. 즉 함경도의 土兵과 京將士 2,500여 명으로 적호 소굴을 급습하여 380명을 참획하고 있다. 이른바 시전부락 전투이다.

이후에도 적호는 동북방 지역에서 출몰을 거듭하고 있다. 1588년 2월엔 혜산을 침입해 군관 다수 살상, 6월엔 西水羅卵島에 20척의 군선으로 침범했다 도주, 남병사 신립의 古未浦 적호 20명 참획, 1589년 6월 적호에 의한 조선 軍民 20명의 납치 등이 발생하고 있었다.

2) 對日 전략상의 착오

왜란 초기 조선이 연전연패한 것은 일본 정규군의 침략이 아닌 을묘왜변의 확대판 정도의 침입을 예상했기 때문으로 보인다. 이를 입증하기 위해 〈전라 지역의 방비 강화〉와 〈제승방략 전략의 固守〉라는 두 가지 측면에서 검토하여 보기로 한다.

먼저 〈전라 지역의 방비 강화〉라는 측면이다.

실록으로 보는 한 임진왜란 이전의 對日 방어책은 1555년의 을묘왜변 이후 이렇다 할 것이 거의 보이지 않는다. 1583년에 와서야 국방과 관련한 對日 기사가 3건 보일 정도이다. 이는 임진란 전란 통에 史草가 많이 유실되었다는 것을 감안해도 동북방 방면에 비해서는 꽤 비중이 적다고 할 수 있다. 전라·경상도 연해 고을의 문관 수령을 모두 武臣으로 대체 임용하기로 한 것이 그 하나다. 남방의 유사시에 防禦使나 元帥로 누가 적합하냐는 선조의 질의가 그 둘이다. 전라 감사 김명원이 자신에 대신할 후임을 천거한 죄목으로 파면이 논의되던 중에 남방의 방어가 더 긴요하니 유임하자는 선조의 발언이 그 셋이다.[8]

1584년 이후 86년까지의 對日 방비에 대한 기사는 단 두 개뿐이다. 그 하나로 선조가 북도의 방어를 위해 武士 別試를 제안하면서, 이러한 이벤트로 무예에 종사하는 사람이 많아져야 '南倭'의 변고나 지방의 도적이 덩달아 일어나는 일도 방비할 수 있을 것이라고 하고 있다. '北虜' 방어책이 부수적으로 '남왜' 대비에도 도움이 된다는 논리라 하겠다. 또 하나의 기사는 제주도 정의현 현감 김대이가 賊의 큰 배 1척과 만나 접전하다가 놓쳤다고 하여 구금된 기사이다.

그러다가 1587년에 이르러 대일 방어에 대한 기사가 증가한다. 2월에 倭賊船 18척이 고흥의 흥양을 침범하여 鹿島 權管 이대원이 전사하기에 이르자 신립을 방어사로 삼아 군관 30명을 거느리고 가게 하였다. 또 다른 왜적이 전라도 加里浦의 伏兵해 둔 곳을 침범하여 병선 4척을 탈취해 달아났다.

3월 선조가, 적이 損竹島에서 승리하고 또 仙山島에서 약탈하니 精兵을 보내어 방어에 힘쓰도록 당부하고 있다. 이에 비변사는, 전라도에서 방어가 허술한 곳은 加里浦·진도·제주도 세 곳과 法聖倉·群山倉이라는 것, 堂上·당하의 武臣과 錄名人 및 잡류와 公·私賤으로 활쏘기에 능한 사람을 정

---

8) 이하 을묘왜변 이후부터 임진왜란 이전까지의 對日 방어에 대한 서술은 민덕기, 앞의 논문, 355~359쪽의 내용을 정리한 것이다.

병으로 선발해 대기하게 하였다는 것, 활과 화살 및 총통도 구비하였지만
鐵甲과 鐵丸은 제조 중이라고 답하고 있다.

1588년 3월이 되자 선조는 '倭變'을 우려하여 罪廢 중인 武士라도 쓸만
하면 서용하라고 하고 있다. 이에 軍律 등의 죄를 범한 자도 서용되고, 성
적이 下等이었던 자도 무사로서 참여하게 된다. 4월에는 하삼도에 왜변이
발생할까 우려하여 방어사를 두어야 하니 우선 助防將을 파견하자고 논의
하고 있다.

1589년 7월, 하삼도 兵·水使를 잘 선택하라는 선조의 분부에 따라 비변
사가 부적격자를 거론하고 있다. 비변사는 또 남해안 賊路가 될 列邑이 많
아 城을 쌓고 濠도 파야 하지만 흉년이라 백성 징발이 어렵다고 토로하고
있다. 선조는 이순신을 기용하기로 한다.

다음 달인 8월, 선조와 변협의 다음과 같은 대화가 주목된다. 변협은 을
묘왜변 때 달량진을 분탕한 왜적은 모두 70척 배에 6,000명 정도였다고 회
상하고 있다. 그리고 선조가 일본이 수만 명으로 쳐들어올 기세는 없는가
질문한 것에 대하여 변협은, 倭船은 1척당 100명밖에 태울 수 없어 100척
이라 해도 10,000명으로 이 이상은 쳐들어올 수 없다고 추정하고 있다. 선
조는 또 변방의 일정지역을 점거한 왜적이 이를 교두보로 삼아 계속 전쟁
을 수행하려 하지는 않을까? 조선이 對왜구 방어 주력지역이 전라도임을
간파하고 다른 지역을 공략하지나 않을까, 우려하고 있다.

1590년의 경우엔 별다른 기사가 실록에 보이지 않는다. 3월 황윤길을
正使로 한 통신사가 서울을 출발하여 다음 해 1월 귀국하고 있다. 그런데
그 다음 달인 1591년 2월, 사헌부가 전라좌수사는 '敵'을 정면으로 맞는
지역을 방어하는 것이므로 매우 긴요하므로 유극량이 부적합하다고 그 교
체를 요구하게 된다. 그 결과 후임으로 이순신이 전라좌수사로 임명된다.
3월에는 '倭釁'을 우려하여 호남의 方伯을 엄선하도록 하자 비변사 전원의
의사로 이광을 천거하여 전라감사 겸 도순찰사로 삼고 있다. 7월에는 호남
과 영남의 성읍을 수축하고 있다. '倭'가 水戰에 강하고 육전에 약할 것이

라는 예상에 의해서였다. 12월에는 선조가, 바야흐로 '倭賊'이 출몰하는 때에 외딴 섬과도 같은 제주도와 남해에 송한필과 송익필을 유배한 것은 위험하다고 하여 내륙지역으로 그 유배지를 바꾸게 하고 있다.

이상으로 임진왜란의 前夜 약 10년간의 對日 방어책을 검토하여 보았다. 그런데 주목되는 것은 바야흐로 부산으로 몰려들 도요토미 히데요시의 16만 정규군의 침략에 대한 예상이나 방비가 전혀 고려되지 않고 있다는 점이다. 오히려 왜구가 상륙할 루트('賊路')가 남해안의 많은 列邑들이므로 그곳에 성곽도 쌓고 해자도 파야할 것이라는 1589년 7월의 비변사 의견, 1만 이상 규모의 왜적은 쳐들어오지 못할 것이라는 같은 해 8월의 변협의 예측, 이에 대해 선조가 변방의 일정지역을 점거한 왜적이 이를 교두보로 삼아 계속 전쟁을 수행하려 하지는 않을까? 하는 염려 등은 정규군의 침입 차원과는 전혀 다른 것이다. 또한 선조가 을묘왜변 때처럼 전라 지역이 침입당할까 중점 대비하고 있다는 것과, 이를 일본측이 간파하여 다른 지역을 공격하지나 않을까 우려하는 것도 그러하다. 1591년 1월 통신사가 일본을 '정탐'하고 돌아왔음에도 불구하고 그 다음달, 왜적을 정면으로 맞는 지역이 전라좌수영이라고 이순신을 전라좌수사로 파격 발탁한다거나, 3월에는 '倭釁'을 우려하여 이광을 전라감사로 임명하는 것도 그렇다. 왜란 발발 4개월 전엔 왜적 출몰을 경계하여 제주도와 남해에 유배한 죄인을 다른 곳으로 이송하는 것 또한 그렇다.

이러한 사실들로 볼 때, 조선이 우려하고 대비한 것은 남해안의 全域, 그것도 어쩌면 경상도보다는 전라도 해역을 통해 침입할 왜구를 예상한 것이 아니었을까 여겨진다. 그렇다면 조선은 점령자로서의 '倭軍'이 아닌 약탈자로서의 '倭賊'의 내습에 대비하고 있었던 것이 아닐까? 대마도를 통해 히데요시의 위협이 조선에 전달되기 시작하는 1588년 이후에도 '大賊'의 침입을 경계하고 있기는 하다. 그러나 조선이 예상한 것은 '倭變'이었고, 그것도 을묘왜변보다 좀 더 큰 정도의 왜변으로 1만명 규모의 왜구적 세력의 출현이었던 듯하다.[9]

임진왜란 직전 조선조정이 대규모 왜구적 세력의 전라도 침입을 크게 우려했다면 그에 대한 방비책도 게을리하지 않았을 것이다. 이를 위해 전라감사 이광과 전라좌수사 이순신의 행적을 검토하여 보자.

이식이 지은 이광의 行狀을 보면, "공은 監營에 부임하고 나서 1년 동안 군졸을 모으고 병기를 수선하는 한편 諸將을 훈계하고 단속하여 기강이 확립되도록 하였으므로, 朝野에서 모두 公에 대해서 중하게 의지하고 기대하는 마음을 갖게 되었다." 라는 서술이 주목된다. 또한 왜란 발발 1개월 전엔 전라도 남부지역을 순행하면서 군비를 엄하게 점검하고 있었던 것으로 드러났다. 해남현감 변응정이 군무로 순찰소에 불려가 이광에게 15대의 곤장을 맞았던 일이라든가, 강진군에서는 순찰사가 올 때가 되자 성을 쌓고 못을 파며 군사를 조련하고 병기를 매만지며, 집도 수리하고 그릇도 깨끗이 하여 노여움을 면하려 하였다는 기록도 있다.[10] 이처럼 이광은 바야흐로 닥칠지 모를 '왜변'에 적극 대응하고 있었음을 알 수 있다.

전라좌수사가 된 이순신이 왜란 이전에 얼마나 왜변 방비에 충실히 준비하여 왔는가는 익히 알려진 사실이다. 『난중일기』 1592년분을 보아도,[11] 전쟁 준비에 여러 가지 결함이 많아 군관과 색리들에게 죄를 처결하였다(2월 25일), 서문 밖 해자 구덩이와 성벽을 더 올려 쌓는 곳을 순시했다. 僧軍들의 돌 줍는 일을 성실히 하지 않으므로 우두머리 승려를 잡아다가 곤장을 쳤다(3월 4일), 배를 타고 김浦에 가 쇠사슬을 건너 메는 것을 감독하

---

9) 윤경하는 「임진왜란 직전 조선의 전쟁정보에 대한 연구」(강원대학교 사학과 석사학위 논문, 2011), 18쪽에서, 1510년의 삼포왜란 이후 일련의 왜구에 의한 소요에 대해 조선정부가 민감한 반응을 보여 대책을 강구했지만, 그것은 비변사 설치나 不差서용 및 남부 해안지역의 성곽증축 등의 준비에 지나지 않은 것으로, 이것은 어디까지나 남부 해안지역의 왜변에 대한 준비로 국가적 차원의 전쟁 준비라고 보기에는 어려운 것이었다, 고 평가하고 있다.

10) 하태규, 「임진왜란 초기 전라도 관군의 동향과 호남방어」『한일관계사연구』 26, 2007, 151쪽.

11) 이순신 지음, 박종평 옮김, 『난중일기』, 글항아리, 2018.

고, 종일 기둥 나무 세우는 것을 보았다. 겸하여 거북선에서 대포 쏘는 것
도 시험했다(3월 27일), 등등의 내용들로서 알 수 있다. 임진왜란 이전인데
'僧軍'이 이미 동원되고 있음이 특히 주목된다. 그만큼 전라좌수영 관할 해
역에서의 왜변이 현실적으로 우려할만한 수준이었음을 반증하는 것이라
하겠다.

　다음으로 〈제승방략 전략의 固守〉라는 측면이다.

　조선시대의 방어체제는 鎭管체제였다. 진관체제의 원리는 각 邑을 鎭管
으로 편성하여 각 진관이 하나의 독립방어 단위가 되어 自戰自守하는 것이
었다.[12] 그러나 중종·명종 연간에 왜구가 잇달아 남해안을 침범하자 응급
조치로 내륙 鎭의 육군을 邊鎭에 동원하기에 이르게 되자 진관체제의 원칙
이 무너지게 되었다. 결국 을묘왜변(1555)을 계기로 진관체제에서 제승방
략체제로 전환되어 갔다.[13]

　제승방략은 을묘왜변과 같은 局地戰을 당하게 되자 제주목사 김수문이
창안한 分軍法에서 비롯되었다. 김수문은 제주도에 상륙한 왜구를 격퇴시
키기 위해서 임기응변적으로 여러 읍의 잔존 병력을 수합하여 이에 대응하
였는데 이것이 이른바 분군법이었다. 중앙으로부터 방어사·조방장 등이
최초로 파견된 것은 중종 5년(1510)의 삼포왜란부터였고, 이것이 기준이
되어 을묘왜변 때에도 이에 준하고 있다.[14]

　이일이 함경도 지역에서 제승방략을 시행한 시기는 1583년 니탕개의
난을 경험한 것과 연관이 있었다. 이 난은 종전의 야인 침구와는 달리 그
규모가 2만~3만의 騎兵 규모라서 都巡변사 이하 방어사·조방장 등 京將이

---

12) 강성문, 「임진왜란 初期陸戰과 防禦戰術 연구」, 한국학중앙연구원 박사학위논문,
　　2006, 12~13쪽 ; 정호훈, 「임진왜란과 17세기 조선 사회의 기억 - 元豪의 戰功과
　　조선 사회의 褒奬을 중심으로 -」 『역사와 실학』 39, 역사실학회, 2009, 68쪽.
13) 한문종, 「임진왜란 직전의 국내정세와 한일관계」 『인문과학연구』 21, 강원대학
　　교 인문과학연구소, 2009, 231~232쪽.
14) 강성문, 앞의 논문, 15~16쪽.

파견되었다. 이일은 이 전투를 치루면서 현존 진관체제라는 방어체제로의 한계점을 여실히 느꼈을 것이며, 이에 응급적인 조치로 취한 방책이 분산된 소규모 병력을 집중시켜 방어하는 분군법적 운용이었을 것이다. 병마절도사로 승진한 이일은 함경도의 전반에 걸친 방어체제를 검토하면서 남방에서 을묘왜변 이후 시행하고 있는 분군법을 적극적으로 도입해서 이를 제승방략이라 칭하게 된 것이었다.[15]

그렇다면 조선이 임진왜란 이전, 제승방략을 견지한 이유는 무엇일까? 그것은 니탕개의 난과 같은 북방의 여진족이 대거 국경지대를 침입하여 대규모 국지전을 일으킬 것에 대비했기 때문일 것이다. 동시에 남방에 대해서도 을묘왜변과 같은 왜구의 대규모 내습을 예상했기 때문일 것이다. 결코 히데요시의 15만 정규군의 침략을 예상한 것이 아니었던 듯하다.

3. 왜란 초기 전황 전개의 대외적 배경

1) 對明외교에 분망

1591년 초, 일본에서 귀국한 통신사에 의해 일본 정보가 전달되었다. 그럼에도 조정에서는 히데요시의 침략 여하보다 별도의 안건을 놓고 치열한 논의가 진행되고 있었다. 그것은 통신사가 가져온 히데요시의 征明 계획과 조선에 대한 征明 嚮導 요구 등의 긴급정보를 明에 陳奏해야 할 것인지 아닌지에 관한 논의였다. 결국 명에 上奏해야 한다는 의견이 채택되어 禮部 앞으로 "왜적이 上國을 범하려 하고 있다" 는 취지의 咨文을 작성하여 聖節使편에 북경에 송부하기로 했다. 단 이 정보가 통신사를 통해 입수되었다는 사실은 발설하지 않고 일본에서 송환되어 온 조선 被虜人 김대기에게서 얻은 정보라고 하여 상주하기로 했다. 통신사의 일본 왕복이 알려

---

15) 강성문, 앞의 논문, 18쪽.

지면 조선과 일본이 내통하고 있다고 명측이 오해를 품게 될지도 모른다는 우려 때문이었다.[16)

이 성절사가 중국에 들어간 것은 1591년 7월인데, 이와는 별도로 다음 달 8월 정명향도의 진위를 묻는 遼東都司의 자문이 조선국왕에게 도착했다. 이는 히데요시의 침략 준비 정보를 琉球왕국으로부터 접한 明 兵部가 히데요시의 침략과 조선국왕의 정명향도 수락 여부를 요동도사를 통해 조선국왕에게 확인하려고 한 것이다. 이에 조정은 서둘러 선조 명의의 回咨를 요동도사에게 보내고, 奏請使를 북경에 파견하여 일본사정의 보고 및 조선의 입장해명에 주력하게 되었다.

그런데 1592년 초 사츠마에 억류되어 있는 중국인 許儀後가 인편으로 명 조정에, 조선이 일본에 사절을 파견하여 入貢했으며, 히데요시에게 征明전쟁의 조기결행을 재촉했다. 고 보고하였다. 이에 이르러 "조선이 필사적인 해명활동을 펼쳤음에도 불구하고 허의후의 陳報를 필두로 하여 명조에 전달된 일련의 誤報는 明의 官人들 사이에 조선에 대한 뿌리 깊은 불신감을 만들어 냈고 일본군의 조선침략이 현실화되자 그 불신은 한층 강화되어 전쟁에 참전한 명군이 패배하거나 상황이 악화될 때마다 조선을 괴롭히는 트집거리가 되었다. 이처럼 통신사가 귀국한 이후인 1591년부터 조선은 국내의 政爭 및 오보가 빚어낸 조선에 대한 명의 의심을 불식시키는데 주력하느라 정작 일본군의 침략에 대해서는 충분한 군사적 대응책을 세우지 못한 채 전쟁을 맞게 된다."[17) 어쩌면 이러한 편중된 對明외교가 대일관

---

16) 윤유숙, 「임진왜란 발발전 한일교섭의 실태」한국일본어문학회, 韓國日本學術合會 第4回 國際學術發表大會 Proceedings 2006.7, 885쪽. 조선이 對日관계를 명나라에 비밀로 한 것은 건국 이래의 방침이었다. 그로 인해 조선은 明의 대일정책에 동원되는 것을 회피할 수 있었다(민덕기, 『조선시대 일본의 대외 교섭』경인문화사, 2010, 95~96쪽)

17) 윤유숙, 앞의 논문, 885쪽. 방기철, 「조일전쟁기 明人 許儀後의 陳奏文」『충북사학』19(2007), 130쪽에서 허의후의 진주문이 명 조정에 전달된 것은 1591년 8월 이전의 일이라고 주장하고 있다.

계를 소홀히 한 것이 되었고, 왜란으로 수도를 빼앗긴 선조가 "나의 失國은 다른 죄가 아니라 명나라에 충절을 다하느라 미친 왜적에게 노여움을 산 것이다."라고 자평한 것도 이해할 만하다.[18]

2) 세계 최정예 일본군

임진왜란 당시 일본에 거주했던 포르투갈의 예수회 선교사 루이스 프로이스(Lois Frois)는 당시의 일본군의 전투력에 대해 "일본인들은 매우 호전적이고 죽음을 두려워하지 않는다. 그들은 타고난 전사들로 어느 나라도 이들을 정복할 수 없을 것이다. 일본을 정복하느니 차라리 중국을 정복하는 것이 더 쉬울 것이다."라고 높이 평가하고 있다. 당시 일본군의 높은 전투력은 유럽이나 동남아시아 등지의 나라들에서도 인정하고 있었다고 한다.[19]

일본의 군사력과 관련하여 1583년 일본에 거주하던 예수회 선교사 발리나노 알렉산드로도 스페인 국왕 펠리페 2세에게 문서를 보내, "일본은 외국인이 지배할 수 없는 나라입니다. 외국인의 지배를 받을 만큼 일본인은 나약하거나 어리석지 않습니다. 따라서 스페인 국왕은 일본에 대한 어떤 지배권도 갖지 못할 것이며, 앞으로도 가질 수 없을 것입니다." 라고 강조하였다고 한다. 16세기 당시 스페인의 군사력은 유럽 최강이었다. 그런 강대국의 국왕인 펠리페 2세에게 발리나노는 "일본은 외국인이 지배할 수 없는 나라."라고 말하고 있었다.[20]

명나라로서도 히데요시의 '倭軍'은 무척 버거운 존재였던 듯하다. 그래서인지 『明史 - 朝鮮列傳』에도, "倭가 조선을 어지럽힌 지 7년 동안 잃은 군사가 수십만이나 되고, 소모한 군량이 수백만이나 되었는데도 중국과 조

---

18) "予之失國, 非有他罪, 特以盡節天朝, 取怒於狂賊耳"(『선조실록』 25년 5월 3일[임술]).
19) 도현신, 『임진왜란, 잘못 알려진 상식 깨부수기』, 역사넷, 2008, 42쪽에서 재인용.
20) 도현신, 위의 책, 42쪽에서 재인용.

선이 이길 가망이 없는 지경에까지 이르렀었는데, 關白(히데요시)이 죽고
서야 禍亂이 비로소 종식되었다.”라고 히데요시의 사망에 의하여 겨우 전
쟁이 끝날 수 있었다는 평가를 내려놓고 있다.[21]

일본의 武士집단은 主君을 위해 ‘죽음의 場’을 찾는 사무라이(侍) 집단
이었다. 그런 그들은 전쟁이 일상화된 100년 이상의 戰國시대를 살아오며
풍부한 實戰을 축적해 왔을 것이다. 또한 엄격한 軍律과 일사불란한 지휘
계통을 가진 그들은, 최첨단 무기인 조총을 대량 확보하고 운용하고 있었
다.[22] 이러한 일본군이라면 당시 세계 최정예라고 하지 않을 수 없을 것이
다. 그런 일본군에게 기습을 당했으니 초반전에서 이길 수가 있었을까?

4. 초기 상황에 대한 재분석

일본군의 침입 소식이 최초로 조정에 전해지고 조선 조정의 실질적인
군사적 조치가 시작된 것이 부산포가 함락된 4월 14일에서 사흘이나 지난
17일 아침 경상좌수사 박홍의 장계가 도착한 이후로 널리 인식되고 있다.
그러나 이 내용을 담은 『선조실록』의 해당 부분은 전쟁의 혼란 속에 임진
왜란 초기 관련 자료의 망실로 인해 야사인 『寄齋史草』의 내용을 거의 그
대로 轉載한 것으로, 이는 조선 조정의 허술한 전쟁 대응 양상을 보여주는
것으로 이해하기에는 문제가 있다. 왜냐하면 당시 경상도 지방의 동향을
알려주는 여러 자료는 일본의 침입 사실이 매우 빠르게 전파되어 신속한
군사적 대응이 이루어지고 있음을 보여준다. 상주 지방 士族 趙靖의 『壬辰
日記』에 의하면 왜선 수백 척이 부산 앞 바다에 나타났다는 내용이 담긴

---

21) 『明史』 卷320, 「朝鮮列傳」 第208, 萬曆 26년(1598) 11월조, “自倭亂朝鮮七載, 喪
　　 師數十萬, 糜餉數百萬, 中朝與屬國迄無勝算, 至關白死而禍始息..”
22) 이수광은 “왜노가 비록 전투에 익숙하고 날래게 진군했으나 그들이 승리를 얻은
　　 것은 실로 이 조총 때문이다”라고 조총을 적극 평가하고 있다(이수광 지음, 정혜
　　 렴 역주, 『芝峰類說 精選』, 현대실학사, 2000, 86쪽).

官報가 4월 14일 상주까지 전해지고 있다. 따라서 일본의 침략 소식은 일찍 조정에 전달되었을 것으로, 17일의 박홍의 장계 도착은 일본군의 침공을 구체적으로 보고한 최초의 공식 보고일 것이다.[23] 이순신의 『난중일기』에는 4월 15일 일기에 왜란 발생 정보가 기록되어 있다.

경상좌병영에 속하였던 14군현의 군사 중에서 일본군의 공격에 직면하였던 동래부의 군사를 제외한 13현의 군사는 속속 이동하여 4월 21일까지 左兵營城에 집결하여 일본군의 공격을 막고자 하였다. 그러나 이들 군사는 경상좌병사 이각이 미리 도망치는 바람에 흩어져 좌병영은 쉽게 함락되었다. 그렇다 해도 경상좌병영 소속 군사의 동원 양상을 통해 당시 경상도 좌병영 소속의 조선군 동원 양상은 일반적으로 알려진 것보다 매우 신속하게 이루어졌음을 알 수 있다.[24]

동래성 전투의 경우에도 민정중의 『壬辰遺聞』에 의하면, 경상좌병영 소속의 주변 군현 군사들이 다수 동래성 전투에 참여하려 이동하였음을 알 수 있다. 밀양부사 박진이 군사 500으로 동래로 향했다가 함락되자 소산역에서 북진을 저지하려 했다던가, 경주판관 박의장도 군사를 이끌고 동래로 향하다가 경주성을 지키라는 명령을 받고 되돌아갔다. 이러한 일련의 사실은 당시 일본군을 저지하고 동래성을 구원하기 위해 경상좌병영 소속의 군사들이 매우 체계적으로 신속히 동원되었음을 보여주고 있다. 그리고 각 군현별로 동원하였던 군사의 수효도 군현에 따라 수백 명에서 수천 명에 달하는 등 상당한 규모였음을 알 수 있다. 이러한 사실은 그동안 경상좌병사 이각의 비겁한 철수로 인해 아무런 외부의 구원을 받지 못한 고립무원의 상태에서 동래부사 송상현과 동래부 백성들이 장렬한 최후를 마친 것으

---

23) 노영구, 「임진왜란 초기 양상에 대한 기존 인식의 재검토 - 和歌山縣立박물관 소장 '壬辰倭亂圖屛風'에 대한 새로운 이해를 바탕으로 -」 『한국문화』 31, 서울대학교 규장각 한국학연구원, 2003, 172쪽, 『寄齋史草』의 내용은 『大東野乘』 권53, 『寄齋史草』 壬辰日錄1, 4월 17일자에 수록되어 있다.

24) 노영구, 위의 논문, 174~175쪽.

로만 단순히 기억되던 동래부 전투를 다소 새로운 각도에서 이해할 수 있는 단초를 열어주고 있다.[25]

경상좌병영 소속 군사의 동원 양상과 함께 경상도 타 지역 군사의 동원도 실질적으로 매우 신속히 이루어졌다. 『연려실기술』의 다음의 언급은 이를 잘 보여준다.

> 처음에 경상도 수령들이 군사를 이끌고 대구로 가서 냇가에서 노숙하며 순변사를 기다린 지 이미 여러 날이 되었다. 적의 소식이 점점 가까워오자 군사들은 스스로 서로 놀래어 요동하고 때마침 큰 비가 내려 옷은 젖고 군량은 떨어져 밤중에 다 흩어지고 수령들은 말만 타고 뿔뿔이 달아났다.

이 자료는 경상감사 김수가 일본군의 내침을 듣고 제승방략에 의해 김해·대구·상주·경주·안동·진주의 6鎭管에 지시하자, 소속병을 이끌고 대구로 내려가 노숙하면서 京將인 순변사가 내려오길 기다리다가, 일본군이 근접하여 衆軍이 驚動하여 있던 중에 마침 큰 비가 왔고 糧餉이 떨어지자 將兵들이 야음을 틈타 제각기 도주하고 말았다는 내용을 담고 있다.

노영구는 이 자료에 대해, 그동안 제승방략 체제에 따라 변란이 있을 경우 그 지방의 군사를 통합하여 지휘할 중앙의 장수(京將)가 올 때까지 그 지방의 군사들은 일단 사전에 정해진 곳에서 대기만 하여야 하므로 적군이 예상보다 빨리 닥칠 경우 실질적인 대비책이 없던 당시의 군사적 취약점을 보여주는 것으로 많이 인용되었다고 지적한다. 노영구는 이어, 당시 큰 비가 내린 날은 조정의 『임진일기』에 의하면 4월 16일 하루뿐이고 다른 날은 맑은 날씨가 계속되었으므로 대부분의 군사들은 이미 16일 이전에 대구에 집결하였음을 알 수 있으며, 동원 명령이 내려진 지 1~2일 내에 이미 경상도 군사의 대부분이 대구에 모여 중앙의 장수를 기다릴 정도로 당시의

---

25) 노영구, 앞의 논문, 175~176쪽.

군사적인 대비 태세는 기존의 인식과 달리 상당히 정비되었다, 고 주목할 평가를 내리고 있다.[26]

이순신의 1차 海戰인 옥포·합포·적진포 해전을 치르고 난 이후 조정에 올린 장계인 「玉浦破倭兵狀」엔, 왜선에 납치되어 있던 소녀를 구출하여 그녀가 포로가 된 정황을 진술 받은 내용이 적혀있다. 소녀는 경상도 기장현 출신으로 한 양민의 집에서 종살이를 하고 있었는데, 부산진에 적이 침입해 왔다는 소문을 들은 그 주인이 군령에 따라 부산진으로 향했다는 것이다. 그러나 이미 부산진이 함락되어 다시 기장으로 돌아와 진을 치고 대비하다가 모두 도망갔고, 자신은 포로가 되었다고 대답하고 있다. 여기서도 소녀의 진술을 통해, 평민들이 신속하게 군령에 따라 이동했음을 알 수 있다.[27]

그동안 조선의 군사 동원 체제가 실질적으로 기능하지 못한 주요 근거의 하나로 드는 것은, 순변사로 임명된 이일이 서울에서 정예군사 300명을 선발하여 거느리고 가려고 하였으나 적당한 군사를 선발하지 못하고 경상도로 내려가는 상황을 보여주는 『징비록』의 내용일 것이다. 그럼에도 이일이 단신으로 경상도에 내려갈 수 있었던 것은 당시의 경상도 각 군현별 군사 동원태세가 잘 정비되어 있음을 반영하고 있다.[28]

당시 조선측의 전략은 제승방략에 따라 순변사 이일이 대구에 집결한 경상도 군사들을 지휘하여 북상하는 일본군의 주력을 먼저 최전선에서 저지하는 것이다. 이로써 일본군의 북진을 저지할 동안 배후인 조령 방어선을 구축할 시간적 여유를 얻어 방어진지를 구축한 후 추풍령과 죽령 방어선을 연결한 橫的 방어선을, 또한 전방의 이일과 함께 깊이 있는 縱深 방어선을 구축하는 것이다.[29]

조정에서는 경상도의 육군을 활용하여 일본군의 북상을 조령·죽령·추

---

26) 노영구, 앞의 논문, 177쪽.
27) 『李忠武公全書』 2, 狀啓1, 玉浦破倭兵狀.
28) 노영구, 앞의 논문, 77~178쪽.
29) 강성문, 앞의 논문, 2006, 46쪽.

풍령에서 차단하고 수군으로 왜선을 공격하여 경상도 안에서 일본군을 궤멸시키고, 일본군의 북상이 지연되는 동안 근왕병을 편성하여 수도의 경비를 강화하고 이를 바탕으로 반격군을 조직하여 일본군을 몰아내려 하였다. 특히 군사적 식견과 경험이 풍부한 중앙의 장수들을 파견하여 지방군을 효율적으로 지휘함으로써 전투를 승리로 이끌려 하였으니. 이일을 순변사로 삼아 中路에, 성응길을 左방어사로 삼아 左道에, 조경을 右방어사로 삼아 西路에, 유극량을 조방장으로 삼아 죽령에, 변기를 조방장으로 삼아 조령에 내려보낸 조치가 바로 그것이다.[30] 그러나 이일이 경상도 군사들을 지휘하여 대구 – 상주전선에서 일본군의 북상 속도를 지연시켜주지 못하였다. 신립 또한 조령을 지키지 못한 채 탄금대에서 궤멸되었다.

그러면 전술하듯 대규모 왜구집단의 침략을 우려하여 이에 대비했던 전라도 지역의 왜란 초기 상황에 대해 설명해 보자. 전라좌수사 이순신의 수군이 왜란 초기에 얼마나 혁혁한 전공을 세웠는가에 대해서는 여기서 굳이 논할 필요가 없을 것이다. 그래서 전라감사 이광을 중심으로 한 관군의 왜란 초기 대응을 간단하게 정리해 보자.[31]

- 전라방어사 곽영 : 경상감사 김수의 구원 요청에 4월 27일 조방장 李之詩가 5,000의 군사로 함양으로 출동, 4월 30일 경상우방어사 조경 등과 김천역에서 왜적과 싸워 30여급을 참획하고 5월 4일 전라도로 회귀.
- 전라조방장 이유 : 조정의 명령에 신립의 군대에 가세하기 위해 2,000의 군사로 충청도로 향하다가, 연산에서 신립이 이미 패하고 왜적이 경기도로 북상했다는 소식에 전라도로 회귀.
- 전라감사 이광 : 4월 29일 근왕병을 동원. 10만의 군사로 5월 1일 북상

---

30) 서태원, 「壬辰倭亂에서의 地方軍 指揮體系」『역사와 실학』 19·20, 2001, 324쪽.
31) 이에 대해서는 하태규, 앞의 논문, 151~157쪽을 참고.

하면서 고경명에게 격문 작성을 요청하고 경상도에도 격문 발송. 공주까지 북상하다 서울이 함락되고 선조가 피난했다는 소식에 와해되어 回還.

· 전라감사 이광 : 5월 19일 전주에서 서울 탈환 위해 북상. 경상도 순찰사 김수와 충청 순찰사 윤국형의 군사와 합류하여 三道勤王兵이라 칭. 6월 5일과 6일의 용인 전투에서 일본군에 참패. 6월 15일 전주로 회환.

이처럼 2차례의 근왕병으로서의 북상은 와해와 참패로 성공하지 못했으나, 이후의 이치전투와 웅치전투 및 금산전투 등으로 일본군으로부터 전라도를 지켜낼 수 있었다.[32] 이에 대하여 하태규는, "임진왜란 초기 호남의 방어는 전라도 지역에서 전개되었던 어떤 특정의 전투에서 특정 영웅의 역할에 의하여 이루어진 것이 아니었다. 그것은 전라감사 이광 이하 지역 수령들이 이끄는 관군의 방어태세, 고경명이 이끄는 호남 의병의 역할, 웅치전투와 이치 전투에서의 전라도 관군의 활약이 종합적으로 어우러져 가능하였다."고 평가하고 있다.[33]

5. 동북방 지역의 파탄

1583년의 니탕개의 난으로 수천명의 군사가 동북방 지역으로 차출되었다. 武科 別試도 수차례 실시하여 급제자들을 동북방으로 올려 보냈다.[34] 유성룡의 『西厓先生文集』에는 니탕개의 난으로 북도에 운송된 곡식의 양

32) 조원래, 앞의 책, 132쪽.
33) 하태규, 앞의 논문, 177쪽.
34) 1583년 6월 비변사는, 중·남부 지방에서 정예를 뽑아 도합 3,000명을 북방으로 파송하는데, 그 출신이나 양반 및 公·私賤을 따질 것 없이 모두 正軍으로 골라 뽑아 모두에게 保를 주고 戰馬를 갖추어 대령하도록 하고 있다. 7월에 선조는 이번 武科에 급제한 500명을 동북방으로 들여보내고, 지난 봄에 들여보냈던 精兵과 지난 여름 防戍에 임했던 급제자는 돌려보내라고 명령하고 있다. 또한 무과 별시의 殿試를 8월 하순에 시행하여 급제자 500명을 함경도로 파견하고 있다(민덕기, 앞의 논문, 361·365쪽).

이 이미 10만석이 넘고, 布 5만여 필이 되니 이것으로 1만 명의 몇 년간 양식을 충당할 수 있을 것이라고 적혀있다.[35] 녹둔도 전투에서 賊胡들이 조선인을 살해하고 납치해 가자 조선은, 그 응징으로 1588년 시전부락에 대해 2,500명의 군사를 동원하여 380명의 적호를 참획하고 있다. 왜란이 발발하기 4년 전까지 이처럼 동북방 지역은 준전시 지역으로, 왜란이 발발하지 않았다면 조정의 관심은 온통 동북방에 쏠렸을 터였다. 다수의 精兵과 다량의 군량도 비축되어 있을 터였다.

그런데 왜란이 발발하자 선조는 임해군을 함경도, 순화군을 강원도로 보내 근왕병을 모집하고 백성을 위로하라고 명하고 있다. 4월 27일의 일이다. 당시 동북방엔 일정한 군사력이 있을 법한데 선조는 근왕병을 모집하라고 하고 있다. 게다가 가토 기요마사 등의 일본군이 조선측의 제대로 된 저항도 받지 않은 채 파죽지세로 북상을 계속하였고, 마침내는 회령과 경성의 국경인·국경필의 반란세력으로부터 두 왕자를 건네받고 있다. 7월 23일의 일이다.

이처럼 왜란 초기상황에서 함경도는 니탕개의 난 등을 극복한 지역으로 여길 수 없는 실망스런 전개를 보이고 있다. 도대체 준전시지역처럼 방어체제를 확고히 하였을 이 지역이 시전부락 전투 이후 4년 사이에 어떤 변화가 있었던 것일까? 그리고 왜란 초기 해당 지역은 어떤 상황이었을까? 이에 대해 다음의 실록 기사들을 통하여 살펴보자.

①선조21년(1588) 윤6월 27일(무신)

선조가 함경도의 안정 회복을 묻자 권징이 대답하는 중에, "지금의 형세로는 군량을 축적하고 군사를 양성하는 것이 급선무입니다. 또 전에는 土兵의 元數가 6천이었으나 지금은 다만 4천 명인데다가 무거운 役事를 지탱하기 어려워

---

35) "北道運穀之數, 已過十餘萬石, 布五萬餘匹, 此乃萬人數歲之食."(『西厓先生文集』 14 – 雜著 – 북방 대책).

모두 *流離* 상태에 있으니 모쪼록 *充定*시켜 놓아야만 되겠습니다."

②선조25년(1592) 6월 4일(임진)

함경도로 왕자를 모시고 간 *陪行官* 김귀영·윤탁연이 문서로 아뢰는 가운데, "본도는 근래에 군사를 징발하고 군량을 운송함으로 인하여 사람은 집집마다 전쟁에 나아갔고 마구간에는 말 한 필도 없으니, (후략)"

③선조수정실록25년(1592) 6월 1일(기축)

함경감사 유영립은 *土兵*들이 적병을 인도하여 사로잡히고, *兵使* 이혼은 도망하였다가 *亂民*에게 살해되었다. (중략) 이에 앞서 북도 사람들이 *武吏*들의 침학에 괴로움을 당해 가장 심하게 국가를 원망하였다. 그러다가 *倭國*이 새로운 임금을 세우고 *國政*을 개혁한다는 유언비어를 듣고는 민간에서 떠들썩하게 마음이 기울어 장수와 관리를 다투어 결박해서 적을 맞이하였다. (중략) 당시 사대부로서 재산을 많이 가진 자들은 가족을 모두 북도로 보냈는데, 이들 역시 토병들에게 대부분 약탈당하였다. 그러나 귀양 온 *土族*들에 대해서는 국가를 원망하는 사람들이라고 여겨 용납했기 때문에 온전할 수 있었다.

④선조25년(1592) 9월 15일(임신)

함경도 순찰사 이희득이 복명하여, "*北道*는 *王化*와 멀리 떨어져 있어 완악하고 모질고 무지하여, 원망에 의한 배반이 더욱 심하였습니다. *大駕*가 평양에서 *播越*하였다는 소식을 전해 듣고서는 더욱 흉악한 짓을 저질렀으며, *明川*과 *吉州*의 백성들은 왕자가 향해 가는 곳을 일일이 써붙여 걸어놓기까지 하는가 하면 *土兵*들도 반란을 일으켜 혹 *主將*을 살해하기까지 하는 등 온 도내의 일의 매우 한심스럽습니다. (후략)"

⑤선조27년(1594) 9월 14일(기축)

비변사가 아뢰어, "6진의 *藩胡*가 일시에 모두 배반할 마음을 지닌 것은 비록 국가의 위령이 떨치지 못한 연유에서이기도 하지만, 실은 邊將과 수령들이 마구 탐학하여 오래 전부터 그들의 인심을 잃었기 때문입니다. 만약 제때에 선처하지 않으면 六鎭을 장차 보전하여 지킬 수 없을 것입니다."

⑥선조27년(1594) 9월 16일(신묘)

사헌부가 아뢰는 가운데, "6진의 藩胡들 중 穩城이 가장 잘 귀순하였는데 지금엔 이 번호마저도 반란을 일으키니, 이는 邊將과 수령들이 지나치게 탐포하고 침학하여 점차로 인심을 잃은 소치입니다."

⑦선조27년(1594) 10월 11일(을묘)

함경북도 兵使 정현룡이 馳啓하는 가운데, "니탕개와 栗甫里 등이 前後로 誅死되어서 고립되어 후원하는 자가 없어 우리 변경에 함부로 들어오지 못하였는데, 壬辰의 변란의 틈을 엿보아 해를 끼치려는 계책을 하였습니다. 各鎭의 병력이 그때만 해도 아직은 당당하였기 때문에 감히 침범해 들어오지 못하다가, 지난해 기근과 전염병을 치른 뒤에 叛賊의 잔당이 들어와 난동을 부리자 (중략) 각 지역의 胡酋들이 모두 덩달아 준동하였습니다."

⑧선조28년(1595) 6월 15일(병진)

함경도 관찰사 홍여순이 아뢰어, "6진이 텅 비어있는 형편에 대해서는 대략 압니다. 회령부는 평시에 호각을 불면 경각 사이에 기병 수백 명을 모아 강변에서 병력을 시위하기도 했습니다. 이제는 왜란을 겪었고 또 오랑캐의 침략을 당했으며 기근과 전염병이 겹친데다가 국경인 때문에 연좌되어 죽은 자가 많으므로 수십 명도 제때에 모을 수 없습니다. 회령은 근본의 땅인데도 인물이 잔약하고 피폐함이 한결같이 이 지경에 이르렀는데 하물며 다른 鎭이겠습니까. 근래 해마다 흉년이 들고 좀도둑이 성행하여 백성들이 의지해 살 길이 없으니 매우 우려스런 일입니다. 臣이 임무를 받은 이후로 곰곰이 생각해보니, 폐단이 생긴 이유는 실로 계미년(1583년) 胡變(니탕개의 난) 이후부터 유래됩니다. 국가에서 군대를 증원하고 군량을 운반한 것이 민심을 수습한 것 같으나 실은 폐단을 끼친 것이 많았습니다. 수령과 將士들이 침탈하지 않는다면 이곳의 군병만으로도 적을 방어할 수 있을 것입니다."

1588년의 동북방의 상황을 보면, 니탕개의 난에 이은 동북방의 혼란은 토병들에게 무거운 役事를 지우게 했고, 그 결과 3분의 1일 도망가는 결과가 되었다(①). 해당지역 사람들은 왜란 이전에 이미 武科출신 관리(武吏)들의 침학에 괴로움을 당해 다른 지방 사람보다 더 국가를 원망하고 있었다(③). 藩胡들 또한 변방 장수와 수령들의 끝없는 탐학에 시달려 원망을 품고 있었다(⑤⑥). 그러나 各鎭이 잘 정비되어 변방이 안정되어 있었고 (⑦), 회령은 기병 수백명이 순식간에 진을 펴 번호들에게 위력을 과시할 정도였다(⑧). 그럼에도 국가에서 니탕개의 난 때문에 군대를 증원하고 군량을 운반해 왔으나, 오히려 그로 인해 수령과 將士들의 침탈을 확대시키는 폐단을 가져왔다는 홍여순의 지적이 주목된다(⑧). 왜란 이전에 이미 지배층의 갖은 수탈에 백성들은 허덕이고 있었고, 이는 니탕개의 난에 대한 대책에서 비롯되었다는 지적이다.

왜란이 일어나자 조정에서는 군사나 군량 운송으로 사람과 가축을 징발하여 집들은 텅텅 비고 마구간엔 말 한 필 없는 상태가 되었다(②). 토병들은 이런 터에 권력층 사대부 가족들이 피난하여오자 원망을 표출하여 마구 약탈했다(③). 그러나 유배 온 사대부의 가족들은 국가를 원망하는 같은 처지라고 돌보았다(③). 가뜩이나 국가를 원망하고 배반하던 그들은 임금이 평양에서마저 북쪽으로 피난을 떠났다는 소식을 듣고는 더 흉악해졌다(④) 토병은 반란을 일으켜 상관 장수를 살해하고, 백성은 두 왕자의 도주로를 길가에 써서 걸어놓아 일본군에게 폭로하였다(④) 그리고 침입해 들어온 왜장에게 장수와 관리들을 잡아 넘겼다(③). 이런 와중에 6진 지역의 가장 충순했던 온성이나 회령의 藩胡마저도 변방 장수와 수령들의 착취에 못 견디어 賊胡와 함께 반란을 일으켰는데(⑥⑦⑧), 이에는 왜란에 이은 기근과 전

염병 및 흉년이 원인으로 작용했다(⑦⑧). 일본군에게 붙었던 국경인 세력
도 제거되는 등하여 결국 1595년에 와서는 6진 지역이 텅 비게 되었다(⑧).

김만호는 함경도를 장악한 일본군이 병량미 징수의 목표를 설정함에 있
어, 8도 중에서 경작지가 세 번째로 적은 지역임에도 불구하고 오히려 세
번째로 많은 병량미를 거두려 했고, 結當 목표량도 15.9石으로 8도 중에서
단연 최고였다고 분석하고 있다.[36] 그렇다면 니탕개의 난 이후 동북방으로
수송된 군량 등이 당시 아직 잔존해 있었고, 이를 기요마사 등 일본군측이
파악하고 있었던 결과가 아닐까 여겨진다.

함경도의 병사를 가리키는 北兵은 곧 精兵이란 인식이 조정의 일반적
인식이었다. 예를 들어 선조가 1597년 1월 첨지중추부사 유응수에게, 데리
고 가는 북병은 精兵인가? 출전 경험('經征戰')이 많은 자들인가를 묻고 있
고, 유응수로부터 모두 정벌에 참여했던('經戰伐') 자들이라는 답을 듣고
있다. 선조는 같은 해 3월 지중추부사 이일에게도 북병이 일본군과 전쟁하
는데 보통 군사들과 다른가를 묻고 있고, 오랫동안 軍中에 있었으므로 숙
달되어 있다는 답을 듣고 있다. 그래서인지 선조는 일본군과의 전세가 다
급한 상황이니 북병 중에서 무사를 더 뽑자고 그해 4월 북병을 위한 親試
를 행하고 있다. 해평부원군 윤근수도 북병을 귀환시키지 말고 남방에 두
어야 하는 이유로, 단천·길주에서 북병들이 일본군과 싸워 크게 이겼기 때
문이라고 하고 있다. 그는 일본군을 막는 데는 오직 북병이 기대된다고 주
장하고 있다.[37]

이로 보면 북병이 기요마사 등 함경도를 침략한 일본군과 싸워 이긴 의
병장 정문부 휘하의 군사를 가리키고 있는 듯하여, 니탕개의 난 이후 육성
된 병력으로 보이지 않을 수 있다. 그러나 1593년 3월, 經略 贊畫 薊遼保

---

36) 김만호, 「임진왜란기 일본군의 함경도 점령과 지역민의 동향」『역사학연구』38,
　　2010, 172쪽.
37) 민덕기,「임진왜란기 조선의 북방 여진족에 대한 위기의식과 대응책 - '南倭北虜'
　　란 측면에서 - 」『한일관계사연구』34, 2009, 189~190쪽.

定山東等處 防海禦倭事務에 흠차된 4품관 兵部武庫淸吏司員外郞 劉黃裳과
職方淸吏司主事 袁黃이 선조에게 移咨를 통해 힐문한 내용 중에, "함경도
의 북녘은 靺鞨과 建威의 오랑캐처럼 군세면서도, 왜적이 벌써 高原을 버
리고 갔는데도 어찌하여 1만의 기병을 거두어 평양에 보내어 馬山에서 연
합전을 펴게 하지 않았습니까" 라고 하는 것을 보면 함경도의 북병=精兵이
란 인식이 중국에서조차 왜란 이전부터 있었던 것으로 여겨진다.[38] 다만
그러한 인식이 니탕개의 난에서 비롯된 것인지는 알 수 없다.

6. 맺음말

이상으로 검토한 것을 정리하면 다음과 같다.

왜란 초기 조선이 연전연패한 배경에는 첫째, 니탕개의 난으로 비롯된
동북방 지역의 위기상황이 1588년까지 이어지는 바람에 그만큼 남방의 대
일 방비책에 충실할 수 없었기 때문이었다. 조정은 왜란 직전까지 동북방
에 대폭 군대와 군량을 확충시켜 왔다. 그러나 왜란 초기 이 지역이 효과
적으로 일본군을 방어하기는커녕 두 왕자를 기요마사에게 내어주는 반란
의 지역이 되어버렸다. 동북방에 대한 대대적인 군대와 군량 확충이 현지
수령과 장수의 수탈을 가중시키는 부작용을 일으켰고, 이에 지역민들의 저
항이 폭발했기 때문으로 여겨진다. 그러나 곧 정문부의 의병 활동으로 전
세는 역전되어 간다.

왜란 초기 패전 배경의 둘째는 전략적 착오로 남해안 전체를 가상 戰域
으로 설정하고 대비했기 때문이었다. 특히 전라도 연안에 대한 경비가 강

---

38) "咸鏡之北, 與靺鞨, 建威之胡, 其勁似也, 倭已去高原, 何不撤萬騎至平壤, 而會戰于
馬山." 『선조실록』 26년 3월 20일(을해). 여기서 '建威'란 '建州衛'로 여겨지며,
'高原'은 『선조실록』 26년 2월 10일(을미)조 기사를 참고하건데 함흥 인근의 고
을인 듯하다. '馬山'은 '价川'으로 『선조실록』 26년 1월 29일(갑신)조에서 '영변'
'덕천'과 함께 논의되고 있는 점으로 보아 영변 인근의 고을로 여겨진다.

화되었는데, 이에는 전라도에 출몰한 을묘왜변보다 더 큰 규모로 재현될 것으로 여겨졌기 때문이었다. 제승방략의 전략 견지도 또한 히데요시의 정규군의 침략을 예상하지 않았기 때문이다. 이러한 전라도의 방어태세 강화는 '임진왜란'에서 전라도를 지키는데 일정한 기여를 한 것으로 보인다. 이순신의 수군 활동은 말할 나위도 없을 것이다.

패전 배경의 셋째는, 1591년 이후 琉球 등지로부터의 정보에 의거하여 明朝가 조선을 '通倭'한다고 의심하기에 이르렀고, 조선은 이를 해명하는 것에 올인하였기 때문이다. 이러한 노력은 對日 방비의 소홀로 이어졌지만, 왜란이 터지자 명나라의 군사적 지원을 이끌어 내는데 한몫하게 된다. 연전연패의 넷째 배경엔 일본군의 전투력에 있다. 당시 일본군은 세계 최강의 정예였던 것이다.

그러면 왜 히데요시의 위협에도 불구하고 - 그 위협이 구체화되는 것은 통신사가 귀국한 1591년에 가서의 일이지만 - 일본의 거국적 침략을 想定하지 못했을까? 그것은 당시의 조선 조정이 설정한 매뉴얼에 없었기 때문일 것이다. 적합한 예가 될지 모르지만, 지진에 대한 최선의 防災 매뉴얼을 준비하고 있던 일본이 2011년 3월 동북지방에 엄청난 쓰나미 피해를 입었다. 원자로의 방사능 유출 문제 또한 심각한 상황에까지 치달았다. 그 이유는 關東대지진·고베대지진과 같은 진도 7점대에 대한 매뉴얼을 있었지만 진도 9점대에 대한 매뉴얼은 없었기 때문이란다. 아울러 그러한 지진의 쓰나미가 원자로에 충격을 줄 것에 대한 매뉴얼이 없었기 때문이라고 한다.[39] 그것처럼 당시 조선이 대비한 매뉴얼엔 진도 7점대 같은 '왜구' '倭賊'의 노략질은 예상했지만 진도 9점대 같은 일본의 거국적인 침략은 상상하지 못했던 것이 이닐끼? 668년의 백촌강의 진투가 거국직이라지만 조선시대 사람들이 생각할 선험적 역사적 사실은 아니었을 것이다.

한편 왜란 초기 경상도 지역에서 있었던 여러 동향을 實錄 이외의 다른

---

39) 서의동, 「관료주의·메뉴얼 집착이 신속대응 막아」『경향신문』 2011.3.23.

자료들을 통해 검토해보면 새로운 긍정적인 사실들을 확인할 수 있다. 일본군의 침입 정보가 신속하게 중앙이나 인접 지역으로 전달되었다거나, 경상좌병영 소속의 13縣 군사가 재빠르게 대거 동원되고 있었다는 사실 등이다. 그럼에도 모집된 군사들이 흩어지는 것은 그들 자신에 의해서가 아니라 경상좌병사 이각이 도망치는 것에 의한 것처럼 다른 작용에 의한 것이었다.

　이렇게 장수나 수령이 도망치면 관군 지휘부는 와해되지만 대부분의 관군들은 흩어진 상태에 있게 된다. 그런 상황에서 지방 유력 사족이 의병 봉기를 하기에 이르자 관군들이 그 휘하에 규합된다. 그러므로 의병이 準관군적인 성격을 가지기 십상이다.[40] 고경명의 의병에도 다수의 관군들이 흡수되어 있었다. 호남 근왕병이 북상하다가 와해되자 그 관군들이 갓 결성된 고경명 의병집단으로 대거 가담했을 것이기 때문이다.[41] 그렇다면 의병과 관군의 관계는 부풀려져 있는 풍선과 같다고 할 수 있다. 풍선의 한쪽 끝을 죄면 그 곳의 공기가 다른 한쪽으로 옮겨가 그쪽이 부풀려진다. 이와 같이 관군쪽이 적어지면 의병쪽이 부풀어지는 것이다. 그렇기에 兩者를 적대적인 관계로 보아선 안 될 것이다.

　논문을 끝내면서 임진왜란기 조선의 대응에 대한 서양인의 시각을 소개하여 보자. 당시 일본에 거주했던 포르투갈의 예수회 선교사 루이스 프로이스의 조선관은 시종 긍정적이다. 그는 조선인들이 피부색도 하얗고 건강

---

40) 노영구, 앞의 논문, 181~182쪽. 『선조실록』 25년 6월 7일(을미)조에서 순변사 이일이 "도중에서 혹 흩어진 병졸들을 만나면 모두 '號令을 몰랐기 때문에 이처럼 도망한 것이다. 만약 호령이 있었다면 어찌 감히 도망할 수 있었겠는가.' 하여, 상의하지 않았는데도 말이 서로 같았습니다. 마땅히 標信을 강원·황해·함경·경기에 내려 보내어, 흩어진 병사들을 급히 취합하여 그 수령으로 하여금 그들을 거느리고서 곳곳에 병사를 주둔시키도록 하면, 반드시 적병이 바로 전진해 올 리가 없을 것입니다." 라고 말하고 있다. 여기서도 흩어진 관군이 재차 관군으로 편성되는 과정을 알 수 있다.

41) 하태규, 「임진왜란 초기 호남군병의 난과 운암전투의 실상」 『역사와 담론』 56, 2010, 415쪽.

하고 대식가들이며 힘이 세며, 작은 활을 매우 잘 다루고 그들이 타는 배도 견고하다고 평가한다. 왜란 직전 조선은 내륙 쪽에 있는 몇몇 성채는 방비가 충분치 않았으나 일본과의 경계에 해당하는 해변 일대의 성채만은 방비가 견고하며, 그곳에는 보유 가능한 많은 양의 탄약을 쌓아 놓았다고 설명하고 있다. 또한 그는 조선이 남해안의 국경 지역에 가능한 한 모든 재력을 투입하여 방비를 단단히 하고 있었던 것은 일본인을 두려워하였기 때문이라고 진단하고 있다.[42]

부산진 전투에서의 조선인에 대해서도, 그들은 용감한 전사이며 그들의 국왕에 대한 충성심이 대단하였으므로 거의 전원이 전사할 때까지 싸웠고 그들 중 포로가 된 사람은 소수였다고 적고 있다.[43]

> (부산진 전투에서 패배하자) 고귀하고 명예를 중시하는 여인들은 자신의 예쁜 용모를 감추려고 어떤 여인은 솥과 냄비의 검댕을 얼굴에 칠하였는데 그렇게 하면 일본 병사의 손아귀에서 도망칠 수 있을 것으로 생각했던 것이다. 또 다른 여인들은 초라하고 남루한 의복을 걸치고서 적을 속이려고 하였다. 조선의 여인들은 매우 정숙하고 품행이 방정하며 조심성이 많다는 정평이 있으나, 그들 가운데에는 이 예기치 못한 엄청난 재난에 직면하여 눈물로 범벅이 되어 하늘을 향해 소리를 지르고 울부짖으며 투항하는 여인도 있었다.[44]

이것은 부산진 전투의 패배로 생사의 기로에 선 여인들의 대응을 묘사한 것이다. 이른바 명예를 중시하는 사대부 집안의 아리따운 용모의 여인들은 숯 검댕이 따위로 얼굴을 검게 칠하거나 초라하고 남루한 옷을 걸쳐 일본군으로부터 도망칠 수 있는 기회를 찾으려 했고, 전쟁이란 극한상황에

---

42) 오만·장원철 옮김, 『프로이스의 『일본사』를 통해 다시 보는 임진왜란과 도요토미 히데요시』, 국립진주박물관, 2003, 185~186, 193쪽.
43) 오만·장원철 옮김, 위의 책, 196쪽.
44) 오만·장원철 옮김, 위의 책, 196쪽.

결국 견디지 못하고 투항하는 여인도 있었다고 지적하고 있다. 그러나 조선의 여인들이 매우 정숙하고 품행이 방정하며 조심성이 많다는 정평이 나 있다고 긍정 평가하고 있다.

이처럼 프로이스가 본 당시 조선은 결코 末期的 상황이 아니었다. 그럼에도 왜 왜란 초기 연전연패했을까? 장개석은 중국을 1949년 공산당에게 빼앗기고는 "우리가 진 것은 공산당 군대가 강해서가 아니었다, 우리 국민당이 약했기 때문이었다."고 한탄했다고 한다. 그렇다면 임진왜란 초전에서 그렇게 연패한 것은 조선이 약해서가 아니라 일본이 너무 강해서였다, 고 말할 수 있겠다. 주목받아 마땅한 것은 그런 너무나 강한 일본군을 왜란 3개월 이후부터는 궁지에 몰아넣기 시작했다는 사실일 것이다.

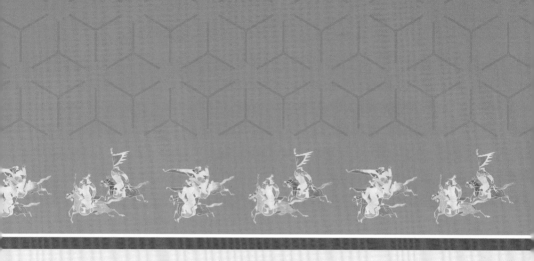

제6장
임진왜란기 조선의 북방 여진족에 대한
위기의식과 대응책
-'南倭北虜'란 측면에서-

1. 머리말

임진왜란이 전근대 한국사상 제일 큰 전쟁이었다는 평가를 부정할 수 없을 것이다. 명나라가 참전한 국제전이며 7년이란 장기간에 걸쳐 전개되었기 때문에 식량전쟁이 되었다고도 일컬어진다.

그런데 임진왜란사 연구에서 여진족에 대한 접근은 극히 미미하다. 기껏해야 누르하치 세력이 점차 위협적인 존재로 성장하고, 전란 이후 후금을 건국하기에 이르렀다는 언급 정도일 것이다. 반대로 조선중기 女眞史를 연구하는 학자들의 경우에도 임진왜란에 대한 접근은 시도하지 않고 있다.[1]

그러면 과연 임진왜란에서 누루하치의 건주여진에 인접한 서북방과 6진지역을 포함한 동북방을 완전 제외시킬 수 있을까? 이미 1589년 조선은, 누르하치가 王을 칭하고 중국을 상대로 보복할 계획을 세우고 있다며 서북방의 긴요한 방어 대책을 언급하고 있었다.[2] 동북방은 또한 어떠했나? 1583년 尼湯介의 난, 1587년 鹿屯島 전투, 1588년 時錢부락 전투가 있었다.[3] 藩胡 출신이었던 니탕개의 난 때 침략해 온 여진 기병은 2만여 명이었고, 녹둔도 전투에서 賊胡들은 조선인 10명을 살해하고 160명을 잡아갔었다. 이에 대한 응징으로 시전부락에 대한 조선측의 토벌엔 2,500명의 군사가 동원되어 380명의 적호들을 참획하고 있었다.[4] 만약 임진왜란이 일

---

1) 대표적인 조선중기 여진사 연구로는 서병국, 『宣祖時代 女眞交涉史硏究』(교문사, 1970)와 최호균, 『조선중기 對女眞관계의 연구』(성균관대학 박사학위논문, 1995)가 있다. 임진왜란기 明과의 관계는 한명기의 『임진왜란과 한중관계』(역사비평사, 1999)가 주목되나, 조선·여진관계는 광해군 이후를 주로 다루고 있다. 그런데 최근 계승범의 「임진왜란과 누르하치」(서강대학교 국제한국학센터 기획, 정두희·이경순 엮음, 『임진왜란 동아시아 삼국전쟁』, 휴머니스트, 2007)는 임진왜란을 배경으로 한 검토로서 흥미로운 내용을 담고 있다. 다만 누르하치를 주체로 하고 있다는 점에서 본 논문과는 성격을 달리하고 있다.
2) 『선조실록』 22년 7월 12일(정사).
3) 송우혜, 「조선 선조조의 니탕개란 연구」 『역사비평』 72, 2005, 299쪽.

어나지 않았더라면 당시 조선의 촉각은 온통 북방에 쏠렸을 것이다. 이율
곡의 '십만양병설'이 사실이라면 10만 군대는 일본이 아닌 여진을 위한 방
어용이었음에 틀림없다. 니탕개의 난을 진압한 것이 당시 병조판서였던 이
율곡이었고 그의 사망은 1584년이었기 때문이다. 일본의 소란은 1555년
을묘왜변 이후 소강상태에 놓여있었기 때문이다.

그러면 임진왜란기 남방만이 아니라 북방까지 싸잡아 위기로 설정하고
있는 실록 기사 일부를 살펴보자. 우선 동북방면이다. 1592년 10월, 일본
군과 대치하고 있는데 結氷期가 되었으니 동북방도 되돌아봐야 하는 걱정
이 생겼다며 이를 비변사가 앞뒤의 환난('腹背之患')이라 하고 있다. 다음
해 5월 사헌부가 "지금 왜적('南寇')이 잠시 후퇴하자 북쪽 오랑캐가 국경
을 침범할 것이다"("方今南寇纔退, 北虜侵境")라고 우려하고 있다. 1594년
9월엔 선조가, '北胡'에 의해 6진을 상실하게 될 것을 우려하고 그리되면
앞뒤로 적을 만나게 된다('腹背受敵')고 걱정하고 있다.[5]

서북방면은 어떠한가? 1595년 8월, 선조는 강에 얼음이 얼면 오랑캐 騎
兵이 도강할 수 있을 것이며, 그리되면 앞뒤로 적을 맞아('腹背受敵') 멸망
할 것이라 탄식하고 있다. 두 달 후인 10월엔 승정원이, 南賊이 물러가지

---

4) 『선조실록』 16년 5월 13일(갑오), 『선조수정실록』 20년 9월 1일, 『선조실록』 21
년 1월 27일(신해). 여기서 '藩胡'에 대해 알아보자. 『선조수정실록』 16년 2월 1
일(갑신)조엔, "北道의 胡人으로서 강 건너 邊堡 가까이 살며 무역을 하고 공물을
바치는 자들을 藩胡라고 하고, 백두산 북쪽에 사는 여러 오랑캐로서 아직 親附하
지 않은 자들을 深處胡라고 하는데, 그들 또한 때때로 변방에 찾아와 정성을 바
치기도 하였다. 그러나 심처호가 변방에 들어오려고 할 때면 번호가 즉시 보고하
고 이들을 막거나 구원을 하는 역할을 하였다. 따라서 조종조 때부터 번호를 후
하게 대해준 것은 이 때문이었다." 라고 하고 있다. 즉 번호란 조선의 대마도와
같은 존재로 조선을 정치적으로 '國家'로 떠받드는 대신 경제적인 혜택을 받는 6
진 지역이나 그 북방 국경지역의 여진족을 가리킨다. 심처호란 국경 바깥의 여진
족으로 조선과 항상적인 관계를 갖고 있지는 않다. 그런데 조선을 노략질하는 여
진족을 賊胡라 하는데, 이들 중에는 叛胡처럼 번호에서 배반하는 경우도 많았다.
5) 『선조실록』 25년 10월 26일(임자), 26년 5월 19일(임신), 27년 9월 13일(무자).

않고 있는데 서북방에도 전란이 벌어질 것 같아 서울 사람들이 두렵고 놀라 더러는 피난 보따릴 싸놓고 있는 자도 있다고 전하고 있다.[6] 1596년 1월, 건주여진을 정탐하고 돌아온 신충일의 보고를 받은 선조는 남북으로 '大賊'이 있어 앞뒤로 적대해야 하는 상황('腹背受敵')을 우려하고 있다. 2월에도 북방과 관련하여 비변사가, "남북에서 싸움의 사단이 번갈아 일어나고 있다"('南北釁端交作') 고 경고하고 있다.[7]

이처럼 임진왜란기 조선은 對日전쟁을 수행하면서 동시에 북방에 대해서도 끊임없는 위기의식과 그 대응에 분망하지 않았는가 여겨진다. 그렇다면 왜 기존연구에서는 그런 측면을 간과하고 있었을까? 우선 일본측 연구의 영향이 아닐까 여겨진다. 일본측의 임진왜란 연구는 누르하치와 동북여진에 대한 시야까지 갖고 있지는 않는 듯하다. 가토 기요마사(加藤清正)의 함경도 경략과 정문부의 의병활동이 언급될 정도이다.[8] 둘째는 임진왜란 연구가 이제 다양화되어가는 과정이기 때문으로 보인다.[9]

본 논문은 임진왜란기 조선이 서북방과 동북방에서 어떤 위기를 감지하고 어떤 대책을 강구하고 있었는가를 실록 기사를 중심으로 검토하고자 한다. 그리하여 임진왜란기 조선은 對日총력전을 전개할 수 없었다는 점을 우선 명확히 하고자한다. 그리고 그것이 갖는 의미에 대해서도 논해보기로 한다.

---

6) 『선조실록』 28년 8월 5일(을사), 28년 10월 20일(기미).

7) 『선조실록』 29년 1월 30일(정유), 29년 2월 27일(갑자).

8) 예를 들어 임진왜란 연구의 일본측 대표적 학자인 北島万次는 『豊臣秀吉の対外認識と朝鮮侵略』(校倉書房, 1990) 제5장에서, 가토 기요마사의 함경도 지배의 실패와 정문부 등의 의병 봉기와 활약을 논하는 가운데, 여진과 잡거하는 6진 지역의 反조선적 분위기와 근왕병을 모집하러 간 두 왕자를 기요마사에게 넘겨주는 배경 등을 검토하고 있는 정도이다. 中里紀元도 『秀吉の朝鮮侵略と民衆, 文禄の役(壬辰倭亂)』(文獻出版, 1994) 제10장에서 유사한 내용을 다루고 있다.

9) 기존연구가 이순신 중심의 水軍과 의병의 활약에 치중했었다면 최근의 연구는 아주 다양하고 심층 있게 전개되고 있다고 할 수 있다. 이와 관련해서는 조원래, 「임진왜란사 연구의 현황과 과제」(『새로운 관점의 임진왜란사 연구』, 아세아문화사, 2005) ; 박재광, 「임진왜란 연구의 현황과 과제」(한일관계사연구논집편찬위원회편, 『임진왜란과 한일관계』, 경인문화사, 2005)를 참고.

2. '南倭北虜'的 위기 인식

조선 중기의 대외적 상황을 '南倭北虜'(또는 '북로남왜')라고 일반적으로 불러지고 있다. 왜적(일본)과 야인(여진)을 총체적으로 일컫는 말이다. 본 논문에서의 '남왜북로' 또한 그러한 의미이다. 그러나 실록에서는 '南倭北胡'(또는 '북호남왜')도 같은 의미로 사용되고 있다. 구체적으로는 건주위 여진='北虜', 동북방 여진='北胡'로 불리는 경향도 있다. 前者는 후술하는 기사 (b)와 (f - ②)에서 비변사가, (m)에서 유성룡이 그렇게 표현하고 있다. 후자로는 (n)이 이에 해당하고, '북호'를 6진과 연관시켜 설명하고 있는『선조실록』27년(1594) 9월 13일(무자)의 유성룡이나『선조실록』30(1597)년 4월 26일(병술)의 윤근수 표현이 그렇다. 그러나 이것은 어디까지나 경향으로 예외의 경우도 많다(후술).

'남왜북로'란 측면에서, 즉 왜군과 대적하면서 동시에 '북로'에 대한 위협을 왜란기 최초로 거론한 것을 실록에서 찾아보면 1592년 10월 말의 일이다. 이 시기는 명의 대군이 아직 파병되지 않은 상태로, 조선이 自力으로 연전연패의 상황을 극복하여 가고 있던 시기이다. 전국적인 의병의 활약에 이어 제1차 진주성 전투가 10월 중순 조선의 승리로 끝난 시점이며, 함경도에선 이미 정문부가 맹활약을 떨쳐 9월엔 경성을 탈환하고 있었다.[10]

이러한 시기에 유성룡이 장계를 올려 北虜는 물질로 달래야 한다며 賞을 내려 무휼하자고 제안했고, 비변사도 앞엔 일본군과 대치하고 있는데 결빙기가 되었으니 후방인 북방도 되돌아봐야 하는 걱정이 생겼다며, 완급의 차는 있으나 '腹背之患'을 이루고 있어 둘 다 같이 긴급한 형세이므로 물품을 내리자고 찬성하고 있다.[11] 흥미로운 것은 같은 날, 참전할 明軍에

---

10) 정문부 등의 함경도 의병활동이 본격화하는 것이 9월 16일부터라고 한다(류주희, 「임진왜란을 전후한 尹卓然의 활동」『한국사상과 문화』28, 2005, 148쪽).

11) "方今前對賊壘, 節迫合氷, 又有顧後之慮. 腹背之患, 雖有緩急均之形勢, 俱係緊急, 故乃爲此不得已之計, 量宜給物無妨."(『선조실록』25년 10월 26일[임자]). 유성룡

대한 군량 공급을 체크하면서 그 양의 부족을 비변사가 우려하고 있다는 사실이다. 이는 여진족에 대한 물질적 무휼도 明軍 군량 공급 못지않게 중요함을 시사하고 있는 것은 아닐까?

1593년 5월 사헌부가 嚴刑주의로 일관해 백성들을 실망시키고 있는 북병사 성윤문의 교체를 제안하면서 그 이유로 "지금 '南寇'(왜적)가 잠시 후퇴하자 북로가 국경을 침범하는 시기"이기 때문임을 특히 강조하고 있다.[12] 이 시기는 일본군이 경상도로 퇴각한 4월의 다음 달이 되며, 제2차 진주성 전투가 벌어져 일본군에게 진주성이 함락되는 6월의 한 달 전에 해당한다. 1594년 9월엔 선조가, '北胡'에 의해 6진을 상실하게 되면 앞뒤로 적을 만나게 된다('腹背受敵)고 걱정하고 있다.[13]

그후 일본군이 38,000명 남방에 잔류하고 있었고 명의 주력군이 철수해 있던 시기인 1595년 1월, 북병사 정현룡이 조선에 적대적 자세를 보인 藩胡를 정토하겠다는 것에 대해 비변사가 염려하여 "지금 남쪽 지방에 소란이 극심한데 또 북쪽의 흔단을 열어서야 되겠느냐" 고 우려하고 있다.[14]

1595년 후반기는 특히 누르하치의 건주여진에 대해 조선이 심각하게 위협을 의식하고 있었던 시기이다. 그해 여름 조선 영내에 잠입해 인삼을 채취하던 여진족 27명을 조선측이 살해한 이른바 渭原 探蔘사건에 누르하치가 보복을 거론한 것이 원인이었다(후술).

이 해 8월, 선조는 강에 얼음이 얼면 오랑캐의 騎兵이 서북방면에서 도강할 수 있을 것이며, 그리되면 앞뒤로 적을 맞아('腹背受敵) 급기야는 나라가 지탱해내지 못하고 망하고 말 것이라고 걱정하고 있다.[15] 두 달 후인

이 표현한 '北虜'는 동북면 여진을 가리킨다고 봐야겠다. 건주여진을 가리킬 수 없는 이유는 조선의 건주여진에 대한 通交나 무휼행위가 明의 간섭으로 세조대 이미 외형상으로는 종식되었기 때문이다.

12) "方今南寇繼退, 北虜侵境"(『선조실록』 26년 5월 19일[임신]).
13) 『선조실록』 27년 9월 13일(무자).
14) "況南邊孔棘, 其可又開北釁乎"(『선조실록』 28년 1월 15일[무재]).
15) "虜騎充斥, 是我腹背受敵, 天亡之秋, 不能支吾矣."(『선조실록』 28년 8월 5일[을

10월에도 선조는 비변사 堂上들에게 남방이 아직 전쟁 상황인데 서북쪽에 다시 변고가 생기겠다며 이와 관련하여 의견을 묻고 있다.[16] 이때 영의정 유성룡은 "변방이 이처럼 되자 인심이 흉흉해져 서울 백성들도 당장 오늘 저녁 일도 장담할 수 없다며 떠나려는 자가 있다." 고 분위기를 전하고 있다.[17] 이러한 서울의 불안상황은 10월 한 달 내내 이어지는 듯하다. 승정 원이 선조에게, '南賊'이 물러가지 않고 있는데 '西方'에도 전란이 벌어질 것 같아 서울 사람들이 두렵고 놀라 더러는 피난 보따릴 싸놓고 있는 자도 있다고 전하고 있다.[18]

다음 해인 1596년 1월, 건주여진을 정탐하고 돌아온 신충일의 보고를 받은 선조는 남북으로 '大賊'이 있어 앞뒤로 적대해야 하는 상황('腹背受 敵')을 우려하고 있다.[19] 그 다음달 2월엔 북병사 이일의 함경도 혜산에서 의 胡人 정탐활동에 관한 장계를 접한 비변사가 우려하여, 北虜가 또 動兵 할 조짐이 있다고 한다. 이처럼 걱정스러운 때를 당하여 남북에서 싸움의 사단이 번갈아 일어나고 있으니('南北釁端交作') 이에 대처할 일이 실로 염 려된다고 하고 있다.[20]

1597년 1월엔 이미 정유재란이 발발하고 있었다. 그런데 이즈음 함경도 방면에선 어떤 변화가 일어나고 있는가를 실록의 기사를 통해 살펴보자.

이 해 1월 하순 선조는 첨지중추부사 유응수를 인견하고 함경도의 병 사, 즉 北兵이 지참한 軍裝과 軍馬에 대해 묻고 있다.[21] 당시 유응수는 北

새).

16) "南事, 尙未定, 西北, 亦有變."(『선조실록』 28년 10월 17일[병진]).

17) "大槪邊防如此, 故人心洶懼, 京城小民, 朝不謀夕, 或有散去者."(『선조실록』 28년 10월 17일[병진]).

18) "南賊未退, 西方亦不無啓釁之事. 以此京城之人, 自相洶駭, 或有荷擔而立者."(『선 조실록』 28년 10월 20일[기미]).

19) "今天下南北, 有此大賊, … 腹背受敵."(『선조실록』 29년 1월 30일[정유]).

20) "則北虜又有動兵之狀. 當此艱虞之時, 南北釁端交作, 策應之事, 誠爲可慮."(『선조 실록』 29년 2월 27일[갑자]).

21) 『선조실록』 30년 1월 24일(을묘).

兵을 인솔하고 일본군이 있는 남방으로 가기 위해 서울에 들른 길이었다.

그런데 이 북병은 남방으로 갔다가 곧 북방으로 귀환하는 듯하다. 이와 관련된 실록 기사를 보자. 2월 하순 북병사 오응태는, 함경도내 군사 400 명 중 일부를 일본군과 상대하기 위해 남쪽으로 보내는 바람에 6진이 텅 비었고, 이로 인해 오랑캐들의 동태가 심상치 않다고 치계하고 있다.[22] 4 월 중순 지평 오백령은, 왜란 이후 土兵이 거의 사망한데다가 조정에서 精 兵까지 차출해 가서 여러 鎭들이 무인지경이 되었고 이에 深處胡들이 그 틈을 엿보고 있다고 우려하고, 다행히 북병의 귀환을 명했다하지만 그것으 론 부족하다고 지적하고 있다.[23] 이와 관련하여 4월 18일의 비변사의 보고 를 보면, 함경도 賊胡들의 동태가 심상치 않다며 길주 이북 출신의 정병 259명은 함경도 본도로 귀환시키되, 단천 이남의 정병 103명은 일본군이 있는 남방으로 내려 보낸다면 6진지역도 허술해지지는 않을 것이라 하고 있다.[24] 이로 보아 4월 초순엔 북병의 함경도 귀환이 허락된 듯하다. 그리 고 그 이유는 6진 지역 방어가 긴요해졌기 때문인 듯하다.

그러나 이들의 귀환이 다시 조정에서 문제시된다. 즉 4월 24일 비변사 는, 북병이 모두 서울을 떠나 함경도로 향한지 하루 만에 다시 불러들이는 것에 대해 그 폐단을 논하고 있고, 26일에도 비변사가 북병 재소집의 부당 성을 주장하고 있다.[25] 이로보아 선조가 이들 북병을 남방의 일본군 전투 에 재투입하려 명령을 번복한 듯하다.

5월 하순 북병은 다시 일본군과 싸우러 함경도를 떠나 남하하는 길에 서울에 머물게 된다. 5월 27일의 실록 기사를 통해 북병의 재투입과 관련 한 조정의 논란에 대해 살펴보자.[26]

---

22) 『선조실록』 30년 2월 21일(임오), 2월 28일(기축).
23) 『선조실록』 30년 4월 17일(정축).
24) 『선조실록』 30년 4월 18일(무인). 그러나 서울 지역으로 내려온 북병 3,000명을 邊報가 있어 북도로 되돌려 보냈다는 기사(『선조실록』 29년 12월 25일[정해])에 의거한다면 그 인원은 더 많았던 듯하다.
25) 『선조실록』 30년 4월 24일(갑신), 4월 26일(병술).

대사헌 오억령은, 지난번 북병을 귀환시켰다가 다시 남방 일본군을 상대하라고 내려오게 했으나, 지금 일본군의 움직임이 별로 없으니 이들로 재배치하는 것은 온당치 않다. 그들이 고향을 떠나와 굶주리고 고달파하고 있다. 더구나 귀환시켰다가 다시 재소환하는 바람에 오가는 길에 行裝도 팔아버렸다며 재소환에 부정적인 주장을 펴고 있다. 領事 유성룡도 북병이 남북을 오가면서 장비를 팔아버리고 의복도 낡았다고 오억령의 주장에 찬성하고 있다. 특진관 이헌국은 북병들이 軍馬도 의복도 없앴다고는하나 용맹하고 군센 자들인 만큼 장비를 챙길 말미를 주었다가 그 후에 재투입을 명하는 것이 좋겠다는 의견을 피력하고 있다. 그러나 선조는, 남쪽의 '賊變'이 언제 변화할지 모르니 북병을 돌려보낼 수 없으며 그들의 장비문제는 함경도에 공문을 띄워 의복과 마필을 보내도록 하여 해결하자고 제안하고 있다. 또한 선조는 남쪽 국경이 지금 몹시 위태로운데 건장한 군사 200을 어찌 되돌릴 것인가, 라고 반문하고 있다. 이로 보아 재투입에 동원된 북병은 200명이었던 듯하다.

이에 대해 유성룡은, 남쪽의 위급함과는 차이가 있겠지만 북쪽에서 사변이 발생한다면 저들이 고향으로 가려는 마음이 생겨 남방에서 열심히 싸우겠느냐고 선조의 뜻에 반대하고 있다. 이항복도 북병이 남북을 오르내리면서 행장들을 팔아치웠고, 말들 또한 더위와 병에 걸려 교체하는 둥하여 남아있는 戰馬가 겨우 70필뿐이며, 북쪽의 警報 또한 있다하니 만약 위급한 상황을 벌어진다면 이들이 필요할 것이다. 6진의 '胡人'들은 누가 장사이고 누가 활을 잘 쏜다는 것까지 잘 알고 있기 때문에 이들이 방어해야 할 곳은 6진이라고 주장하고 있다. 이헌국 또한 다음처럼 북병의 귀환을 역설하고 있다.

"남쪽도 위급하지만 북쪽에서 변란이 다시 발생한다면 어찌하겠습니까. 전

---

26)『선조실록』30년 5월 27일(정사).

날 비변사의 당상관 한 사람이 말하기를 '북쪽 지방은 비록 잃는다 해도 괜찮다.'라고 했는데, 북쪽 지방은 先王이 基業을 처음 일으킨 지역입니다. 어찌 버릴 수 있겠습니까. 이는 매우 잘못된 말입니다. 만일 북쪽 지방에 위급한 일이 발생한다면 상대는 無人之境을 밟듯이 내려와 철령을 곧바로 공격하는 것이 어렵지 않을 것입니다. 그러므로 선왕조에서는 禁制를 엄히 세워 북도의 사람들에게는 남쪽으로 나오는 것을 허락하지 않고 남쪽에서 죄를 지은 사람들을 들여보내 살게 했으니, 그 뜻이 어찌 범연한 것이었겠습니까. 지금 남쪽 지방이 위급하므로 북쪽 지방을 돌아볼 겨를이 없다고 하나 북쪽 지방에 만일 변란이 발생한다면 그 화는 말로 다할 수 없을 것입니다.[27]

남방 일본군을 막는 것도 중요하지만 북방 영역을 보존하는 것도 그에 못지않게 소중한 것임을 역설하는 가운데, 태조 이성계가 왕조의 基業을 일으킨 곳이므로 지켜야 하며, 6진을 잃으면 철령까지 순식간에 무너진다고 강조하고 있다.

그러면 왜 북병이 이처럼 1월에는 남방으로 투입되었다가 4월 중순엔 함경도로 귀환하고, 다시 5월 하순엔 남방으로 재투입하게 되는가? 그것은 당시 조선 조정의 北兵=精兵이란 인식에 기인한다. 예를 들어 선조가 유응수에게, 데리고 가는 북병은 精兵인가? 출전 경험이 많은 자들인가를 묻고 있고, 유응수로부터 모두 정벌에 참여했던 자들이라는 답을 듣고 있다.[28] 선조는 또 지중추부사 이일에게 북병이 일본군과 전쟁하는데 보통 군사들과 다른가를 묻고 있고, 오랫동안 軍中에 있었으므로 숙달되어 있다는 답을 듣고 있다.[29] 그래서인지 선조는 일본군의 정세가 다급한 상황에서 북병 중에서 무사를 더 뽑자고 이해 4월 초순에 알성시의 날짜보다 앞당겨 북병을 위한 親試를 행하고 있다.[30] 윤근수도 북병을 귀환시키지 말고 남

---

27) 『선조실록』 30년 5월 27일(정사).
28) 『선조실록』 30년 1월 24일(을묘).
29) 『선조실록』 30년 3월 9일(기해).

방에 두어야 하는 이유로, 단천·길주에서 북병들이 일본군과 싸워 크게 이겼기 때문이라고 하고 있다. 그는 일본군을 막는 데는 오직 북병이 기대된다고 주장하고 있다.[31]

3. 누르하치에 대한 위기의식과 대응책

누르하치에 대한 위기의식은 왜란이란 전쟁상황에서 더욱 증폭되었을 것이다. 여기서는 임진왜란기 누르하치에 대해 조선이 어떤 위기의식을 가졌고 어떤 대응을 하고 있었는가 검토하여 보자.

明 兵部가 遼東都司를 시켜 조선에 전달한 咨文에서, 누르하치가 조선에 원병을 파병하겠다는 의향을 명측에 전달하였다고 하자 조선의 반응은 고려의 여지가 없는 거부였다. 윤두수는 누르하치의 군대가 오면 조선은 멸망할 것이라 하고, 호조판서 이성중은 重臣을 파견하여 원병건을 중지시켜야 한다고 하고, 선조 또한 이에 동의하고 있다. 조선은 回咨를 통해 원병을 거부하게 된다.[32]

1593년 6월, 평안도 兵使 신잡은, 평안도 강변을 방어하는 군사는 前後로 登科한 자가 2,400여 명인데 지금 모두 남쪽의 전쟁터에 가 있기 때문에 본도의 방어가 매우 허술하며, 무기 또한 거의 없다고 보고하고 있다. 이에 선조는 평양을 중심 거점으로 하고, 안주와 영변을 호각지세로 民力을 기르고 방비태세를 갖추면 북방의 위협에 대응할 수 있을 것이라고 제시하고 있다.[33]

1593년 10월 사헌부가, 일본군으로부터 오직 보존한 곳은 서북지방인데 결빙기가 닥쳤으니 방비를 엄히 해야 할 때인만큼 만포첨사 변웅규를

30) 『선조실록』 30년 1월 26일(정사), 4월 2일(임술), 4월 4일(갑자).
31) 『선조실록』 30년 4월 26일(병술).
32) 『선조실록』 25년 9월 14일(신미), 9월 17일(갑술).
33) 『선조실록』 26년 6월 21일(갑진).

교체하여서는 안 될 것이라고 제안하고 있다.[34]

이처럼 가상 적대세력인 누르하치와의 관계가 구체적으로 악화되는 것은 1595(선조28)년 여름에 일어난 이른바 渭原의 採蔘사건이다. 이 사건은 산삼을 캐러 조선에 잠입한 여진인 27명이 조선의 국경수비대에 의해 피살된 것을 가리킨다. 평소에도 월경한 여진인은 조선측에 의해 사살되었으나 문제시된 적은 없었다. 그러나 마침 그해 봄, 만주의 流亡 조선인 14명을 누르하치가 조선으로 송환해 주며 평화적 통교를 요청한 일도 있었기 때문에 27명이나 되는 많은 여진인을 살해한 것이 외교문제로 비화되었다. 누르하치는 만포에 사람을 보내 항의하였는데, 그가 보복하기 위해 조선을 침범한다는 소문도 퍼지게 되었다.

이에 조선은 遼東都司에게 누르하치의 군사행동을 宣諭를 통한 방법으로 억제해 달라고 요청했지만, 돌아온 회답은 조선의 변방 방비를 강화하라는 것뿐이었다. 결국 병조판서 이덕형은 평양에 주둔하며 조선군의 훈련을 담당하던 명 장수 胡大受에게 누르하치에의 선유를 부탁하였고, 호대수는 副官 余希元에게 이를 위임하였다. 이에 여희원은 선유문을 가지고 만포에 도착했지만 정작 본인은 만포에 머물면서, 자신의 家丁 楊大朝로 하여금 선유문을 전달케 했다. 이때 조선은 역관 하세국과 건주여진 정탐을 목적으로 특별히 신충일을 파견하고 있다. 누르하치 진영에서 선유가 이뤄지는 것은 그해 12월이다. 여희원의 제2차 선유는 다음 해 2월 이뤄진다.[35]

임진왜란기 누르하치의 침입에 대한 우려가 최고조에 달했던 시기는 渭原 採蔘사건 직후인 1594년 후반기였다. 당시 서북지방의 군사는 왜란 초기상황에서 이미 다수 사망했거나 남아있던 군사들도 전술한 바처럼 영남지역의 일본군 방어에 동원되어 있었다. 그러므로 군사도 적고 방비책도 허술했던 것으로 체크되어 있었다.[36] 그러한 상황에서 조선은 누르하치의

---

34) 『선조실록』 26년 10월 2일(임오). 그후 변응규는 助防將을 거쳐 평안도 兵使로 승진하고 있다(『선조실록』 28년 7월 25일[병신], 11월 7일[을해]).
35) 계승범, 앞의 논문, 367~371쪽.

위협에 어떠한 대응책을 강구하고 있었을까? 다음은 관련된 실록 기사를 정리한 것이다.

   a) 선조28년 8월 5일(을사)
   ① 선조, 항왜를 사오십명 강계 등지로 파견하여 장수 휘하에 예속시키고, 결혼도 시켜주고 입고 먹을 것도 후대하여 사기를 진작시키자.
   ② 비변사, 경상도에 있는 항왜 20여명을 평안도로 차송하면 되겠다.

   b) 선조28년 8월 25일(을축)
   비변사, 北虜를 제어하는 무기로는 火器가 최고다. 화포와 화약을 충분히 국경지역으로 이송해야겠고, 군사로는 황해도에 武勇을 지닌 군사가 많으니 이들을 잘 선발하여 충원하면 될 것이다.

   c) 선조28년 9월 6일(을해)
   ① 이홍로, 평안도 강변의 鎭堡 사이의 거리가 너무 떨어져 있고, 大堡의 토병 또한 15~16명으로 그 수가 너무 적다. 얼음이 얼기 전에 內地의 군사를 이송해 보충해야 할 것이다.
   ② 兼四道 都體察使 유성룡, 군사 요충지인 구성 등지에 화포와 기계를 많이 설치하여 대비할 필요가 있다.
   ③ 병조판서 이덕형, 요충지대에 큰 진지를 설치하고 대병을 주둔시켜 그 밑의 여러 진을 통제하는 것이 방어에 수월할 듯하다. 군공을 세워 免役되었거나 免賤된 사람을 징발하면 경기도에서만도 2,000명으로 이를 군사로 삼을 수 있겠다. 그러나 군사가 있다 해도 군량이 없다는 것이 문제다.

   d) 선조28년 9월 24일(계사)
   좌의정 김응남, 평안도 출신의 무사는 이미 복귀시켰다. 서울의 포수와 황해

---

36) 『선조실록』 28년 7월 25일(병신).

도의 精兵을 뽑아 그리로 보내자.

e) 선조28년 9월 28일(정유)

참찬관 조인득, 重臣을 순변사로 임명하여 황해·평안도의 무사를 뽑아 射手로 편성하게 하고, 별도로 포수 2,000명을 뽑아 국경 요지에 주둔케 하면 되겠다.

f) 선조28년 10월 7일(병오)

① 선조, 들판을 불태우자. 토병 10여명이 지키는 작은 鎭堡는 아예 포기하고 큰 진영이나 견고한 성곽에서 방어함이 합리적이다. 화기가 중요하다. 서울 포수의 일정 인원을 보내야겠다. 남방의 한명련과 김덕령은 勇壯이니 좌우 별장의 직위로 군사를 이끌고 가 요충지를 지키게 하자. 김응서에게 휘하의 항왜와 고언백이 거느린 항왜를 거느리고 서북의 일정지역의 방어를 담당케 하자.

② 비변사, 북로에겐 화기가 최고인만큼 평안도 출신 포수의 파송은 이미 계달하였다. 서울 포수의 일정 인원 이송건은 훈련도감에 위임하자. 砲樓를 만들어 크고 작은 화기를 설치해 놓아야 하는데 軍器寺僉正인 이진이 잘 알고 있으니 그를 파견하자. 안주·정주·구성 등지에 才智 있는 무관을 차송하자. 군량의 절대 부족으로 군사의 장기 주둔이 곤란했던 차 함경도에서 캐낸 은 500냥이 工曹에 들어왔다 하니, 그 중 300냥을 의주로 보내 中江에서 군량을 마련하게 하자. 한명련과 김덕령의 서북지역 파송엔 찬성하나, 김응서로 하여금 항왜를 거느리고 북방으로 가게 하는 것은 왜적이 철수하지 않은 이 때에 합당하지 않다.

g) 선조28년 10월 9일(무신)

① 비변사, 청천 이남의 포수를 조속히 엄선하여 놓고, 화약과 화기도 요해처에 수송해 설비케 해야한다. 군량의 보충이 시급하니 평안도의 1594년과 금년에 징수했어야 할 공물과 노비의 身貢을 빨리 받아내어 쌀로 바꿔 충당하자.

이를 위해 적임자를 파송하자.

② 선조, 들판의 곡식을 거두어들이고 풀을 태워버리는 청야작전을 쓰자.

h) 선조28년 10월 10일(기유)

① 선조, 전쟁에 대비하여 서북방 각처와 前代 名將의 神에게 제사 지내는 것을 검토하라.

② 비변사, 누르하치(猶虜)의 침입로는 강계로부터 의주에 이르기까지 5~6개 처이나 특히 창주에서 삭주·구성에 이르는 길이 염려된다. (각지의 방비 상황을 점검하니) 안주는 성곽도 튼튼하고 牧使 조호익이 있어 믿을만 하지만, 용맹한 무사 여러 명을 군관으로 파견하면 더욱 좋을 듯하니, 죄를 지어 파직된 사람이나 喪中에 있는 사람이나 모두 징발해야 하나 우선 젊고 무용이 있는 사람을 군관으로 보내면 좋을 듯하다. 건주여진의 침입 우려에 대한 평안도 산천과 명장의 신에 대한 제사는 예조로 하여금 제문을 지어 감사에게 하달하겠다. 반드시 삭주 등처에 大鎭을 설치해 방어해야 마땅하다.

③ 선조, 곽산산성으로 인근 고을의 군량을 이동시켜라. 그리고 평안도 수령들의 適否를 다시 가려내야 할 것이다. 또한 함경남도의 정병을 선발해 놓아 누르하치의 침입에 대비시켜라.

i) 선조28년 10월 17일(병진)

(조정에서 누르하치 침입시 그 경로 파악과 조선의 방비태세 점검. 각 요충지 방어 책임자의 적부 등을 아래처럼 논의하고 있다)

① 지중추부사 신잡, 서울 포수 2哨를 평안도로 차송함은 서울의 치안을 허술케 하므로 곤란하다. 평안도 포수를 엄선하면 2,000명이 가능하니 이들로 방어를 맡겨도 될 것이다.

② 병조판서 이덕형, 평안도 포수를 먼저 강변으로 나눠보내고, 황해도 포수를 점차 파송함이 가할 듯하다.

③ 신잡, 군사 징발은 어떻게든 가능할 수가 있으나 문제는 군량 마련이다. 작

년 田稅로 콩이 1만여 석에 쌀은 2천석뿐으로 이를 가지고는 중국군의 공궤
용으로도 부족할 듯하다. 가능한 것은 各司 노비의 身貢作米 및 내수사 노
비의 신공을 모으는 것뿐이다. 자신이 전에 三番軍士의 奉足과 代糧米를 각
각 그 界首官으로 하여금 거두어들여 거의 22,000여석을 확보해 놓고 있었
다. 이를 군량으로 사용함이 어떨까 한다.

④ 선조, 곡식을 모집함은 어떨까?

⑤ 신잡, 평안도 사람은 空名帖을 받지 않은 사람이 없다.

⑥ 정언 조정립, 황해도 무사로 試取해 5천여명을 확보해 놓았다. 이들 중에서
지휘관을 선출해 훈련시켜 서북방 변란에 대비하자.

⑦ 행첨지중추부사 신점, 南賊이 아직 있는데 김덕령을 평안도로 올려 보내는
것은 부당하다.

j) 선조28년 10월 19일(무오)

① 비변사, 서울 포수 200명 차송은 치안문제로 곤란하다. 평안도 포수로 강변
을 방어해도 충분할 것이다. 황해도 포수의 평안도 차송은 군량문제 등으로
대기상태로 그쳐야 한다. 各司 奴婢身貢의 作米 및 군사 奉足의 代糧을 거
두어 올리는 일은, 調度御史 이병이 가지고 간 事目에 이미 마련되어 있으
니, 스스로 순차적으로 거행할 것이다.

② 선조, 한명련과 김덕령의 북방 파견을 중지하라.

k) 선조28년 10월 20일(기미)

비변사, 은냥을 내어 군량을 무역하는 일로 이미 5백냥을 감사에게 보냈다.

l) 선조28년 10월 22일(신유)

겸사도 도체찰사 유성룡, 얼음언 강에 防柵을 만들되, 얼음 구멍에 가지 많
은 나무를 벌여 세워 굳게 얼어붙게 하여 모든 강위에 6~7겹을 설치하면 오랑
캐의 기병이 감히 함부로 진격하지 못할 것이다. 이때 우리 군사가 두 언덕으로

부터 화기를 대량으로 발사하면 오랑캐를 물리칠 수 있을 것이다. 오랑캐 군사
는 활쏘기와 말 달리기에는 능하지만 화기에는 약하므로 화기를 많이 준비하여
연습해 두어야 할 것이다. 지난날 唐焰硝를 의주·평양·영변에 나누어 둔 것이
수천 근이니 이를 잘 제련하여 화약으로 만들어 강변에 보내야 한다. 군기시 첨
정 이원을 砲樓 만드는 것을 가르치러 평안도로 내려보냈다.

　m) 선조28년 11월 22일(경인)
　겸사도 도체찰사 유성룡, 왜적과 달리 北虜는 성을 공격함에 말을 타고 사람
마다 흙 한 자루씩을 가지고 일시에 성 아래에 쌓아 올라가기 때문에 순식간에
성과 같은 높이가 되어 짓밟고 넘어온다. 또한 군사마다 모두 철갑옷을 입고 말
도 갑옷을 입혀 화살로 소용이 없을 때가 많다. 이것이 火器가 아니면 그들을 제
어할 수 없는 이유다. 평양성 공격에 사용했던 天地字火砲를 모두 속히 모아 국
경 진지들 城堞에 두루 배설하고 火砲匠에게서 화기 쏘는 법을 익혀 놓아야 한다.

　이 기사들을 통해 누르하치에 대한 위협이 결빙기가 되어가는 10월이 되
어 더욱 고조되어 갔음을 알 수 있다. 누르하치의 침입로를 추정하고 그 지
역 요충지에 대한 방어태세가 전반적으로 점검되고 있기 때문이다(h)(i). 그
러면 이 기사들을 통해 8~11월 동안 조선이 세웠던 대책을 정리하여 보자.
　우선 방어 진지에 대해서다. 이홍로의 지적처럼 당시 서북 국경지역의
鎭堡의 사이는 서로 멀리 떨어져 있고 주둔한 군사의 숫자도 적었던 모양
이다(c-①). 그러니 아예 요충지대에 큰 진지를 설치하여 대병을 주둔시키
는 것이 나을듯하다고 이덕형은 주장하고 있고(c-③), 宣祖도 작은 鎭堡를
적은 군사로 지키는 것보다 큰 大鎭이나 견고한 성곽에서 방어하는 것이
유리하다고 논하고 있다(f-①). 비변사도 선조의 주장에 적극 찬성하고 있
다(h-②).
　조선은 건주여진의 침입을 격퇴하는데 火器를 최고로 여기고 있다(b)(f-
②). 北虜는 활쏘기와 말 달리기에는 능하지만 화기에는 약하다고 보고 있

다(l). 그들은 일본군과 달리 城을 공격할 때, 말을 탄 기병들이 각각 흙 한 자루씩을 가지고 일시에 성 아래에 내달아 쌓아 올려가기 때문에 순식간에 성과 같은 높이가 되어 이를 짓밟고 넘어온다. 또한 군사마다 모두 철갑옷을 입고 말에게도 갑옷을 입히므로 화살로 대항해 봐야 소용없을 때가 많다. 이것이 火器가 아니면 그들을 제어할 수 없는 이유라는 것이다(m). 그들은 얼음이 얼면 공격해 올 것이므로 그전에 방어대책을 마련해야 하는데 (c-①), 그들을 막기 위해선 얼음이 언 강에 防柵을 만들되, 얼음 구멍에 가지 많은 나무를 벌여 세워 굳게 얼어붙게 하여 모든 강 위에 6~7겹을 설치하면 오랑캐의 기병이 감히 함부로 진격하지 못할 것이며, 이때 우리 군사가 두 언덕으로부터 화기를 대량으로 발사하면 그들을 물리칠 수 있을 것이라는 의견을 제기하고 있다(l).

그러므로 화약과 화포 등을 다량 준비하여 서북지역으로 이송시켜야 하고(b)(g-①)(l), 요충지역엔 다수의 화포와 기계를 설치해야 한다고 하고 있다(c-②). 평안도 각지에 보관하고 있던 唐焰硝 수천근을 모아 제련해 화약으로 만들어 국경지대에 이송해야하며(l), 이여송의 평양성 공격 때 사용하기도 했던 天地字火砲를 모아 국경 城堞에 설치하고 火砲匠에게서 그 발사법을 익혀 놓아야 한다고 유성룡은 주장하고 있다(m). 설비한 砲樓에 화기를 설치하는 방법은 전문가인 軍器寺僉正 李珍을 파견해 배우게 하자고 비변사가 요청하자(f-②), 유성룡은 군기시첨정 李源을 차송하여 砲樓를 만들라 명했다고 답하고 있다(l).[37]

군사력을 충원하는 방법으로는 우선 평안도 출신의 무사들을 복귀시키고 있다(d)(f-②). 평안도 포수 2천으로 하여금 국경을 방어하자고 하고 있고(e)(i-①), 청천강 이남의 포수도 선출해 대비하자 하고 있다(g-①). 황해도 군사도 武勇을 지녔으니 선발하여 충원해 놓아야 한다고 하는데(b),

---

37) 軍器寺僉正인 李珍과 李源은 동일인물이 잘못 기재된 것이 아닐까 추정된다. 다만 李源의 '源'은 국사편찬위원회의 실록 활자본에 의한 것이나, 실록 원본엔 王+原의 1字로 이루어진 漢字였다.

황해도 무사로서 射手를 편성해 대비하자고 하는가 하면(e), 황해도의 포
수를 점차적으로 동원시켜야 한다는 의견도 내고 있다(i - ②). 그러나 황해
도 精兵만으론 부족하니 서울의 포수도 동원해야한다는 의견이 내어지자
(d). 선조와 비변사도 이에 찬성하고 있다(f - ①②). 그러나 서울 포수 이송
은 首都 치안불안으로 이어진다는 이견이 내어지자(i - ①), 비변사가 이를
수긍하여 서울 포수 200명의 차송에 반대하고 평안도 포수로 충분히 방어
할 수 있을 것이라고 의견을 후퇴하고 있다(j - ①).[38]

이외에 군사력 충원 방법으로는 함경남도의 정병을 선발해 놓고 대비하
라는 선조의 의견과(h - ③), 죄로 파직된 자나 喪中에 있는 자도 소환해야
하지만 우선 젊고 무용이 있는 사람을 추려 군관으로 삼자는 비변사의 의
견이 제시되고 있다(h - ②). 항왜 사오십명을 강계 등지로 파견하여 우대
하면 방비에 큰 도움이 될 것이라는 선조의 의견에 비변사가 남방의 항왜
20명을 보낼 수 있겠다고 답하고 있다(a - ①②). 그리고 군사요충지에 지
혜 있는 무관을 파견하자든가(f - ②), 황해도에서 뽑은 무사 5,000 중에서
지휘관을 선정해 파송하자는 주장도 나오고 있다(i - ⑥)

장수 파견과 관련해서는 重臣을 순변사로 파견하여 방어태세를 정비하
자고 하고 있다(e). 선조 또한 평안도 수령들의 適否 심사를 하라고 명하고
있다(h - ③). 그런데 선조가 장수로 명성을 떨치고 있는 한명련과 김덕령을
좌우별장에 임명해 서북방에 파송하자고 하고 비변사가 이에 동의하였지만

---

38) 1594년 6월의 경우, 서울에 있는 포수는 450명이며 살수는 334명으로 도합 790
명이었다고 한다. 이를 근간으로 훈련도감은 조총을 좌사·우사에 각 1哨, 살수도
좌사·우사 각 2초로 1영을 만들어 연습하도록 하였다고 한다. 또한 속오군의 편
제는 1營에 5司, 1사는 5哨, 1초는 3旗, 1기는 3隊로서 구성되며 1대는 11명의
병사로 조직된다고 한다(심승구, 「임진왜란의 발발과 동원체제의 개편」 한일관계
사연구논집편찬위원회편, 『임진왜란과 한일관계』, 경인문화사, 2005, 202~203
쪽). 그렇다면 11명=1대, 33명=3대=1기, 99명=3기=1초, 495명=5초=1사, 2,475
명=5사=1영이 되겠으니, (i)에서 신잡이 말한 포수 2哨란 198명으로 (j)의 비변사
가 표현한 포수 200명은 2哨와 근접하고 있는 듯하다.

(f - ①②), '南賊' 때문에 김덕령을 북방으로 차송해선 안된다는 반대가 있자 (i - 7), 선조는 결국 한명련과 김덕령 북방 차송 주장을 접고 만다(j - ②). 김응서를 시켜 그 휘하의 항왜와 고언백이 거느린 항왜를 더하여 데리고 가게 해 서북지방의 일부 지역을 방어케 하자는 선조의 뜻 또한, 일본군이 철수하지 않은 한 부당하다는 비변사의 반대에 부딪히고 만다(f - ①②).

군량 확보에 관해서도 많은 논의가 벌어진다. 軍功으로 免役·免賤된 자를 징발하여 경기도에서만 2천명을 군사로 징발할 수 있지만 군량이 없다는 이덕형의 발언처럼(c - ③), 군량이 절대부족 상황이었던 모양이다. 그래서 비변사는 서북방에 장기 주둔을 위한 군량을 마련하기 위해 함경도에서 산출된 銀 500냥 중에서 300냥을 쓰자고 했고(f - ②), 곧 군량 자금으로 그 500냥 전액을 평안감사에게 이송하고 있다(k). 비변사는 군량 확보책으로 작년(1594년)과 금년에 징수해야 할 貢物과 노비 身貢을 받아 조속히 해결해야한다고 제안하고 있다(g - ①). 신잡 또한, 이덕형의 발언처럼 군사 징발은 어떻게든 마련할 수 있으나 군량의 확보가 쉽지 않다고 하며, 작년의 田稅로 징수한 콩과 쌀이 있지만 이것으론 중국군에게 충당하기에도 부족하므로, 各司 노비의 身貢作米와 노비 身貢을 모으는 길 뿐이라고 우려하고 있다. 다행히 자신이 三番군사의 奉足과 代糧米 2만여석을 확보해 놓고 있었으니 이번엔 이것으로 충당하자고 제안하고 있다(i - ③). 그러자 선조는 곡식을 모으면(募穀) 어떨까 제안했고, 신잡으로부터 평안도 사람으로 空名帖을 받지 않은 자가 없을 정도라는 답을 듣게 된다(i - ④⑤). 비변사는 황해도 포수를 평안도로 이송하는 것도 군량문제로 곤란하니 대기상태로 하자고 하고 있다(j - ①). 비변사는 또 각사 노비신공과 봉족의 대량 징수는 사목에 의거 거행할 것이라고 하고 있다(j - ①).

선조는 건주여진의 침입에 유효한 작전으로 들판의 풀을 불태우고 식량을 은닉하는 淸野작전을 주장하고 있다(f - ①)(g - ②). 그는 또 누르하치의 침입을 평안도 유명한 산천과 이제는 죽어 神이 된 역사적 名將에게 제사를 지내 막아보자고 제안하고, 비변사도 예조에 이를 하달하여 평안감사로

하여금 행하게 하고 있다(h - ①②).

이처럼 1595(선조 28)년의 후반기는 누르하치의 침입에 대한 우려가 긴박한 현안으로 대두되었던 모양이다. 그러니 서울의 백성들이 피난봇짐을 싸는 사태까지 이르렀던 것이다(전술). 그런데 다음 해인 1596년 1월 누르하치 진영을 정탐하고 돌아온 신충일의 보고서를 읽은 선조는 일단 안도한다.[39] 누르하치가 반드시 큰 우환을 몰고 올 터인데 이번엔 병조판서 이덕형의 여희원을 통한 개유 형식으로 무사할 수 있었다며, 다시 얼음이 어는 다음 겨울을 걱정하고 있다. 그래서 산성 수축과 군량 비축 및 군사 훈련 등 모든 방비에 총력을 다하라고 시달하고 있다.[40]

누르하치에 대한 우려가 그 후 완전 불식된 것은 아니었다. 다음 달인 2월 비변사는, 북로가 動兵할 기미가 있으니 평안도의 內奴들을 모두 뽑아 身貢으로 받은 것을 쌀로 바꾸어 군량으로 삼자, 公私賤 중에 장정을 군사로 편성하고, 오랑캐가 두려워하는 화포를 속히 제작하여 서북방으로 보내야 할 것이라고 하고 있다.[41]

1597년 정유재란이 터지자, 누르하치는 明을 통해 2만의 원병을 보내겠다는 의사를 전달했다. 이에 명측은 애초엔 긍정적으로 검토하였으나,

---

39) 이때 신충일이 작성한 『建州紀程圖記』는 현존하는 조선시대 최초로 만들어진 '만주정세 보고서'였다. 신충일은 이 보고서에 누르하치가 거주하고 있는 城의 모양과 방어 실태만이 아니라, 누르하치를 포함한 장수들의 외모 등에 이르기까지 지극히 광범하고도 세밀한 내용의 정보를 담았다. 이 자료는 청나라 초기 사회의 실상을 파악하는 데 가장 중요한 사료로서 인정받고 있다(한명기, 『탁월한 외교정책을 펼친 군주 광해군』, 역사비평사, 2000, 184쪽). 『연산군일기』 10년 3월 10일(신미)조엔, 승지 이의손이 "倭人에 대해서는 『海東諸國記』가 있으므로 그 世系를 상고할 수 있지만, 野人에 있어서는 기록이 없으므로 상고할 근거가 없으니 『西國諸蕃記』를 印出할 것을 청합니다." 라고 아뢰고, 이를 임금이 수용하였다고 한 것으로 보아 여진에 대한 기록이 있었던듯하나 전해오지는 않는다.

40) 『선조실록』 29년 1월 30일(정유).

41) 『선조실록』 29년 2월 27일(갑자). 이러한 비변사의 의견에 대해 동일 조에서 선조는 내노를 뽑아선 안된다고 반대하고 있다.

조선과 명의 군사 정보와 조선의 內地 지형의 허실이 노출되는 것을 우려하여 거부하였다고 조선에 전해왔다.[42]

1598년 5월, 明 經理 楊鎬는 누르하치의 근황을 조선측에 묻고 있다. 그리고 누르하치가 강변의 '胡人'을 공격하고 경작금지 구역인 三水郡을 침범하여 농사를 짓고 있다는 것을 파악하고 있다.[43] 이는 조선·明 양측 모두가 임진왜란의 전개과정에서 누르하치 세력에 대한 경계를 늦추지 않고 있었음을 시사하는 것이다.[44]

4. 동북방 여진에 대한 위기의식과 대응책

조선의 동북방 지역 또한 임진왜란에 즈음하여 다른 지역 못지않게 피폐한 상황이었다. 이에 발맞춰 여진에 대한 위기의식 또한 고조되어 있었다. 이에 대해 알아보자.

1594년 4월 비변사가, 함경도는 가토 기요마사의 침략과 鞠景仁 등의 반란을 겪으면서 군졸은 모두 죽고 器械는 못 쓰게 되었으며, 창고는 바닥이 나고 백성들은 뿔뿔이 흩어져버리고, 게다가 賊胡들이 허실을 넘보면서 침범하여 마지않고 있으니, 온갖 조처를 다하여도 헤어나기 어려운 실정이라고 토로하고 있다.[45]

같은 해 7월에도 선조가 '북호'의 동향을 우려하자 유성룡은, 변방장수

---

42) 『선조실록』 31년 2월 28일(계미).
43) 『선조실록』 31년 5월 2일(병술).
44) 계승범은 누르하치가 임진왜란 기간 군사적 팽창이 아닌 외교를 중시하고 있었다고 분석하고 있다. 즉 통일을 이룩한 건주 지역에서 자신의 입지를 굳히면서 국제적 위상을 높여 갔다는 것이다. 그의 이 시기 외교적 행보는 明에의 정기적 조공 사절 파견, 조선에의 외교적 교섭 시도, 왜란에의 원병 파견 제안 등이었으며, 그의 이러한 행보는 한반도에서의 朝·中·日의 20여만 군대가 전쟁하는 상황이 그에게도 일종의 위기로 인식되었기 때문에 택해진 것이었다고 평가하고 있다. 주목되는 논리이다(계승범, 앞의 논문, 364~365쪽).
45) 『선조실록』 27년 4월 4일(임자).

가 잘 어루만지면 '북호'가 스스로 반란을 일으키진 않을 것이라면서도 결빙기가 되면 6진 지역이 무척 염려된다고 선조의 뜻에 동조하고 있다.[46] 9월에는, 6진의 藩胡들 중에 온성지역의 번호들이 가장 잘 귀순하였는데 이들마저 반란 일으켰다고 사헌부가 우려하고 있다.[47]

1595년 6월엔 함경도 관찰사 홍여순이, 회령부는 평시에 비상소집해도 순식간에 기병 수백명을 모아 武威를 과시할 수 있었던 곳이었으나 왜란과 '胡寇'를 당한데다가 기근과 전염병, 게다가 국경인의 반란과 연좌되어 다수가 살해되어 이젠 수십명도 모을 수 없게 되었다며, 북방의 근본 터전인 회령마저 이토록 피폐했으니 다른 鎭은 어떻겠는가, 하고 6진의 상황을 개탄하고 있다.[48] 1596년 8월에도 홍여순은, 6진지역에 온통 賊胡들의 침탈 행위가 이어지고 있는데 이번엔 바다를 건너 內地 깊숙이 들어와 伏兵將까지 사살했다고 한탄하고 있다.[49]

이처럼 왜란 기간 극심한 피폐 상황이었던 함경북도, 즉 동북면 지역에 대해 조선은 어떤 대응책을 강구하고 있었는가 실록의 관련기사를 다음처럼 정리하여 보자.

n) 선조25년 12월 12일(무술)

비변사, 北胡들에게 매년 上京의 기회를 주어 '국가'가 優恤하는 뜻을 보여왔으나 올해는 왜란 때문에 허락하지 못하고 있다. 그들이 이런 상황을 제대로 이해하고 있을지 모르겠다. 지금 국가 재정이 탕진되었으니 官木 150필을 북도로 옮겨 상경하려 한 호인들에게 나눠주고 잘 타이르도록 해야 할 것이다.

---

46) 『선조실록』 27년 9월 13일(무자).
47) 『선조실록』 27년 9월 16일(신묘).
48) 『선조실록』 28년 6월 15일(병진). 여기서 '胡寇'란 1583년의 니탕개의 난으로 추정된다.
49) 『선조실록』 29년 8월 5일(경자).

o) 선조26년 6월 22일(을사)

예조, 왜적이 함경도를 장악했을 때 평소 조정에 원한을 품어온 번호들은 그 기회를 타서 살육과 약탈을 자행했다. 이제 함경도를 탈환했으니 그들을 마땅히 문죄해야 할 것이나 병력도 부족하니 우선은 무휼을 행해야 할 것이다. 그들에게 賞을 내려 순종케 하는 것이 우선일 것이다.

p) 선조26년 10월 30일(경술)

좌의정 윤두수, 2년째 兵禍 때문에 北道 藩胡들의 상경을 허락하지 못하고 있는만큼 그들에게 면포를 보내어 위로해야한다. 온성의 호인들 또한 니탕개의 난 때부터 계속 순종하고 있으니 藍布를 나눠주어 그 마음을 묶어놓아야 한다.

q) 선조27년(『선조수정실록』) 3월 1일(기묘)

임진왜란 이후 조선에 순종하지 않는 번호들이 늘어났다. 특히 易水部가 종성과 온성지역을 노략질하였다. 북병사 정현룡이 항왜를 선봉으로 삼아 역수부 소굴을 급습하여 섬멸하였는데 참획한 오랑캐가 700~800인이었다.

r) 선조27년 4월 4일(임자)

비변사, (甘坡堡가 적호에게 함락 당했다는 소식을 접하여) 왜란으로 함경도는 군졸이 거의 죽고 무기도 없으며 창고도 비어있다. 백성들은 흩어지고 적호들은 잇달아 침범하고 있다. 강원도의 병력을 징발함은 곤란하니 初試에 합격한 함경남도 사람들을 투입해야 할 것이다. 지속적인 군량 공급 대책도 조속히 마련해야 할 것이다.

s) 선조27년 9월 28일(계묘)

북병사 정현룡, 북방 변경을 노략질해오던 오랑캐 伊羅大 등이 이번에는 深處胡 亐知介 등에게 請兵하여 더 빈번하게 변경에 출몰하므로 이를 공격하려 함경도 병사들을 소집하였다.

t) 선조27년 10월 11일(을묘)

① 북병사 정현룡, 叛酋 伊羅大의 심복인 巨酋 易水가 임진왜란을 기회로 조선 변방을 엿보다가, 지난해 기근과 전염병으로 叛賊들이 횡행하자 이라대와 연합하여 여러 종족을 규합하고 忽刺溫 여진까지 연결하여 변방의 성들을 이곳저곳 공격하여 다른 번호들마저 준동시켰다. 때문에 변방의 백성들은 농업에 전념하지 못하고 수확도 하지 못하고 있는 실정이다. 이에 은밀히 모은 군사 1,325명과 항왜 25명으로 역수부 세 부락을 급습하여 완전 섬멸했다. 참획한 적의 수급은 266명이었으며 아군은 전원 무사했다. 강변 부락의 추장 投丁乃도 배반했던 前歷이 있으므로 이날 별동대로 토벌하여 60명을 참획하였다.

② 비변사, 정현룡이 적호들을 토벌하여 前後 참획한 수급이 470여급이었다. 이제 일반 번호들에게는 조선에 공순하면 은혜를 베풀어준다는 뜻으로 효유해야 할 것이다.

u) 선조28년 1월 15일(무자)

① 북병사 정현룡, 朝廷의 이름으로 베푼 잔치에 참석하지 않고 거만하고 무례한 자세를 보인 번호들을 토벌하려 한다. 임진년 이후 가장 많이 배반행위를 계속해 온 경원 지역의 강성한 夫汝只 부락을 1월 말이나 2월 초에 토벌하겠다.

② 비변사, 경솔하게 군사를 움직이지 말고 번호들을 慰撫함에 힘쓰라

③ 선조, 北兵은 전투에 익숙해 있고(北兵習戰) 항왜까지 있으니 토벌에 실패하지 않을 것이다.

v) 선조29년 3월 25일(임진)

① 同知事 노직, 번호에 대한 물질적인 베품이 왜란 이후 백분의 일에도 못 미치고 있다. 토병에게 주던 일정한 봉록과 군복 지급도 왜란 이후 폐지한 상태이다. 武才를 겨루게 하여 靑布로 상을 내려 사기를 북돋우자.

②특진관 이희득, 북방에 저장 중인 흰 소금을 토병과 번호에게 나눠주자.

w) 선조30년 2월 28일(기축)

① 북병사 오응태, 북방의 정병들을 남방으로 빼내가는 바람에 국경의 오랑캐(遠近虜)들이 그 틈을 타 난을 일으킬 우려가 있다. 농민들을 봄 농사에 전념케 하기 위해서도 대책을 세워야한다. 함경도내 內奴들은 1583년 니탕개의 난 이후 身貢이 면제되고 대신에 변경 방비에 참여해 오다가, 1595년에 변방 방어 임무에서 제외되었었다. 지금 변방의 방어를 위해 端川 이남 지역의 각종 군사와 雜類들을 뽑아 보내고, 길주 이북 9개 고을의 내노로 편성한 壯勇隊와 校生들을 변경 방비에 첨가시켜야 할 것이다.

② 비변사, 강원도와 황해도 출신의 군사 200명을 이미 6진지역으로 파견했다. 길주 이북의 내노 및 교생들을 변방 수비에 징발하는 것에 찬성한다.

③ 선조, 비변사의 뜻에 따르다.

x) 선조30년 4월 17일(정축)

① 지평 오백령, 북병이 왜적 방어에 투입되어 발생한 6진지역 방어 공백을 북병사 오응태의 요청처럼, 길주 이북의 內奴를 뽑아 보내 이를 보충게 하자.

② 선조, 오백령의 의견에 반대하다.

y) 선조30년 4월 18일(무인)

① 비변사, 함경도 적호의 동향이 우려된다. 그러나 남쪽으로 이동 중인 북병을 남방의 장수들이 기다리고 있고, 그 소식 또한 왜적에게 알려졌을 터라 북방으로 그저 귀환시킬 수는 없을 것이다. 이 북병 중에서 길주 이북 출신의 정병 259명을 북방으로 귀환시키면 6진 방어에도 다소 도움이 될 것이다. 다만 단천 이남의 정병 100여명은 그대로 남방에 두게 해야 할 것이다. 또한 환난에 대비하게 위해 안변 이북의 諸色軍에게도 무장을 시켜 대기하고 있다가 적세를 보아 투입하도록 하자.

② 선조, 남방으로 간 북병의 전원 귀환은 부당하다. 그 대신 砲手를 보내면 되
겠다.

z) 선조31년 3월 12일(정유)

비변사, 회령 등지의 번호가 적호에게 노략질 당하였다고 하니, 번호를 보호
하기 위해 6진의 수령과 장수의 適否를 심사하여 뽑거나 교체해야겠다.

위의 기사를 통해 검토한바 동북방 여진에 대한 대책으로 첫째, 물질적
撫恤이 계속 거론되고 있다는 점을 특징으로 들 수 있을 것이다.

왜란 때문에 '北胡'들에게 무휼하는 기회였던 매년 상경이 금지되었으
니 국가에서 비축한 木綿 150疋을 나눠주자는 비변사(n), 2년째 상경이 허
락되지 못하고 있으니 北道의 藩胡들에게 면포를 보내 위로하되, 니탕개의
난 이후 계속 번호로서 순종하고 있는 온성의 호인들에겐 특히 藍布를 나
눠주자는 윤두수(p), 왜란을 틈타 번호들이 반란을 일삼았으나 형세상 응
징 대신 무휼책으로 상을 내리자는 예조 등의 의견이 그렇다(o). 그런데 왜
란으로 인해 번호에 대한 물질적인 배품이 이전보다 백분의 일에도 못 미
치고 있다고 노직은 지적하고 있고(v-①), 이에 북방 고을에 저장 중인 흰
소금을 나눠주자고 이희득은 제안하고 있다(v-②). 북병사 정현룡의 역수
부 부락 토벌에 대하여 이제부턴 번호들을 잘 무마하고 베풀어주어야 한다
고 역설하던 비변사는(t-②), 정현룡의 부여지 부락 토벌 계획에도 慰撫가
상책이라고 반대하고 있다(u-②).

전술했듯이 당시 함경도 지역의 피폐상황도 극심했던 듯하다. 土兵에게
주던 일정한 봉록과 군복 지급마저도 왜란 이후 폐지한 상태라고 노직이
발언한 것으로서도 알 수 있다(v-①). 그럼에도 조선은 번호들에게 150필
의 목면이나 면포를 내려 주려하고 있다. 왜란 때문에 上京의 혜택을 주지
못하고 있기 때문이었다.[50] 조선은 또 공순함의 댓가로 藍布나 흰 소금을
내리려 하고 있다. 그들이 藩胡이기 때문이다.

둘째, 武力的 응징을 전개했다는 것이다.

특히 북병사 정현룡의 토벌활동이 대표적이다. 그는 왜란 이후 순종하지 않게 된 번호들이 급증하자 그 중에서도 가장 노략질을 일삼던 易水部를, 1594년 초 항왜를 데리고 급습하여 섬멸하고 있다. 참획한 胡人이 칠팔백명이나 되었다고 하니 그 규모를 짐작할 수 있겠다(q). 그는 또 같은 해 9월, 북방 변경을 침략하던 오랑캐 伊羅大 등이 深處胡 등과 연합하여 더욱 기세를 떨친다고 이를 응징하려 함경남북도 병사들을 소집하고 있다(s). 그리고 10월엔 叛酋 伊羅大의 심복인 巨酋 易水가 이라대와 연합하고 忽剌溫까지 연결하여 6진 지역을 소란케 했다는 이유로 군사 1,325명과 항왜 25명으로 역수부 부락을 급습하여 섬멸하고 있다. 참획한 적의 수급은 266명이었다. 이날 별동대는 강변 부락의 叛酋 投丁乃도 토벌하여 60명을 참획하고 있다. 비변사의 합계로는 전부 470여급이었다(t).[51] 정현룡은 나아가 朝廷의 이름으로 베푼 잔치에 참석하지 않고 무례한 자세를 보인 번호들을 토벌하려 하였고, 특히 왜란 이후 가장 많이 배반행위를 계속해 온 경원 지역의 강성한 夫汝只 부락을 1595년 1월 말이나 2월 초에 토벌하겠다고 보고하고 있다(u - ①).[52]

---

50) 『선조실록』 34년 2월 24일(계사)조에서 함경관찰사 신잡이, 藩胡가 상경하면 연향과 관복을 내려주는 것이 관례인데 임진년 이후 폐지하여 왔으니 이제 다시 거행해야 할 것이라고 말하고 있다. 이로 보아 선조 34(1601)년까지도 상경이 허락되지 않고 있었음을 알 수 있다.

51) 『선조수정실록』인 (q)와 『선조실록』인 (t - ①)은 정현룡의 역수부 부락에 대한 토벌내용이다. 그러나 둘 다 토벌대상이 역수부로서 사실이라 믿기에는 의심스러운 측면이 있다. 우선, (t - ①)보다 (q)에서 더 큰 전과를 올렸음에도 해당 내용이 소략하다는 점, 둘째, 『선조실록』에는 (q)와 관련한 어떠한 기사도 보이지 않는다는 점, 셋째, 『선조수정실록』에는 (t - ①)이 언급되어 있지 않는다는 점이다. 그렇다면 (t - ①)이 와전되어 (q)로 기록되지 않았나 추정된다. 그럼에도 확증할 길이 없어 본문에선 둘을 다 併記한다.

52) 정현룡의 부여지에 대한 토벌계획은 실행에 옮겨지지 않은 듯하다. 그 이유는 그가 중풍으로 쓰러졌기 때문으로 보인다. 『선조실록』 28년 9월 23일(임진)조에서 선조가 중풍으로 쓰러진 정현룡에게 약을 내리고 있다. 이튿날일 24일(계사)조에

셋째, 군사력 충원을 강구하고 있다는 것이다.

甘坡堡가 적호에게 함락 당했다는 소식에 비변사는 강원도 병력 징발은 곤란하니 初試에 합격한 함경남도 사람들을 투입하자고 하고 있다(r). 북병사 오응태는, 북방의 정병들을 남방으로 빼내가는 바람에 국경 오랑캐들이 준동할 우려가 있으니, 니탕개의 난(1583) 이후 身貢이 면제되는 대신 변경 방비에 참여해 오다가 1595년에 변방 방어 임무에서 제외되었던 함경도내 內奴들 중에서, 길주 이북 9개 고을의 내노로 편성한 壯勇隊 및 校生들을 변경 방비에 첨가시켜야 한다고 요청하고 있다(w - ①). 이에 비변사가 찬성하였고 선조도 따르고 있다(w - ②③). 그런데 이로부터 2개월 뒤인 4월, 지평 오백령이 다시 오응태의 요청이었던 길주 이북의 內奴 차출을 주장하였으나 이때 선조는 일단 반대하다가(x - ①②), 결국 허용하고 있다.[53] 그 밖에 端川 이남 지역의 각종 군사와 雜類들의 이송과(w - ①), 안변 이북 諸色軍에 대한 무장화와 待機를 논의하고 한다(y - ①). 강원도와 황해도 출신의 군사 200명은 이미 6진지역으로 파송되고 있다(w - ①②).

전술했듯이 北兵=精兵이란 인식은 조선 조정의 일반적인 인식이었다. 특히 선조가 그러했다. 정현룡의 부여지 부락 토벌 계획에 대해 비변사와는 다르게 선조는 긍정적이었는데, 그 이유는 전투에 익숙한('習戰') 병사=북병으로 편성되어 있고 항왜도 끼어있기 때문이라는 것이다(u - ②③). 정유재란을 당하자 비변사가, 동북방 賊胡의 동향이 우려된다지만 남방으로 차송한 북병을 다 귀환시킬 수는 없고 길주 이북 출신 259명에 한해서만

서도 그가 병들어 있음을 알 수 있다. 32년 4월 9일(무오)조에서 사헌부는 그가 전신불수로 언어불통 된지 5년이 경과되었다고 말하고 있다. 그렇다면 선조 28년(1595) 前半期에 쓰러진 것으로 보인다.

53)『선조실록』30년 4월 19일(기묘)에서도 선조는 반대를 표명하고 있었다. 그러나 이튿날인 20일(경진)조에서, 兩司가 內奴를 방어 군사로 충원해야 한다고 주장한 것에 대하여 선조가 변방장수에게 위임하라고 한 것으로 보아 허용한 것으로 여겨진다. 선조가 그간 반대한 것은 내노가 內需司에 소속된 宮노비였기 때문이 아닌가 여겨진다.

돌려보내겠다고 제한하였을 때, 선조도 이에 찬성하며 그 대신 砲手를 보
내면 되겠다고 하고 있다((y - ①②).

주목되는 것은 (z)이다. 왜란을 기회로 6진 지역에 대한 군사적 공백이
생겨나자 藩胡들의 賊胡化가 반복되었던 것이고, 정현룡의 토벌 공격은 번
호가 叛胡化하여 深處胡를 끌어들여 노략질을 했기 때문이었다. 그런데 (z)
에서 비변사는, 회령 등지의 번호가 적호에게 노략질 당하였다고 하니, 번
호를 보호하기 위해 6진의 수령과 장수의 適否를 심사하여 뽑거나 교체해
야겠다고 하고 있다. 1598년 3월의 일이다. 왜란 막바지인 이 시점에서 조
선은 동북면에서의 藩胡 끌어안기에 적극적인 자세를 보이고 있는 것이 아
닌가 여겨진다.

5. 여진족에의 降倭 이용

임진왜란의 '남왜북로' 상황을 타개하는데 조선조정이 이용한 대책 중
의 하나가 항왜였다. 조선이 항왜를 북방으로 보내는 최초의 실록 사례는
1594년 초이다. 즉 항왜를 격리시켜 함흥·경성·영변 등지로 보내 放砲를
교련케 하자는 비변사의 의견이 그것이다.[54]

항왜는 북방에서도 함경북도, 그것도 6진지역에서 여진을 토벌하는데
주로 동원되고 있다. 1594년 3월, 북병사 정현룡이 易水部의 叛胡를 토벌
하는데 항왜를 선봉으로 삼아 공격하여 성을 함락시키고 있다(q). 정현룡
이 다시 叛胡를 토벌하는 1594년 10월엔 항왜 25명이 참가했음을 명시하
고 있다(t - ①). 그들은 선봉으로 맹활약을 한 것을 인정받아 소와 말을 상
으로 받고 있다.[55]

---

54) 『선조실록』 27년 2월 29일(무인). 항왜에 대한 대표적인 연구로는 이장희, 「항왜
의 受容」(이장희, 『임진왜란사연구』, 아세아문화사, 1999)와 김문자, 「임란시 항
왜문제」(한일관계사연구논집편찬위원회편, 『임진왜란과 한일관계』, 경인문화사,
2005)가 있다.

이런 함경도 지역에서의 항왜의 활약 때문인지 항왜가 여진을 제압하는 데 효과적이라는 인식은 점차 보편화되어 가는 듯하다.[56] 1594년 8월, 선조가 항왜를 함경도 북병사에게 보내 특별히 무휼하고 牙兵으로 삼아서 胡人들을 토벌하면 반드시 위압할 수 있을 것이라는 주장에 비변사도 이를 긍정하고 있다.[57]

1595년 1월 行判決事 윤선각이 江界府使 허욱에게서 들은 이야기라며, 13명의 항왜가 중국군과 연합하여 㺚子를 공격했는데 항왜는 3명밖에 안 죽었지만 달자는 300여명이나 살해당하였다고 전하고 있다. 이에 김수도, 함경도에서 여진과의 전투에 항왜들이 크게 상처를 입었었는데 우리 관군이 독려하자 다시 팔을 휘두르며 적진으로 돌입했다 하니 참으로 독종이라고 평가하고 있다.[58]

이같은 활약과 기대 때문인지 선조는 전술하듯, 1595년 초 북병사 정현룡이 조선에 순종하지 않는 賊胡를 토벌하겠다고 할 때, 전투에 익숙한 북병이 항왜마저 데리고 있으니 반드시 승리할 것이라 기대하고 있다(u - ③). 그리고 6진지역만이 아니라 서북방의 건주여진에 대한 방어에도 아래에서처럼 적극 항왜를 이용하려 하고 있다.

1595년 8월 선조는, 누르하치의 위협에 항왜 30~60명을 강계 등지로 보내 유능한 장수 밑에서 훈련도 시키고 결혼도 시켜주며, 큰 공을 세우면 높은 벼슬이나 상을 주겠다고 약속하면 어떨까 제안하고 있다. 곁들여 廣東摠兵 董一元이 항왜 10여명으로 㺚虜 수만 기병을 격파했다는 이야길 전하고 있다. 이에 비변사는 항왜를 서북지방에 군사로 삼으라고 보냈는데 다 죽여 버렸다며, 경상도에 머물고 있는 항왜 중에서 20여명을 가려 강계부사 허욱에게 보내 시험해 보는 것도 좋을듯하다고 찬성하고 있다.[59]

---

55) 『선조실록』 27년 10월 11일(을묘).
56) 김문자, 앞의 논문, 253쪽.
57) 『선조실록』 27년 8월 18일(계해).
58) 『선조실록』 28년 1월 6일(기묘).

2개월 후인 10월엔 또 선조가 누르하치에 대한 방어의 일환으로, 김응서에게 휘하의 항왜와 고언백이 거느리고 있는 항왜를 합쳐 인솔하여 서북지방의 요충지를 방어하게 하자고 제안하고 있다. 그러나 비변사가 일본군이 아직 남방에 있으므로 장수인 김응서를 서북방으로 차출하는 것은 곤란하다고 반대하고 있다(f - ①②).

그 후에도 항왜의 북방 차출은 계속되고 있다. 일본군의 철수 직후인 1599년 4월 비변사는, 항왜 也汝文 등 10여명을 '北道'로 보내야하는데 戰馬가 없어서는 안 되니 한 사람당 한 마리씩 司僕寺로 하여금 지급케 하고 의복과 활 및 화살, 그리고 화약 등도 해당관청에서 내려 주도록 해야 할 것이다. 그 중 3명은 조총이 없다하니 훈련도감에서 3자루를 지급해 주어야 할 것이라고 요청하고 있고, 선조가 찬성하고 있다.[60]

이처럼 조선이 항왜를 지속적으로 對여진 국경지대로 파견하려 한 까닭은, 그들이 '독종'으로 물불을 가리지 않고 잘 싸우며, 조총에 익숙하다는 이유 때문이었다. 여기에 더하여 일반백성으로부터 그들을 격리시키되 일본과 가장 먼 지역으로 고립시켜 일본에의 再투항을 예방하자는 차원에서도 고려된 것으로 여겨진다. 즉 1601년 8월 장령 강첨이, 예전에 항왜 60여명이 밀양에서 부락을 형성해 살면서 조선의 양민을 괴롭히는 걸 보았다. 그들이 여차하면 일본에 다시 투항할까도 걱정된다. 이들을 북방 곳곳에 分置하면 일본과의 거리도 떨어져 안전하고 오랑캐를 막는데도 도움이 될 것이다. 라고 선조에게 제안하고 있기 때문이다.[61]

조선은 또한 항왜를 건주여진에 대한 示威用으로도 사용하고 있다. 다음은 1596년 1월 누르하치 진영을 염탐하고 돌아온 신충일의 보고 내용 중의 하나를 대화체로 정리한 것으로, 내용 속의 馬臣은 누르하치 副將 중의 한 사람이다.[62]

---

59) 『선조실록』 28년 8월 5일(을사).
60) 『선조실록』 32년 4월 16일(을축).
61) 『선조실록』 34년 8월 18일(계미).

마신: 당신네 나라 연해 지방에 항왜를 머물러 두었다고 하는데 사실인가?

충일: 사실이다.

마신: 그 숫자가 얼마나 되느냐?

충일: 약 오륙천명이다.

마신: 무엇 때문에 沿江 지방에 머물게 하느냐?

충일: 倭奴가 德義를 사모하여 항복해 오므로 우리나라가 이들에게 모두 衣食
을 주어 안정시켰다. 그들이 이 은혜에 감복하여 邊上에 머물면서 나라를
위해 外侵을 방어하므로('禦侮') 우리나라가 그 정성을 가상히 여겨 연강
의 여러 고을에 나누어 배치하였다.

마신: 왜인들의 체격이 장대하다고 하는데 과연 그러한가?

충일: 형체가 몹시 작아서 풀숲 사이를 잠행할 수 있고, 총을 쏘면 반드시 명중
시킨다.

마신: 아무리 작은 물건이라도 잘 맞히는가?

충일: 왜인의 총은 능히 나는 새도 맞힐 수 있기 때문에 鳥銃이라 부르고 있는
것이다.

마신: (쇠로 만든 투구를 내어 보이면서 말하길) 이 투구도 뚫을 수 있는가?

충일: 조총의 탄환은 능히 薄鐵로 씌운 이중으로 된 참나무 방패도 뚫는데 이
투구 정도야 어찌 이를 필요가 있겠는가?

마신: 어찌 그럴 수 있단 말인가!

(이에 좌우에 서서 듣던 胡人들도 서로 돌아보면서 놀라운 기색을 지었다)

항왜를 5,000~6,000명이라 한 것은 부풀리기였을 것이지만,[63] 신충일

---

62) 『선조실록』 29년 1월 30일(정유). 馬臣은 馬三非의 아들로 老乙可赤(누르하치)의
副將이라 한다(『선조실록』 28년 12월 5일[계묘]).

63) 이장희, 앞의 책 375쪽에 의하면, 항왜의 이동과정에서 파악된 인원만도 거의 1
천여 명을 헤아릴 수 있다고 하며, 실제 항왜의 수는 실록의 집계보다 훨씬 많았
을 것이라고 보고 있다.

을 통해 降倭 존재를 강조하여 건주여진을 견제하려는 조선의 입장을 충분히 감지할 수 있을 것이다. 나는 새도 맞힐 수 있다 하여 이름 붙여진 조총을, 그것도 쇠로 만든 투구까지 관통하는 괴력을 지닌 조총을, 자유자재로 구사하는 정예병 수천명이 북방의 국경지대에서 조선을 위해 충성을 다하고 있다는 표현에서, 항왜를 통한 건주여진에 대한 示威 전략의 일단이 엿보이고 있다.

6. 맺음말

이상에서 검토한 것을 - 실록에 한정하여 검토한 것이 되고 말았지만 다시 정리하여 보면 첫째, 임진왜란기는 '남왜북로'적 상황이었다고 할 수 있다. 조선은 對日 전쟁만 벌인 것이 아니었다. 동북방과 서북방의 여진족과도 첨예하게 대립한 상황이었다. 남북으로 적을 맞고 있다고('腹背受敵') 인식하고 남북으로 환난을 당하고 있다고('腹背之患') 우려하여 그 극복에 분망하고 있었다.

1595년 후반기 採蔘사건으로 불거진 누루하치의 건주여진에 대한 위기의식은 수도 서울의 치안을 담당하는 포수들까지 비록 일부이지만 서북방으로 동원하려 했을 정도였다. 평안도 유명한 산천과 神이 된 역사상의 名將들에게 제사를 지내 막아보자는 선조의 의견도 그 위기의 정도를 보여주는 것이라 하겠다. 정유재란이 일어난 1597년 봄의 동북방도 위기상황이었다. 6진을 지키는 북병들을 精銳라고 일본군이 있는 남방으로 투입했던 결과였다. 적들에게 6진이 뚫리면 철령까지 곧 점거당할 것이라는 이현국의 우려도 그러하다.

둘째, '남왜'와 '북로'는 한 쪽 톱니바퀴가 돌아가면 그 톱니에 물려 다른 또 한 톱니바퀴가 돌아가는 그야말로 連動的인 구조였다고 할 수 있지 않을까 하는 점이다. 다만 '남왜'가 큰 톱니바퀴였기 때문에 이를 중심으로 회전했을 따름이라고 강조하고 싶다. 남방에서 名將으로 활약 중인 한명련과 김덕령을 서북방의 장수로 차송하려 했던 것과, 남방의 장수 김응서를 시켜 휘하의 항왜들을 인솔하여 북방으로 가 지키게 하려했던 것은 당시 상황이 '남왜'보다 '북로'가 더 우려되었기 때문이었을 것이다. 이와 반대로, 1597년 1월 '남왜' 때문에 투입한 북병을 4월에 6진지역으로 귀환시켰다가 5월에 다시 남방으로 재투입하는 것은 당시 상황이 '북로'보다 '남왜'가 더 위급했기 때문이었을 것이다. 이처럼 연동하는 구조인 임진왜란기 '남왜북로'를 기존 연구에서는 '남왜'만으로 접근하지 않았는가 여겨진다.

셋째, 왜란기 군량을 포함한 물량적 측면에서 '북로'와의 관계도 그 한 축으로서 큰 의미를 가지고 있다는 것이다. 군사는 징발할 수 있지만 군량을 확보할 수 없다는 이덕형의 발언처럼(c - ③), 田稅로 징수한 콩과 쌀이 있다지만 이것으론 중국군을 공궤하기에도 부족하다는 신잡의 하소연처럼(i - ③) 군량 문제는 중차대한 문제였다. 이장희는 왜란기 조선은 '無軍'보다 '無糧'이 더 중대한 문제였고, 그나마 있는 군량도 명나라 군사를 겨우 接濟할 정도였으므로 조선군은 식량 결핍 때문에 와해지경이었다고 한다. 1594년에 와서 의병들이 해산된 것도 군량문제 때문이었고 8도의 백성들은 거의 아사상태에 처해 있었다고 한다.[64]

이러한 상황에서 조선은 동북방의 번호들에게 木綿 150疋을(n), 면포나 藍布를(p), 흰 소금을 내려주려고 하고 있다(v - ②).『白沙先生別集』卷之二「啓辭 - 論北路事宜啓」를 보면, 지난 丙申年(1596) 북병사 이일이 상경하지 못한 번호들을 어루만져 주기 위해 공로가 있는 호인들에게 표범 가죽을 奉進하게 해 값을 주고 위로하자는 건의를 하였다. 이후 '上年'에는 순찰사 윤승훈이 치계하여 "각종의 賞物로 藩酋에게 과시하여 그들의 얻기를 탐하는 마음을 격동시킨다면 도모하기가 매우 쉬울 것이다." 라고 하였으므로, 本司에서 靑布·藍布 각각 50필, 大布 50필, 목면 2同을 즉시 수송하여 계책을 행할 수요에 대비해 주었다, 라고 있다.[65] 이는 번호에 대한 물

---

64) 이장희, 앞의 책, 229·245·326쪽.

질적 무휼이 종종 이뤄지고 있었음을 말해주는 사료이다. 한편 서북방 건주여진에 대한 방어를 위해 1595년 10월 조선은 함경도에서 산출된 銀 500냥을 평안감사에게 보내고 있다(f - ②)(k). 이 은 500냥은 조선 주둔 明軍의 1개월 급여가 銀 1냥 5푼이라 하니 명나라 군사 500명의 1개월치 급여에 버금가는 가치일 것이다.[66]

한명기는, 조선 주둔 명군이 점차 군량조달을 조선에 의존하려 하였으므로 조선은 온갖 수단으로 곡물수집에 나서야했으며, 이 때문에 명군에게 군량을 공급하는데 급급했던 상황이 조선군에 대한 給糧을 상대적으로 소홀히 함으로서 조선군의 전투력을 약화시키는 결과를 가져왔다, 고 논하고 있다.[67] 援軍 명군이 아이러니하게도 조선군의 對日 전투력을 약화시켰다는 것이다. 이에 더하여 왜란기 '북로'도 정신적·물량적으로 조선의 對日 총력전에 커다란 장애가 되어 있었다고 할 수 있을 것이다.

마지막으로 임진왜란기의 실록을 비롯한 사료는 '남왜북로'란 넓은 시각에서 접근해야 하지 않을까 여겨진다. 다음의 경우는 일본군이 철수한 이후의 시기에 해당하지만 적절한 例일 듯하여 소개하고자 한다.

서병국은『선조실록』39(1606)년 9월 3일(기사)조에 대해 다음처럼 풀이하고 있다. 비변사가 조선의 변방 정보('邊情')를 중국의 鎭江衙門에 보고하면서 宣祖에게, 이후로는 변방에 警報가 없더라도 두 달에 한 번씩 진강아문에 보고하는 것을 恒式으로 삼자고 하여 허락을 받았다. 이는 동북방의 여진족 忽剌溫部의 조선 藩胡 縣城 공격에 촉발된 것으로, 이후 북방 변경, 즉 여진족에 대한 정보를 2개월 1회 정기적으로 보고하는 계기가 되었다.[68]

---

65)『선조실록』33년 12월 2일(신미)에 비변사가, 순찰사 윤승훈의 요청으로 해당 물량을 보낸지 1년이 지났는데 아직 답이 없다고 논하고 있는 것으로 보아 1599년에 보낸 것으로 여겨진다.

66) 한명기,『임진왜란과 한중관계』역사비평사, 1999, 96쪽.

67) 한명기, 앞의 책, 139·141쪽.

68) 서병국, 앞의 책, 244쪽

과연 이 변방정보가 여진족에 대한 정보를 가리킬 뿐일까? 같은 날 비변사가 선조에게 아뢴 기사엔, 일본에의 사절 파견을 도리로서는 먼저 중국에 奏報하고 그 회답을 기다려 행함이 마땅할 것이나, 이전부터 중국은 이러한 일들을 지휘하지 않고 우리나라가 스스로 처리하게 하였으므로 "한편으론 報告하면서 동시에 사절을 파견하자"(一邊陳奏 一邊遣使), 라고 결정하고 있다. 이로 보아 '邊情'이 對日정보를 가리키는 것으로 읽힐 수 있다. 즉 일본 정보를 2개월에 한 번씩 보고하자는 것이다. 이날이 1606년 9월 3일이라 하면 도쿠가와 이에야스(德川家康)의 서한이 대마도에 도착했음을 전계신의 치계로 조정이 파악한지 며칠 안 되는 시점이다.[69] 그렇다면 이 시기의 '변정'엔 여진족에 대한 것만이 아닌, 오히려 일본에 대한 정보가 중시되는 시점이었다 할 수 있겠다.

---

[69] 참고로 홀자온부의 관련기사는 『선조실록』 39년 7월 11일(무인)조에 나오고 '2개월 1회 邊情 보고'가 결정된 9월 초까지 등장하지 않고 있다. 이에야스 서한의 대마도 도착과 전계신의 치계와 관련해서는 민덕기, 『前近代 동아시아 세계의 韓·日關係』, 경인문화사, 2007, 204~206쪽 참고.

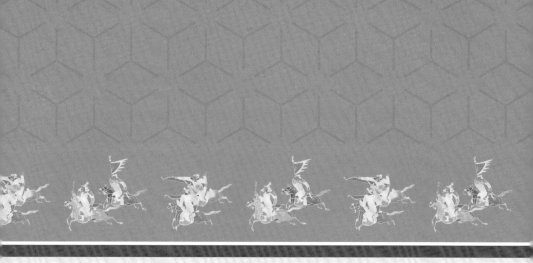

제7장
임진왜란기 대마도의 조선 교섭

1. 머리말

조선시대의 對日관계는 대마도를 제외하고는 이야기할 수 없을 것이다. 계해약조(1443년) 이후 구체화된 조선과의 무역관계를 가지게 된 대마도는 文引 발급권까지 조선으로부터 위임 받아 조선과의 무역을 독점하여 갔다. 무로마치 막부의 영향력 저하에 발맞추어 외교적 역량을 키워갔고, 『해동제국기』의 '巨酋'세력들이 戰國시대를 맞아 浮沈하면서 그들의 조선과의 관계가 뜸해져가자, 조선에 대한 대마도의 일본에서의 제반 영향력이 확대되어져만 갔다. 그러므로 삼포왜란(1510) 이후 대마도의 조선과의 제반 관계가 축소되어 갔다고는 하나 그 독점적 지위는 지속되어 갈 수 있었을 것이다.

그런 가운데 나타난 도요토미 히데요시(豊臣秀吉)의 '조선정벌' 천명은 대마도에겐 청천벽력이었을 것이다. 쿠빌라이의 '일본정벌'이 고려의 땅을 거쳐 고려의 군량과 군사를 징발해 진행된 것처럼, 히데요시의 '조선정벌'은 대마도를 경유하고 대마도의 군사를 징발해 이뤄질 것이 뻔했다. 무엇보다도 대마도의 제반 조선과의 관계는 붕괴되어질 것이었다. 그렇다면 대마도가 취할 대응은 전쟁방지 외에 선택의 여지가 없을 터였다.

히데요시의 조선침략 의사 표명은 1585년 9월 간빠쿠(關白) 취임 직후부터였다. 이를 대마도에 통고한 것은 다음 해인 1586년 6월이었다. 이때부터 대마도가 행한 조선에의 교섭을 검토하면 대마도의 입장과 희망을 읽을 수 있을 것이다. 임진왜란 前夜 일본측과 조선과의 교섭에 대한 기존연구는 적지 않다. 그러나 대마도의 입장에 특별히 초점을 맞춘 연구는 그렇게 많다고 할 수 없다.[1]

---

1) 왜란 직전 대마도의 조선 교섭과 관련한 주요 논저(~2013)는 다음과 같다.
　金文子, 『文綠·慶長期に於ける日明和議交涉と朝鮮』, お茶の水女子大學大學院·人間文化研究科課程·博士學位論文, 1991 ; 윤유숙, 「도요토미 히데요시의 조선침

왜란 전야의 대마도를 통한 조선 교섭은 대마도주의 이름으로 대마도에 의해 전개되었기 때문에 대마도의 전략이 통용될 수 있었을 것이다. 그러나 왜란이 막상 터지자 대마도의 독자적 조선 교섭은 용이한 일이 아니었을 것이다. 고니시 유키나가(小西行長)의 제1군 휘하에 속해 있었기 때문이며, 히데요시의 조선 장악과 중국 침략이란 의도와 명령으로부터 자유스럽지 않았을 것이기 때문이다. 대마도주 宗義智(소 요시토시)의 조선 교섭에 관한 기존 연구는 全無하다. 그렇다면 '主戰派'인 가토 기요마사(加藤淸正)에 비하여 '主和派'로 일컬어진 유키나가의 강화교섭을 중심으로 검토하지 않으면 안될 것이다.[2]

7년 전란이 끝나고 일본군이 조선에서 철수하자, 왜란 이전처럼 다시 대마도가 조선을 오가면서 강화교섭에 나서기 시작했다. 대마도의 교섭은 왜란 이전의 경우, 조선 경략과 중국 침략이라는 히데요시의 의도를 조선을 통해 어떻게 희석시켜 전쟁 방지로 이끌 것인가 였다. 이에 비하여 왜란 이후는, 일본측의 요구, 구체적으로는 조선으로부터 통신사의 파견을 어떻게 얻어내느냐 였을 것이다. 그래야만 대마도의 조선과의 무역관계가 회복될 것으로 전망되었기 때문이었을 것이다. 그런데 이와 관련한 기존연구 역시 많지 않다.[3]

략 발발전 한일교섭 실태」『일본학보』 70, 2007 ; 한문종, 「壬辰倭亂 직전의 국내정세와 韓日關係」『(강원대) 인문과학연구』 21, 2009 ; 田中敏昭, 「壬亂前의 豊臣政權과 對馬島主宗氏의 朝鮮外交 : 總無事令을 中心으로」, 단국대학교 석사학위논문, 1996 ; 田中敏昭, 「豊臣政權의 日本統合과 對馬島主 宗氏의 朝鮮交涉」『동서사학』 5, 1999.

2) 기요마사의 강화교섭과 관련된 연구(~2013)로는 北島万次, 『加藤淸正』, 吉川弘文館, 2007 ; 김문자, 「임진왜란기의 강화교섭과 加藤淸正」『한일관계사연구』 42, 2012. 유키나가의 강화교섭과 관련된 연구로는 김문자, 「임진왜란기 일·명 강화교섭의 파탄에 관한 一考」『정신문화연구』 28[3], 2005 ; 손은주, 「壬辰倭亂期의 講和交涉에 關한 考察 : 小西行長의 講和交涉을 中心으로」, 경상대학교 대학원 석사논문, 2003 ; 島津亮二, 『小西行長 - '抹殺'された キリシタン大名의 実像』, 八木書店, 2010.

본 논문에서는 이처럼 많지 않은 기존연구를 참고하여 왜란 이전 히데요시의 '조선정벌'에 대한 대마도의 입장과 대응 및 표출된 교섭의 내용을, 왜란 중엔 유키나가와 대마도가 어떤 방향으로 전란을 끌고가려 했는가 밝히고자 한다. 강화교섭기엔 히데요시에 대신하여 浮上한 도쿠가와 이에야스(德川家康)와 대마도와의 관계를 염두에 두면서, 조선이 어떻게 '불구대천지원수'로 자리매김했던 일본과 강화에 나설 수 있게 되었는가를 대마도와 관련지어 검토하고자 한다.

2. 임진왜란 以前 대마도의 조선 교섭

히데요시가 조선 및 중국을 정복하겠다는 뜻을 밝힌 것은 간빠쿠(關白)에 취임한지 두 달 후인 1585년 9월이었다. 즉 腹心의 部將 히도쓰야나기스에야스(一柳末安)에게 明 정복의 포부를 말하고 있어, 히데요시가 간빠쿠 취임 직후부터 동아시아 정복계획을 구상했음을 알 수 있다.[4]

1586년 6월, 히데요시는 규슈 출병에 즈음하여 대마도주 宗氏에게 서한을 내어, 규슈 출병에 이어 준비가 되는대로 조선정벌을 결행할 것이니 충성을 다하여 종군해야 할 것이라고 통보하고 있다. 이 서한에서 히데요시는 조선과의 외교적인 접촉이 아니라 단도직입적으로 조선에 대한 군사적

---

3) 왜란 후 강화에 이르는 과정에 대한 기존연구(~2013)는 다음과 같다.
   김경태, 「壬辰倭亂 直後 朝鮮의 對日講和政策 性格研究」, 고려대학교 대학원, 2007 ; 김경태, 「임진왜란 직후, 대일강화정책의 성격연구」『한국사연구』 138, 2007 ; 민덕기, 「임진왜란 이후의 朝·日 講和교섭과 대마도(1)(2)」『사학연구』 39·40, 1987·1989 ; 민덕기, 「朝鮮後期 朝·日 講和와 朝·明관계」『국사관논총』 12, 국사편찬위원회, 1990 ; 홍성덕, 「壬辰倭亂 直後 日本의 對朝鮮 講和交涉」『한일관계사연구』 3, 1995,

4) 北島万次, 『豊臣秀吉の朝鮮侵略』, 吉川弘文館, 1995, 14쪽. 임진왜란 직전의 조선·일본 간의 교섭에 대해서는 金文子, 『文綠·慶長期に於ける日明和議交渉と朝鮮』(お茶の水女子大學大學院·人間文化研究科課程·博士學位論文)의 제1장인 「文綠期以前の對朝鮮交渉と博多商人」에 상세하게 검토되어 있다.

인 정복을 선언하고 있다. 이는 그가 당초부터 조선에 대한 군사행동을 계획하고 있었음을 시사하는 부분이 아닐까 생각된다.[5] 이에 宗氏는 가신 야나가와 시게노부(柳川調信)와 유즈야 야스히로(柚谷康廣)를 사츠마의 진지에 있던 히데요시에게 보내고 있다.[6]

1587년 5월 초순, 히데요시가 시마즈씨를 정벌하기 위해 사츠마에 진치고 있을 때 대마도주 宗義調(소 요시시게)가 시게노부를 사자로 보내 공물을 진상했다. 시게노부는 이때 출병 대신 조선에서 공물이나 인질을 제출하게 하는 방법을 히데요시에게 제안하고 있다. 히데요시는 이 제안을 인정하지 않으면서도 조선국왕을 일본 天皇宮에 來朝시키도록 명하고, 만약 직접 내조하지 않을 경우 조선에 출병하겠다는 의사를 나타냈다. 곧이어 대마도주 종의조도 아들 宗義智(소 요시토시)와 함께 규슈로 건너가 6월 7일 히데요시를 처음으로 알현하고 있다. 이때 종의조는 조선국왕을 내조시키는 조건으로 조선출병의 유예를 청하였고 히데요시도 이를 인정했다. 그러면서도 입조가 지체될 경우 즉시 출병하겠다고 재차 통고했다.[7]

그런데 이때 내어진 히데요시의 명령서엔 "(조선이) 지금까지 대마도 다이묘에게 순종하고 있지만"(今迄對馬の屋形ニしたカハれ候間), 내년엔 반드시 일본에 입조하라, 고 되어 있다.[8] 이처럼 대마도주 宗氏에게 조선이 복속되어 있다고 히데요시는 이해하고 있었다. 마치 이것은 유구(琉球)왕국이 시마즈(島津)씨에게 종속하고 있다고 본 히데요시의 시마즈·琉球관계 이해와 궤를 같이 하는 것이다.[9] 그렇다면 히데요시가 조선국왕의 직접적

5) 윤유숙, 「임진왜란 발발전 한일교섭의 실태」, 한국일본어문학회 학술발표대회논문집, 2006, No.7, 881쪽.
6) 中里紀元, 『秀吉の朝鮮侵攻と民衆·文綠の役 – 日本民衆の苦惱と朝鮮民衆の抵抗 –』, 文獻出版, 1993, 14쪽, 17쪽.
7) 윤유숙, 앞의 논문, 881쪽.
8) 島津亮二, 『小西行長 – '抹殺'されたキリシタン大名の實像』, 八木書店, 2010, 112. 中里紀元, 앞의 책, 19쪽.
9) 池內宏, 『文祿慶長の役 正編 第1』, 南滿洲鐵道株式會社, 1915, 58쪽. 16세기 중

인 來朝를 고집하고 있는 것도 대마도주에 종속된 존재에 불과하다는 그의 조선관이 작용했기 때문인 듯하다. 히데요시는 조선이 대마도에 종속하고 있다고 하는 인식을 전제로, 조선국왕의 來朝가 이뤄지면 대마도 일원의 통치를 宗氏에게 허용한다는 것이었다.[10]

宗氏가 가신 야스히로를 일본국왕사라 칭하여 조선에 파견하여 히데요시의 명령을 전한 것은 1587년 9월이다. 이때 宗氏의 장인이며 그를 감독하는 입장에 있는 유키나가의 경우, 자신의 경제기반을 중계무역에서 구하고 있었으므로 이를 위해서는 일본의 대외적 평화의 유지와 무역 지속이 요망되었다. 그러므로 宗氏와 상의해서 히데요시의 요구인 조선국왕의 직접 來朝 요구를 숨기고 통신사의 파견 요청으로 조선에 접근하기로 한 것이다.[11]

이에 야스히로는, 일본에 새 왕이 나와 전국을 통합하였으므로 이를 축하하는 통신사를 파견해 달라고 조선에 요청했다. 그러나 그가 가지고 간 서한엔 '天下歸朕一握'이라 하여 '朕'이란 표현이 있었고 내용도 오만했다. 결국 요청은 거부되었고 야스히로는 빈손으로 귀국하게 되었다. 그런데 거부 보고를 접한 히데요시가 격노하여 야스히로와 그 일족을 멸하였는데, 그 이유를 『선조수정실록』에서는 "(야스히로가) 우리나라(조선) 편을 들어서 그 요청을 이루지 못한 것으로 의심해서였다."라고 평가하고 있다.[12]

반 이후 시마즈씨는 유구국왕에 대한 문서에서 유구를 복속한 것처럼 자리매김하고 있었다. 히데요시가 1588년 유구의 굴복을 시마즈씨에게 위임한 것도, 시마즈씨로부터의 그와 같은 일방적인 자리매김을 믿었기 때문이었을 것이다. 유구가 다음 해인 1589년 히데요시에게 축하사절을 파견하는 것은 시마즈씨의 위협에 굴복한 결과였을 것이다. 그후 임진왜란에 즈음하여 히데요시는 7,000명의 10개월치 군량 징납을 시마즈씨를 통해 유구에게 요구하였고, 재정이 빈약한 유구는 요구의 절반을 징납하고 나머지는 시마즈씨에게 빌려 채우고 있다(河宇鳳 외 공저, 赤嶺守 외 번역, 『朝鮮と琉球』, 榕樹書林, 2011, 51쪽).

10) 北島万次, 앞의 책, 16·20쪽.
11) 笠谷和比古·黑田慶一 共著, 『秀吉の野望と誤算』, 文英堂, 2000, 30쪽.
12) 『선조수정실록』 20년 9월 1일조.

1589년 3월 히데요시는 종의지에게 조선국왕 내조가 2년이 경과하도록 이뤄지지 않은 것을 꾸짖고, 종의지가 직접 조선으로 가 이번 여름에라도 국왕 입조를 실현하라고 독촉했다.[13] 이 때문에 종의지는 6월 하카타(博多)의 聖福寺 승려 겐소(玄蘇)를 正使로 삼고, 자신은 부사가 되어 자신의 가로인 시게노부를 都船主로 설정하여, 여기에 하카타 상인 시마이 소시츠(島井宗室) 등 25명을 일본국왕의 사절로 꾸며 대동하고 조선으로 갔다. 그리고 자신들의 使命은 오직 통신사 파견이라고 강조하였다.

이에 조선 조정에서는 논의가 일어났다. 즉 일본 교토로 가는 바닷길을 모르기 때문에 파견할 수 없다고 핑계대면 대마도가 길안내를 하겠다고 나설 것이니 구실이 되지 못한다. 또한 핑계만 계속하면 일본이 이를 수치스럽게 여겨 화친을 단절하고 조선을 침범하여 설욕하려 들 것이고, 그리되면 변방의 걱정거리가 될 것이다. 마침 몇 년 전에 조선 叛民 沙火同을 안내인으로 고토(五島)·히라도(平戶)의 왜인들이 손죽도를 습격한 사건이 있었으니, 그 사화동과 왜구의 압송 및 피로인의 송환을 요구하여 이를 이행하면 통신사 요청을 들어주자고 제안하기에 이르렀다.[14]

8월 말 선조가 일본국왕사를 인견하면서 조선의 조건이 전달되었고, 종

---

13) 당초 히데요시는 조선국왕의 입조가 또다시 지연될 것을 우려하여 肥後에 入部한 유키나가·기요마사를 규슈의 다이묘들과 함께 조선에 출병시키려 했으나, 종의지가 자신이 직접 조선과 교섭하는 것을 조건으로 내걸면서 이 계획은 중지되었다고 한다(三鬼清一郎, 「秀吉の國家構想と朝鮮出兵」[大石愼三郎編, 『海外視点日本の歷史8』ぎょうせい, 1986], 136쪽). 종의조는 1588년 사망하여 대신하여 아들 종의지가 대마도를 이어받았다.

14) 1587년 2월 왜구에 의해 전라도의 손죽도를 비롯하여 그 일대가 습격당한 결과 鹿島만호 이대원이 살해당했고 조선인들이 다수 납치되는 사건이 발생한다. 납치된 사람들 중 전라도 좌수영 鎭撫 김재동과 이언세 등이 타국으로 전매되었다가 중국을 경유하여 1588년 조선으로 귀국하였는데 김개동의 진술을 통해, 손죽도 습격사건에서 왜구의 길안내를 한 자가 전라도 출신의 조선인 사화동이라는 인물이고, 사화동은 고토에 거주하고 있으며 그곳에는 생포된 조선인이 많이 있다는 사실이 드러났다(『선조실록』 21[1588]년 11월 17일[병인]조).

의지는 즉각 沙火同을 잡아오겠다고 약속하게 된다. 조선의 조건부 통신사 파견결정은 종의지 - 유키나가 - 아사노 나가마사(浅野長政)를 거쳐 히데요 시에게 전달되었다. 히데요시는 이로써 조선국왕이 내조하는 것으로 기뻐 하고 종의지에게 그 노고를 치하하였다.[15]

일본국왕사 겐소와 종의지는 서울의 동평관에 체류하면서 시게노부를 일본으로 급파해 손죽도를 습격한 왜적 및 사화동을 압송하고 피로인도 송 환하게 했다. 고토에 있는 사화동의 압송과 피로인 송환에는 하카타의 상 인 소시츠와 유키나가가 중요한 역할을 하여 조속하게 이를 이행할 수 있 었다.[16] 사화동과 160명의 피로인이 조선으로 보내져 서울에서 이를 처리 하는 것은 1590년 2월 28일이다. 그리고 통신사가 서울을 출발하는 것은 3월 6일이다.[17]

경인통신사는 1590년 5월 1일 부산을 출발하였고, 수도 교토에 들어가 는 것은 7월이다. 그런데 통신사가 교토에 체류하고 있음에도 히데요시는 간토(關東)지방의 호죠(北條)씨를 정벌하고 있다. 그만큼 내정 안정이 우선 적이었음을 알 수 있다. 호죠씨의 항복은 7월에 이뤄지지만 동북지방의 토 지조사를 명하는 등하여 교토로 돌아온 것은 9월이었다. 그러나 또 2개월

---

15) 田中敏昭, 앞의 논문, 107~108쪽. 종의지의 보고사항(통신사 파견)을 전달받은 히데요시는 매우 기뻐하며 "國主參洛이 寒天 때문에 부자유하여 來春에 데리고 오기 위해 그 곳에 체류한다 하니 장기간의 辛勞가 지극하다." 고 하면서 의지의 노고를 칭찬하였다 한다. 그러나 유키나가의 보고문에는 분명 '高麗人의 出船'(통 신사의 渡日)이라고 표현되어 있으나 히데요시는 이를 '國主參洛', 즉 조선국왕의 入貢으로 완전히 곡해하여 이해하고 있었다는 것이다(윤유숙, 앞의 논문, 883쪽).
16) 이에 대해서는 金文子, 앞의 책, 12~29쪽에 상세하다.
17) 田中敏昭, 앞의 논문, 108~109쪽. 中里紀元도 이와 관련하여 사화동과 이들 왜구 의 포박에는 규슈 다이묘들의 종의지에 대한 협력이 있었다고 추정하고 있다. 특 히 종의지의 장인 고니시 유키나가의 힘이 작용했다는 것이다. 당시 조선에 건너 가 있던 종의지와 규슈의 유키나가와의 사이엔 긴밀한 연락 채널이 갖추어져 있 을 뿐만 아니라, 유키나가 자신이 조선에의 사자로서 소시츠를 종의지에게 동행 시켜 자기의 연락망을 만들어 나가마사 등과 연락을 취하고 있었다고 분석하고 있다(中里紀元, 앞의 책, 27~28쪽).

이 지난 후에야 11월 7일 자신의 거처인 쥬라쿠테이(聚樂第)에서 겨우 접
견하기에 이른다.[18]

이때 대마도측은 처음엔 통신사를 '高麗關白'이라고 거짓으로 선전했다.
그래서 일본 기록인『言經卿記(도키츠네쿄키)』『晴豊記(하레토요키)』에도
그렇게 애초엔 기록하고 있다. 후에 가서야 '高麗人' '狛人'이라 고쳐 기록
하고 있다. 히데요시 또한 통신사가 그저 조선의 외교사절에 불과하다는
것을 알게 되어 접견 의례도 간략하게 행하고 다이묘들도 거의 동원시키지
않았다. 公家 5명에 히데요시 측근 3명뿐이었다. 히데요시가 복속시킨 다
이묘들은 한 명도 없었다.[19] 이러한 薄待엔 조선국왕의 직접 來朝가 아니
라는 이유가 있었겠지만 히데요시의 조선관, 즉 대마도에 종속된 조선이라
는 인식 또한 작용했을 것으로 여겨진다.

경인통신사의 일본 체류기간 대마도가 보인 행위에서 주목되는 점은 전
란이 곧 일어날 것이라는 긴박감이 결여되어 있다는 것이다. 김성일이 대
마도주에게 보낸 서한에는 대마도측이 예전에 중단된 특송선의 파송 부활,
세견선의 증가, 圖書 증가, 수직인 회복 등을 사신에게 요청했음을 알 수
있다. 김성일은 이에 대해 朝廷이 결정할 일이라고 미루고 있다. 이 서한은
『朝鮮通交大紀』에도 실려 있다.[20] 이로 보아 이 시기 대마도측은 임진왜란
의 발발을 회피할 수 있을 것으로 자신하고, 오히려 통신사 왕복을 기회로
그간 축소된 무역관계의 확대를 획책하려 하지 않았을까 여겨진다.[21]

---

18) 中里紀元, 앞의 책, 28쪽. 히데요시는 개축 중이던 御所(천황궁)가 완성되면 통신
　　사를 데리고 천황에게 參內하여 자신의 위광을 높이려 했으나 고려인 따위를 內
　　裏에 데려와서는 안된다는 公家들의 반대에 부딪혀 쥬라쿠테이에서 통신사를 접
　　견하게 된다(윤유숙, 앞의 논문, 884쪽).
19) 田中敏昭, 앞의 논문, 113쪽.『言經卿記』는 公家 山科言經의 일기이며,『晴豊記』
　　는 公卿 勸修寺晴豊의 일기. '狛人'는 고마비토라 읽어 '高麗人'과 같은 의미.
20) 김성일 지음·정선용 번역,『국역 학봉전집 1』, 369~371쪽 ; 松浦霞沼 지음, 田中
　　健夫·田代和生 校訂,『朝鮮通交大紀』, 名著出版, 1978, 126~129쪽.
21) 1555년 고토(五島)를 근거지로 한 王直의 왜구선단이 전라도 방면으로 출동한 을
　　묘왜변이 발생하였다. 이때 대마도주 宗氏는 무역관계 확대를 위한 절호의 기회

1591년 3월 경인통신사의 귀국에 동행한 일본국왕사 겐소는 선위사 오억령에게, 내년 조선의 길을 빌려 중국을 범할 것이라고 말했다.[22] 이어 윤3월 상경한 겐소가 김성일에게 '假道入明' 요구를 고했다. 이와 관련하여 『선조수정실록』을 보자.

> 이때 겐소가 은밀히 김성일에게 말하길, "중국에서 오랫동안 일본을 거절하여 조공을 바치러 가지 못하였다. 平秀吉이 이 때문에 분하고 부끄러운 마음이 쌓여 전쟁을 일으키고자 한다. 만약 조선에서 먼저 奏聞하여 조공할 수 있는 길을 열어준다면 조선은 반드시 무사할 것이고 일본 백성들도 전쟁의 노고를 덜게 될 것이다." 하니, 성일 등이 大義로 헤아려 볼 때 옳지 못한 일이라고 타이르자, 겐소가 다시 말하기를, "옛날 고려가 元나라 병사를 인도하여 일본을 쳤었다. 이 때문에 조선에 원한을 갚고자 하니, 이는 사세상 당연한 일이다." 하였다. 그의 말이 점점 패려하여 성일이 다시 캐묻지 못하였다.[23]

여기서 겐소는 히데요시의 요구를 변형시켜 그 성취를 희망하고 있다. 즉 히데요시의 명령인 조선국왕의 직접적 내조를 대마도가 '히데요시의 일본 통일 축하 통신사 파견' 요구로 바꿔치기해 교섭한 것처럼, 이번엔 明 정복 길잡이('征明假道') 명령을 '가도입명' 교섭으로 바꿔치기한 것이다. 그리고 6월 종의지가 도항하여 재차 '가도입명'을 요청했지만 응답을 받지 못한 채 10여 일만에 돌아가고 만다.

조선과의 교섭이 결렬되었음을 보고받은 히데요시는 1591년 8월, '唐入' 決行을 다음 해 봄에 실행할 것을 전국에 통고한다. 그리고 나고야(名

로 포착하여 이 정보를 조선측에 신속하게 전해주었다. 이로 인해 1557년 宗氏는 조선에의 세견선을 30척으로 개선(丁巳약조) 시킬 수 있었다고 한다(北島万次, 앞의 책, 19쪽).
22) 『선조수정실록』 24년 3월 1일조.
23) 『선조수정실록』 24년 윤3월 1일조.

護屋)城의 축조를 규슈의 다이묘들에게 명령하고 있다. 9월에는 마츠라 시게노부(松浦鎭信)에게 이키(壹岐)에도 성을 쌓으라고 명령하고 있다.[24)

中里紀元는 다음처럼 추측하고 있다. "겐소와 종의지 및 유키나가는 명과의 조공관계라도 회복되면 '반드시 히데요시의 대륙 침공이 없을 것이고, 일본 66州의 인민 또한 전쟁의 고통을 면할 수 있을 것이다.' 라고 조선에 전한 겐소의 말로부터 추측할 수 있는 것처럼, 조선이나 중국 영토를 무력으로 빼앗으려고까지는 의도치 않았을 것이다."[25)] 中里紀元의 이러한 想定은 일면 수긍할 수 있다. 전술한 대마도측이 통신사절 副使 김성일에 대한 태도에서 보이듯, 히데요시의 조선 침략은 1591년 前半까지도 그들에겐 '설마'이지 않았을까? 그러나 明과의 무역 회복에 대한 구체적인 인식이 왜란 이전 히데요시에게 없었던 것처럼 종의지나 유키나가에게도 무역 회복과 관련한 어떤 방법론도 보이지 않는다는 점에서 수용하기 어려운 추측이라 하겠다.

제수이트 선교사 프로이스는 성곽 공사 개시 이전의 나고야의 모습에 대해, 그 땅은 외딴 곳으로서 사람이 살기에 부적당할 뿐만 아니라, 식량 이외에 과업을 수행하는 데 필요한 모든 물품이 결여되어 있었고 산이 많고 더구나 늪지대로서 사람의 손이 닿지 않았던 황무지였다, 고 소개하고 있다.[26)] 이런 나고야가 히데요시의 엄명에 의해 대도시로 변모해 갔다. 동북지방의 미토(水戶)에서 參陣한 히라츠카 다키토시(平塚瀧俊)는 고향에 보낸 편지에서 나고야의 모습을 "해안은 모두 다이묘들이 자릴 잡고 산도 들도 빈 곳이 없었다" "(나고야의) 중심지는 교토·오사카·사카이(堺) 사람들이 모두 모여, 물건 또한 없는 것이 없었다." 라 하여, 상인이나 匠人들까지 몰려들어 북적대는 광경을 기록해 두고 있다.[27)]

---

24) 笠谷和比古·黑田慶一, 앞의 책, 35쪽.
25) 中里紀元, 앞의 책, 40쪽.
26) 프로이스 지음, 오만·장원철 옮김, 『프로이스의 '일본사'를 통해 다시 보는 임진왜란과 도요토미 히데요시』, 국립진주박물관, 2003, 179쪽.

이 나고야에서 1592년 3월, 규슈·츄고쿠(中國)·시코쿠(四國)의 다이묘들을 비롯하여 16만의 병력이 조선으로 출발하였고, 동시에 에조(蝦夷: 아이누)의 마쓰마에(松前)씨까지 포함한 전국의 다이묘들이 이곳 나고야에 參陣하여 임진왜란의 전쟁태세에 돌입하게 된다.[28]

3. 임진왜란 중의 대마도의 조선 교섭

왜란 중 대마도의, 즉 대마도주 종의지의 조선과의 교섭은 그를 거느리고 있던 유키나가를 통해 대부분 표출되었다. 그러므로 이하에서는 유카나가의 교섭을 중심으로 검토해 보기로 한다.

1592년 2월 말, 히데요시는 조선 침략에 앞서 유키나가와 종의지를 먼저 조선에 파견하여 그 동향을 살펴보게 한다. 아울러 기요마사에겐 조선으로부터 10~20리 떨어진 섬에서, 규슈와 시코쿠 다이묘의 군대는 이키(壹岐)와 대마도에서 대기하며 유키나가와 종의지의 신호를 기다리라고 명령했다. 그러나 이것은 종의지가 조선을 더 설득해 보겠다는 지연작전에 히데요시가 응한 것에 지나지 않는다. 종의지는 마지막까지도 '가도입명' 요청을 조선이 수락하길 막연하게 기대하고 있었다.[29]

히데요시의 명령과는 다르게 그 2월 말, 유키나가나 종의지는 조선에 건너가지 않고 있었다. 유키나가는 3월 12일에 가서야 이키·히라도·아리마(有馬)·오무라(大村)의 군사를 이끌고 대마도의 이즈하라(嚴原)로 건너갔다.[30] 기요마사 등 제2군에 대한 히데요시의 지시는 1월의 경우엔 이키·대

---

27) 笠谷和比古·黑田慶一, 앞의 책, 36쪽.
28) 北島万次, 『加藤淸正』, 吉川弘文館, 2007, 2쪽.
29) 北島万次, 『豊臣秀吉の朝鮮侵略』, 吉川弘文館, 1995, 36쪽. 임진왜란 중의 강화교섭에 대해서는 金文子, 앞의 책, 제2장 「朝鮮侵略の進展と軍事·外交折衝」에 상세하다.
30) 덴케이, 『西征日記』 天正 13(1592)년 3월 12일. 이 기록은 유키나가의 군대에 從軍한 妙心寺(臨濟宗)의 外交僧 덴케이의 陣中日記이다. 이와 관련해서는 김문자,

마도에서의 待機였으나, 2월엔 조선에 더 가까운 섬에서 대기하라고 하고
있다. 그러므로 유키나가와 종의지의 제1군으로선 더 이상 지연작전으로
버틸 수 없게 되었다. 결국은 후속으로 오는 제2 제3군에 밀리는 형태로
유키나가의 제1군은 부산으로 육박하게 되었다.[31]

1592년 4월 13일 저녁, 유키나가와 종의지의 제1군 선단이 바다를 뒤
덮으면서 부산포에 육박했다. 이때 제1군 병력 18,700명 중 유키나가는
7,000명, 종의지의 군대는 5,000명을 점하고 있었다. 덴케이(天荊)의 『西征
日記(세이세이닛키)』는 "병선 700 여척 辰時에 오우라(大浦)를 출발하여 申
時가 끝날 즈음 부산에 도착했다." 고 적고 있다.[32] 부산포에 상륙한 종의
지가 부산진 첨사 정발에게 '假道入明'을 요구하자 정발은 이를 거부했고,
다음날 항전 끝에 부산진이 함락되었다.

4월 15일 유키나가와 종의지가 동래성을 포위하였다. 그리고 나무판자
에 "싸우려면 싸우고 싸우지 않을 것이면 길을 빌려달라." 고 써 보였고,
이에 대해 동래부사 송상현은 "싸워 죽기는 쉬우나 길을 빌려주는 것은 어
렵다."는 답을 써 응답했다. "송상현은 갑옷 위에 朝服을 입고 의자에 앉아
움직이지 않았다. '島倭' 平成寬은 일찍이 동래에 왕래하면서 상현의 대접
을 후하게 받았었다. 이때에 이르러 그가 먼저 들어와 손을 들고 옷을 끌
며 빈틈을 가리키며 피하여 숨도록 하였으나 상현이 따르지 아니하였다.
적이 마침내 모여들어 생포하려고 하자 상현이 발로 걷어차면서 항거하다
가 마침내 해를 입었다, 고 전한다.[33]

송상현이 사망하자 시게노부가 이를 보고 탄식하며 시신을 棺에 넣어 성
밖에 묻어주고 푯말을 세워 식별하게 하였다고 한다. 송상현의 賤人 출신

「壬辰倭亂期 일본사료연구 – 풍신수실의 조선침략관련 사료를 중심으로 – 」 『한
일관계사연구』 30, 2008, 468쪽을 참고.
31) 北島万次, 앞의 책, 37쪽.
32) 덴케이, 앞의 책, 天正13(1592)년 4월 12일.
33) 老峯 閔鼎重, 『泉谷集』 「泉谷先生集卷之二, 附錄, 壬辰遺聞」, "戰則戰矣. 不戰則
   假道. 象賢亦以木牌書戰死易假道難六字. (후략)."

첩이 적의 더럽히려 함에 굴하지 않고 죽자 대마도인들이 그녀를 의롭게 여겨 송상현과 함께 매장하여 주었고, 또한 良人 출신의 첩이 잡혀서도 끝까지 굴하지 않자 공경하여 別室에 두었다가 마침내 풀어주었다고 한다."[34]

동래성을 함락한 유키나가의 제1군은 양산 - 밀양 - 대구를 거쳐 4월 25일엔 상주를 점령하고, 사흘 후인 28일 탄금대에서 신립의 기병을 격파한다. 29일 충주에서 기요마사의 제2군과 합류한 유키나가는 서울 진격로로 여주를 경유해 서울 동대문으로, 기요마사는 죽산을 거쳐 남대문으로 진격하기로 하였다. 그리고 5월 3일 유키나가에 이어 기요마사가 서울에 무혈 입성한다.

서울에 들어온 일본군은 조선 각지 점령을 분담한다. 경상도는 모리 테루모토(毛利輝元), 전라도는 고바야카와 다카카게(小早川隆景), 충청도는 후쿠시마 마사노리(福島正則), 강원도는 모리 요시나리(森吉成), 경기도는 우키타 히데이에(宇喜多秀家), 황해도는 구로다 나가마사(黑田長政), 함경도는 기요마사, 평안도는 유키나가가 主將의 다이묘로 하여 침입·경략하기로 하였다. 그 목적은 우선 조선 전역을 명 정복의 발판으로 굳혀, 군량으로 조세를 징수하고, 부산과 의주 사이의 병참선을 확보하는 것에 있었다.[35]

5월 14일, 임진강을 사이에 두고 조선군과 대치하고 있을 때 유키나가의 從軍僧 덴케이가 시게노부의 명의로 "조선국왕은 서울로 돌아와 日明間의 화의 알선에 임할 것"을 조선측에 권고하는 서한을 작성한다. 그러나 기요마사의 군대가 조선측과 전투에 나서려고 하자 이를 중지한다.[36]

덴케이는 외교와 文筆의 솜씨를 가지고 유키나가의 제1軍에 종군한 승려였다. 그는 일찍이 1577년과 1587년에 외교승으로서 조선에 건너갔던 경험을 가지고 있었다. 그리고 이번 종군하는 중에 이미 4월 23일 경북 仁同에서 조선 농민들에게, 일본군은 난폭하게 굴지 않을 것이니 각자 집에

---

34) 『선조수정실록』 25년 4월 14일(계묘).
35) 「高麗國八州之石納覺之事」 「加藤文書」.
36) 『西征日記』 天正25년 5월 14일.

돌아가 농경에 전념할 것이라는 종의지 명의의 榜文을 제작하고 있었다.[37]

5월 15일 기요마사가 임진강변에 진을 친 군대를 뒤로 물렸으므로 덴케이는 작성했던 서한을 조선측에 건넸다.[38] 그 요점은 다음과 같다.

①우리는 조선과 강화를 맺으려 한다. 일본국이 임진강 南岸에 있으면 조선측이 이를 의심할 것이므로 우리들이 우선 군사를 물리겠다.

②우리는 지금까지 여러 번 조선에 가서 '成敗件'을 진술했으나,[39] 조선측이 이를 듣지 않았다. 그래서 지금처럼 조선의 패망을 보기에 이르렀다. 히데요시는 그저 조선에 길을 빌려 명에 복수하려고 한 것이며, 그것은 저번에 통신사에게 자세히 고했을 터였다.

③그러나 조선측은 이를 듣기는커녕 나라의 변방을 폐쇄하고 우리들에게 길을 열지 않고 싸움을 걸어왔다. 그 때문에 일본군이 이를 공격하여 결국 尙州까지 오고만 것이다. 그곳에서 조선측에 서한을 보냈지만, 국왕은 답장은커녕 서울을 빠져나가고 말았기에 서울에 입성한 것이다. 그러한 까닭으로 조선을 멸망시키는 것은 조선 자신이지 일본이 아니다.

④우리는 조선국왕이 서울로 돌아와 日明강화를 중재하는 것이 상책이라 여긴다. 그리되면 우리는 군사를 돌려 기다릴 것이다. 만약 의심된다면

---

37) 北島万次, 앞의 책, 56쪽.
38) "日本國差來先鋒秘書平調信, 謹啓朝鮮國執事足下, 臣今日來于此, 退吾軍者無他, 爲講和, 軍士在渡口, 則貴國之人疑之, 故先退兵矣, 臣先是屢使于貴國, 陳以成敗之事, 貴國不聽臣之言, 今也至敗亡, 蓋吾殿下假道於貴國, 復怨於大明, 去歲審告貴國通信使, 臣亦達書於廷下, 雖然貴國藩臣梗邊, 以不通吾道路, 加之動干戈, 於是乎, 吾軍擊破之, 遂到尙州, 奉書於廷下, 不敢賜回敎, 却聞國王已出洛陽矣, 於是諸將之兵入洛陽, 由是觀之, 夫滅朝鮮者朝鮮非日本, 亮察亮察, 臣竊慮之, 還國王之駕於洛陽, 以講和於大明, 則貴國之策莫良焉, 如此則解吾軍陳, 待命於畿外者必矣, 若疑之, 出質子以爲證, 然則日本之與大明和親, 貴國亦復國, 不然貴國長失國, 亦未可知也, 伏願足下執計之, 今日在江邊, 以待回翰速送之, 自愛不宣."(『西征日記』 天正25년 5월 15일).
39) '成敗할 일'이란 1591년, 겐소와 시게노부가 조선통신사를 배웅하여 조선에 건너가, 조선측에 '가도입명'을 요구하고 이것이 수용되지 않으면 전쟁이 일어난다고 한 일을 가리킨다(北島万次, 앞의 책, 54쪽).

인질을 보내겠다. 일본과 명과의 화친이 성립된다면 조선 또한 나라를 부흥시킬 수 있을 것이다. 그렇지 않으면 나라를 잃게 될 것이다.

이 서한에 대해 조선측은 임진강변에서 죽는다 해도 일본측 요구에 응할 수 없다고 일축했다.

이에 덴케이는 16일 다시 서한을 보내 다음처럼 명과의 강화 알선을 요구했다.[40)

①우리는 조선에 강화를 신청하고 있지만 지금까지의 경위에서 조선측이 이를 믿지 않는 것은 당연하며 그 때문에 군대를 물리겠다.

②일본군은 서울에 들어왔지만 강화를 바라고 있다.

③히데요시는 조선의 길을 빌려 大明을 치려고 하는 것이다.

④그러나 조선에 온 일본 장수들은 곧장 명에 들어가려고는 생각지 않고 우선 조선과 화친하여 조선의 중개와 알선에 의해 명과 강화하는 것을 희망하고 있다. 그리되면 조선·일본·중국 세 나라는 평안하게 되어 일본의 장수들은 고통을 면하게 되고 백성들은 소생하게 된다.

⑤히데요시도 또한 조선과 절교하려고는 생각지 않는다. 그럼에도 조선은 교린의 도리를 잃고 일본군을 거부했기 때문에 일본은 군사를 움직이는 결과가 되었다.

⑥자신은 일찍이 조선으로부터 관직을 받아 큰 은혜를 입었으므로 감히 일본의 장수들보다 먼저 이 일을 충고하는 것이다.

이번의 서한은 이전의 것보다는 다소 은근한 표현이었으나 내용엔 변함

---

40) "再啓, 昨日呈愚書以陳講和之事, 貴國不信之亦宜哉, 吾軍經万里風波之難, 江山之險, 直入洛陽, 今也無故而欲講和, 貴國不信亦宜哉, 臣, 爲貴國解之, 吾殿下欲假道而擊大明, 雖諸將奉命來于此, 不欲自此經數千里入大明, 是故先與貴國和親, 而後爲借貴國一言, 以講和大明也, 貴國亦以一言大明, 講和於日本, 則三國平安, 良策莫良焉, 諸將免勞, 萬民蘇甦, 是吾諸將之議也, 殿下亦不欲與貴國絕交, 貴國失隣好之道, 拒吾軍, 故吾軍亦動干戈而已, 臣, 虛受貴國大職, 豈忘鴻恩乎, 奉國命, 以先諸將, 因不獲止也, 今也傾盡肝胆, 陳縷々, 足下察之, 尙不信之, 則是亦可也, 傳義智·行長兩人一紙之書, 自愛不宣, 年號·月·日名"(「西征日記」天正二十年五月十六日).

이 없었다. 이를 받은 조선측은 승정원에 전하여 회답하겠다고 전했으나 정식 회답은 하지 않았다.[41]

1592년 5월29일, 임진강을 건넌 일본군은 이날 개성을 함락한다. 그리고 6월 1일 유키나가와 종의지는 조선 '三大閣下'(삼정승) 앞으로 보낸 서한에서, 명 정복에 가담하든가 명과의 화친을 알선하든가를 강요하고 있다. 그 내용은 『선조실록』 25년 7월 1일(무오)조에 있다. 그 요점은 다음과 같다.

①이전에 임진강에서 조선측에 화의를 신청했으나 회답이 없었을 뿐만 아니라, 조선군은 싸워 자웅을 겨룰 것으로 결코 응할 수 없다고 도발하였다. 이에 일본군은 곧 임진강을 도하하였고 조선군은 도망가 버렸다. 이런 조선군이 어찌 일본군을 이기려고 할 것인가? 급기야 일본군은 여기에 이르렀다.

②조선은 일본의 명 정복에 가담하든가, 日明間의 화의를 알선해 주든가 희망한다. 조선국왕이 서울로 돌아오든가 평안도에 머물 것인가는 국왕이 스스로 결정할 일이다.

③일본의 장수들은 조선 팔도에 나눠 주둔하기에 이르렀는데, 조선의 일을 잘 알지 못한다. 종의지는 선대 이래 조선에 은혜를 입고 있고, 조선을 아주 잘 이해하고 있어 평안도에 들어가는 것이 적임이다. 부디 우리들의 소망을 들어주기 바란다.

이 서한에 대해서도 조선측은 기만전술에 불과한 것으로 무시했다.

이후 북상을 계속하던 유키나가와 종의지는 대동강변에 도달하자 다시 시게노부를 파견하여 대사헌 이덕형에게 회담을 신청했다. 그리하여 6월 9일 겐소와 시게노부가 대동강에 배를 띄워 이덕형과 회담하게 되었다. 겐소가 말했다. 일본은 조선의 길을 빌려 '중원'에 조공하고 싶어 했지만 조

---

41) "昨日所作之書及兩人一紙之書, 三封一手, 傳之鮮軍, 棹小舟來受書, 未刻甲士一人 泛舟來日, 吾濟小生, 私不能呈回報, 轉啓承政院, 以呈回報兩國本無怨讎, 孰不欲 講和, 期三日歸矣."(「西征日記」 天正二十年五月十六日).

선이 허용하지 않아 이러한 사태를 맞이했다. 지금 다시 한 길을 빌려 '중
원'에 도달한다면 조선은 무사할 것이다. 일본은 조선과 전쟁하려는 것이
아니다. 지난번 동래·상주·용인 등지에서도 여러 번 서한을 보냈으나 조선
에서는 답하지 않고 무기로써 대하기에 우리들이 결국 여기에까지 이르게
된 것이다. 원컨대 판서 이덕형은 국왕을 모시고 이 지방을 피하여 우리가
요동으로 가는 길을 열어 달라. 이덕형이 대답하였다. 일본이 만약 중국만
을 침범하려고 하였다면 어찌 浙江으로 가지 않고 이곳으로 왔는가? 이것
은 실로 우리나라를 멸망시키려는 계책이다. 明朝는 우리나라에 있어서 곧
부모와 같은 나라이니, 죽어도 그러한 요구를 들어 줄 수 없다. 이리하여
회담은 곧 결렬되었다.[42]

　　1592년 9월 1일, 조선에 온 심유경은 평양성 북쪽 강복산 아래서 유키
나가와 회담했다. 유키나가는 심유경에게 일본이 군사를 낸 경위에 대해,
일본은 명에게 책봉과 通貢을 하고자 한 것이라 핑계댔다. 이에 대해 심유
경은 여기는 명의 땅이므로 일본군이 물러나, 이후 明朝의 분부를 받들어
야 할 것이라고 말하였다. 이에 지도를 보이며 분명히 여긴 조선의 땅이라
고 하는 유키나가의 반론에, 평상시에 여기는 명 황제의 조서를 받드는 곳
이라서 많은 宮室이 있으며, 이에 조선의 땅이라 해도 '上國'(명)의 변방이
므로 여기에 머물러선 안된다고 물리쳤다. 그런 후에 유키나가의 封貢 요
구엔 황제의 허가가 필요하다고 말하고, 나아가 조선은 '明의 堺'='門庭'이
므로 이곳에서 일본군은 물러나야 할 것이라고 권고했다. 이 권고에 유키
나가는 "다만 평양에서 물러나는 것을 허락하고 대동강으로 경계를 삼자",
"대동강을 가지고 경계로 삼고, 평양 以西는 다 조선에 귀속시키자", 라고
반박했다. 평양에서 퇴각한다 해도 대동강 以東을 일본의 영역으로 하겠다
는 것이다. 이 평양성 회담의 결과 유키나가가 요구한 封貢에 대해 심유경
이 명 황제에게 그 허가를 요청하기 위해 50일의 기간이 필요하다는 것으

---

42)『선조실록』25년 6월 9일(정유), 7월 1일(무오).

로 停戰협정이 맺어졌다.[43)]

이리하여 시간을 번 明은 조선에 파병할 준비를 진행할 수 있게 되었다. 그후 12월 다시 평양성을 방문한 심유경은 유키나가에게, 너의 나라가 진실로 通貢을 원한다면 어찌 반드시 길을 조선에 빌리는가? 通貢은 옛 길인 寧波를 택해 그 규정에 따라야 할 것이라고 하고 있다. 그리고 조선의 두 왕자를 석방하고 철병할 것을 요구했다. 이에 유키나가는, 다만 평양성은 上國에 주고 대동강 以東은 일본이 차지해야 할 것이라 앞서의 주장을 반복했다.[44)]

1593년 1월 8일 명제독 이여송이 명군과 조선군으로 평양성을 공격하여 유키나가의 제1군을 패퇴시키게 된다. 그러나 1월 27일 서울 북방의 벽제관에서 일본군에게 패배한 이여송은 심유경의 화의공작에 관심을 기울이게 되었다. 그 직후인 2월 12일 권율이 행주산성에게 일본군을 격퇴시키고 있다.

이어 3월, 서울 용산의 일본군 군량창고가 명 경략 송응창의 비밀지령으로 불타게 되자 유키나가는 강화도에 있던 倡義使 김천일을 통해 명측에 회담을 제의했다. 이에 3월 15일 유키나가와 심유경의 회담이 시작되었다.

---

43) 『선조수정실록』선조 25년 9월 1일. 「惟敬至平壤, 執禮甚卑, 行長給曰『天朝幸按兵不動, 我不久當還, 以大同江爲界, 平壤以西盡屬朝鮮耳』, 惟敬以聞」(「明史」列傳·朝鮮). 「惟敬, 輒唱封貢議, 要倭退兵, 平行長止許退出平壤, 以大同江爲界」(「兩朝平攘録」). 「九月, 大明ノ遊擊將軍沈惟敬, 順女ニ到リ, 書ヲ義智·行長ニ馳テ問フ, 朝鮮何ノ虧負スル事有於日本, 何ノ擅ニ師旅ヲ興スト, 義智·行長, 其書ヲ見テ, 即チ回報シ, ヲ見テ事ヲ議セン事ヲ求ム, 惟敬赴之, 義智·行長, 蘇長老等ヲ奉テ出テ, 城北十里ノ外, 降福山ノ下ニ會ス, 惟敬ニ告ルニ, 秀吉公, 朝鮮ヲ位スル故ヲ以ス, 惟敬乃チ義智·行長ト和好ヲ議シ, 因テ約シテ曰ク, 吾歸テ聖皇ニ報シ, 處分有ヘシ, 五十日ヲ以テ爲期日, 日本人平壤西北十里ノ外ニ出テ搶掠スル事ナカレ, 朝鮮人十里ノ内ニ入テ日本人ト鬪フ事ナカレト, 乃チ地界ニ木ヲ立, 禁標ト爲去ル, 義智·行長歸城, 兵ヲ斂メ不動, 既ニシテ五十日ヲ過レトモ, 惟敬不到, 於是義智·行長, 大ニ城ヲ攻ルノ具ヲ修シ, 兵ヲ發テ直ニ進ントス」(「朝鮮郵轄記」).
44) 『선조수정실록』25년 11월 1일, 『선조실록』25년 12월 3일(기축).

심유경은 먼저 두 왕자와 陪臣의 석방을 재촉하고 군사를 남쪽으로 퇴각시키면 히데요시를 책봉하는 封事가 성사될 것이라고 종용했다. 4월 초순 유키나가와 기요마사가 재차 용산에서 심유경과 회담하였고 그 결과, 두 왕자와 배신을 조선에 돌려주고 일본군은 부산포로 퇴각하되 개성에 주둔해 있는 明軍도 이에 맞추어 귀국할 것, 그런 연후에 명측에서 和議 사절을 일본에 파견할 것 등이 결정되었다.[45)]

4월 19일 일본군이 철수할 때 명경략 송응창 수하의 徐一貫 등을 화의 체결을 위한 '明사절'로 위장하여 나고야에 머물고 있는 히데요시에게 보내기 위해 일본진영에 합류하였고, 이 사실을 모르는 유키나가는 이들을 데리고 남하했다.[46)] 그리고 5월 15일 이들이 나고야(名護屋)에 도착했다.[47)]

나고야에서 겐소가 '명사절'과 절충을 벌이게 된다. 그 요점은 첫째, 일본군이 전라도 경상도 兩岸에 거점을 구축하고 주둔하고 있는 이유에 대한 설명이었다. 그것은 日明 화의 절충에 반대하는 조선측이 진주성 등을 거

---

45) 『선조수정실록』 26년 4월 1일, 「爰に至て惟敬又朝鮮に來り, 李如松に對面し, 石司馬(明兵部尚書 石星)か意をのべて, 日本と和議を結ふへき由を語り, 又小西か所へ來りて相議す, 去年小西か好ミける七ケ條の內, 第四にハ大明より太閤を日本國王に封すへきとの儀也, 小西三奉行を初めとして, 朝鮮の在陳苦勞なれば, いか樣にもして和議をとゝのへ, 軍をやめて日本へ歸らんと思ひし故, 此一事を申ちかへ, 太閤を大明の王に封すへしと日本へ申達する, 其上朝鮮の二王子を返し給ハゝ, 朝鮮八道の內, 四道を差上, 日本の帝王を大明の天子の朝に成しまいらすへきと沈惟敬申由, 小西并三奉行より申上るに付て, 太閤喜悅し給ひ, 其儀ならハ, 軍をやめて和睦すへしとて, 朝鮮在陳の人々へ被仰遺けるハ, 日本人よりこのミたる七ケ條大明へ同心する上は, 加藤主計頭生捕し朝鮮の二王子并臣下をも送り返すへし, 朝鮮の王城に有日本勢, 先釜山浦迄引取へし, 又開城府を守る李如松も日本勢王城を出ハ, 同しく軍勢を不殘引つれ開城府を退て大明へ歸るへしと定めらる」(「黑田家譜・朝鮮軍記」).

46) 『선조수정실록』 26년 4월 1일. 「沈惟敬, 王城ニ至リ, 義智・行長ト和親之事ヲ語ル, 諸將其議ヲ然トス, 於是, 大明徐一貫・謝用梓, 行長ノ營ニ來リ和ヲ議ス, 義智・行長, 沈惟敬・徐一貫・謝用梓ヲ携へ, 同月十九日, 諸將ト同ク王城ヲ發ス, 」(「朝鮮陣記」).

47) 『時慶卿記』 文祿2년 6월 1일.

점으로 일본군을 추격하려고 도모하기 때문이라 하고 있다. 조선측의 이러한 획책은 화의 절충에 장애가 되며, 명은 그러한 조선을 응징하여 성의를 보여야 할 것이다. 그리되면 일본은 명의 속국이 되어 그 선구로서 韃靼을 伐하여 이를 명의 장악하에 두게 하겠다는 것이었다. 물론 달단을 끄집어 낸 일본의 이러한 논리는 '명사절'에 의해 묵살되었다. 둘째, 일본이 조선에 군사를 낸 동기에 대한 설명이었다. 히데요시는 원래 명에 신의를 통하려고 했는데, 조선은 1590년 통신사를 파견하여 그 알선을 일본에 약속했음에도 불구하고 3년을 기다려도 그 답이 없었다. 이에 히데요시는 그 진심을 명 황제에게 陳情하기 위해 하는 수 없이 군사를 일으킨 것으로 明을 범하려고 한 것이 아니었다. 그런데 조선이 중국으로 향하는 길을 차단했기 때문에 일본은 조선을 치게 되었다고 변명하고 있다. 여기에서 겐소의 첫번째 논리는 진주성을 공격하여 전라도에로의 진격을 염두에 둔 히데요시의 포석이라 할 수 있다.[48]

1593년 6월 28일 히데요시는 '명사절'에게 다음과 같은 7개조를 강화조건으로 제시한다. 첫째, 명나라 皇女를 '日本帝王'의 后妃로 보낼 것. 둘째, 勘合무역을 부활시킬 것. 셋째, 명나라와 일본이 수호를 위해 각서를 교환할 것. 넷째, 조선의 남부 4도(충청, 전라, 경상, 강원)를 일본에 할양할 것. 다섯째, 조선의 왕자와 대신을 인질로 보낼 것. 여섯째, 조선의 두 왕자를 석방한다. 일곱째, 조선의 權臣으로 하여금 일본을 배신하지 않겠다는 서약을 하게 할 것.

그 직후 徐一貫 등 '명사절'은 귀국길에 올랐으나 히데요시의 7개조 조건은 황제에게 비밀로 하였다. 그런 와중에 이미 히데요시의 명령에 의해 일본군은 9만 여의 병력을 동원하여 진주성을 함락시키기 위해 이동했고 6월 21일엔 진주선을 포위하기에 이르렀다. 급기야 29일엔 진주성이 함락되었다. 그리고 7월 5일엔 전라도 구례를 焚蕩하고 7일엔 곡성을 휘저으며

---

48) 北島万次, 앞의 책, 150~152쪽.

남원으로 진군할 태세를 보였다. 이에 대해 명과 조선의 군대가 남원 지원
에 나서자 일본군은 진주로 되돌아왔다. 이후 일본군은 조선 南岸에 성곽
을 구축하여 장기 농성에 들어갔다.

한편 1593년 6월 말, 유키나가는 심유경과 획책하여 家臣 나이토 죠안
(內藤如安)을 거짓 항복사절로 내세워 '納款表'를 지참하여 명 황제에게 파
견하기로 했다. 여기엔 종의지의 가신 소다시로베 나오히사(早田四郞兵衛
尙久) 등 30명 정도가 동행했다.[49] '납관표'란 항복한다는 表文을 의미한
다. 나고야에 간 '명사절'이 僞使였듯이 일본측도 거짓의 '항복사절'을 준
비하게 된 것이다. 이들 '항복사절'은 7월 8일 심유경에게 이끌려 서울에
도착했다. 그리고 9월 초순엔 평양을 경유하여 요동에 이르렀으나, 현지에
머물러 있던 명 經略 송응창이 화의 실현을 위해서는 '關白降表'가 필수라
고 하여 그들의 북경행을 제지시켰다. 이 때 이미 송응창은 경남 웅천의
유키나가에게 '관백항표'를 종용하고 있었다.[50]

이후 유키나가에 의해 명황제에게 내어질 날조된 '관백항표'는 『선조실
록』 27(1594)년 5월 24일(신축)조에 있다. 이를 정리하면 첫째, 일본은 明
朝의 赤子가 되려고 그 마음을 조선을 통해 명측에 전하려 했으나 조선이
묵살해 버렸으므로, 히데요시는 이를 노여워하여 군사를 일으켰다. 둘째,
평양에서 유키나가와 심유경은 정전협정을 맺어 유키나가는 이를 준수했
지만 조선은 전쟁을 걸어왔다. 셋째, 심유경과의 약속에 의해 일본은 성곽
과 군량 및 조선의 영토를 돌려주었다. 넷째, 히데요시는 명황제로부터 冊
封藩王의 名號를 받고 싶다. 그것이 허용되면 앞으로 藩籬의 신하로서 貢
物을 바치겠다. 이에 황제에게 죠안을 보내는 바 그는 일본측의 진의를 있
는 그대로 전할 것이다, 라는 것이었다.

---

49) 『선조수정실록』 26년 8월 1일. 나이토 죠안을 조선이나 명의 기록에선 小西飛라
　　표기하고 있다.
50) 『선조실록』 26년 9월 3일(갑인)·12일(계해)조, 윤11월 4일(갑신) ; 『선조수정실록』
　　26년 8월 1일.

1594년 12월 7일 죠안 일행은 북경에 도착하였고 이틀 뒤엔 황제를 알현했다. 그러자 명 병부는 죠안에게 다음 같은 세 가지를 요구했다. 첫째, 부산 주둔 일본군은 대마도에 머물지 말고 각자의 領地로 완전 귀환할 것, 둘째, 히데요시에게 책봉은 하되 조공은 허락하지 않을 것, 셋째, 일본은 조선과 修好하고 똑같이 명의 속국이 되어 조선을 침범하지 말 것. 이에 대해 죠안은 준수하겠다고 서약했다.[51]

'관백항표'에 의거해 명황제의 책봉사 李宗城과 楊方亨이 북경을 떠난 것은 1595년 1월 30일, 이들이 서울에 도착한 것은 4월 27일이었다. 그리고 渡日에 앞서 양방형이 거창으로 내려가 일본군의 완전 철수를 요구했으나 거부되었다. 10월 12일 부산포의 일본진영에서 양방형은 유키나가·겐소와 회견했다. 거기서 양방형은 일본군이 조선 남안으로부터 철수하지 않으면 화의는 성립되지 않을 것이라고 철수를 종용했다. 11월 말 책봉 정사 이종성이 부산포의 일본진영에 합류했다. 그리고 12월 1일, 유키나가와 겐소 등이 책봉사에게 예를 표하고 명 황제의 히데요시에게 내린 金印과 誥命을 배견했다. 그러나 渡日을 앞에 둔 1596년 4월 정사 이종성이 正使職을 팽개치고 도망가는 사태가 벌어졌다. 이에 5월 양방형을 정사로, 심유경을 부사로 하여 책봉사가 도일하게 된다. 심유경이 먼저 오사카로 향하고 6월 중순 양방형도 대마도로 떠났다. 그리고 책봉사측의 강요로 임기응변식으로 구성된 조선의 통신사 황신 일행이 이를 뒤따랐다. 통신사와 양방형이 대마도에서 합류하는 것은 1596년 윤7월 10일이었다.[52]

명 책봉사가 오사카성에서 히데요시에게 황제의 誥命과 金印 및 관복을 하사하는 것은 1596년 9월 1일이었다. 그러나 이튿날 연회 석상에서 명황제의 고명 내용에 히데요시의 7개조 화의조건에 대해 아무런 언급이 없이 그저 히데요시를 일본국왕에 임명한다는 것에 머무르고, 책봉사로부터 조

---

51) 北島万次, 앞의 책, 174쪽.
52) 北島万次, 앞의 책, 176~178쪽.

선에서의 완전 철수를 재촉 받기에 이르자 히데요시는 격노하여 책봉방식
을 통한 강화를 무산시켰다. 그는 무엇보다 조선 중남부 4개도의 할양을
기대했을 터였으나 이것이 완전 무시된 것이다.[53]

1596년 9월 7일 히데요시는 조선 재침의 뜻을 명확히 하였고, 1597년
2월엔 14만 여명의 침략군을 재편하여 정유재란을 일으켰다. 그런데 정유
재란 직전 유키나가와 시게노부가, 조선 왕자나 王弟를 인질형태로 貢物을
지참하여 히데요시에게 강화를 요청하는 방법을 조선측과 교섭하여 전쟁
재발을 중지시키려 했었다. 그러나 조선이 끝내 거부하자 히데요시는 조선
재침략을 단행하게 된다.[54] 정유재란 과정에서 유키나가와 종의지에 의한
주목되는 강화교섭은 보이지 않는다. 그런 가운데 1598년 8월 18일 히데
요시가 사망하자 일본군의 전면적인 조선 철수로 이어진다.

4. 강화 교섭기 대마도의 조선 교섭

임진왜란기 강화교섭권은 유키나가·기요마사, 그리고 말기엔 시마즈
요시히로(島津義弘)가 가지고 있었다. 당시 대마도주 宗氏의 조선에 대한
강화교섭은 유키나가의 그것에 부속되어 있었다. 그렇지만 대마도주와 그
家臣 시게노부 또한 조선에 서계를 보내는 것이 가능했다. 그것은 애초부
터 가지고 있던 무역에 관한 교섭권에 유래하는 것이라 할 수 있다.[55] 아
니, 무엇보다도 임진왜란 이전부터 있었던, 계해약조(1443년) 이래 조선과
의 '約條'관계의 관행에서 가능했을 것이다.

일본의 강화교섭은 1598년 겨울부터 시작되었다. 즉 1598년 도쿠가와
이에야스(德川家康) 등으로부터 조선과 화호를 재개하도록 명령받은 대마
도주는 그해 겨울 사자를 파견하여 교섭을 시작하고 있다.[56] 다음 해인

---

53) 島津亮二, 앞의 책, 158~163쪽 ; 金文子, 앞의 책, 103쪽.
54) 金文子, 앞의 책, 114~149쪽 ; 島津亮二, 앞의 책, 173~174쪽.
55) 李啓煌, 『文祿·慶長の役と東アジア』, 臨川書店, 1997, 232쪽.

1599년 7월 시게노부 명의의 서계에서, 이번에 明將의 인질과 差官 및 조
선 피로인을 송환하지만, 앞으로도 '和好'를 위해 적극적으로 조선 피로인
을 송환할 것이라고 약속하고 있다. 또한 일본이 바라는 '和好'란 조선 使
臣이 渡日하는 것이라고 제시하고 있다.[57]

대마도측에 의한 이러한 피로인 송환을 통한 강화 요청은 1600년이 되
면 더욱 구체화된다. 즉 2월에는 57명의 피로인을 송환하면서 서한을 통
해, 4~5월까지 강화교섭에 관해 회답하지 않으면 7~8월에는 조선에 大軍
을 파견하겠다고 再侵의 가능성을 전면에 내걸어 강화를 요구하고 있다.
이때 송환된 피로인 방언룡도 일본 정세를 보고하여, 대마도는 이에야스
및 여러 다이묘의 강력한 요청에 의해 강화교섭에 임하고 있는 것이며, 일
본은 조선의 국서와 사신 파견을 바라고 있고, 이것이 달성되면 明의 인질
이나 조선 피로인을 적극적으로 송환할 예정이라고 일본측의 의향을 전하
고 있다.[58]

1601년 4월, 피로인의 송환과 함께 유키나가의 처형을 비롯한 세키가
하라(關原)의 전쟁 정보가 조선에 상세하게 전달되었다. 그리고 이러한 피
로인 송환이 이에야스의 허락에 의한 것이라는 점도 전해졌다.[59] 이후 일
본의 강화교섭의 주체는 이에야스이며 그의 의지에 의해 교섭이 전개되고
있음이 끊임없이 강조되고 있다.[60]

---

56) 홍성덕, 「壬辰倭亂 직후 日本의 對朝鮮 講和交涉」『한일관계사연구』 3, 1995,
   49쪽. 『通航一覽』 卷25의 「修好始末」에 수록된 몇 개의 사료를 보면 임진왜란
   이후 일본의 對朝鮮 강화교섭은 조선으로부터 일본군이 철수한 직후 이에야스의
   분부에 의해 대마도주인 宗義智가 시작했다고 한다.
57) 『선조실록』 32년 7월 14일(신유). 여기서 明將의 人質이란 일본군이 조선에서 철
   수할 때 明軍側이 停戰협정의 보장을 위해 보낸 자들을 말한다.
58) 『선조실록』 33년 2월 23일(정유)·24일(무술).
59) 『선조실록』 34년 4월 3일(경오)·5일(임신)·13일(경진)·25일(임진).
60) 한 예로 1602년 5월, '倭' 2명이 서한 5통을 지참하여 왔다. 서한에는 대마도주가
   이에야스에게 시게노부를 파견했다는 것, 그가 이에야스의 뜻을 받들어 돌아오
   면 즉시 다시 조선에 사절을 파견하여 보고하겠다는 내용이 들어있었다. 이에야

그러면 무엇 때문에 대마도가 강화교섭의 前面에 등장하게 되었을까? 이계황은 조선엔 당시 明軍이 주둔하고 있어 명과 조선군에 의한 대마도 응징의 위기를 회피하기 위해 강화교섭을 속행하려 했다고 분석하고 있다.[61] 외교교섭이 전쟁 회피의 수단이 될 수 있다는 속성으로 볼 때 적절한 분석이라 하겠다.

명군이 조선에서 철수한 이후의 대마도측의 교섭행위에 대해서는 1604년 초에 송환된 피로인 김광의 상소에서 그 이유가 나타나고 있다. 즉 대마도주나 시게노부가 '화호'를 성공시키고 싶어하는 까닭은, 대마도주가 원래 유키나가와 한편이었으나 세키가하라의 전쟁에서 유키나가가 패한 뒤로 대마도주는 '同黨之禍'에 빠질 위험이 있어 이를 회피하기 위해서라는 것이다.[62] 그러나 그 까닭만이 아닐 것이다. 조선과 오랫동안 '約條'관계에 있었고, 이미 히데요시 이전에도 3회나 무로마치 막부의 외교교섭을 대행한 적이 있었기 때문일 것이다.[63] 그러한 대마도를 이에야스가 외교교섭자로 장악하기 시작한 것이리라 여겨진다.

일정기간 조선은 일본측의 강화교섭이 대마도의 恣意에 의한 것으로 간주한 듯하다. 그러므로 대마도가 조선 피로인 송환에 성의를 다하면 和를 허용('許和')하겠다고 대응하게 된다. 조선측에서 볼 때 대마도에 대한 이러한 피로인 송환이란 조건 제시는, 임진왜란에서 대마도가 일본군의 길잡이(嚮導)役을 수행한 것에 대한 贖罪조건으로, 이를 대마도가 수행하면 그 반대급부로서 '허화'를 부여한다는 것이 된다.[64]

일본 정국을 장악한 이에야스가 막부를 개설하여 쇼군이 되는 것은 1603년 2월이다. 그러므로 막부 개설에 즈음하여 그의 조선에 대한 대마

스를 알현한 시게노부는 같은 해 6월경엔 대마도로 돌아온 듯하다(『선조실록』 35년 5월 4일[을축], 36년 정월 2일[기미조의 李時發의 장계).
61) 이계황, 앞의 책, 136쪽.
62) 『선조실록』 37년 2월 27일(무신).
63) 민덕기, 『조선시대 일본의 대외 교섭』, 경인문화사, 2010, 66쪽.
64) 민덕기, 『前近代 동아시아 세계의 韓·日관계』, 경인문화사, 2007, 142쪽.

도를 통한 강화교섭은 더욱 구체적인 것이 되어간다. 예를 들어 1602년 12월엔 세키가하라의 전쟁에서 이에야스의 東軍에 저항하다 패하여 도망갔던 시마즈 요시히로가 항복해 왔다고 대마도를 통해 알려왔다.[65] 또한 이에야스가 대마도주에게 강화교섭권을 전부 위임했다고 하며 '통신사'의 파견 요청을 하여 왔는데, 다음 해 봄까지도 '통신사'를 이에야스에게 파견하지 않으면 조선이 일본으로부터 禍難을 받게 된다고 협박하고 있다.

이때 파견된 다치바나 도시마사(橘智正)는, 강화의 결정은 명나라 권한으로 명나라가 이에 반대하고 있다고 조선측이 변명하자, 조선이 이에야스에게 사자를 파견하여 明의 '화호' 거부 의사를 전달한다면 일본으로부터의 禍難을 1~2년은 면할 수 있을 것이다, 라고 하여 조선의 사자 파견을 교묘하게 종용하는 한편, 이에야스의 조선에 대한 태도를 히데요시와 비교 평가하며 이에야스의 '화호' 요청에 응할 것을 요구하고 있다.[66]

대마도가 이에야스로부터 '화호'에 대한 교섭권을 완전하게 위임받았음을 명확하게 나타내고 있는 것은 다음처럼 1603년 6월로 이에야스의 '手押'(친필서명)에 의해서이다. 당시 도시마사가 아직 조선에 체류 중임에도 다시 대마도로부터 사자가 도항하고 있었다. 이 사자가 지참한 서한은 대마도주가 예조에 보낸 것으로, "두 나라의 화호건은 자신 이외엔 분부를 받은 사람이 없다. 이에야스가 手押에서도 이르기를 '대마도주 종의지는 이것으로 증험을 삼아 다른 사람들의 방해를 막도록 하라'고 말했다." 라고 적고 있다. 즉 대마도주를 對朝鮮 강화교섭의 전담자로 분부하는 '手押'을 시게노부가 이에야스에게서 받아 왔다고 강조하고 있다.[67]

---

65) 『선조실록』 35년 12월 5일(임진). 요시히로는 1602년 이에야스로부터 시마즈씨 존속의 용서를 받아 3남에게 藩主의 지위를 넘기고 은퇴했다. 이민호는 이 실록의 임진조를 들어, 대마도가 조선측에 내년 봄까지 통신사를 파견해 달라고 강청한 것은, 1603년 2월 征夷大將軍 취임에 조선 사절이 참석하면 이에야스의 정치적 권위와 실력을 인정해 주는 기회가 되기 때문에서라고 적극 평가하고 있다(이민호, 『조선 宣祖朝의 對日외교연구』, 남양문화, 1999, 76쪽).

66) 『선조실록』 36년 정월 2일(기미).

1604년 6월말, 사명당은 예조참의 成以文 명의로 '對馬州太守平公足下'
에게 보내진 서한을 지참하여 서울을 출발했다. 그 서한엔 히데요시의 책
봉 거부 前例로 명측이 일본의 '화호' 요청에 회의적이지만, 대마도의 피로
인 송환 등을 통한 조선에 대한 '革心向國'의 노력은 칭찬할만 하므로 '일
본'과는 차별하여 대마도와의 교류를 단절시키지 않을 것을 표명하고 있
다. 일본에 대해서는 '화호'에 대한 성의를 요구하고 그 誠心만이 明의 인
정을 받아 講和로 이어질 것이라고 말하고 있다.[68]

조선은 이 서한에서 마침내 부산에서의 교역을 대마도에 허용하겠다고
약속하고 있다.[69] '허화' 부여이다. 그러나 이하의 전개를 통해 알 수 있듯
이 대마도는 조선과의 교역재개에 전혀 나설 기미조차 보이지 못하고 있
다. '강화' 즉 조선의 '통신사'가 파견되지 않는 한 어떠한 대마도의 조선과
의 私的관계의 추진을 이에야스가 허용하지 않고 있었기 때문이다.

1604년 7월, 조선에 의해 사명당이 대마도에 파견되자 이에야스는 다
음해 2월 그를 교토로 불러 아들 히데타다(秀忠)와 함께 접견하고 있다. 당
시 10만의 군사를 사열한 가운데 접견을 했다 하니, 자신의 위광을 얼마나
사명당에게 과시하고 싶어 했는가를 알 수 있다. 그는 이때 대마도주에게,
머지않아 쇼군직을 히데타다에게 물려줄 것이므로 통신사를 반드시 새 쇼
군에게 파견하게 하여 禮를 표하게 하라고 명하고 있다.[70] 히데타다에게
쇼군직이 양위되는 것은 1605년 4월이다.

사명당 접견에 만족한 이에야스는 대마도주의 對朝鮮 교섭 독점을 재삼
확인해 주는 한편, 領地 2,800石을 더해 주고 3년 1회의 參勤交代를 허용
했다고 한다.[71] 이 시점에 이르러 대마도는 對朝鮮 외교에서 확고부동한

---

67) "兩國和好之事, 除義智外, 別無受命人之旨, 家康手押謂曰, 義智以之爲驗, 塞他妨
云云."(『선조실록』 36년 6월 14일[기해]).
68) 『通航一覽』 卷27에 해당 서한이 수록되어 있다.
69) "齎持物貨, 往來交易, 姑且許之."
70) "當年天下を秀忠公へ御讓あるへし, 朝鮮の使者, 此度は伏見へ來り御禮申すへし,
近年の內に急度信使を渡し, 秀忠公へ御禮申し上へし."(『通航一覽』 권27).

외교대행적 위치를 장악하게 되었다.

1605년 5월, 1,390명의 피로인을 대동하여 사명당이 귀국하였다. 그러나 조선이 기대했던 이에야스의 강화요청 서한은 가지고 오지 못했다. 이를 기대했던 조선은 일본측의 강화요청이 다시 대마도의 恣意에 의한 것으로 불신하여 對日관계에 소극적으로 임하게 된다.[72]

그러나 대마도측의 통신사 파견을 요청하는 사자가 이후에도 끊이지 않게 되자, 조선에선 이에야스에게 직접 서계를 지닌 差官을 파견하여 그 진의를 파악하고 동시에 일본 내정을 정탐하자는 논의가 거듭되었다.[73] 이에 대해 이에야스의 대마도를 통한 강화교섭 형태에 반하는 것이라고 대마도가 반발하자, 조선은 이하와 같은 '2件' 요구로 전환하게 되고, 대마도는 1606년 6월 이 요구를 수락하겠다고 답해 왔다.[74]

조선은 1606년 7월, '2건' 요구를 대마도에의 회답 서한에 정식으로 넣기로 하는 한편, 에도(江戸)行의 차관으로 선출되어 있던 전계신 일행을 그대로 대마도에 보내는 계획을 세웠다. 그리고 그들에게 대마도가 '2건'을 성실하고 정직하게 완수하도록 감독하고, 아울러 '賊情'을 정탐하도록 명하고 있다.[75]

'2건'의 하나는 '先爲致書'의 요구이다. 그것은 즉 이에야스가 먼저 강화를 요청하는 서한을 보내야만 조선도 이에 답하는 회답서한을 지참한 사절을 파견할 수 있다는 조건이다. 전쟁상황에서는 어느 쪽인가 먼저 상대국에 국서를 보내는 행위는 항복을 자인하는 것이라고 이해되고 있었다.[76]

---

71) 荒野泰典,「大君外交体制の確立」『講座日本近世史2 鎖国』有斐閣, 1981, 179쪽. 參勤交代란 전국의 다이묘가 에도에 격년으로 1년씩 거주하는 것을 말한다.

72) 민덕기, 앞의 책, 199~200쪽.

73) 민덕기, 앞의 책, 199~208쪽.

74) 『선조실록』 39년 7월 4일(신미)・6일(계유).

75) 『선조실록』 39년 7월 5일(임신).

76) 荒野泰典, 앞의 논문, 136쪽. 『선조실록』 39년 5월 13일(경진)조에도 일본측의 통신사 파견요청에 응하는 것은 '乞和'・'乞降'의 입장이 됨을 의미한다고 서술하

따라서 조선의 이에야스에 대한 서한 요구는, 일본이 임진왜란의 침략행위
를 사죄하지 않으면 강화에 응할 수 없다고 하는 강한 결의를 나타낸 것이
라고 할 수 있다.

'2건' 요구조건의 다른 하나는 '犯陵賊縛送'이다. '犯陵'이란 임진왜란
때 조선왕실의 능묘, 즉 성종과 貞顯왕후의 宣陵, 중종의 靖陵이 파헤쳐진
사건을 가리킨다. 조선은 이 범릉행위의 主犯을 일본군으로 간주하고 그
압송을 '2건'의 하나로서 요구하기에 이른 것이다.[77]

11월 초순, 부산 絶影島 해변에서 군사들이 시위하는 가운데 경상감사
유영순과 左兵使·左水使 등이 도시마사의 내항을 맞았다. 이때 도시마사
는 이에야스의 서한을 지참하고 '범릉적' 두 사람을 압송하여 왔다.[78]

이때 조선에 건네진 이에야스의 서한을 보면 대마도에 지금껏 강화교섭
을 명하여 온 것은 자신이었다고 밝히고 있다. 그리고 조선의 요구에 응하
여 서한을 보내는 것이라면서, '범릉적'건은 대마도주에게 전송시켰다며 '2
건'의 이행에 관하여 언급하고 있다. 또한 임진왜란의 침략행위에 대해서
는 이미 사명당이 일본에 왔을 때 '前代非'로서 표명한 적이 있다고 표현하
며, 조속한 통신사 파견을 요청하고 있다.[79]

도시마사로부터 '범릉적' 두 사람을 건네받은 조선은 그들을 곧바로 한
성으로 압송했으나 범릉행위를 그들이 일관되게 부정하자, 조정에서는 결
국 이들이 '범릉적'이 아니라고 단정하기에 이르렀다. 따라서 그 처리를 둘
러싸고 의견이 분분하였지만, '범릉적 박송'이란 명분을 얻었다는 입장을
중시하여 그 둘을 처형하고 있다.[80]

고 있다("先自送書於我矣, 賊之意, 正欲要我先遣使致書, 謂我爲遣使乞和, 或指稱
乞降納款等語, 誇張後世耳.").
77) 中村榮孝, 『日鮮關係史の硏究(下)』, 吉川弘文館, 1969, 265쪽.
78) 『선조실록』 39년 11월 12일(정축).
79) 『선조실록』 39년 11월 12일(정축).
80) 『선조실록』 39년 11월 19일(갑신), 좌부승지 박진원계 ;『선조수정실록』 39년
11월 1일조.

1606년 겨울로 접어들어 사절의 파견 준비가 착착 준비되어 갔다. 그러나 통신사 관련 기록이 다수 상실되어 있어 1590년 통신사 일행으로서 도일한 적이 있는 역관 박대근에게 물어 참고하는 둥하며 진척되어 갔다.[81] 마침내 회답겸쇄환사라는 이름으로 사절 명칭이 결정된 것은 그 파견의 8일 전인 1607년 1월 4일이었다.

이에야스가 조선의 '선위치서' 요구에 응하여 조선에 강화를 요청하는 서한을 내었다는 것에서 조선과의 강화가 이에야스 정권에게 매우 중대한 과제였음을 엿볼 수 있다. 히데요시 정권을 무너뜨리고 에도막부를 연 이에야스에게 조선과의 강화는 히데요시가 남긴 대외적 과제를 청산하는 것이 되며, 일본국내에서는 反이에야스 세력에 대한 막부의 정통성이 확보하는 것이 되기 때문이었을 것이다.[82] 그렇다면 이에야스의 대조선 교섭은 그 출발점부터 정치적 목적에서 비롯된 것으로 이해할 수 있을 것이다.

18세기 초의 학자 아라이 하쿠세키(新井白石)는 다음처럼 말하고 있다.

> 丁未(1607)年의 조선사절은 회답사라 일컬었다. 이는 이에야스가 보낸 서한에 답한다는 뜻이었다. 사절이 일본에 이르자 이에야스는 쇼군직을 히데타다에게 물려주었다. 그런 까닭에 일본도 회답하는 바 되어 조선에 먼저 서한을 보내는 것이 되지 않게 되었다.[83]

즉 조선이 이에야스의 서한에 의해 회답이라는 명분을 얻어 渡日할 수 있었던 것처럼, 이에 대해 일본도 이에야스가 아닌 새 쇼군 히데타다가 서한을 내는 방편에 의해 회답의 명분을 가질 수가 있었다고 논하고 있다.

---

81) 『선조실록』 39년 10월 25일(경신).

82) ロナルド・トビ, 「初期德川外交政策における『鎖國』の位置づけ」 社會經濟史學會 編, 『新しい江戶時代史像を求めて』, 1977.

83) "按丁未之聘, 號曰回答使, 蓋言其報神祖(家康)所遣之書也, 使者到日, 神祖傳位, 德廟(秀忠)報書, 故我今所報, 非彼所遺."(新井白石「國書復號紀事」『新井白石全集』國書刊行會, 1905, 3권 所收.).

하쿠세키의 논리처럼 히데타다에게는 조선이 먼저 강화를 요청하는 국서와 사절을 파견한 셈이 된다. 그런데 여기서 이에야스의 쇼군직 양위는 이에야스에게 보낼 조선의 회답을 회피하기 위해 강구된 것이라고 하쿠세키가 추정하고 있는 점이 특히 주목된다. 쇼군 양위가 對조선용이 되기 때문이다.

이렇게 볼 때 대마도가 일본측의 대조선 교섭을 대행하지 않으면 안 되었던 이유는 대마도가 아닌 이에야스에게 있었음이 명확해진다. 이에야스는 조선에의 강화 요청을 대내적 위신 때문에도 스스로 시작할 수 없게 된 것이다. 그런 면에서 대마도에 대행시키는 것이 안성맞춤이었을 것이다. 그리고 조선의 '선위치서' 요구를 이행하면서도 대내적으로는 그 행위를 숨기지 않으면 안 되었을 것이다. 이를 위해서 자신에게 보낸 조선국왕의 '회답'을 지참하는 조선의 사절을, 현재의 쇼군이 히데타다라고 구실을 붙여 그에게로 향하게 하여야 했고, 그로 인해 조선의 회답서도 필연적으로 改作되지 않으면 안 되었다. 그럴 경우 대마도라는 존재가 절대적으로 필요하게 된 셈이다. 조선 사절을 안내·접대하는 역할을 맡고 있던 대마도에게는 조선 국서를 개작할 기회가 충분하기 때문이었다.

5. 맺음말

이상으로 검토한 것을 정리하여 보면 다음과 같다.

임진왜란 이전의 대마도는 히데요시의 '조선정벌'에 대하여 처음엔 조선측의 貢物이나 인질 제출로 대체하여 그 의도를 희석시키려 하나 실패한다. 히데요시가 다시 조선국왕의 직접적인 來朝를 명령하게 되자, 來朝가 절대 불가능함을 익히 알고 있는 대마도는 통신사의 일본 파견으로 대신하려 조선과 교섭하게 된다. 이에 조선이 '叛民' 사화동의 압송이란 조건을 제시하자, 종의지와 그의 장인 유키나가가 협력하여 신속하게 이를 이행하였고, 그 결과 히데요시 국왕 즉위 축하라는 명분을 띤 庚寅通信使가 1590

년 도일할 수 있게 된다.

그러나 히데요시의 '조선정벌'은 중국침략이란 宣言에 전제되어 있었다. 그러므로 통신사측에 제시한 것도 '征明嚮導'요 '征明假道'였다. 明을 정벌할 것이니 길잡이가 되고 그 가는 길을 열라는 요구였다. 이 요구가 조선에게 수용될 턱이 없음을 안 대마도는 히데요시의 요구를 '假道入明'으로 바꿔쳤다. 明에 조공하겠으니 길을 빌려달라는 것이었다.

이처럼 히데요시의 요구를 왜곡시켜 전쟁을 방지하여 보려 한 대마도의 간절한 조선 교섭은 대마도 자신을 위한 것이었다. 조선과의 무역 독점관계를 지키기 위해서였고, 일본의 大軍이 대마도를 유린하며 조선으로 향하는 것을 막기 위해서였다.[84] 동시에 일본군으로 징발되어 수난을 겪지 않기 위해서였다. 왜란에 징발된 대마도 병사는 5,000명이나 되었다. 당시 대마도의 인구가 50,000명이라 해도 이는 엄청난 부담이었을 것이다.

임진왜란 중 대마도주 종의지와 그의 외교고문격인 겐소나 시게노부는 모두 제1군의 대장 유키나가의 휘하에서 그의 지시를 받고 있었다. 그러므로 대마도의 독자적인 조선 교섭은 불가능했을 것이다. 그렇지만 종의지의 장인이며 商人 출신이었던 유키나가는 '叛民' 사화동의 색출과 조선 引渡에서 보여준 것처럼 대마도의 입장에 적극적이었다. 그렇다 해도 히데요시의 '조선정벌'과 중국침략 명령을 위반하면서까지 '主戰派' 기요마사의 노선과 전혀 다른 교섭을 할 수는 없었을 것이다.

유키나가는 동래에서, 상주에서, 용인에서 조선측에 서한을 보내 교섭하려 했지만 무산되었다. 드디어 임진강변에 이르러 조선측에 제시한 것은 저항을 멈추고 화친하여 중국침략에 길을 열라는 것이었다. 조선국왕이 서울로 귀환하여 日明강화를 주선해 달라는 것이었다. 대동강 회담에서는 왜란 전 요청처럼 '假道進貢'하게 해달라는 것이었다. 이를 보면 유키나가의

---

84) 임진왜란기 일본의 10여만 대군이 대마도를 경유해 조선을 들락거렸을 것이다. 날씨 등에 의해 대마도에서 며칠을 체류할 경우도 있었을 것이다. 대마도에게 있어 이러한 상황은 대마도를 유린한 것에 다름아닐 것이다.

거듭되는 교섭이 결코 조선의 입장을 고려한 것이 아니었음을 알 수 있다.

심유경이 출현하면서 유키나가의 교섭은 조선을 소외시킨 채 기본적으로 전개된다. 그리고 그 교섭도 대동강 以東을 일본 영토로 하겠다든가, 평양성 퇴각 이후엔 남쪽의 下三道와 강원도의 할양을 요구하는 것으로 나타난다. 그러나 동시에 책봉과 通貢 요구가 표면화 되면서, 점차 책봉사에 의한 히데요시 책봉으로 구체화되어 간다.

이런 와중에 대마도가 전혀 교섭 표면에 나타나지 않은 것은 아니다. 1593년 5월 겐소는 나고야(名護屋)에서 '明사절'에게, 히데요시가 明에 '假道陳情'하려 한 것을 조선이 방해하여 전쟁이 발생했다고 그 책임을 조선에 전가하고 있다. 또한 정유재란 직전 시게노부는 조선이 인질이나 貢物을 보내와 히데요시의 체면을 세워주면 再侵을 방지할 수 있을 것이라고 조선에 교섭하고 있다. 이로 보아 대마도나 대마도를 지지하고 있는 유키나가의 교섭이 히데요시의 전쟁 수행에 결코 근본적인 변화를 주지 못하는 것이었음을 알 수 있다.

1598년 8월 히데요시의 사망으로 일본군이 철수하였다. 이어 시작된 강화교섭 또한 왜란 이전처럼 대마도가 그 전면에 나서게 된다. 주목되는 것은 왜란 직전의 교섭이 대마도의 조선과의 私的인 무역관계 파탄을 방지하기 위한 것이었음에 비하여, 왜란 직후부턴 日·朝전쟁 종식을 위한 '일본의 禮曹'로서의 公的 講和교섭이었다는 점이다.[85] 특히 1600년 세키가하라의 전투 이후부터의 교섭은 일본 政局을 장악한 이에야스의 의도를 반영한 것이었다. 이에야스가 대마도를 통해 조선에 요청한 것은 '통신사'의 파견이었다.

계속되는 대마도의 '통신사' 파견 요구에 조선은 왜란 전처럼 조건부 수용의 자세를 나타내게 된다. 그 조건부란 이에야스가 먼저 서한으로 강화

---

85) 이러한 대마도의 왜란 이전과 이후에 나타나는 조선과의 교섭 목적의 차이를 비교한 연구는 기존의 연구에서는 별로 보이지 않는다.

를 요청하라는 것이고('先爲致書'), 왜란 때 조선왕릉을 훼손한 일본군을 압송해 오라는 것이었다('犯陵賊縛送'). 이윽고 대마도의 주선과 공작으로 두 조건이 이행되었다는 명분을 가지게 된 조선은 1607년 1월 강화의 의미를 가진 사절을 파견할 수 있게 된다. 그러나 명칭은 '통신사'를 피해 이에야스의 서한에 회답하고 왜란에 잡혀간 조선인을 송환한다는 의미의 '회답겸쇄환사'라 이름하였다.

'회답겸쇄환사'가 일본을 다녀온 다음 해인 1608년 1월 이후, 대마도는 겐소 등을 '일본국왕사' 명의로 조선에 파견하여 임진왜란으로 중단된 약조관계를 성립시키기 위한 교섭을 행하게 한다. 즉 '私的' 관계의 회복 교섭이 이 시점에 이르러서 시작된 것이다. 교섭의 결과 1609년 조선측은 이른바 12개조의 己酉약조를 결정하고 대마도에 이를 통고한다. 그런데 이 기유약조는 이전의 약조보다 축소된 것으로 세견선의 경우만 해도 20척으로 줄어든 것이었고, 서울 상경도 금지되었다. 이러한 축소와 제한은 임진왜란에 일본군의 길잡이 역을 맡은 대마도에 대해 조선이 징벌적 의미를 가했기 때문이었다.[86]

대마도는 1599년 강화교섭의 시작으로부터 10년의 세월에 걸쳐 노력한 결과 조선과의 교역관계를 재개할 수가 있게 되었다. 그러나 엄격한 제한이 가해진 것이었으므로 이후에도 교역상 이익을 증대시키기 위해 여러 가지로 도항선의 증가를 획책하게 된다.[87]

---

86) 민덕기, 앞의 책, 251~256쪽.
87) 中村榮孝, 앞의 책, 285쪽.

제8장
임진왜란기 정경운의 『孤臺日錄』에서 보는 아래로부터의 聞見정보
-實錄의 관련정보와의 비교를 중심으로-

1. 머리말

『孤臺日錄』은 함양의 선비인 鄭慶雲(1556~1610)이 임진왜란이 일어난 해 4월부터 광해군 원년(1609년)까지 18년 동안 쓴 일기이다. 현존하는 것은 그의 8대손 정동규의 필사본이다. 그는 일기를 쓰는데 활용한 자료를 別錄으로 정리해 두었는데 현재는 전해지지 않고 있다. 그 별록엔 官報·檄文·教文·通文·私信 등을 정리해 두고 있었다고 한다.[1]

이 일기체 사료인 『고대일록』이 발굴되어 학계에 최초로 공개된 것은 1986년 경상대학교 오이환 교수에 의해서였다. 이후 이를 가지고 적지 않은 연구가 진행되어 왔다. 그중에서도 특히 전란기의 '전쟁'과 '日常'이 어떻게 공존하고 있는가? 在地士族과 의병과의 관계는 어떠했는가? 士族으로서 체험한 전쟁은 어떤 것이었는가? 수령들은 어떻게 전쟁에 대처했는가? 함양에서 접한 明軍은 어떤 모습이었는가? 등등의 참신한 시각을 가진 주목되는 연구가 행해졌다.[2]

---

1) 정경운 지음, 남명학연구원 옮김, 『譯註 고대일록』, 태학사, 2009, 解題 12쪽. 이외에 임진왜란기 일기 자료로는 이순신의 『난중일기』, 趙慶南의 『亂中雜錄』, 李魯의 『龍蛇일기』, 趙靖의 『임란일기』, 鄭琢의 『征蠻錄』, 吳希文의 『瑣尾錄』 등이 있다.

2) 『고대일록』과 관련한 기존연구(~2013)는 다음과 같다.
김경수, 「임진왜란 관련 민간일기 정경운의 『고대일록』」 『국사관논총』 92, 2000 ; 김윤우, 「함양 義兵有司 정경운과 『고대일록』」 『남명학연구』 2, 1992 ; 노영구, 「전쟁과 일상 - 『고대일록』을 통한 임진왜란 이해」 『역사와 현실』 64, 2007 ; 박병련, 「『고대일록』에 나타난 정치사회적 상황과 의병활동의 실상 」 『남명학』 15, 2010 ; 설석규, 「정경운의 현실인식과 『고대일록』의 성격 」 『남명학』 15, 2010 ; 신병주, 「『고대일록』을 통해서 본 정경운의 영원한 스승, 정인홍 」 『남명학』 15, 2010 ; 원창애, 「『고대일록』을 통해본 함양 사족층의 동향」 『남명학연구』 33, 2012 ; 이선희, 「임진왜란 시기 함양 수령의 전란대처 - 『고대일록』을 중심으로 -」 『진단학보』 110, 2010 ; 정우락, 「『고대일록』에 나타난 서술의식과 위기의 일상」 경북대학교 퇴계연구소, 『퇴계학과 유교문화』 2009 ; 정해은, 「임

함양은 지리적으로 경상우도에 속한 곳으로 동쪽은 거창과 산청, 서쪽은 장수와 남원, 남쪽은 하동, 북쪽으로는 거창과 무주와 접해 있는 요충지이다. 동시에 함양은 진주에 이어 전라도로 진입하는 길목에 있다. 그런 만큼 정유재란 이전인 임진왜란 때도 일본군의 관심이 집중되어 있었고, 전쟁수행과 講和교섭을 위해 明軍과 明使가 수시로 지나가던 지역이기도 했다.

그런 곳에 거주했던, 그리고 士族이었던 만큼 정경운은 풍부한 정보를 접할 수 있었을 것이다. 우선 官報·檄文·敎文·通文 등의 위로부터 내려온 중앙정보를 접했을 것이다. 이에 비해 아래로부터의 지방정보도 풍부하게 접했을 것이다. 후자는 특히 知人이나 함양을 왕래하는 사람 등을 통한 것이기 때문에, 前者에 비해 직접적이고, 現地的이고, 私的이고, 정제되지 않은 정보일 수 있을 것이다.[3] 본 논문은 이러한 성격의 정경운이 습득한 傳聞이나 직접 보고들은 聞見에 의한 정보를 대상으로 실록과 비교하여 검토하려 한다.

본 논문은 그러나 실록에 전혀 언급되지 않은 정보는 그 대상에서 제외하고자 한다. 실록과의 비교를 위한 것이기 때문이다. 또한 明軍과의 관련정보도 기존연구에서 밝히고 있기 때문에 제외하고자 한다.[4] 그리하여 정경운의 일기 속의 정보가 실록의 그것과 무엇이 어떻게 다른가? 그 다름은 어떤 의미를 가지고 있는가 등을 파악하고자 한다. 아울러 본 논문에서 이용하는 『孤臺日錄』은 한국고전종합DB(https://db.itkc.or.kr/)의 것임을 밝혀둔다.

왜란 시기 경상도 사족의 전쟁 체험 – 함양 양반 정경운을 중심으로 – 」『역사와 현실』 64, 2007 ; 한명기, 「『고대일록』에 나타난 明軍의 모습 」『남명학연구』 15, 2010.

3) 예를 들어 『고대일록』 1594년 8월 12일자의 "降倭 10여 명이 (함양)郡에 도착했다가 곧장 雲峰을 향해 갔다." 라는 정보가 그러하듯 직접적이고 현장적이다. 1605년 9월 28일자엔, "(잡혀갔다는) 鄭士古가 일본에 생존해 있는데, 丙午年 봄에 돌아올 것을 기약하였다는 소문을 들었다. 그 소식을 전한 사람이 분명하다고 하니, 얼마나 다행한 일인가?" 라는 정보처럼 人便에 의한 것 등이다.

4) 한명기, 「『고대일록』에 나타난 明軍의 모습 」『남명학연구』 15, 2010.

2. 김시민과 송상현의 殉國 정보

김시민의 사망에 대하여 『고대일록』 1592년 11월 22일자에 다음처럼 싣고 있다.

> 진주 목사 김시민의 품계가 통정대부로 올랐지만 이날 밤 관아에서 사망했다. 김시민은 通判으로 재직할 때부터 사졸을 休養하여 하나같이 은혜를 베풀었기 때문에, 진주 사람들이 부모와 같이 사랑했다. 위아래가 혼연일체가 되어 전혀 갈등이 없었기 때문에, 그들을 전쟁에 동원해도 이기지 않음이 없었고, 성을 지키게 해도 수비하지 못하는 경우가 없었다. 사람들이 모두 그를 干城의 장수로 간주했다. 하지만 큰 승리를 거둔 뒤에 적의 총탄에 맞은 곳이 날로 더욱 심해져서, 그 정신이 혼미하고 어지러워져 사람들이 모두 대단히 걱정하였다. 21일 머리를 빗고서 옷을 갈아입으니 병이 약간 나은 듯했으나, 다음 날 병이 심해져 결국 사망하고 말았다. 진주 사람들이 어른 아이 모두가 통곡하여 밤까지 이어졌으니, 마치 자신의 부모님 喪과 같이 하였다. 백성들의 마음을 깊이 얻지 않았다면 이와 같을 수 있겠는가. 다만 大義에 힘쓰지 않고 작은 은혜를 베푸는 데 한결같이 힘썼으니, 士論은 그를 器局이 적다고 여겼다.

정경운이 이처럼 구체적인 김시민 '卒記'를 싣고 있는데 반해, 『선조실록』엔 제1차 진주성 전투에 대한 설명은 있으나 별도로 김시민의 사망소식은 싣지 않고 있다. 『선조수정실록』에 가서야 1592년 10월 1일조에 간략하게 한 줄도 안 되는 졸기를 실어 놓고 있다.[5] 정경운의 그러한 구체적 '졸기'는 이웃 고을 진주사람들의 김시민에 대한 사랑을 훤히 파악하고 있었기 때문에 다름 아닐 것이다.

『고대일록』 1594년 12월 17일자엔 동래부사 송상현의 순국 장면이 소

---

5) 『선조수정실록』 25년 10월 1일.

개되고 있다. "송상현이 절개를 지키며 변절하지 않았던 정황을 들었다. 나도 모르게 감탄과 찬양이 나왔다. 小西行長이 시신을 동문 밖에 묻어주고 標柱를 세워 현인을 표창하라고 했다."고 적고 있다. 그리고 다음해인 1595년 3월 2일자에선 다음처럼 더욱 구체적인 정황을 적고 있다.

> 영천에 사는 유옥경을 만났다. 그가 말하기를 "임진년 4월 14일 좌병사 이각을 따라 동래성 안에 들어가서 부사 송상현과 함께 남문을 수비하였는데 적들이 서문을 넘어오자 사졸들이 모두 흩어졌으나, 상현은 갑옷을 입고 투구를 쓰고 굳게 앉아 요동하지 않았다. 왜적 5명이 갑자기 남문으로 들어와, 상현의 머리를 베어 깃대 위에 매달고 깃발로 말아서, 달려가 왜적 대장에게 바쳤다." 라고 하였다. 그가 죽음에 임하여 변치 않은 절개는 옛날 절의를 지킨 선비에게 부끄러움이 없었으니 사람으로 하여금 탄식을 자아내게 하고 머리털을 곤두서게 한다.

이것은 영천의 유옥경이 동래성전투 때 남문에서 같이 수비했던 동래부사 송상현의 마지막 모습을 정경운에게 말해준 것이다. 왜적 5명에게 참획당해 대장에게 바쳐졌다는 것이다.

그러면 실록에선 언제 송상현의 순국을 그리고 있을까? 1592년 8월 초의 단계에선 김해부사 김경로가 선조에게 송상현이 살해되었다는 사실만 보고하고 있다.[6] 그러나 3개월 후인 11월 말 경상도 감사 김수의 선조에게의 답에는, "정발과 송상현이 혹자는 죽지 않았다고 하지만 죽은 게 틀림없습니다. 잘못 전해진 말 가운데 심지어는 송상현이 賊將이 되었다고 하지만 전혀 그렇지 않습니다. 포위를 당했을 때 홍윤관이 성밖으로 나가기를 권했으나 상현은 말하기를 '지금 성을 빠져 나가더라도 어디로 간단 말이냐?' 하고는 남문 위에 팔짱을 끼고 앉아 있으니 적이 들어와 죽이고, 바

---

6) 『선조실록』 25년 8월 7일(갑오).

로 그의 목을 대마도로 전송했다고 합니다."[7] 즉 이 시기까지도 송상현은
살아있다고도, 또는 '賊將'이 되었다는 둥 그 죽음에 대해 구체적인 정황이
파악되지 않았던 듯하다.

1593년 10월 말 비변사가 아뢰길, "사변 이후 국사 때문에 죽은 신하가
없지 않습니다. 동래 부사 송상현과 회양 부사 김연광은 모두 순국하여 절
의가 칭송할 만한데도 狀啓에 드러나지 않았기 때문에 지금까지 褒獎받지
못하고 있어 인정이 매우 답답해합니다."라고 하고 있으나 구체적이지 않
다. 이에 대해 선조 또한 송상현과 김연광의 일에 대해서는 자세히 모르는
바이니 다시 살펴서 조처하라, 고 하고 있다.[8]

그러다가 1594년 12월 중순에 이르러 正言 정경세가 아뢰기를, "兵使의
장계에 적힌 적장의 말을 보면, 송상현의 죽음은 비록 조금도 두려워하지
않고 태연히 죽어간 옛 사람이라 하더라도 이보다는 더 낫지 못할 것이라
고 합니다. 각별히 그를 褒贈하고 그 자손을 錄用함으로써 그의 충절을 표
명하소서."라고 하고 있다.[9] 1594년 12월이라면 정경운도 전술하듯 거의
유사한 송상현 순국에 대한 정보를 가지고 있었다.

1595년 1월 중순 좌승지 오억령이 아뢰기를, "인심이 무너져서 君父를
위해 죽은 사람이 없는데, 동래 부사 송상현은 성이 함락되자 절의를 위하
여 죽었으므로 賊酋까지도 칭찬하였으니, 포상하지 않을 수 없습니다." 라
고 하고, 이어 割註에선 "송상현은 비록 활 쏘고 말 타는 재주는 있었으나
본디 선비의 명망은 없었는데 하루아침에 조용히 의리를 위해 목숨을 끊기
를 이처럼 고결하게 하였으므로 비록 凶賊이라 하더라도 역시 그를 의롭게
여긴 것이다." 라고 적고 있다.[10]

그후 송상현의 순국 장면이 현재처럼 구체화된 것은 『선조수정실록』

---

7) 『선조실록』 25년 11월 25일(신사).
8) 『선조실록』 26년 10월 29일(기유).
9) 『선조실록』 27년 12월 13일(병진).
10) 『선조실록』 28년 1월 12일(을유).

25년 4월 14일(계묘)에 이르러서이다. 즉 송상현을 본 대마도 사람이 피하라고 했지만 피하지 않고 죽음을 맞자 대마도주의 家臣 시게노부(調信)가 그 시신을 관에 넣어 묻고 푯말을 세워주었다고 묘사하고 있다. 그러나 송상현의 마지막 모습을 직접 보았다는 유옥경의 설명은 전술하듯 약간 다르다. 즉 왜적 5명에게 참획당해 대장에게 곧 바쳐졌다는 것이다.

3. 附倭 官民에 대한 정보

『고대일록』 1592년 7월 8일자엔, 전북 무주에 사는 前 군수 金宗麗가 왜적 진영에 들어가 투항하여 왜적의 푸른 철릭(青帖裏)을 받아 입고 농사를 지으면서도 조금도 부끄러움이 없었다고 비난하고 있다. 이어서 "李瞻은 왜놈에게서 받은 짐을 지고, 김종려는 적의 소굴에서 호미질이나 하면서 호령을 달게 받아들이고 조금도 부끄러워하지 않으니, 국가의 은혜를 저버리고 절의의 규칙을 무너뜨려, 도리어 犬馬만 못하니 애통함을 이길 수 있겠는가." 라고 탄식하고 있다. 이튿날인 7월 9일자의 일기엔 "적이 무주·금산·용담 등의 고을에 주둔하니, 몇몇 郡의 백성들이 모두 쏠리듯 투항해 들어가서, 말에게 먹일 풀과 땔나무를 모두 적에게 주었다."고 고발하고 있다.

이와 관련하여 실록으로 보면 이증의 경우, 1592년 11월 초 사간원이 피난간 임금을 제때 호종하지 않고 뒤늦게 나타났다고 그의 파직을 요청한 기사가 보일뿐으로 附倭 여부는 언급되지 않는다.[11] 김종려의 경우엔 1592년 9월말 비변사가 아뢰기를, "충청 감사 윤선각의 장계를 보건대, (전략) 전 군수 김종려와 전 찰방 남경성 등은 한명윤과 함께 의논하여 직접 정예병을 거느리고 죽음을 무릅쓰고 결전을 하였으니 역시 가상합니다. (중략) 종려는 속죄하여 복직시켜 주고 경성은 起復하여 서용하소서." 라고 하고 있다.[12] 여기서 김종려가 속죄했으니 복직시켜 주라는 것이 주목된

---

11) 『선조실록』 25년 11월 3일(기미), 『선조수정실록』 25년 11월 1일.

다. 아마도 7월까진 附倭했던 자로 알려진 그가 9월엔 전공을 세웠다는 이유로 복직되는 듯하다. 그러나 실록에선 附倭 사실을 감추고 있는 것이 아닐까 여겨진다.

『고대일록』의 1593년 2월 28자에는, 왜적들이 상주를 습격해 상주목사 金澥를 살해했는데, 그것은 그가 고을 사람들을 함부로 부려먹자 참을 수 없었던 郡民들이 왜적을 끌고 와서 몰래 습격해 죽인 것이라고 설명하고 있다. 수령의 학정이 아무리 심하다 하더라도 고을 사람들이, 그것도 왜적의 힘을 빌려 수령을 기습·살해케 할 수 있다는 것일까? 이것이 사실이라면 朝廷의 군민들에 대한 응징이 없을 리 없다.

실록에선 1594년 9월 중순 호조판서 김수가 아뢰길 "변란이 처음 일어났을 때 김면과 정인홍이 앞장서서 의병을 일으켰고, 김해 역시 의를 주창해 기병하였지만 불행히도 죽었으니 이 사람을 추후로 포장하여야 합니다." 라고 하고 있다.[13] 이로 보아 김해는 의병으로 起義하였으나 이미 사망하였다는 것이 된다.

그런데 『선조수정실록』 25년 4월 14일(계묘)조엔 "이일이 비로소 조령을 넘어 문경에 들어왔는데 그때는 이미 고을이 한 사람도 없이 텅 빈 상태였다. 이에 스스로 창고의 곡식을 내어 군사들을 먹이고 상주에 이르니, 목사 김해는 순변사의 행차를 맞이한다는 핑계로 山谷에 들어가 숨었다." 라고 하여 왜란 초기 김해는 도망하여 숨은 자로 일컬어지고 있다.[14]

---

12) 『선조실록』 25년 9월 29일(병술).
13) 『선조실록』 27년 9월 13일(무자).
14) 『연려실기술』 제15권 「宣祖朝故事本末」의 '임진왜란 임금의 행차가 西道로 播遷가다' 란 항목에도 "이일이 상주에 이르니 목사 김해는 산중으로 도망했고, 판관 權井吉만 혼자 있었다." 라고 있다. 『再造藩邦志』1의 「申砬」에도, "순변사 이일이 문경에 들어오니 성중이 이미 비어 한 사람도 볼 수 없었다. 이일이 스스로 창고의 곡식을 열어 거느리고 온 군인을 먹이고 함창을 지나서 상주에 도착하니 목사 김해는 순변사를 중도에서 기다린다고 핑계하고 산중으로 도망하여 들어가고 홀로 판관 권길이 고을을 지키고 있었다."라고 기술하고 있다.

그런데『고대일록』 1592년 9월 12일자에 상주목사 김해가 차례로 傳通을 보내 말하기를, "함경도로 분산해 들어가 노략질을 일삼던 적들이 갑산 등지에서 패배를 당하고는, (강원도의) 김화·평강 등지로 돌아와 모여 있다."고 알려주었음을 기술하고 있다. 그렇다면 왜란 초기 도주했던 김해가 다시 상주로 돌아와 1592년 연말께는 수령으로서의 임무를 성실히 수행하고 있다는 것이 된다.

이처럼 실록으로 보는 한 김해가 군민에게 원한을 산 까닭을 알 길이 없다. 그런데 경상우도 관찰사로 있던 김성일에게 상주와 함창의 유생들이 목사 김해와 현감 이국필에 대한 죄상을 진술한 서한을 보냈다는 것을 『학봉일고』에서 찾을 수 있다. 이 서한을 읽은 김성일은 "진정 이 서한대로라면 그들은 백 번 죽여도 아까울 것이 없다. 상주의 풍속은 원래 순박해서 고을 수령의 허물을 말하는 것을 부끄러워하는데, 지금 이와 같이 말하였으니, 김해와 이국필의 죄상을 잘 알 수가 있다. 어찌 속히 장계하여 파면시켜서 백성들의 원한을 풀어주지 않을 수 있겠는가." 라고 하였다는 것이다. 『학봉일고』엔 이어서 김해는 그 뒤 보은에 있다가 강도에게 살해당하였고, 이국필은 여러 고을에 떠돌아다니면서 乞食하였다고 적고 있다.[15]

상주에서 함양은 멀지 않다. 그렇다면 정경운이 傳聞한, 왜적에 의한 김해 살해 정보가 더 타당할 수 있을 것이다. 백성이 일본군에게 청탁해 수령을 살해했다는 사실은 충격적인 것으로 조정으로선 이를 파악했다고 해도 인정하거나 공개할 수도 없었을 것이다.

4. 조헌의 금산 전투와 제2차 진주성 전투에 대한 정보

『고대일록』 1592년 9월 4일자엔 조헌의 금산 전투에 대하여, "충청도

---

15) 『鶴峯逸稿』 부록 제2권 「文殊誌 – 鶴峯先生 龍蛇事蹟」.

의병장 조헌과 충청도 연기군의 義僧將 영규가 금산에서 적과 교전을 벌이다 대패하여 전사했다. 처음 조헌과 영규는 군사를 일으켜 적을 소탕하여 남들이 미처 생각하지 못한 공로를 많이 세움으로써, 충청도 지역에서 명성이 자자했다. 금산에 있는 적을 토벌하다가 적에게 함락되어, 한 번 만에 패배하고 죽어 남긴 것이 거의 없으니, 애석하다. 그들의 남은 병졸들은 충청도 의병장 이산겸의 진영에 소속되었다고 한다." 라고 기록하고 있다. 금산전투가 8월 18일 있었다고 하니 정경운이 10여일 늦게 傳聞한 셈이 되나 후술하는 것처럼 조정보다 8일 빠른 정보습득이다.

그런데 실록엔 조헌의 금산전투가 9월 12일에 등장한다. 여기엔 "영규와 조헌이 군사를 옮겨 금산의 왜적을 치다가 모두 싸움터에서 죽었는데," 라고 있다.[16] 『선조수정실록』에 이르러서는 다음처럼 기술하고 있다.

> 군사들은 맨 주먹으로 육박전을 벌였는데, 한 사람도 자리를 떠나는 자가 없이 모두 조헌과 함께 전사하였으며, 영규도 전사하였다. (중략) 이튿날 동생 조범이 몰래 전쟁터에 들어가서 시체를 거두었는데, 조헌은 깃발 아래에서 전사하였고 장졸들이 모두 곁에서 빙 둘러 전사해 있었다. (중략) 적이 퇴각한 뒤에 門生들이 가서 7백 명의 시체를 거두어 무덤 하나를 만들고 七百義士塚이라고 표시하였다.[17]

이처럼 실록은 조헌과 그의 700명의 모든 의병이 금산전투에서 전사한 것으로 기술하고 있다. 그렇다면 금산전투에서 패배한 조헌의 殘兵을 의병장 이산겸이 수용했다는 앞의 『고대일록』의 기록은 잘못된 정보일까?

실록에 이산겸이 처음 등장하는 것은 1592년 11월이다. 사간원이 "충청도 의병장 이산겸은 강개하고 의기가 있으니 의병들이 그를 장수로 삼은

---

16) 『선조실록』 25년 9월 12일(기사).
17) 『선조수정실록』 25년 8월 1일.

것은 반드시 衆望이 있었기 때문."이라며 서얼출신인 그를 許通, 즉 관리로 등용해야 한다고 아뢰고 있다.[18] 이로 보아 조정의 이산겸에 대한 기대의 정도를 알 수 있다. 그러나 아직 이 단계에선 조헌과의 관계는 거론되지 않고 있다.

1594년 1월 중순 송유진 역모사건이 벌어진다. 조정은 이를 조사하는 가운데 송유진이 공모한 자로 자백한 사람 중에 이산겸이 거론되자 그에 대한 부정적인 이미지가 돌연 부각된다. 즉 비변사에서, 이산겸은 "일찍이 의병에 몸을 던져 거느린 군사가 자못 많았으나 한 사람의 왜적도 체포한 적이 없었습니다. 지난해 중국 사신을 만나기 위해 개성에 와 있었는데 그의 사람됨을 본 사람들의 말에 의하면 말솜씨가 상당히 능란했다고 합니다. 그 뒤 호서지방에서 온 사람들이 하는 말에 따르면 그가 모집한 군대가 아직도 그대로 있는데 산속에 쌓아 놓은 군량과 무기 또한 많다고 하였습니다."라고 있다.[19] 전공은 전혀 세우지 못했고 말솜씨는 능란하며 많은 군대와 군량 및 무기를 소유하고 있다는 지적이다.

2월 초 선조는 이산겸을 친히 국문하기에 이른다. 그때 이산겸은 招辭에서 "보령에 사는 서얼출신으로 임진년 6월에 스스로 의병장 조헌 휘하에 들어가 陣中에서 종사하다가 조헌이 패하여 죽자, 그의 휘하 병사들이 내가 일찍이 幕下였다고 하여 흩어진 군졸들을 수습하게 하였다."고 자신의 이력을 소개하고 있다.[20] 이때에 이르러서야 조헌의 殘兵과 이산겸과의 관계가 밝혀진 것이다. 그렇다면 금산전투에 참여한 조헌과 영규의 병력은 700 이상이었을 가능성이 크다고 하겠다. 그 殘兵들이 금산전투의 패배 과정에서 도망하였고 뒤에 이산겸 휘하로 들어간 듯하다. 또는 他意로 금산전투에 참여하지 못했던 조헌의 의병들을 이산겸이 수용한 것일 수도 있을

---

18) 『선조실록』 25년 11월 16일(임신). 『선조수정실록』 25년 11월 1일에는 "충청도 韓山 사람 이산겸이 조헌의 남은 군사를 거두어 적을 토벌"하였다고 적고 있다.
19) 『선조실록』 27년 1월 17일(병신).
20) 『선조실록』 27년 2월 6일(을묘).

것이다.

이산겸 스스로는 부정했지만 송유진 반란의 수괴로 지목되었고 이산겸과 관련된 사람들이 속속 체포되기에 이른다. 추국청에서는 순변사 이일의 장계에 의거하여 "군관을 많이 보내어 여러 고을에 배치시키고 각각 들은 바가 의심쩍으면 다투어 서로 체포하는 것이 전후 한두 번이 아니었으므로, 무릇 지난날 의병에 종사한 자들은 모두 스스로 의심하는 마음이 들어 동네가 온통 비기까지 하였답니다."라고 전하고 있다.[21] 이산겸 휘하에서 활동했던 의병들이 줄줄이 체포되는 사태가 벌어지게 된 것이다.

이산겸에 대한 추국은 1개월 이상 지속되어 『선조실록』 27년 3월 14일 (임진)까지 등장한다. 이날 이산겸이 壓沙 고문에 더하여 烙刑 고문에도 자백하지 아니하였다고 기록하고 있다. 이윽고 고문사 당했을 것임에 틀림없다.

이번에는 제2차 진주성 전투에 대해 알아보자. 『고대일록』 1593년 6월 29일자에 이와 관련하여 다음처럼 서술하고 있다.

> 왜적들이 진주성을 함락했다. (중략) (성안의 사람들이) 반드시 죽을 줄을 스스로 알고서 모두가 위태롭고 두렵다는 생각을 품었지만, 진주목사 서예원은 군졸들을 구휼하지 않고서 식량 지급을 줄이고, 활과 화살의 지급조차도 허락하지 않았다. 이에 따라 진주의 백성들의 마음이 떠나고, 용감한 군사들도 흩어졌다. (중략) 왜적들은 칼을 뽑아 들고 마치 잡초를 베고 짐승을 사냥하듯이 목을 베니, 사람의 씨도 남김이 없었다. 죽어서 쌓인 시체는 구릉과 같았고, 강물은 온통 붉게 물들었다. (중략) 우리 (함양)郡의 射手도 진주성으로 들어갔다가 모두 전사했으며, 단지 李仁年·宣應男 등 몇 사람만 살아서 돌아왔을 뿐이다.

이 기록에서 세 가지가 주목된다. 진주성 함락이 6월 29일 당일이므로 신속하게 구체적인 정보를 파악하고 있다는 셈이 된다. 그리고 진주목사

---

21) 『선조실록』 27년 2월 10일(기미).

서예원이 활과 화살의 지급조차도 허락하지 않았다는 것이다. 또 진주성 함락시 9만명의 일본군 포위망을 빠져나온 사람이 정경운이 체크한 사람만도 이인년과 선응남 등 몇 사람이 있었다는 점이다.

정경운은 그 후 1개월이 지난 8월 5일자 일기에서, 충청도 회덕현감 南景星이 진주성에서 도망쳐 왔다고 기록하고 있다. 즉 그가 군사를 거느리고 진주성으로 들어가 수비에 임하고 있었는데 함락되던 날, 탈출을 기획하여 머리를 깎고 푸른 옷(靑衣)를 입고 칼을 휘두르며 뛰쳐나와 많은 적들 속에 섞여 들어가 있다가 웅천에 이르렀을 때 도망쳐 왔다는 것이다. 그러나 실록에 '南景星'은 없다. 다만 '南景誠'은 한 건 찾을 수 있었다. 즉 선조 25(1592)년 9월 29일(병술)의 기사로, 비변사가 충청감사 윤선각의 장계에 의거하여 南景誠에게 버슬을 내려줄 것을 청하고 있는 것이다. 영동현감 한명윤이 전군수 김종려와 전 찰방 남경성을 데리고 일본군과 분투하여 공을 세웠는데, 특히 남경성이 조선인을 잡아가는 일본군을 공격하여 이들을 다수 탈환했다고 내세우고 있다. 아마도 정경운이 南景誠을 南景星으로 잘못 적었을 것으로 여겨진다.

그러면 위와 같은 『고대일록』의 기록과 관련하여 실록에서는 어떻게 그려져 있는가 찾아보자.

1593년 7월 16일 황해도 방어사 李時言의 치계 중에, 진주 근처에서 "발가벗은 남자가 수풀 사이에서 걸어 나오기에 잡아서 물어보았더니 보령에 사는 定虜衛 印潑이라 했다. 29일 성이 함락되었는데 성 안의 壯士와 대소 남녀들의 생사는 분명히 알 수 없다. 나는 그때 新北門을 지키고 있었는데 힘껏 싸웠으나 화살이 다 떨어졌으므로 성 밖으로 뛰어내려 시체 속에 묻혀 있다가 밤을 틈타서 몰래 나와 산으로 올라가서 험한 길을 걸어가 순찰사에게 진주성이 함락된 연유를 고하려는 참이었다."고 보고하고 있다.[22]

---

22) 『선조실록』 26년 7월 16일(무진).

같은 날인 7월 16일의 실록은 진주성 함락과정을 자세히 기술하고 있다. 서예원의 행동을 중심으로 정리해 보면 다음과 같다.

> 6월 26일 적이 (중략) 많은 火箭을 성 안으로 쏘아대니 성 안의 초가집이 일시에 연달아 불에 타서 연기와 불꽃이 하늘까지 뻗쳐올랐다. 목사 서예원이 겁을 먹고서 당황하니, 김천일이 의병 부장 장윤을 임시 목사로 삼았다. (중략) 28일 새벽에 김해부사 이종인이 지키던 城陴로 돌아가 보니 전날 밤에 서예원이 야간 경비를 소홀하게 하여 적이 몰래 와서 성을 뚫었으므로 성이 무너지려 하였다. 이종인이 크게 노하여 서예원을 꾸짖었다. (중략) 29일에 탄환에 맞아 중태에 빠진 黃進을 대신하여 서예원으로 巡城將을 삼았는데, 그는 겁을 먹고 戰笠도 벗은 채 말을 타고서 눈물을 흘리며 순행하니, 병사 최경회가 서예원이 軍情을 驚動시킨다고 하여 斬하려 하다가 그만두고서 장윤으로 대신 순성장을 삼았으나 얼마 되지 않아서 장윤도 탄환에 맞아 죽었다. (중략) 적이 성으로 올라와서 칼을 휘두르며 날뛰자 서예원이 먼저 달아나니 諸軍이 일시에 궤산되고 이종인도 탄환을 맞아 죽었다.[23]

이같은 다소 구체적인 함락 과정은 전술한 定虜衛 印潑 등 탈출한 자들의 증언에 의한 것으로 여겨진다. 8월 초순 비변사는, "진주성이 함락될 때 싸우다가 죽은 文武 諸將들에게 서둘러 포상의 典禮를 보여주어야 하는데, 온 성이 다 도륙되어 한 사람도 살아난 자가 없고 우리나라의 諸軍도 감히 가까이 간 자가 없어 당시의 상황을 목격하고서 말할 수 있는 자가 한 사람도 없었으므로 진실된 보고를 기다리고자 하여 감히 계청하지 못하였습니다. 근자에 전후의 장계를 상고하고 계문을 참고해 보건대," 라면서 각 장수들의 활약을 소개하고 있다.[24]

---

23) 『선조실록』 26년 7월 16일(무진).
24) 『선조실록』 26년 8월 4일(을유).

다시 며칠 후 비변사는 "진주에서 국가를 위해 싸우다가 죽은 장사들에게 襃贈·弔祭하는 恤典은 대간이 아뢴 바로 인하여 承傳을 받들었습니다. 그러나 성중의 사람들이 다 죽었으니 누가 충의로운 사람이 아니겠습니까마는 그 사이에는 반드시 行蹟에 경중이 있을 것입니다. 어디에 물어볼 곳도 없습니다만, 혹자는 '某員이 쌓인 시체 속에 숨어 있다가 탈출하여 살아났다.'고 하는데, 이 말이 진정 사실이라면 더욱 십분 자세히 살피지 않을 수 없습니다. 따라서 지금은 우선 여러 장계 속에 드러난 김천일·황진·이종인·김준민·최경회·장윤 등만을 먼저 포증하시고, 그 나머지는 선전관이 돌아오기를 기다려 실적을 물어 차례로 거행하소서." 라고 하고 있다.[25] 수정실록에도 "(함락시) 대략 죽은 자가 6·7만이나 되었는데, 壯士로서 벗어난 자는 수삼 인에 불과했다." 고 적고 있다.[26]

『고대일록』 1593년 8월 9일자엔 진주성의 전사자들의 시신 처리에 대해 기록하고 있다. "순찰사가 각 고을의 僧軍을 동원하여 진주성 전투에서 사망한 사람들의 유골을 매장했다. 아! 성안에 가득했던 忠魂의 유골이 먼지 속에 방치되어 있다가 비록 한 잔의 흙을 얻게 되었다고는 하지만, 군자와 소인이 뒤섞이고 貴賤도 분별할 수 없으니, 비통하고 한탄스러움이 이보다 더하겠는가. 오로지 충청병사 황진의 시체만을 여러 시체 가운데서 찾아내어 고향으로 돌아가 장사를 지냈으니, 불행 가운데 다행이구나." 라고 밝히고 있다. 정경운은 진주성에서 죽은 수많은 조선 軍民들이 신분도 확인시키지 못한 채 貴賤의 구별 없이 집단매장 되어지는 것을 안타까워하고 있다. 다만 충청병사였던 황진의 시신이 가려져 고향으로 실려가 장례를 치뤘다고 특기하고 있다.

그러면 실록은 그 시신 처리에 대해 어떻게 기록하고 있을까? 실록엔 『고대일록』의 그것보다 20여일 늦은 1593년 8월 30일 기록으로 宣傳官 俞大

---

25) 『선조실록』 26년 8월 7일(무자).
26) 『선조수정실록』 26년 6월 1일.

祺가 치계한 중에, "(전략) 죽은 사람들의 시체가 이미 썩어서 알아볼 수가 없으므로 가족들이 다만 죽은 사람이 평소에 입던 옷만을 가지고와서 招魂해 가고 있습니다. 사졸들의 시체는 현재 수습하여 매장하고 있지만 시체가 산처럼 쌓였기 때문에 마치기가 쉽지 않을 듯합니다."라고 밝히고 있다.[27] 이미 시신 구분이 불가능할 정도로 부패하여 평소 입던 死者의 옷을 가져와 招魂해 갈 따름으로 집단매장을 피할 수 없다는 내용이다. 황진의 시신을 가려 옮겨갔다는 기록은 없다.

5. 세키가하라(關原) 전쟁에 대한 정보

대마도를 통한 일본측의 강화교섭은 일본군의 조선 철수 직후인 1599년 1월부터 시작되고 있었다. 『선조실록』에 처음으로 일본측의 강화교섭에 관한 기사가 보이는 것은 선조 32(1599)년 7월 14일(신유)이지만, 여기엔 조선 被虜人의 송환에 곁들여 시게노부 명의로 된 부산첨사 李宗誠에게 보낸 서한이 실려 있다. 그 내용에 보면, "올 1월 明나라 장수의 人質('質子')과 差官 3명을 조선에 호송했던 船主 康近이 아직 귀국하지 않고 있으며," 라고 있음을 통해 알 수 있다. 이후 일본측은 피로인 송환을 통해 강화교섭을 적극 추진하려 하고 있다.[28]

정경운은 일본군이 철수한 1598년 12월 이후에도 일본의 동태에 신경을 써 『고대일록』에 남기고 있다. 우선 1601년 前半까지의 관련 내용을 정리하면 다음과 같다.

> a) 1600년 7월 10일: 일본에서 내란이 크게 일어나 정권을 잡았던 家康(이에야스)이 景勝(가게카쓰)에게 권력을 빼앗기고, 秀吉(히데요시)의 아들이 살육

---

27) 『선조실록』 26년 8월 30일(신해).
28) 민덕기, 『전근대 동아시아 세계의 한·일관계』, 경인문화사, 2007, 142쪽.

당했다는 소식을 들었다. 만약 그 말이 믿을 만하다면, 天道가 좋게 돌아오는 법이라 함이 또한 마땅하지 않겠는가.[29]

b) 1600년 7월 16일: 일본 장수 家康이 군사를 이끌고 출전 …⟨缺落⟩… 소식을 들었다.[30]

c) 1601년 2월 9일: 왜적이 강화를 한답시고 館舍에 와 머물고 있다는 말을 들었다. 너무 통분하다.

d) 1601년 3월 24일: 왜선 8척이 講和한다면서 부산에 와서 정박하고 있다는 소문을 들었다. 지난달 이후로 전혀 모습을 드러내지 않다가 이제 비로소 나타나니, 적들이 무엇을 도모하려는 것인가.

e) 1601년 4월 7일: 포로로 잡혀 간 남녀 11명과 일본 사람 한 명이 돌아왔다는 소식을 들었다.

c)와 d)에 의하면 1601년 2~3월에 일본사자가 내항했음을 알 수 있다. 실록으로 보면 3월초 명나라 장수 水兵備倭都司 吳宗道가 올린 揭帖에서 "근래 들으니 부산에 몰래 왕래하는 賊이 있다고 하는데," 라고 있어 c)가 사실일 수 있음을 추측케 한다.[31] d)에선 일본사자가 한동안 뜸했다가 왔는데 무슨 속셈인지 모르겠다는 것이 강조되고 있다. 마침 실록엔 2월초 윤두수가 "왜적이 전일에는 강화를 매우 열심히 요구하였는데, 이제 7개월이 되도록 전혀 왕래가 없으니 극히 수상합니다."라고 발언했음을 기록하고 있다.[32] 그렇다면 1600년 7월경부터 1601년 1월까지는 사자가 거의 오

---

29) 원문은 "聞日本內亂, 大起擯政者, 加强被奪於景升, 秀吉之子, 蒙戮云云言, 若可信天道之好還, 不亦宜乎."이다. 그런데 번역자는 '加强'을 家康의 誤記로 간주하여 번역하고 있어 이를 따랐다. 그렇다면 '景升'도 '景勝(上杉景勝)'의 오기라 할 수 있을 것이므로 '景勝'으로 수정하였다.

30) 원문은 "聞日本將加强, 領兵出戰缺"이다. 여기서의 '加强'도 家康의 오기로 여겨져 그리 옮기게 되었다.

31) 『선조실록』 34년 3월 2일(경자).

32) 『선조실록』 34년 2월 1일(경오).

지 않았다는 것이 된다. 이로 보아 d)의 강화교섭을 위한 왜선 8척 내항도 부정할 수 없을 듯하다.

그러면 e)는 어떠할까? 실록의 선조34(1601)년 4월 3일(경오) 기사에 경상우병사 金太虛의 서장에서, "도망쳐 온 본국인 11명과 왜놈 1명을 推問하니 '일본국에 난이 일어나 平行長은 전쟁으로 인하여 죽었다.'고 하였습니다." 라고 있다. 피로인 11명에 일본인 1명이란 숫자로 보아 e)와 정확히 일치한다. 여기서 平行長은 고니시 유키나가(小西行長)를 가리킨다. 내란이 일어나 그가 죽었다고 밝혀진 것으로, 세키가하라(關原)의 전쟁 결과가 비로소 조선에 전해진 것이다.

세키가하라 전쟁은 1600년 9월 중순 세키가하라에서 한판 승부가 벌어져 도쿠가와 이에야스(德川家康)의 승리로 끝나지만 그 시작은 6월부터였다. 동북지방의 호족 우에스기 가게카츠(上杉景勝)를 정벌한다고 이에야스가 대군을 이끌고 북상하자, 그 틈을 이용해 이시타 미츠나리(石田三成)가 이에야스 토벌을 명분으로 군사를 일으킨 것은 7월이었다. 그런데 전쟁의 결과가 조선에 전해진 것은 전술했듯이 그 다음해인 1601년 4월 3일 이후이다. 그러면 그 이전에 전해진 세키가하라 전쟁 관련 정보는 어떤 것이었을까?

a)에서 정경운은 이에야스가 가게카츠에게 권력을 빼앗겼다고 듣고 있다. 그러나 이에야스가 가게카츠 정벌을 위해 북상하다가 미츠나리의 거병으로 중지했기 때문에 이 소문은 잘못 전달된 정보가 되겠다. 더더욱 히데요시의 아들 히데요리는 이 전쟁에 개입하지 않았기 때문에 살해당했다는 소식은 전혀 어울리지 않는 정보라 하겠다. b)는 이에야스가 출전했다는 것만으로 누락된 부분이 이어져 있어 구체적인 내용을 알 수 없다. 아무튼 1600년 7월에 전달된 정보이므로 미츠나리의 거병 직전의 정보가 전달된 듯하다.

a)처럼 세키가하라의 전쟁 초기 상황에 대한 誤報는 실록에서도 찾을 수 있다. 1601년 2월초의 실록엔 윤두수가 "남쪽 사람들이 말하기를 '어떤

자가 왜국에서 나와 하는 말이 德川家康은 쫓겨나고 加藤淸正은 죽어 그 나라 안이 극히 어지럽기 때문에 (일본사자가) 나오지 못하는 것이다.' 라고 하였다."고 전하고 있다.[33] 이 또한 오보라 하겠다. 이에야스가 쫓겨나지 않았고 기요마사도 이에야스의 東軍에 붙어 승자가 되었기 때문이다. 그런데 같은 날의 기사에서 이헌국이 아뢰어, "平哥가 쫓겨나고 源哥가 關白이 되었다고 하는데, 만일 源哥가 國事를 주관한다면 그는 우리나라와 사이가 나쁘지 않으니 필시 서로 맞서려고 하지 않을 것입니다."라고 말하고 있다. '平(다이라)哥'가 히데요시, '源(미나모토)哥'가 이에야스를 지칭하기 때문에 이헌국이 취한 정보는 올바르다 할 수 있다. 이렇게 상충된 정보는 1601년 4월말, 도망쳐 귀환한 피로인 姜士俊과 余進德에 의해 세키가하라 전쟁 전모가 소상하게 전달되기에 이르러 정리된다.[34]

6. 강화교섭에 대한 정보

다음은 이덕형의 계책에 관한 『고대일록』의 내용이다.

> f) 1601년 8월 17일: 都體察使 이덕형이 조정에 건의하여, 管應華를 遊擊으로 삼고, 施文用을 中軍으로 삼아, 우리 병력에 섞어서 일본 사신에게 위엄을 보일 것을 청하였다. 이는 속임수의 술책일 따름이므로 전혀 도움이 되지 않을 뿐만 아니라, 또한 반드시 해로움이 있을 것이다. 경륜의 방도가 과연 이와 같아서야 되겠는가.

> g) 1602년 7월 4일: 왜적이 和議의 일로 우리나라에 왔다는 말을 들었다. 이에 앞서 영의정 이덕형이 서한을 보내어, 邢軍門이 많은 군사를 거느리고서 京城에 머물러 있다고 하였다. 적의 추장이 그 실정을 탐문하여 알고서, 平調

---

33) 『선조실록』 34년 2월 1일(경오).
34) 『선조실록』 34년 4월 25일(임진).

信(시게노부)이 형군문을 만나 수호를 의논하고자 한다고 말한다는 것이다. 이것은 커다란 약점의 싹이니, 이덕형이 허탄한 말로 나라를 그르친 죄가 이토록 심각한 지경에 이르렀다. 그럼에도 한 사람도 啓聞하여 논의하지 않으니, 온 조정을 알 만하다.

이덕형이 조선에 잔류한 중국인을 유격 등의 지휘관으로 삼아 조선군에 편성하여 일본 사신에게 위엄을 보이고자 하는 계책을 세운 것에 대해 정경운은 해로운 속임수라고 평가하고 있다(f). 이덕형은 또 邢軍門이 대군을 한성에 주둔시키고 있다고 대마도측에 거짓말하였고, 이에 시게노부가 형군문에게 강화를 논의하겠다고 제안했다면서, 정경운은 이덕형이 일을 그르치게 될 것이라고 염려하고 있다(g).

실록에 f)와 관련된 내용이 있다. 1601년 6월말 일본인 10명이 일본측의 강화문서 2件과 조선 피로인 250명을 데리고 부산에 도착하자, 이 '왜인'에 대해 도체찰사 이덕형은 조정에 치계하여, 明軍 철수 이후 몹시 소홀해진 변방의 방비가 '왜인'에게 탄로될 우려가 있으므로 낙오한 明軍 병사를 끌어 모아 조선에 아직 明軍이 다수 주둔하고 있는 것처럼 위장하자고 제안하고 있다. 이에 비변사 등이 반대하고 있으나 선조는 찬성하고 있다.[35]

그리고 7월초 이덕형이, 낙오한 중국군들을 끌어 모아 수개 부대로 편성하여 방치된 중국함선을 수리·승선시켜 다대포 앞에 手兵으로 배치하되 외형을 절강성의 군병처럼 꾸며 위용을 과시하는 계책으로 삼을 것, 아울러 陳參將의 移文을 가짜로 만들어 關防印을 찍고는 적들에게 엄하게 유시하도록 할 것 등의 구체적인 방법을 제안하고 있다. 이에 비변사가 다시 반대했으나 그대로 실행되었다. 史官은 이를 평가하여, 重職에 있는 이덕형이 自國의 힘으로 적을 굴복시키려 하지 않고 오히려 明의 도망병을 이용하여

---

35)『선조실록』34년 6월 28일(갑오). 明軍의 전면적인 조선 철수는 1600년도 후반기에 이뤄지고 있다.

'欺賊之計'를 행하는 것은 참으로 졸렬한 짓이었다고 비난하고 있다.[36]

f)도 그렇지만 g)도 중국의 위세를 가지고 일본에 대응하는 전략으로 이는 '借重之計'였다.[37] 이미 1601년 7월초 이덕형은, 일본사자가 중국 장수의 소재를 물으면 "邢軍門은 密雲에 있고 萬經理와 李提督은 京城에 있으며 그 나머지 여러 장수는 水陸 여러 곳에 나뉘어 있다고 거짓으로 대답하라."고 제안하고 있다.[38] 그리고 1602년 2월초 대마도에 보낼 休靜(서산대사) 명의의 서한에서도, 형군문이 강화교섭을 일일이 관장하고 대마도측의 노력에 관심을 기울이고 있다고 적고 있다.[39] 이로서 '借重之計'가 一貫되고 있음을 알 수 있다. 그런데 g)에서 邢軍門의 대군이 서울에 주둔하고 있다고 말하여 시게노부가 형군문을 만나 강화를 의논하고자 하였다는 것은 실록으로 보아 확인되지 않는다. 1602년 5월초의 실록을 보면, 일본측의 서계 5통이 도착했음과, 이를 가져온 일본사자를 빨리 돌려보내 조선의 허실이 탐지되지 못하게 하라는 내용만이 보인다.[40]

『고대일록』1601년 11월 17일자엔, "倭使가 부산에 도착하여 머무르면서 강화를 청하였고, 만약 강화가 성사되지 않으면 내년 봄에 淸正(기요마사)이 병사를 일으켜 쳐들어올 것이라는 얘기를 들었다. 왜적의 마음은 헤아리기 어려운데, 다가올 재앙을 무엇으로 감당할까."라고 있다.

이와 관련해 실록을 보면 1601년 11월말 비변사가, 대마도주의 서계 등

---

36) 『선조실록』 34년 7월 4일(기해).
37) 민덕기, 앞의 책, 164쪽.
38) 『선조실록』 34년 7월 4일(기해). 여기서 '密雲'이란 요동지역의 지명인 듯하다. 즉 선조가 손경략이 조선으로 올 것인가를 묻는 질문에 김수가 "지금 密雲에 머물고 있으니 歲後에는 마땅히 나와 鳳凰城에 머물 것이라 합니다."라고 답하고 있는 것으로 보아 봉황성에 가까운 곳인 듯하다(『선조실록』 30년 1월 16일[정미]). 1604년 3월 일본측 사자 橘智正에게 조선 역관이 손문욱의 행적을 말하는 가운데 그가 "北京·密雲 등지의 각 衙門에 갔다."라고 하는 것으로 보아 북경으로 가는 도중의 요동지역인 듯하다(『선조실록』 37년 3월 15일[[을축]).
39) 『선조실록』 35년 2월 3일(병인).
40) 『선조실록』 35년 5월 4일(을축), 5월 5일(병인).

을 보건대 "和議하기를 독촉하며 공갈 위협하는 정상이 한두 가지가 아닙니다." 라고 평가하고 있다.[41] 이렇듯이 일본측은 강화교섭에 임해 조선 再侵이란 위협적 자세를 보이는 한편으로 明 인질 및 조선 피로인을 송환하여 강화를 촉진시키려 하고 있었다.[42]

『고대일록』1602년 3월 28일자엔, "일본을 정탐하러 간 사람이 돌아왔다는 소문을 들었다. 꺼리어 드러내 말하지 않으니 유감이다."라고 있다.

이때 정탐하러 간 조선인은 전계신과 손문욱을 가리킨다. 그 둘은 休靜명의의 서한을 가지고 대마도로 파견되었다. 실록에 의거할 때 그들의 대마도 체류기간은 1602년 2월 중순에서 4월 사이였을 것으로 여겨진다. 그것은 대마도에 파견되는 전계신의 이름이 같은 해 2월 3일 이후엔 보이지 않다가 5월 4일의 기사에 처음으로 나타나기 때문이다.[43] 그러나『고대일록』의 傳聞기록을 존중한다면 3월 중하순경에 귀국하는 것이 아닐까 여겨진다.

『고대일록』1603년 11월 23일자엔, "포로로 잡혀가 있는 사람이 密疏를 올려, 왜적이 앞으로 내년 봄에 군대를 일으킬 것이라고 하였다는 말을 들었다."라고 있다.

여기서의 포로는 시기상 김광으로 여겨진다. 그는 송환되자 上疏를 통해, 일본에 '和好'를 허용하지 않으면 일본이 재침할 가능성이 있다, 이는 이에야스의 本意가 아니라 히데요시에게 은혜를 입은 세력들에 대한 배려 때문으로, '화호'를 위해서는 올해 안으로 통신사를 파견하라는 것이 일본측의 요청이라고 말하고 있다.[44] 1604년 2월 말의 일이다. 이에 대해 비변사가, "김광이 여기에 와서 여러 곳에 말한 것이 매우 장황하였는데, 이제 또 상소하여 倭情을 많이 아뢰었습니다." 라고 말하는 것으로 보아 김광은

41)『선조실록』34년 11월 24일(무오).
42) 민덕기, 앞의 책, 142쪽.
43) 민덕기, 앞의 책, 168~169쪽.
44)『선조실록』37년 2월 27일(무신).

이미 1604년 2월 이전에 조선에 송환되었을 것이다.[45]

『고대일록』 1604년 3월 18일자에는, '倭奴'가 부산에 시장을 열었다는 소식을 들었다. 이들은 백세가 지나도 잊을 수 없는 원수이다. 그런데도 화친을 허락하여 무역을 텄으니, 조정의 신하들은 홀로 무슨 마음을 가지고 있단 말인가? 라고 있다.

과연 1604년 초반 단계에서 부산에서의 開市를 일본측에 허락했을까? 조선은 대마도측의 강화교섭을 대마도의 恣意에 의한 것으로 판단하여, 피로인 송환 등 조선에 대한 공순한 자세를 지속하여 나타내면 단절된 約條 관계를 회복시켜 주겠다는, 이른바 '許和'해 주겠다는 방침을 애초부터 가지고 있었다. 그리고 1603년 9월 초순, 정2품 이상의 고위관리들이 모여 대마도에 開市를 허용할 것인가에 대해 논의하기도 했다. 1604년 2월 송환된 전술한 김광이, 조선의 對日 강화 소극책에 분개한 이에야스가 조선을 재침하려 한다고 보고하였고, 이에 조선은 대마도에 '허화'를 부여하고 이에야스에 대한 대책을 중시하기로 정책을 전환했다. 그리하여 1604년 3월 허화를 부여하는 使者로 사명당을 대마도에 파견하기로 결정했다.[46] 그렇다면 정경운은 조정의 비밀스런 對日정책을 꿰뚫고 있었던 듯하다. 그러나 과연 그 3월에 부산에 이미 開市가 이뤄지고 있었을까? 후술하듯 '허화'의 서계가 대마도에 전달되는 것은 7월을 기다리지 않으면 안 되었다.

『고대일록』엔 다음처럼 사명당(惟政)에 대해 기록하고 있다.

　h) 1604년 10월 24일: 惟正(惟政)이 일본에서 감옥에 갇혔음을 전하여 들었다.

　I) 1605년 4월 7일: 포로가 되었던 사람들의 배 한 척이 일본으로부터 도망하여 왔고, 惟政이 왜국의 大都에 들어갔다는 소문을 들었다.

---

45) 『선조실록』 37년 2월 29일(경술).

46) 민덕기, 앞의 책, 179~182쪽, 188~189쪽.

사명당이 서울을 출발한 것은 1604년 6월로, 대마도에 건너간 것은 7월 이었다. 12월엔 교토에 도착해 이에야스를 기다렸고, 1605년 3월 초 이에 야스와 접견한 후 5월 이전엔 귀국하는 듯하다. 그러나 조선쪽에선 사명당 이 대마도에 간 것만 알고 있지 교토로 간 것이나 이에야스를 접견한 사실 등은 사명당의 귀국을 기다려 파악하게 되었다. 즉 1605년 5월초 비변사 의 啓辭에, "惟政이 바다를 건넌 지가 이미 10개월이 되었는데 소식이 아 득합니다. 도망쳐 돌아온 사람의 말로 보면 이미 일본의 國都로 들어갔을 것 같은데, 小船의 소식이 지금까지 오지 않고 있으니, 그가 자유롭게 되어 있지 못한 상황을 상상할 수 있습니다."라고 하고 있기 때문이다.[47] 이처럼 사명당에 대한 소식이 한동안 없게 되자 일본에 구금되어 있다는 소문을 정경운은 접하게 된 것이다(h). 그러나 도망쳐 온 피로인으로부터 사명당 이 大都인 교토에 들어갔다는 소문(i)을 접하는 1605년 4월은 이미 그가 귀국하는 시기였다. 사명당의 귀국 기사는 『선조실록』엔 38년 5월 24일 (정유)조, 『선조수정실록』엔 38년 4월 1일조에 실려 있다.

7. 맺음말

이상으로 검토한 것을 정리하면 다음과 같다.

『고대일록』엔 다양한 정보가 들어있다. 이를 크게 정리하면 먼저 '위로 부터의 정보'로 그 대표적인 것이 官報가 되겠다. 그리고 직접 체험하여 취 득한 정보도 있을 것이다. 마지막으로 본 논문에서 중시한 이른바 '아래로 부터의 정보'가 있다고 하겠다.

본 논문에서 검토한 '아래로부터의 정보'들은 다음의 3가지로 구분할 수 있을 것이다.

첫째로 現地性이다. 정경운이 김시민의 졸기를 사망 직후 신속하고 구

---

47) 『선조실록』 38년 5월 4일(정축).

체적으로 기술할 수 있었던 것은 진주가 이웃고을이요, 그래서 진주 백성들의 김시민에 대한 존경과 애정을 평소 잘 숙지하고 있었기 때문이었을 것이다. 제2차 진주성 전투의 참상과 생존자의 이름을 신속하게 적시할 수 있었던 것도, 전사자들의 시신처리를 상세히 전하고 있는 것도 진주가 이웃고을이요, 그 생존자가 정운경이 살고 있는 함양군 사람이었기 때문이었을 것이다.

둘째로 傳聞이라 하겠다. 정경운이 송상현의 순국 상황을 축차적으로 파악할 수 있었던 것은 전해들은 이야기였다.

셋째로 所聞이다. 많은 정보가 소문으로 돌고 돌아 정경운에게 전달되었을 것이다. 부산에 강화교섭을 하러 일본사자가 내항했다는 것도, 세키가하라 전쟁의 정보도, 사명당이 일본에 구류당해 있다는 것도 다 소문에 의한 정보였다.

이러한 '아래로부터의 정보'들을 대표적인 官撰기록인 실록의 관련정보와 비교하여 검토한 결과 다음과 같은 특징을 찾을 수 있었다.

첫째, 『고대일록』의 정보엔 실록의 은닉한 내용을 고발하는 측면이 있다고 하겠다. 무주군수 김종려의 附倭행위는 실록에 없다. '속죄했으니 복직시켜라'는 실록의 기록이 있으나 '속죄'의 내용이 附倭라는 것은 감춰져 있다. 상주목사 김해가 상주군민들에 의해 사주된 왜적에게 살해되었다는 것도 실록엔 실려 있지 않다. 숨기고 싶었기 때문이리라.

둘째, 『고대일록』의 정보엔 실록의 내용을 보충하는 측면이 있다. 제2차 진주성 전투에서 살아남은 사람들이 누구라는 것, 전사자 처리를 어떻게 했다는 것 등의 정보는 실록의 기존내용에 훌륭한 보충내용이 될 것이다. 대마도로 파견된 전계신과 손문욱의 귀국시기가 실록으로선 파악되지 않는다. 그러나 『고대일록』의 전계한 1602년 3월 28일자 기록으로 그 시기를 유추할 수 있다.

셋째, 『고대일록』의 정보엔 실록의 내용을 입증할 수 있는 측면이 있다. 예를 들어 세키가하라 전쟁 직후 일본사자가 부산에 내항한 정보를 실록의

그와 관련된 간접적 정보에 끼워 맞춰놓는 방법으로 이를 입증할 수 있을
것이다.

넷째, 『고대일록』의 정보엔 실록의 관련 내용과 다른 것이 있어 다양성
을 추구할 수 있다는 것이다. 송상현의 순국 장면도 조헌의 금산전투의 결
말도 실록의 그것과 다르다. 더구나 『선조수정실록』에 이르러서는 송상현
이나 조헌의 마지막이 殉國史觀에 의해 『고대일록』의 그것과는 사뭇 다르
게 묘사될 수 있다.

다섯째, 『고대일록』의 정보엔 실록의 내용에 문제제기적 측면이 있다고
하겠다. 예를 들어 전게했듯이 1604년 3월 18일자엔 일본에게 부산을 開
市했다는 소문을 기록하고 있다. 실록으로 보는 한 조선의 開市 허락은
1604년 7월 이후여야 한다. 그렇다면 3월 중순의 開市 소문을 어떻게 이해
해야 할 것인가 하는 문제가 제기된다고 하겠다.

『고대일록』이 실록에 문제제기적 측면을 가질 수 있다고 할 때 그 좋은
예가 있다. 즉 『고대일록』 1604년 6월 23일자엔, "統制使 이경준이 해상에
서 왜적을 만나 배를 나포하였는데, 선박 속에 漢人 10여 명과 南蠻國 사
람 2명이 있었고, 倭奴 30명을 사로잡았다. 서울로 압송하는 길에, 이곳을
지나 호남으로 향했다." 라고 있다. 그러나 실록에는 이와 관련된 어떤 기
사도 보이지 않는다. 통제사 이경준이 서울로 범인들을 압송차 함양을 지
나 호남으로 이동 중인 것을 정경운이 직접 목격하고 기록한 것인데도 말
이다. 더욱이 漢人 10여 명이 들어 있었다면 중국과의 관계 때문에 중국으
로 압송하지 않고 그냥 덮어둘 수도 없었을 것이다. '倭奴'를 30명씩이나
생포했다면 그 처리문제가 예삿일이 아니었을 것이다. '남만국' 사람까지
포함되어 있었다면 다국적의 해적이라 할 수 있을 것이다.[48]

48) '南蠻'은 어느 나라를 가리키는 것일까? 1481년 10월 양성지가 성종에게 아뢰는
   말에, "南蠻은 占城과 眞臘 땅으로서 溪洞과 熱病이 심하여 중국과는 옛부터 통
   교가 없는 곳이며," 라고 있다(『성종실록』 12년 10월 17일[무오]). 占城은 참파왕
   국으로 현재는 베트남 남부, 眞臘은 캄보디아를 가리킨다고 볼 때 조선시대 남만

임진왜란기 '아래로부터의 정보'로서, 실록과 비교될 수 있는 내용들이 『고대일록』에서 찾아질 수 있다는 것은, 그것이 일기이기 때문에 가능한 것이기도 할 것이다. 일기가 비망록이면서 동시에 작성자의 후손 등 특정 인에게만의 열람을 기대하여 쓰여지는 것이라면, 그러한 일기를 통한 시대 상의 파악은 실록 등의 公的이며 중앙 차원의 기록에서 기대할 수 없는 것 들이 밝혀질 가능성은 크다 하겠다. 앞으로 일기류를 통한 왜란기 연구가 더욱 풍요로워지기를 기대하여 본다.

은 동남아시아 나라들을 가리킨다고 할 수 있겠다. 참고로 근세 일본에서 '남만' 은 포르투갈과 에스파니아를 가리켰다.

제9장
임진왜란기 '附倭' 정보와 조선 조정의 대응
-'附賊' 용례를 중심으로-

1. 머리말

임진왜란에 대한 기억은 전쟁 전체 7년의 기간 중 대부분 전쟁 초기에 집중되어 있고 그 전쟁 극복의 주체도 이순신 주축의 조선 水軍과 전국 각지의 義兵, 그리고 명나라 援兵을 들고 있다. 따라서 임진왜란 관련 연구도 이에 집중되고 있다.[1]

최근의 연구로, 왜란 초기 특히 경상도에서 전개된 전황을 종래의 부정적인 시각과는 다르게 긍정적인 측면에서 분석한다거나, 의병에 비하여 그동안 부정적으로 평가되었던 官軍과 守令 및 鄕吏의 활동에 대해 적극적으로 자리매김하려는 경향이 있다.[2]

다음은 왜란 초기 경상우도 초유사 김성일이 의병이 일어난 일과 경상도 지역의 전투 상황을 보고하는 가운데 소개한 내용이다.

　　근래에 賦役이 번거롭고 무거워 백성들이 편히 살 수 없는데다가 형벌마저 매우 가혹하므로 군졸이나 백성들의 원망하는 마음이 뱃속에 가득한데도 호소할 길마저 없어 그들의 마음이 離散된 지 벌써 오래입니다. 그러므로 왜국은 征

---

1) 왜란에 대한 선행연구에 대해서는 이선희, 「임진왜란 시기 咸陽 守令의 전란대처 -『孤臺日錄』을 중심으로-」『진단학보』110, 2010, 97쪽을 참고.
2) 이와 관련하여 최근의 연구(~2014)로 다음과 같은 것이 있다.
　노영구, 「임진왜란 초기 양상에 대한 기존 인식의 재검토 - 和歌山縣立박물관 소장 '壬辰(倭亂圖屛風'에 대한 새로운 이해를 바탕으로-」『한국문화』31, 서울대학교 규장각 한국학연구원, 2003 ; 노영구, 「전쟁과 일상 -『고대일록(孤臺日錄)』을 통한 임진왜란 이해-」『역사와 현실』64, 한국역사연구회, 2007 ; 권기중, 「임진왜란 시기 향리층의 동향과 戰後의 향리사회」『역사와 현실』64, 한국역사연구회, 2007 ; 이선희, 「임진왜란 시기 咸陽 守令의 전란대처 -『孤臺日錄』을 중심으로-」『진단학보』110, 2010 ; 정해은, 「임진왜란 초기 영남 의병의 활동과 지방관의 역할」『2011년 워크숍 〈임진왜란 의병〉』2011년 2월 18일 ; 민덕기, 「임진왜란 초기의 전개상황과 그 배경」『전북사학』39. 2011.

戌나 徭役이 없다는 말을 듣고 마음속으로 이미 그들을 좋아하고 있는데 왜적이 또 민간에 명을 내려 회유하니 어리석은 백성들이 모두 왜적의 말을 믿어 항복하면 반드시 살고 싸우면 반드시 죽는 것으로 여깁니다. 그러므로 연해의 무지한 백성들이 모두 머리를 깎고 의복도 바꾸어 입고서 왜적을 따라 곳곳에서 도적질 하는데 왜적은 몇 명 안 되고 절반이 배반한 백성들이니 매우 한심합니다."[3]

백성들이 부역에 시달리고 형벌이 가혹하여 나라로부터 저버렸다고 포기했을 때 임진왜란이 터졌다는 것이다. 그리고 '왜국'엔 변방에 가서 군역을 하거나 요역이 없다고 들어 솔깃한데다가 들이닥친 왜적이 적극 회유하니 항복하게 되었다는 것이다. 그리고 머리와 옷도 일본식으로 바꾸고 왜적을 따라 노략질을 해대는데 그런 조선 백성이 왜적보다 많았다는 것이다. 이들 백성들은 '附倭'라고 조정에 의해 일컬어졌다.

그런데 함양 선비 정경운의 『고대일록』을 보면 피난생활이 얼마나 처절한 고난이었는가를 여실히 보여준다. 함양이 일본군에 함락된 1597년 8월부터 1년 이상 피난생활을 보내고 있는 그는 시장에 나가 장사도 하고 거지로 걸식까지 하게 된다. 평민보다 경제적 사회적 우위에 있는 양반 정경운이 그러했다면 일반 백성들은 아예 그런 장기간의 피난생활이 불가능했을 것이다.[4] 그런 경우 절대적 기아 상황을 견디다 못한 백성이 왜적 진영으로 투항했다면 '소극 부왜'자라고 할 수 있을 것이다. 전술한 김성일이 지적한 '곳곳에서 도적질'을 자행한 '배반한 백성들'은 '적극 부왜'자라고 할 수 있을 것이다.

---

3) 『선조실록』 25년(1592) 6월 28일(병진) 4번째 기사.
4) 정해은, 「임진왜란 시기 경상도 사족의 전쟁 체험 – 함양 양반 정경운을 중심으로 – 」 『역사와 현실』 64, 2007, 82~86쪽 ; 김성우, 『조선중기 국가와 사족』, 역사비평사, 2001, 325~326쪽에선 관직에 나서지 않은 그저 양반인 오희문이 왜란 직전 호남 여행에서 받은 호사스런 대접을 예로 들며, 양반층의 互惠的 의존관계가 평민층에게 큰 경제적 부담으로 되돌아갔을 것이라 논증하고 있다.

그런데 기존연구에는 이러한 '附倭'에 대한 조명이 전혀 없었다. 네이버로 검색해도 '부왜'는 일제시대 친일파의 의미 정도로 쓰이고 있었으며, 임진왜란과 관련해서는 함경도의 경우와 몇 인물이 소개될 정도로 그 존재에 대한 검토가 소외되어 왔다.[5]

이에 본 논문에서는 조정에 의해 '부왜'로 일컬어지는 사람들이 전쟁의 전개에 따라 어떤 변화의 추이를 보였으며, 조정은 이들에 대해 어떻게 대응을 하고 있는가? 부왜자들이 어떤 이유로 다시 조선에 귀순하고 있으며, 납치된 被虜人마저도 '부왜'로 조정이 인식하는 것에 대해서도 살펴보고자 한다. 주된 사료는 『조선왕조실록』이며, 검토방법은 '附倭' '附賊' '赴賊' '投降' '投賊' '投入' '投附' '順倭人' 등의 검색을 이용하여 이를 가지고 재구성을 시도한 것이다. 그런데 가장 많이 검색된 사례는 '附倭'가 아니라 '附賊'이었다. 이에 '부적' 용례를 중심으로 임진왜란기의 부왜현상의 추이와 조선의 대응을 검토 분석해 보고자 한다.

2. 조정이 파악한 부왜 정보

a) 『선조수정실록』 25년(1592) 5월 1일(경신) 15번째 기사

都城의 士族들이 처음에는 모두 멀리 피했고, '市民'과 '賤人'들도 경기 가까운 곳으로 흩어져 나갔다. 그런데 왜인들이 榜을 걸고 불러 모으자 점점 도로 들어와 '坊市'가 모두 꽉 차게 되었다. 적이 성문을 지키면서 '賊帖'을 휴대한 사람은 출입을 금지시키지 않았으므로 우리 백성들이 모두 적첩을 받게 되었다. 그리고 불량한 젊은이와 무뢰배들이 모두 적에게 붙어 그 앞잡이 노릇을 하며 못된 짓을 저지르는 자가 매우 많았다. (중략) 왜인들은 禁戒를 엄히 하면서

---

5) 함경도 지방에서의 부왜현상을 설명한 김만회(「임진왜란기 일본군의 함경도 점령과 지역민의 동향」『역사학연구』 38, 2010) 만 보일 뿐이다. 김성우, 앞의 책 333~336쪽에서도 '부왜'와 관련지어 간략 설명하고 있다. 『충북일보』 2012년 10월 4일의 '충북서도 가왜·부왜 현상, 임진왜란'에서는 몇 사례를 소개하고 있다.

고자질하는 길을 열어놓았는데 간사한 백성들이 이로써 賞을 받기도 하였다.

b)『선조실록』25년(1592) 5월 10일(기사) 9번째 기사

홍문관 부제학 홍인상 등이 아뢰기를, "海外의 오랑캐가 한번 변경을 침범하자 고을들이 모두 바람에 쏠리듯 무너져 그들의 앞잡이가 되었는가 하면 京城 안의 백성들 그 누구도 적을 막는 자가 없었습니다. 적이 아직 재를 넘어오기도 전에 이미 투항할 뜻을 가지는가 하면 길거리의 떠도는 말은 차마 들을 수 없는 말이 있더니, 드디어 종묘사직이 폐허가 되고 성곽과 대궐은 불에 타서 재가 되었습니다."

c)『선조실록』25년(1592) 7월 16일(계유) 3번째 기사

평양의 왜적 소굴 근처의 촌백성 중에 간혹 적에게 왕래하면서 章標를 받고 그들의 敎唆를 듣는 자가 있었다. 김덕복·유희지란 자는 멀리 昌城에 살면서 적에게 가서 장표를 받았다. 비변사가 본 고을로 하여금 법에 따라 엄히 형벌하게 할 것을 청하였다.

d)『선조실록』25년(1592) 7월 29일(병술) 3·4번째 기사

임금이 이르기를, "황해도 백성들이 모두 적에게 투항(投賊)하였다 하니, 말할 수가 없다." 하였다. 좌의정 윤두수가 아뢰기를, "다른 고을에 대해서는 듣지 못하였으나 鳳山 1군만은 모두 투항했다고 합니다." 임금이 비변사에 전교하기를, "海西는 적세가 몹시 성한데도 공격하여 섬멸하는 사람은 없고, 백성들은 도리어 적에게 빌붙으니(附賊) 매우 염려스럽다."

e)『선조실록』25년(1592) 8월 5일(임진) 2번째 기사

임금이 이르기를, "우리나라 사람으로서 '投降'한 사람이 있는가?" 하니, 校理 이상의가 아뢰기를, "京城 사람은 모두 적에게 투항하여 들어갔다고 합니다. 그러나 같은 투항이라고는 하나 다만 굶주림을 견디지 못하여 투항하였다면 그 정상이 가련합니다."

f) 『선조실록』 26년(1593) 2월 19일(갑진) 14번째 기사

강원감사 강신이 치계하여, "原州의 왜적이 백성을 꾀어 榜文을 써서 주고 고을을 두루 돌면서 설득하여 章標를 받게 하니 온 고을 백성들이 휩쓸려 附逆하지 않은 사람이 없다고 합니다."

g) 『선조실록』 26년(1593) 2월 24일(기유) 1번째 기사

고산현감 신경희가 권율의 행주산성 대첩을 보고하자 임금이, "적이 쏜 것 중에는 우리나라 화살도 있었는가?"하니, 신경희가 아뢰기를, "片箭에 맞은 자가 많았으니 적군 중에 필시 우리나라 사람이 투입되어 전쟁을 돕는 것 같았습니다."

h) 『선조실록』 26년(1593) 10월 30일(경술) 1번째 기사

임금이 좌의정 윤두수에게 이르기를, "호남·영남에서 도둑이 성행한다는데, 그들이 만일 왜적에게 투항하여 들어가거나 패거리를 불러 모아 도둑이 된다면, 이는 작은 근심거리가 아니다." 하였다. (중략) 윤두수가 아뢰기를, "(전략) 都城 사람들이 누군들 적과 통하지 않았겠습니까.

이상의 시대순으로 나열한 실록기사 a)~h)는 왜란 초기로 왜란이 시작되어 평양까지 점령했던 일본군이 다음 해인 1593년 중반기 남해안으로 남하하는 시기까지이다. 그런 만큼 확대된 일본군의 점령지 전체에 대한 부왜 정보가 입수되고 있다.

먼저 서울의 경우를 보자. 왜적의 북상에 놀라 서울의 士族들은 멀리 피난했고 商人('市民')과 천민들도 주변으로 도피했으나, 왜적이 통행증(賊帖)을 발급하며 회유하자 백성들이 다시 들어와 시장(坊市)이 북적거리게 되었고, 불량배들이 부왜하며 날뛰었다는 것이다(a).[6] 그러나 홍문관의 홍인

---

6) 동일한 내용은 『西厓集 - 서애선생문집 제16권 - 雜著』에도 다음처럼 있다. "왜적이 도성에 들어온 뒤에 서울의 백성들이 모두 흩어져 피했다가 오래지 않아 차츰차츰 돌아오기 시작하여 마을과 저자가 모두 차서 왜적과 서로 섞여 판매하였으

상은 서울이 왜적에게 무혈입성된 것을 문제삼아 이를 조선인의 다수 투항에 의한 결과로 보고 있다(b). 校理 이상의도 서울사람들이 모두 왜적에게 투항했다고 하며, 그 이유를 굶주림을 해결하기 위해서라고 보고 있다(e). 일정한 서울사람이 적극 부왜하였음을 알려 주는 정보는 g)로, 행주산성 전투에서 片箭이 적진으로부터 많이 날아왔는데 이는 다수의 조선인들이 왜적을 도와 싸웠기 때문이라는 것이다. 일본군의 조선 남방 주둔이 장기화되어감에 따라 영호남에서 도둑들이 일어났는데 이들이 왜적에게 투항하지나 않을까 임금이 걱정하고 있다. 그러자 좌의정 윤두수가 서울사람들은 모두 왜적과 내통했을 것이라고 평가하고 있다(h).

왜적이 북상함에 따라 부왜하는 지역도 북상하고 있다. 황해도 지역을 보면 1592년 7월 임금이 황해도 지역민이 모두 적에게 투항하였다는 소문을 확인하려 하고, 윤두수는 봉산군만은 모두 투항했다고 밝히고 있다(d). 海州에서도 투항자가 많았다고 한다.[7] 평양지역에서도 왜적이 발급한 章標를 받아 그들의 敎唆를 듣는 부왜자가 나타나고 있다(c). 강원도 원주에서도 백성들이 모두 왜적의 장표를 받아 부왜하고 있다고 전해왔다(f).[8]

며, 적이 성문을 지키고서는 우리 백성이 賊帖을 차면 출입을 금하지 않았다. 이에 백성들이 모두 적첩을 받아 적에게 복역하면서 감히 거스르거나 대항하지 않았다. 또한 적에게 아첨하여 서로 친근하며 앞잡이가 되어 악을 저지르는 자도 있어 혹 적을 죽이려고 모의하는 자가 있으면 문득 그놈의 고발로 종루 앞이나 숭례문 밖에 불태워 죽여 참혹함을 극도에 이르도록 해서 위엄을 보이니, 두개골과 백골이 그 아래에 쌓여 있었다."

7) 『선조실록』 26년(1593) 9월 18일(기사) 2번째 기사에서 황해감사 유영경이 "이 고을 사람들은 매우 못되어 왜적을 보면 맞이하여 항복하였으므로 죽음을 당한 자가 적습니다."라고 하자 임금이 묻기를, "그러면 海州에는 절의에 죽은 사람이 없단 말인가?"라고 하는 것으로 보아 해주에서도 부왜행위가 성행했음을 알 수 있다.

8) 여기서 章標란 예를 들어 '反賊 김덕회' 등을 처형함에 그 供辭의 서두에, "처음부터 왜적에게 붙어 그들의 심복이 되어 어리석은 백성들을 협박·유인하여 章標를 만들어 주어 모두 적을 따르게 함으로써 적이 가는 곳마다 앞잡이가 되지 않은 적이 없었다."(『선조실록』 26년[1593] 2월 22일[정미] 1번째 기사)라고 하는 것으로 보아, 왜적이 附倭者임을 증명하여 준 증표와 같은 것이라 할 수 있겠다.

i) 『亂中雜錄-(第1)壬辰上』 宣祖25년(1592) 5월 20일조

김해·동래 등지의 사람들은 다 왜적에 붙어서 사람을 죽이고 재물을 약탈하며 여인을 더럽히고 하였는데 왜적보다 심하였다. 김해의 경우에 都要渚 마을은 낙동강 연변의 큰 고장인데, 왜란 초기부터 왜적에 붙어서 도적질을 하고 혹은 지난날의 원수를 갚기도 했다.

j) 『선조실록』 26년(1593) 5월 21일(갑술) 2번째 기사

비변사가 아뢰길, "金海에는 촌민들이 모두 왜적에게 빌붙어서, 영남의 크고 작은 도로에 모두 '向導'가 되어 있고, 鄕吏 김변호와 書者 裵仁 등은 倭將이 되어 매번 분탕질할 때마다 반드시 앞잡이가 되니, 賊中에 머물고 있는 백성들은 이들의 소행을 보고는 모두 倭服을 입고, 다시 도망쳐 나오려는 뜻이 없다고 합니다."

k) 『선조실록』 27년(1594) 11월 18일(임진) 5번째 기사

경상도 순변사 이빈이 치계하는 가운데, "附賊人 최억과 通事 僧 印思와 더불어 倭書 3통을 가지고 나왔기에, 김해 부사 백사림으로 하여금 그들을 접대케 하고, 도원수의 뜻으로 답서를 주어서 돌려보냈습니다."

l) 『선조실록』 28년(1595) 6월 23일(갑자) 2번째 기사

경상우도 관찰사 서성이 치계하는 가운데, "(전략) 봄부터 고성과 진주의 접경 지역인 연해의 어부들이 土賊과 작당하여 왜인 모양으로 변장하고 바람같이 왕래하므로 백성들이 편안히 살지 못했습니다. (중략) 근래 무지한 백성들이 왜적이 약탈하지 않을 것이라고 여겨 함안·진해·칠원의 경계에서 옛터에 초가를 엮고 농사지으며 생활하는 자가 상당히 많습니다. 그런데 좀도둑이 자주 발생한다면 소란스러운 형세가 되어 반드시 적에게 투항하고야 말 것입니다.

m) 『선조실록』 28년(1595) 12월 3일(신축) 4번째 기사

接伴使 황신이 치계하는 가운데, 梁山品官 최기를 장사꾼으로 꾸며서 왜적

진영을 탐지하게 했더니, 부산 機張의 두모포에는 우리나라 판옥선이 2척이 있었고, 왜적에 붙은 우리나라 사람으로서 왜의 진영 옆에 사는 자가 거의 2백여 호나 되었다.

n)『선조실록』29년(1596) 6월 26일(임술) 2번째 기사

좌의정 김응남이 아뢰기를, "우리나라 사람이 많이 투항해 들어갔으므로, 활을 잘 쏘는 자도 있을 것이고 포를 잘 쏘는 자도 있을 것이니, 이번에 다시 군사를 출동해 온다면, 형세가 반드시 버티기 어려울 것입니다.

이상의 i)~n)은 일본군이 장기 주둔했던 경상도 남해안 지역의 부왜에 관련한 기록으로, 일본군의 조선 침략 거점이 되고 있던 부산지역은 부왜 현상이 더욱 두드러져 있다. 김해와 동래 사람들이 왜적에 붙어 왜적보다 더 악랄한 짓을 자행하고 있으며 지난날의 원수를 갚는 기회로 삼고 있다는 것이다(i). 특히 왜적의 앞잡이가 되어 대우받는 조선인들을 보고 김해의 촌민들이 倭服을 입고 왜적 진영에 안주하고 있다는 것이다(j).

최억과 通事인 승려 印믄는 '附賊人'으로 버젓이 왜적의 서한을 조선측에 제출하여 답서를 받아가는 등 왜적을 위해 활동하고 있다(k). 고성과 진주 접경지역에선 土賊과 작당한 어부들이 '假倭'로 변장하여 백성들을 괴롭히고 있고, 함안 등지에선 경작하는 농민이 많은데 치안이 불안해지면 인근에 주둔 중인 왜적에게 투항하여 보호를 요청할 것으로 내다보고 있다(l). 부산의 두모포엔 조선의 판옥선이 두 척 있고 부왜 조선인 200戶가 일본군 진영 곁에 거주하고 있다고 한다(m).[9] 부왜 조선인 집단이 일본군 진

---

9) 여기에 등장하는 판옥선은 조선 水軍으로부터 빼앗은 것이라기보다 부왜 조선인이 제작한 것으로 여겨진다. 경상좌수사 이운룡이 도체찰사 이원익에게 1597년 2월 보고한 내용에 따르면, 附賊했다 도망쳐 온 豆毛岳과 김담손을 통해 기요마사가 西生浦에 있을 때에 附賊하는 海尺 河甘同이란 자가 조선의 판옥선을 한 척 만들어 주었다고 들었다는 것이고, 실제로 하감동을 잡아서도 그런 사실을 고백

영 근처에 거주하고 있음은 정유재란기 진주에도 있었다고 한다.[10] 그런데 활도 잘 쏘고 포도 잘 쏘는 많은 투항한 조선인들이 일본군의 재침에 동원 된다면 대적하기 힘들 것이라는 좌의정 김응남의 우려도 제기되고 있다 (n). 투항 조선인이 다수일 것이라는 조정의 우려가 읽혀진다.

o) 『선조실록』 30년(1597) 11월 12일(기해) 4번째 기사

전라우수사 이시언이 치계하는 가운데, "해남·강진·장흥·보성·무안 등의 고 을은 인민이 거의 다 왜적에게 붙어 士族의 피난처를 일일이 가르쳐 주어 (사족 이) 거의 다 살육되었습니다.

p) 『선조실록』 30년(1597) 12월 16일(임신) 2번째 기사

전라도 관찰사 황신이 치계하는 가운데, 운봉현강 남간이 荒山의 碑殿 앞길 을 지나던 중 갑자기 흉적 40여 명을 만나 진퇴양난이 되었는데, 자신을 생각치 않고 활을 쏘아 두 명의 왜적을 맞혀 눈앞에서 쓰러뜨렸더니 적들이 위축되어 경황없이 달아나므로 현감이 이 틈을 타서 도피를 하였다. 이때 남원에서 자원 한 장수 박경춘이 군사 15명을 거느리고 남원에서부터 이 적을 추격하였다. 이 적들은 남원 견천이나 長水 일대에서 동서로 출몰하며 멋대로 종횡하는데, 현 감이 接戰을 하며 직접 보니 우리나라 사람이 반이나 섞여 있었다.

위의 o)과 p)는 정유재란기의 기사다. 그런 만큼 임진왜란기에 제외되 었던 부왜가 전라지역에서도 나타나게 된다. 해남 등지 고을의 인민이 士

___

받고 있다(『선조실록』 30년 3월 24일[갑인] 3번째 기사).

10) 『선조실록』 31년 4월 10일(갑자) 6번째 기사에는 馬提督이 사람을 시켜 말하길, "진주성 밖에 강물이 있는데 그 강물 저편에는 왜병이 주둔하고 있고 이편에는 왜노에게 귀순한 조선인 1백여 호가 살고 있는데, 왜노들과 서로 왕래하면서 때 로는 向導가 되어 왜노를 위하여 싸우기도 하여 왜적들과 다를 바가 없으므로 정 상으로 보아 믿기 그지없다" 라고 있다.

族들의 피난처를 왜적에게 고해바쳐 살육하게 만들기도 하고(o), 남원이나 장수 일대에 출몰한 왜적 속엔 그 半이 조선인이었다는 것이다(p).

그런데 이러한 일본군의 점령지역에서 발생한 부왜현상은 일반적인 것은 아니었다. 예를 들어 평양의 정남방에 있는 中和지역은 수천 명의 전사자를 내면서도 끝내 부왜하지 않고 저항한 지역으로 기록되어 있다. 즉 평양이 수복된 다음 달인 1593년의 2월 좌의정 윤두수가, "中和 사람들은 죽은 자가 3천여 명인데 죽지 않은 사람들이 지금 모두 다시 모여들어 헝클어진 머리와 귀신같은 얼굴로 부지런히 供俸하기 때문에 중국군들도 이에 탄복했다고 합니다. 또 적의 형세가 한창 성할 때에도 적에게 붙좇은 자가 한 사람도 없었다 합니다" 라고 하고 있다.[11] 다음 달인 3월에 비변사가, "中和라는 고을은 한 사람도 적에게 붙은 자 없이 전사한 자가 수천에 이른다고 합니다. (중략) 그리고 본읍은 鳳山과 땅이 서로 닿아 있는데, 봉산은 적에게 붙은 자가 매우 많았으나 중화는 의리로 항거하여 적을 토벌하면서 죽어도 후회하지 않았습니다." 라는 것도 그러하다.[12]

1594년 3월 비변사가 "울산·경주의 외롭게 살아남은 백성들이 충의에 분발하여 몸을 바치지 않는 이가 없어서 強賊과 날마다 혈전을 벌여 아홉 번 죽더라도 돌아가지 않는다 하니 매우 가긍합니다. 지금 또 밀양부사 박경신이 밀양의 남은 백성 20여 명을 불러 모아 꽤 전공을 세웠다고 하는데, 다른 곳의 백성이 적에게 달라붙는 것을 달갑게 여기고 오래도록 나오지 않는 것과 비교하여 본다면, 차이가 큽니다."[13] 라는 것을 보아도 일본군의 주둔지역이 온통 附倭化 되었다는 것은 아니라 할 수 있다.

---

11) 『선조실록』 26년 2월 27일(임자) 5번째 기사.
12) 『선조실록』 26년 3월 5일(경신) 2번째 기사.
13) 『선조실록』 27년 3월 25일(계묘) 2번째 기사.

3. 부왜 정보에 대한 조정의 대응

왜란 초기 부왜자에 대한 범주는 포괄적이었고 그들에 대한 처벌도 엄격했던 듯하다. 김성일이 임시로 차임한 대구의 의병장 崔誠에게 내린 효유문을 보아도 이를 알 수 있다.

> "大邱府의 완악한 백성들이 혹 왜노에게 빌붙어 그들의 앞잡이가 되어 노략질을 한다고 하니, 몹시 통분스럽다. 각 지방의 有司들은 善籍과 惡籍을 작성하여 비치해 두되, 의병을 일으켜 왜적을 토벌한 사람은 선적에 기록하고, 엎드려 숨어 있으면서 나오지 않는 사람은 악적에 기록하라. 그리고 왜적에게 가서 그들의 향도가 된 자는 하나하나 별도로 기록하며, 그들을 체포하거나 죽일 수 있으면 위에 보고하지 말고 형벌을 시행하라. (중략) 엎드려 숨어 있으면서 나오지 않은 자는 일이 안정된 뒤에 극형에 처한 다음, 그 집안사람들은 모두 推刷하고 田民과 재물을 籍沒하고 牛馬는 전사들에게 먹이라."[14]

왜적에게 저항하려 하지 못하고 그저 숨어 있는 사람까지도 '惡籍'에 기록하여 처형하라는 내용을 담고 있다."[15]

그러나 이러한 강경한 태도는 왜적의 점령지가 확대되어감에 따라 변화한다. 1592년 7월 임금이 말하길, "海西는 적세가 몹시 성한데도 공격하여 섬멸하는 사람은 없고, 백성들은 도리어 적에게 빌붙으니 매우 염려스럽다. 招諭하는 교서를 내려 민간에 선포하고 이미 적에게 빌붙은 사람이라도 順理와 逆理를 알아서 도로 나오는 자는 전에 지은 죄를 논하지 말자."

---

14) 김성일, 『鶴峯集 - 鶴峯先生文集續集卷之三 - 公移』.
15) 그러한 경향은 정유재란이 터지려 했던 1597년 초에도 보인다. 즉 도체찰사가 재촉하는 명령 중에, "각처의 인민이 山城을 싫어하고 꺼려서 다른 고을로 옮겨 피한 자는 왜적에게 붙은 자이니 일일이 적발하여 먼저 목을 베고 난 뒤에 보고할 일이다."라고 하고 있다(조경남, 『난중잡록[3]』 정유년 1월 10일).

고 하고 있다.[16] 황해도의 부왜 현상에 대한 유화적 대응이다.

명나라 군대의 파견이 임박한 1592년 12월엔 應敎 이유징이 아뢰는 가운데, 적에게 붙은 자는 반역으로 단죄해야 마땅하지만 '大敵'을 제압하지 못한 채 민심마저 소요되면 아니 되므로 "刑을 가볍게 하고 죄를 용서하여 애석하게 여기는 마음을 백성들이 알게 한 다음에야 인심이 거의 수습될 수 있을 것입니다." 라는 입장을 띠게 된다.[17]

평양성이 수복되고 서울 수복이 예상되는 1593년 1월말 비변사가 아뢰기를, "경성을 수복하는 날에 교서로 주민들을 위로하여 타이르고 德意를 선포하는 것이 합당할 듯합니다. 그리고 흉도들의 위세에 겁을 먹거나 협박당하여 賊을 따라 살기를 도모한 자들은 일체 용서하여 준다는 뜻을 아울러 첨가해 넣어 돈후하게 타일러야 하겠습니다." 라고 하고 있다.[18]

이러한 서울 거주 부왜 백성에 대한 조정의 유화적 방침은 서울 수복 직후인 1593년 6월에도 확인된다. 즉 비변사가 啓를 통해 경성 수복에 즈음하여 安撫使에 이어 大臣을 보내고 있는 것은 '在賊中者'들을 일체 불문에 부쳐 진무와 위안을 급선무로 삼은 까닭이라는 것, 경성의 '遺民'들이 감옥을 수리한다는 말을 듣고 동요하고 있다니, 적극 부왜하여 그 죄상이 명백히 드러난 자를 이미 체포·수감했다지만 민심도 살펴 점차적으로 행해야 할 것이며, 살기 위해 부왜한 자들은 잘 위무하여 생업에 안주토록 하라는 것 등을 내놓고 있다.[19]

부왜한 서울 백성들에 대한 유화적 자세는 그만큼 부왜가 다수일 거라는 인식에 기인한 것이었다. 서울의 백성들이 모두 賊帖을 받았다든가(a), '京城 사람은 모두 적에게 투항'했다든가(e), 라는 것으로 이를 알 수 있다. 1593년 10월 좌의정 윤두수가 아뢰는 가운데, "臣이 요사이 委官이 되어

---

16) 『선조실록』 25년 7월 29일(병술) 4번째 기사.
17) 『선조실록』 25년 12월 23일(기유) 3번째 기사.
18) 『선조실록』 26년 1월 27일(임오) 4번째 기사.
19) 『선조실록』 26년 6월 14일(정유) 3번째 기사.

죄인들을 추국했습니다마는, 사실 여부를 막론하고 인심이 동요되어 있습니다. 都城 사람들이 누군들 적과 통하지 않았겠습니까. 이런 때를 당해서는 모름지기 진정시키기를 힘써야 하는 것이요, 모두 국법대로 다스림으로써 인심이 疑懼하여 離散하게 될 염려를 야기시켜서는 안 됩니다." 라고 있다.[20] 부왜 처벌에 대한 수위를 민심 안정을 위해 상당 후퇴시키자고 하고 있는 것이다.

이상에서처럼 소극 부왜자에 대한 유화책이 거론되기 시작했으나 탕감을 위한 즉 免罪조건에 대한 구체적인 내용은 1593년 2월부터 보이고 있다. 임금이 승정원에 하교하여, "탈출해 나오면 죄를 면해 주며, 왜적을 베어가지고 오면 죄를 면해 줄 뿐 아니라 별도로 論賞하는 것으로 속히 써서 보내라." 라고 하고 있다.[21]

1593년 6월 비변사가 아뢰는 가운데, "지금 순변사 이일의 장계를 보니, 단천에서 안변에 이르기까지 한 고을에서 사형에 처해진 자가 무려 15인이라 하였는데, 장차 남쪽 고을에서도 행한다고 하였습니다. 두어 고을에서 주살된 자가 이와 같으니 만일 온 道에서 주륙을 크게 행한다면 죽을 사람이 수없이 많을 것입니다. 역적을 토벌하고 포악한 자를 죽이는 것은 엄중히 해야 하지만 시기를 보아 權道를 써서 진정시키는 것도 좋을 것입니다. 그러니 그중에서 죄상이 뚜렷이 드러나 神人이 공노하여 엄폐할 수 없는 자 외에, 어리석어서 적에게 협박당해 협조한 자는 일체 불문에 부치고 더욱 힘써 위안하고 타이르도록 급히 하유하소서." 라고 죄상이 뚜렷한 적극 부왜자에 한해 처벌하도록 하고 있다.[22]

왜적이 남방으로 철수하여 농성하고 있던 1593년 9월 임금이 비망기로 이르기를, "부산 등지에 있는 우리 백성으로서 왜적에게 투항하여 들어간 자가 매우 많은데 돌아오고 싶어도 돌아오면 화를 당할까 의심하는 자가 어찌

---

20) 『선조실록』 26년 10월 30일(경술) 1번째 기사.
21) 『선조실록』 26년 2월 8일(계사) 7번째 기사.
22) 『선조실록』 26년 6월 21일(갑진) 4번째 기사.

없겠는가. 별도로 榜文을 만들어 분명하게 告諭하되, 나오면 죽음을 면제시켜 줄 뿐만이 아니라 평생토록 免役시킬 것을 물론 혹 포상으로 벼슬도 줄수 있다는 등의 일을 참작해서 의논하여 조처하도록 비변사에 이르라." 라고하여, 처벌 면제와 免役 내지 포상을 고려하고 있음을 알 수 있다.[23]

1594년 3월에는 비변사가 아뢰는 가운데, "동래·장기·기장·부산·김해·웅천 등처에서 적군의 진중으로부터 스스로 빠져 나온 이는 모두 復戶帖을 줌으로써 조정의 德意를 알게 하고 그들의 친부하려는 마음을 더욱 견고하게 하소서. 이것은 조정에서 하찮은 은혜를 행하여 한 지방의 백성을 수습하는 것이니 관계됨이 적지 않습니다." 라고 하고 있다.[24] 復戶帖의 사여, 즉 조세나 요역 일부를 면제해 주려고 하고 있다.

후술하는 1595년 6월의 통제사 이순신의 치계, 즉 경상도 수군 유업동 등 4명이 왜적에 투항했다가 왜적의 행패를 당하여 도망쳐 온 것을 엄형으로 다스리는 것보다 이후 귀순의 길을 터주는 방편이 되게 하기 위해 原住地로 방면했다는 보고를 접한 비변사도, 이순신의 그러한 처리에 동의하고 같은 조치를 취하자고 하고 있다.[25]

경상등도 체찰사 이덕형은 1598년 겨울 자신이 순천에 머물고 있을 때 남해현 부왜자들을 귀순시킨 것을 아뢰어, '附賊'한 남해 백성들을 은밀히 유인해 내려고 御印이 찍힌 免死帖을 사람을 시켜 들여보내자 김득유 등 800여명의 남해현 사람들이 탈출할 수 있었다고 술회하고 있다.[26] 즉 면사첩으로 부왜자들을 회유했음을 알 수 있다.

---

23) 『선조실록』 26년 9월 9일(경신) 3번째 기사.
24) 『선조실록』 27년 3월 25일(계묘) 2번째 기사.
25) 『선조실록』 28년 6월 14일(을묘) 4번째 기사, 같은 기사에서 조정에서는 왜적에 투항했던 사람을 '投附之民' 또는 '投賊'·'投入之輩'라 표현하고 있다.
26) 『선조실록』 35년 1월 12일(을사) 3번째 기사. '면사첩'의 등장은 『선조실록』 26년 1월 23일(무인) 3번째 기사가 처음이다. 明將 黃應暘가 宣祖에게 免死帖 1만여 통을 지참해 와서는 부득이 하여 부왜한 조선인은 구제해야 한다고 강조하고 있다.

왜란기 부왜자에 대한 회유책의 규정을 구체적으로 볼 수 있는 것이 다음이다. 정묘호란 직후 備局이 청하여, 임진년 예에 따라 후금에 잡혀간 사람이 같은 무리 3명을 데리고 나오면 적 1급을 벤 자와 같은 포상을, '附賊'한 1명을 내보낸 자에겐 면사첩을 지급하고, 부모처자를 잃어 후금의 '賊中'으로 들어가려는 자를 전향시켜 데리고 나오면 적을 벤 것으로 論賞하자고 하고 있다.[27]

그런데 부왜자의 사회적 신분을 가지고 차별 대응했다는 것이 주목된다. 즉 1593년 4월 사간원이 아뢰기를, "왜적이 서울에 들어와 國勢가 매우 위태로웠을 때에 무지한 백성들 중에 적에게 부역한 자들을 일일이 義로 꾸짖을 수 없습니다. 그러나 宰臣으로서 포로가 되어 한 번 죽어 君臣의 大義를 밝히지는 못하고 도리어 목숨을 보전하여 구차하게 살 것만을 생각해서 꼬리를 치며 애처로이 구걸하여 못하는 짓이 없었으며 (중략) (그런 자들에겐) 나라에 常刑이 있으니 하루라도 천지 사이에 용납하게 할 수 없습니다." 라고 있다.[28]

이처럼 무지렁이가 아닌 사대부의 부왜에 대해서는 엄격한 법 적용을 촉구하고 있었다. 1593년 10월 임금이 승정원에 전교하기를, "사대부로서 왜적에게 빌붙은 자에 대해서는 王法을 시행하지 않을 수 없다. 전에 듣기로 成世寧이 그대로 도성에 있으면서 왜적에게 빌붙었다기에" 잡아오도록 했는데 어찌 되었는가를 묻고 있다.[29]

성세령은 누구인가? 『선조수정실록』25년(1592) 5월 1일(경신) 15번째 기사에 보면, "前공조참의 성세령의 기생첩에게 양녀가 있었는데 왜장의 총애를 받았다. 성세령이 그의 아우 성세강과 모두 나이가 많아 양주의 산중에 피난하여 있었는데, 그 양녀를 인연하여 도로 집으로 들어가 그전처럼 거처하였으며 왜인들이 그를 존대하였으니, 文官으로서 적에게 붙은 자

---

27) 『인조실록』 5년 3월 28일(을미) 3번째 기사.
28) 『선조실록』 26년 4월 24일(무신) 3번째 기사.
29) 『선조실록』 26년 10월 11일(신묘) 3번째 기사.

는 성세녕뿐이었다."라고 있다. 이에 관련하여 사헌부는 1594년 10월, "사대부로서 적에게 몸을 굽힌 자에게는 그 刑章을 바로하여 王法을 보이지 않을 수 없습니다. 성세령과 성세강 형제는 한 사람은 堂上 문관으로서, 또 한 사람은 世族의 蔭官으로서 나라의 후한 은혜를 입었는데도 적이 도성에 들어온 뒤에 편안한 마음으로 집에 있으면서 기꺼이 굴복하였다." 라며 비난하고 있다.[30]

그러나 사대부건 일반 백성이건 적극 부왜행위에 대해서는 지방관, 또는 의병장의 '先斬後報'를 허용한 듯하다. 호남 의병장 김천일이 군사를 거느리고 북상하여 "수원의 독산 古城에 웅거하며 '附賊姦民'을 찾아내어 베니, 돌아와 따르는 畿內의 士民이 많았다."[31] 곽재우가 "왜적에게 붙어 賊의 향도가 되어 경주 부윤이라고 자칭하며" 행패를 부리던 叛賊 공휘겸을 잡아 목 베었다,[32] 회령 부사 정기룡이 '反民' 김수량 등 16명을 잡아 효시하고 보고하였다,[33] 경상우도 수사 李純信이 보고하여, 南海의 '附賊' 조선인 중에 都將이라 칭한 정육동과 勸農이라 일컫는 정기생의 부왜행위가 특히 심하였으므로 이 둘을 참하여 효수하였다,[34] 는 사례들이 그러하다.

4. 조선으로 回歸하려는 '부왜'와 조정의 被虜人 인식

1) 조선으로 회귀하려는 '부왜'

왜란 시기 투항이건 납치건 일단 일본군의 수중에 들어간 조선인은 그들에게 예속된 포로이기 십상이다. 당연하게 生死與奪權은 일본군에게 달

---

30) 『선조실록』 27년 10월 8일(임자) 4번째 기사.
31) 『선조수정실록』 25년 6월 1일 41번째 기사.
32) 『선조수정실록』 25년 7월 1일 5번째 기사.
33) 『선조실록』 26년 6월 26일(기유) 11번째 기사.
34) 『선조실록』 31년 12월 22일(계유) 1번째 기사.

려있게 된다. 도망했다가 생계 때문에 도성으로 되돌아간 서울 백성들은
전란의 장기화로 일본군의 '賊帖'을 받아 나름 일상생활을 하게 된다(a).

그러던 1593년 1월 조명 연합군의 평양성 탈환 이후 서울의 백성들은
조명 연합군에 내응할 위험 세력으로 의식되어 일본군에 의해 대학살이 자
행되었다. 『선조수정실록』에는 "유키나가 등이 평양의 패전을 분하게 여
긴데다가 우리나라 사람이 밖에 있는 명나라 군사와 몰래 통하는가 의심하
여 도성 안의 백성들을 모조리 죽였다. 오직 여인들만이 죽음을 면하였으
므로 남자들 중에는 혹 여자 옷으로 변장하고 죽음을 면한 자도 있었다.
공공기관의 건물이나 개인의 가옥도 거의 불태워버렸다."고 고발하고 있
다.[35] 『고대일록』에도 "흉측한 적의 무리들은 京城으로 움츠려 들어가, 우
리나라의 投入한 사람들을 다 죽여 시체를 3곳에 쌓아 두니 그 높이가 外
城보다 높았다."라고 적고 있다.[36] 『쇄미록』에도 "거리 곳곳 家家門庭에 시
신이 쌓여 있는 것을 처참하여 차마 볼 수 없었다고 하니 이는 필시 정월
24일 분탕할 때 피살된 사람들이다." 라고 그때의 정황을 기록하고 있다.[37]
그 후에도 일본군의 살육행위는 계속되어 4월 중순 서울에서 철수하게 될
때 극에 달했는데 "4월 19일 왜적은 투항했던 백성을 모조리 죽이고 군사
를 거두어 한강을 건너갔다" 고 한 것에서 알 수 있다.[38]

이같은 일본군의 살육행위는 부왜 조선인들이 다시 조선으로 귀순하게
되는 배경이 되고 있다. 이에 대해 알아보자.

1592년 5월 대신 최흥원이 아뢰기를, "투항한 사람 중에서 자기들의 처
자식이 살해된 것 때문에 지금 배반자가 많이 생긴다고 합니다." 라든가,[39]
같은 해 10월 유배지 6진지역에서 의주의 행재소로 돌아온 홍성민이 임금

---

35) 『선조수정실록』 26년 1월 1일 4번째 기사.
36) 정경운, 『고대일록』 제1권 癸巳(1593) 2월 17일.
37) 오희문, 『쇄미록』 권2, 癸巳日錄, 癸巳 5월 8일.
38) 박재광, 「임진왜란기 일본군의 漢城 점령과 蘆原坪전투」 『인문사회과학논문집』
    31, 2002, 179쪽.
39) 『선조실록』 25년 5월 20일(기묘) 3번째 기사.

에게 아뢰는 가운데, "어리석은 백성들이 처음에는 적군이 죽이지 않을 것이라 여기고서는 모두 음식을 준비하고 영접했었으나 지금은 매우 참혹하게 살육하는 까닭에 모두 관군이 와주기를 바라고 있습니다." 라고 있다.[40] 그 다음 달인 11월 경상감사 김수가 아뢰는 가운데, "본도(경상도)의 민심이 처음과는 아주 달라져서 적을 잡고자 하며, 지난날 적에게 붙었던 자들은 모두 죽임을 당하였습니다."(중략) 적들이 살육하는 것을 매우 좋아하기 때문에 어리석은 백성들도 비로소 싫어하고 괴로워하는 마음이 생긴 것입니다. 만약 그들이 살인을 좋아하지 않았다면 민심을 돌리지 못하였을 것입니다." 라고 하는 것이 그러하다.[41]

1595년 6월 통제사 이순신이 치계하는 가운데에도, "경상도 수군 유업동 등 4명이 적중에 투항했다가 本陣에 도망해 귀환했기에 적의 정세를 推問했더니, 공초하기를 '저희들은 昌善島에 사는 고기잡이로서 굶주림을 견디지 못해 지난 2월 가덕도 왜진의 結幕에 들어갔습니다. 그런데 모든 출입과 음식이 자유롭지 못했고 가재도구를 빼앗기도 하며, 혹은 처자를 사로잡아 일본에 이송하고 조금만 뜻에 안 맞으면 살육이 잇달았기에 부득이 이번 4월 6일 밤에 처자를 데리고 도망쳐 돌아왔습니다. 적의 정세에 대해서는 다른 계획은 상세히 알 수 없지만, 우리나라 사람들이 요사이 적의 정세를 보고 다 탈출하려는 생각이 있으나 당초 투항한 죄 때문에 의심하고 주저한다.' 하였습니다." 라고 있다.[42]

부왜자가 귀순하는 둘째 배경엔 일본군의 철수가 있다. 철수할 경우 부왜자는 강제로 일본으로 연행당해 갈 수도 있고, 연행해 갈 가치가 없을 경우 살해당할 수 있기 때문이다. 일본에서 일생 구류생활을 보내고 싶지 않을 경우 마지막 선택은 조선측으로의 귀순 외에는 없을 것이다. 그러므로 정유재란이 막바지에 이르자 귀순하는 부왜자들이 속출하고 있다.

---

40) 『선조실록』 25년 10월 4일(경인) 3번째 기사.
41) 『선조실록』 25년 11월 25일(신사) 1번째 기사.
42) 『선조실록』 28년 6월 14일(을묘) 4번째 기사.

경상우병사 정기룡이 "적의 괴수에게 빌붙어 丹城縣監으로 불렸던 安得이란 자"가 "지난번 히데요시가 죽었다는 기별을 듣고 모든 적진이 바야흐로 철수하여 돌아가려고 하기에 살해당할까 두려워 나왔다."고 치계한 것이 1598년 8월이었다.[43] 다음 달인 9월에 정기룡이 또 "요사이 적에게 붙었다가 나온 자 전후 2천여 명인데, 모두들 '關白(히데요시)은 이미 죽었고 또 남방에 변고가 있어서 히데요시의 어린 자식이 즉위는 하였으나 모두 그 자리를 빼앗을 계획을 하여 현재 철수하여 돌아가려고 한다. 沈安頓도 그 자리를 빼앗아 자기의 자식을 세우려고 물자와 식량 및 器械를 벌써 배에 싣고는 10일에서 15일 사이에 철수하여 돌아갈 것을 결정하였다 운운' 하였습니다." 라고 있다.[44]

같은 시기인 1598년 8월 전라병사 이광악의 치계에 의하면, '被虜人' 정성근이 처자를 데리고 나와서 하는 말이 "(왜적에게) 잡혔던 사람들이 이제 모두 탈출하려고 하는데, 대개 전하는 소문이 일본에 싸움이 일어나 심지어는 히데요시가 이미 죽었고 유키나가도 곧 철수하려고하기 때문이라는 것이다. 박수영이라는 자도 탈출하려 하나 딸린 가족이 무척 많아 그믐날 밤 어둠을 틈타려고 기다리고 있다고 전하고 있다.[45]

이보다 앞선 1593년 2월 김덕회와 김응관이라는 자가 체포되었다. 그들은 1592년 5월 대마도주 宗義智(소 요시토시)의 진중에 투항하여 유키나가를 따라 평양까지 따라다니면서 온갖 악행을 저지른 자로 지목되어 있었다.[46] 김덕회는 조정의 심문에 대해서 다음처럼 답하고 있었다. 유키나가

---

43) 『선조실록』 31년 8월 23일(병자) 4번째 기사.
44) 『선조실록』 31년 9월 15일(정유) 2번째 기사. 沈安頓은 조선 침략에 참가한 사츠마(薩摩)의 領主 시마즈 요시히로(島津義弘)를 가리킨다.
45) 『선조실록』 31년 8월 5일(무오) 1번째 기사. 박수영은 기회를 놓쳤음인지 대마도로 끌려가 일본의 조선과의 講和교섭에 동원되어 일하다가 송환되어 처형당하고 있다(민덕기, 「임진왜란에 납치된 조선인과 정보의 교류」『사학연구』74, 2004, 213~217쪽).
46) 『선조실록』 26년 2월 17일(임인) 3번째 기사.

가 서울로 갈 때 자신의 노모와 처자 및 김응관 일가까지 동시에 연행하여 나가려 하므로 왜적에게 그 이유를 물었더니 일본으로 데리고 가려한다는 것이었다. 이에 노모와 처자를 데리고 그 먼 길을 갈 수 없다고 은밀히 호소하자, 그 왜인이 노모와 처자를 몰래 내보내 주었다. 그래서 자신과 김응관 등은 한밤중에 몰래 도망쳐 나왔다.[47] 김덕회의 말을 빌리면 평양에서 서울, 그리고 서울에서 남방으로 戰域이 위축되어가자 왜적측은 김덕회 일행을 일본으로 연행하여 가려 한 것이고, 운 좋게도 일행은 모두 왜적에게서 벗어날 수 있었던 것이다. 그러나 조정에 의해 이들은 적극 부왜자로 간주하여 고문 끝에 처형되고 만다.[48]

2) 조정의 被虜人 인식

위의 김덕회와 김응관의 경우엔 '부왜'의 내용을 적시하고 있었지만 단순 투항자를 '부왜'로 치부하는 경우도 허다하다. 1593년 8월 비변사가 아뢰기를, "왜적을 따라간 우리나라 사람 2만 여명이 아직까지 海上에 머물러 있다고 합니다. 그러나 우리나라로서는 그들을 불러올 방도가 없습니다. 그런데 지금 마침 譯官 남호정이 남쪽으로 떠나니, 劉總兵에게 咨文을 보내어 白旗로써 그들을 불러 生計를 마련해 주도록 하는 것이 어떻겠습니까?" 라고 하고 있다.[49] 2만이라면 어마어마한 인원인데 이후 실록에서 이와 관련한 어떠한 기록도 찾을 수 없다. 아마도 이들은 '부왜'라기 보다 서울 이남으로 철수하는 과정에 일본군에 납치된 被虜로써 일본으로 끌려갔을 것으로 보인다. 전술한 1598년 9월의 정기룡 치계의 "요사이 적에게 붙었다가 나온 자 전후 2천여 명"도 '부왜'한 사실이 기록되어 있지 않다. 아

---

47) 『선조실록』 26년 2월 21일(병오) 6번째 기사.
48) 『선조실록』 26년 2월 21일(병오) 심문 기사가 이어지고 다음 날인 2월 22일(정미) 1번째 기사에 그 처형이 기록되어 있다.
49) 『선조실록』 26년 8월 22일(계묘) 1번째 기사.

마도 단순히 투항해 있거나 잡혀 있다 탈출한 사람으로 여겨진다. 그런데 조정이 단순 투항자에 被擄까지도 부왜로 보고 있음은 1585년 7월 우의정 이원익의 啓를 보아서도 알 수 있다.

> "嶺南이 탕패하여 인심이 흩어졌으니 가령 왜적의 무리가 철수한다 하여도 '投降'한 백성들이 이미 살아날 수가 없게 되어 반드시 흩어질 것입니다. 만약 미리 제대로 대처해 주지 않으면 서로 모여 도적이 되어 못된 짓을 자행할 것이니 앞으로 염려되는 일이 한두 가지가 아닐 것입니다. 저 투항하거나 포로된 무리들은 왜적이 물러간다는 소문을 들으면 슬퍼하고 왜적이 머무른다는 소문을 들으면 기뻐하는데 인심이 이같은 까닭은 다름이 아니라 그들의 살아날 구멍이 저 왜적들에게 있기 때문입니다. 비록 西湖의 양곡을 수송한다 하더라도 1천리 먼 길에서 양곡을 수송해서는 굶주린 백성을 다 구제하지 못할 텐데, 만약 해변의 백성들이 일시에 흩어지면 아무리 지혜가 있는 사람이라도 어떻게 할 수 없을 것입니다."[50]

절대적 기아 상황에서 일본군에 투항했거나 사로잡힌 被擄까지 왜적이 물러가면 슬퍼하고 머무르면 기뻐할 부왜로 보고 있는 것이다. 그럼 왜 조정이 단순 투항자에 피로인까지 '부왜'로 치부하고 있는 것일까? 이에 대해 알아보자.

> "너희는 祖宗의 赤子로서 倭奴에게 叛附하여 사람들을 살육함이 적보다 더 심한 사람도 있으니 그 죄는 죽어 마땅하다. 그것이 아니라면 부득이한 사정이 있는 것인가? (중략) 지금 上敎에 따라 너희에게 약속한다. 적의 머리 하나를 베어 바치는 사람은 이전의 생업으로 돌아가는 것을 허락한다. 적의 머리 둘을 베어바치는 사람은 徐林의 예와 같이 할 것이며, 적의 머리 셋을 베어바치는 사람은 자

---

50) 『선조실록』 28년 7월 26일(정유) 2번째 기사.

손을 허통시키겠다. 장수를 벤 사람은 錄勳하여 높은 관직을 제수하겠다. 그러한
즉 너희들은 더욱 많은 적을 죽여 나라를 향한 너희의 깊은 성심을 보여라.[51]

이것은 왜란 초기 '본국 사람으로 왜에 붙잡힌 사람들'에게 告諭하는 글
이다. 미처 피난할 틈이 없이 적진의 수중에 남아 있을 수밖에 없었던 백
성들마저 왜적에게 투항한 부왜로 인식하고 있다. 당시 한창 접전이 벌어
졌던 시기였던지라 조정으로서는 이들이 자의에 의해 남은 것인지 타의에
의해 부득이하게 억류되어 있는 것인지를 구분할 여유나 방법이 없었다.
나라를 도탄에 빠뜨리고 조선인을 살육하는 왜적과 함께 있다는 사실 그
하나만으로 이들은 왜노에게 叛附한 것으로 간주되었다. 만약 적진에 그대
로 남아 있으면 죽음을 면할 수 없는 죄를 짓는 것이라는 이 고유문은, 포
로로서 억류된 이들을 '叛附'한 자와 동일시하는 조선의 일반적 '포로' 인
식을 잘 보여준다. 따라서 한번이라도 포로가 되었던 사람이라면 국가의
公民 자격을 회복하기 위해서 목숨을 걸고 적극적으로 탈출해야 함은 물론
적의 머리를 하나라도 베어 바쳐 나라를 향한 깊은 성심이 변치 않았음을
검증받아야 했다.[52]

국가는 백성을 쇄환함에 특별히 관대한 은전을 베풀 것이다. 丁未 연간
(1607년)에 사신이 피로인을 데리고 돌아와 모두 그 죄를 용서해 주었고, 役이
있는 사람은 역을 면제해 주었으며, 公私 천민은 免賤을 시켜 주고 身役을 완전
히 면해 줌으로써 고향에 편안히 정착하도록 보호와 휼전을 베풀었다. 그때 쇄
환된 사람은 모두 친족들과 만나 다시 樂土의 백성이 될 수 있었다. (중략) 만약
일제히 나온다면 마땅히 지난 번에 나온 사람들의 예에 의거하여 免賤·免役·完

---

51) 조헌, 『重峯先生文集』 卷之十三, 「告諭文」. 徐林은 임꺽정 휘하에 있다가 투항한
선비를 가리킨다.
52) 김정신, 「임진왜란 조선인 포로에 대한 기억과 전승」 『한국사상사학』 40, 2012,
119쪽.

復 등의 은전을 하나하나 시행할 것이다.[53]

이것은 1617년 제2차 회답겸쇄환사가 일본으로 지참하여 간 예조의 諭告文이다. 조선인 피로에 대해 모두 免罪시키고, 役이 있는 자는 免役, 公私賤은 免賤시키겠다는 처우와 특전을 소개하며, 아직 일본에 남아 있는 조선인들에게 고국으로 돌아올 것을 권유하고 있다. 내용에서 주목되는 것은 국가가 백성을 쇄환함에 '면죄'라는 특별한 은전을 베풀어 주겠다는 대목이다. 여기에서 말하는 '죄'는 '일본군의 포로가 된 도의적인 죄를 가리키는 것으로 생각된다.[54]

피로인으로 일본에 잡혀갔다가 돌아온 사람들에 대한 '절의를 상실한 죄인'이라는 차별인식은 '節士'로서 1668년 追贈한 姜沆에 대해서마저 빗대고 있다. 즉 史官이, 왜적에게 잡혀서도 목숨을 이어간 것이 오히려 節義를 잃은 것이며 宣祖가 그런 그를 등용하지 않은 것도 당연한 것인데, 이처럼 추증함은 당론에 치우친 행위라고 비난하고 있는 것으로도 알 수 있다.[55] 1599년에 송환된 정희득도 부친의 권유에 못이겨 1603년 과거를 치러 진사과에 합격하고 있음에도 부친이 사망하자, 피로되었던 자가 진사과 합격만으로도 영광인데 어찌 더 영달을 바라랴 하고 벼슬길을 접고 있다.[56] 피로인은 곧 죄인이라는 인식이 당시대에 팽배해 있었음을 알 수 있다.

6. 맺음말

이상으로 검토한 내용을 정리하여 보면 첫째, 부왜 정보가 전란의 전개

---

53) 佐賀縣立박물관 소장의 「朝鮮國禮曹俘虜刷還諭告文」으로, 김정신이 위의 논문 118쪽에서 번역한 것을 재인용함.

54) 김정신, 위의 논문 119쪽.

55) 『현종실록』 9년 4월 13일(신사) 3번째 기사. 강항은 정유재란에 납치되었다가 1600년 송환된 인물이다.

56) 정희득, 『해상록 - 충효전』(『국역 海行摠載』Ⅷ) 민족문화추진회, 1977.

와 밀접한 관계가 있다는 점이다. 전란 초기엔 확대된 일본군의 점령지 전체에서 부왜 정보가 나타나 서울을 중심으로 평양지역에서도 보이고 있다. 새로운 세상이 왔다고 여긴 피지배층의 부왜현상이 돋보이는 시기이다. 戰域이 경상도 남해안으로 국한된 시기에 이르러서는, 일본군 진영의 부근에 거주하는 형태의 부왜가 주를 이루고 있다. 정유재란기에는 전라도 지역에서 부왜현상이 두드러져 백성의 士族에 대한 복수현상으로 나타나기도 한다.

둘째, 부왜에 대한 조정의 대응이다. 초기엔 부왜에 대해 강경한 입장이었지만 일본군의 점령지역이 확대되고 生計와 관련한 소극적 부왜자들이 증가하자 조정의 입장도 유화적으로 변화한다. 민심 안정을 우선했기 때문이다. 그리하여 免罪 조건이 생겨나고 적극 부왜자가 아닌 경우 귀순하면 불문에 부치는 방침이 마련되었다. 그러나 일반백성과는 다르게 士族인 경우 소극 부왜라도 처벌하기로 거론되곤 하였다.

셋째, 부왜의 末路에 대해서이다. 일본군이 철수할 때 부왜자가 취할 선택은 두 가지밖에 없었다. 일본군과 같이 일본으로 도망가거나, 조정의 용서를 기대하여 일본군 진영으로부터 탈출하는 것이다. 스스로는 왜적에게 투항한 것이 아니고 '被虜'된 것에 불과한 '소극 부왜'라고 주장하더라도, 조정에 의해 '적극 부왜'로 간주되어 처형되는 경우도 많았을 것이다. 전술한 김덕회의 경우, 스스로는 '소극 부왜'로 여겨 왜적으로부터 탈출했지만 조정은 '적극 부왜'로 몰아 처형하고 있다.

넷째, 절대적 기아상황에서 일본군에 투항했거나 납치되어 잡힌 被虜마저도 조정은 부왜로 간주했다는 것이다. 일본군 진영에 들어가 있다는 사실만으로 조정은 그들을 죄인시하였다. 그래서 서울 도성에 들어가 살고 있는 조선인들을 조정은 모두 부왜자로 낙인찍었지만, 왜적의 눈엔 관군·의병이나 조명 연합군에 내응할 위험 집단에 불과했다. 남방 철수에 즈음하여 모조리 도륙당하는 운명에 처하는 것으로 보아도 그들이 결코 부왜자가 아니었음을 알 수 있다.

본 논문의 마지막으로 일본군이 점령하의 조선인 외형을 강제로 왜인화하지 않았을까 추론하여 보고자 한다. 1598년 1월 副提學 신식이 전라도에서 올라와 아뢰는 가운데, "눈앞에서 일하는 사람들은 모두가 적에게 잡혀 머리를 깎았다가 도망쳐 나온 사람들로 또한 喪服을 입지 않은 사람이 없으니, 상심되고 참담스러움을 차마 말할 수가 없습니다." 라 하고 있다.[57] 같은 해 3월 도원수 권율의 장계에는, "전해 들으니, 동래·부산·김해 등지에는 밭가는 자들이 들녘에 가득한데 3분의 2가 모두 우리나라 백성들이며 그들 중에는 이따금 머리를 깎고 치아를 물들이는 등 왜국의 풍속을 따른 자들도 있다고 합니다." 라고 있다.[58] 같은 해 8월에는 劉提督의 접반사 김수의 치계 중에, "아문의 각 장수들이 전라도 지방에 도착하여 많은 軍丁을 조발하여 도처에서 수색하였는데, 머리카락이 없는 자는 모두 결박하여 끌고 갔습니다. 그리하여 병으로 머리가 빠진 자나 승려들 역시 모두 잡혀가 하루에만 무려 수백 명에 이르고 있습니다."라고 있다.[59] 이로 보면 정유재란기의 일본군은 부왜한 조선인의 외형을 왜인화시켜 그렇지 않은 조선인과 쉽게 구별하려 하지 않았나 여겨진다. 참고로, 명나라 영역으로 쳐들어 간 청나라는 지배하의 중국인에게 모두 변발을 강제했다. 변발하지 않는 중국인은 처형의 대상이 되었다. 이와 관련한 일본군의 점령정책에 대해서는 금후의 연구과제로 삼고자 한다.

---

57) 『선조실록』 31년 1월 21일(정미) 4번째 기사.
58) 『선조실록』 28년 3월 1일(갑술) 8번째 기사.
59) 『선조실록』 31년 8월 1일(갑인) 4번째 기사.

제10장
임진왜란에 활약한 조선 장수들의 성장기반에 대하여
-니탕개의 난과 관련하여-

1. 머리말

중등 역사 교과서에는 임진왜란이 다음처럼 서술되어 있다.

미래엔의 『고등학교 한국사』에는 이순신의 수군과 의병 활동이 왜란 극복의 원동력이라고 설명하고 있다.[1] 금성출판사의 『고교국사』에도 왜란을 '수군과 의병의 활약'이란 소제목 하에 서술하고 있고, '전란의 극복'이란 소제목 하에서는 수군과 의병이 여러 전투에서 승리를 거두어 전쟁국면이 수세에서 반격으로 전개될 수 있었다고 하고 있다.[2] 전국역사교사모임의 교과서에도, 조정은 피난 가서 명나라의 구원만 고대할 뿐이었으나 오로지 백성을 구한 건 이순신의 수군과 의병들이라 설명하고 있다.[3]

매주 일요일 밤에 진행했던 KBS 1의 '역사저널 그날'에서도 "1592년 4월 13일부터 다음 해 1월 명군이 참전한 평양성 전투에서 승리하기까지 조선은 육전에서 참담한 패배와 후퇴를 거듭했다. 유일한 희망과 위안은 이순신이 이끈 수군과 의병의 활약이었다."라고 말하고 있다.[4]

교과서 등에 보이는 이러한 시각은 아직도 한국학계의 정설이다. 그러나 의병활동을 적극 평가하고 상대적으로 관군의 역할을 평가 절하하는 것은, 전란에서 국가가 민중을 지키지 못하고 민중이 자위하게 만들었다는 비정상 국가론으로 직결된다.[5]

---

1) 한철호 외, 『고등학교 한국사』, 미래엔, 2014, 65쪽.
2) 김종수 외, 『고등학교 국사』, 금성출판사, 2013, 169~170쪽.
3) 전국역사교사모임, 『살아있는 한국사 교과서 - 민족의 형성과 민족 문화』, 휴머니스트 출판그룹, 2002, 206쪽.
4) KBS 역사저널 그날 제작팀, 『역사저널 그날 4 임진왜란』, 민음사, 2015, 42쪽.
5) 이에 대한 최근(~2017)의 반론은 다음과 같은 논문에서 엿볼 수 있다.
   노영구, 「임진왜란 초기 양상에 대한 기존 인식의 재검토 - 和歌山縣立박물관 소장 '壬辰倭亂圖屛風'에 대한 새로운 이해를 바탕으로 -」 『한국문화』 31, 2003 ; 권기중, 「임진왜란 시기 향리층의 동향과 戰後의 향리사회」 『역사와 현실』 64, 2007 ; 이선희, 「임진왜란 시기 咸陽 守令의 전란대처 - 『孤臺日錄』을 중심으로 -」

'역사저널 그날'에서는 또한 "조선은 건국 이후 200년간 역사상 유례없는 평화를 누렸어요. 1392년에 조선이 건국됐고, 임진왜란이 1592년에 일어나니까 정확히 200년이죠. 그러다 보니 사회 분위기가 자연스럽게 숭문천무(崇文賤武) 쪽으로 흘러요. 문이 숭상되고 무가 천시된 거죠. 그런 이유로 전쟁 대비나 무기 개발, 국경 방어 같은 것들이 거의 이루어지지 않게 됩니다. 이게 조선이 초반 전투에서 크게 패한 주된 원인이고요." 라고 신병주 교수는 말하고 있다.[6]

'崇文賤武'로 당시 조선의 현상과 왜란 초기의 패배를 설명하려 드는 것도 거의 정설이다. "동서양을 통틀어서 역사상 가장 文을 숭배하고 가장 武를 천시하여 허약해빠졌던 조선과, 120여 년 간의 內戰인 戰國시대를 거치면서 동서양을 통틀어 가장 무를 숭배하여 최강의 무력을 자랑하던 일본의 격돌이었다." 라고 설파하고 있으니 말이다.[7] 조선 건국 이래 평화가 이어졌다는 인식은 유성룡도 『징비록』에서 다음처럼 말하고 있다. "이때는 (1591년) 세상이 태평스러운지가 이미 오래 되었으므로, 중앙과 지방이 다 편안함에 젖어서 백성들은 성 쌓는 일 같은 노역을 꺼리게 되고 원망하는 소리가 길에 가득 찼다."[8]

과연 조선 관군은 제대로 조직되어 있지 않았고, 200년간의 평화에 안주하여 전쟁에 대한 대비도 제대로 이뤄지지 않았는가? 당시대의 분위기는 '숭문천무' 일색이었는가? 이와 관련하여 다음의 기사가 주목된다.

"계미년(1583년) 니탕개의 난 때에 (정언신을) 함경도 순찰사에 발탁하고 임금이 雲劍을 하사하였다. 公(정언신)이 인재를 알아보는 데 능하여 막하에 있던

『진단학보』110, 2010 ; 정해은, 「임진왜란 초기 경상도 수령의 동향과 의병 지원 활동」『조선시대사학보』70, 2014 ; 정해은, 「임진왜란기 대구 수령의 전쟁 대응과 사족의 전쟁 체험」『역사와 경계』98, 2016.

6) KBS 역사저널 그날 제작팀, 앞의 책, 55쪽.
7) 백지원, 『조일전쟁』, 진명출판사, 2009, 25쪽.
8) 유성룡 지음, 김종권 譯註, 『징비록』, 명문당, 1987, 40쪽.

사람 李舜臣·신립·김시민·이억기가 모두 명장이었다"[9]

임진왜란 9년 전인 1583년 니탕개의 난이 동북방에서 일어나자 함경도 순찰사 정언신이 이순신·신립·김시민·이억기 등을 활약시켜 진압하였다는 것이다. 이들은 패장이 된 신립을 제외하고는 모두 왜란에서 큰 공을 세워 宣武공신으로 뽑힌 명장들이다. 그렇다면 니탕개의 난은 명장을 낳았고 이들이 왜란 발발에 이르러 큰 활약을 하게 되었다는 것이 된다.

니탕개의 난은 1583년부터 기간도 4년 이상 끌었으며 그 규모도 적을 때엔 5천명, 많을 때에는 2만~3만 명 규모였다. 그 피해도 6진의 鎭堡 43개 가운데 두만강 연변의 대다수 진보가 모두 그 침략을 받았다.[10] 니탕개의 난이라 하지만, 1583년 1~2월에 집중된 경원진 일대 藩胡들의 반란은 迂乙知가 주도한 것이고,[11] 3월부터는 온성진·종성진·회녕진의 니탕개와 율보리가 주도한 것이다.[12] 그러나 본 논문에서는 이 둘을 편의상 니탕개의 난으로 통칭하고 다만 제1차, 제2차로 구분하고자 한다.

니탕개의 난을 간신히 진압한 조정은 군량의 현지 조달 시급성을 절감하여 함경감사 정언신으로 하여금 6진의 하나였던 경흥진의 조산보에 소속된 녹둔도를 개간하게 하여 둔전을 추진하였다. 그러던 1587년 9월 여진족이 기습하여 조선 '戰士' 10여 명이 피살되고 160명이 납치되는 이른바 녹둔도 전투가 벌어졌고, 그에 대한 조선측의 응징이 벌어지는데 대규모적인 것이 시전부락 전투이다. 즉 1588년 1월 조선은 함경도의 土兵과

---

9) 『연려실기술』 권18, 「宣祖朝故事本末 – 宣祖條의 相臣」 鄭隱彥信 부분.
10) 김구진·이현숙, 「『제승방략』의 북방 방어체계」 세종기념사업회, 『국역 제승방략』 1999, 77~78쪽.
11) 박정민, 「임진왜란과 여진인 '來朝'의 종언」 『만주연구』 18, 2014, 13쪽. 여기서 藩胡란 조선의 대마도와 같은 존재로, 조선을 정치적으로 '國家'로 떠받드는 대신 경제적인 혜택을 받는 6진 지역이나 북방 국경지역의 여진족을 가리킨다.
12) 한성주, 「임진왜란 전후 여진 번호의 조선 침구 양상과 조선의 대응」 『동양사학연구』 132, 2015, 132쪽.

京將士 2,500여 명으로 여진족 소굴을 급습하여 380명을 참획한 사건이다.[13] 본 논문에서는 니탕개의 난을 넓은 의미에서 녹둔도 전투와 시전부락 전투를 포함한 의미로도 쓰고자 한다.

이처럼 1580년대의 동북방은 니탕개의 난으로 긴장의 연속이었다. 그 과정에서 조선의 장수들이 성장하였고, 성장한 이들에 의해 임진왜란 극복이 보다 용이했다는 것이 본 논문의 가설이다. 이 가설이 성립될 수 있다면 왜란 발발 당시 조선은 결코 태평성대에 안주한 '崇文賤武'가 팽배한 그런 비정상적 국가가 아니었음이 밝혀질 수 있을 것이다.

2. 니탕개의 난에 활약한 이일과 신립

임진왜란의 패전 장수로 이일과 신립을 꼽는데 주저할 수 없을 것이다. 서울을 일본군에게 내주는데 결정적인 패전을 했기 때문일 것이다.

이일(1538~1601)은 1558년 25세에 무과 급제하여 宣傳官을 거쳐 단천군수와 경흥·온성 부사 등을 역임하였다. 1583년 1월 니탕개의 난이 일어나 6진의 방비가 위험하게 되자, 그해 4월 조정에서는 전라도 수사로 있던 이일을 경원부사로 임명하였다.[14]

경원부사 이일이 반란을 잘 평정해 나가자 조정에서 이일을 회령부사로 전보시켰는데, 회령은 니탕개가 藩胡로써 세력을 장악했던 지역이기도 했다. 니탕개가 무리 2만 여 騎를 거느리고 회령부 고령진을 약탈하자, 회령부사 이일은 퇴로를 차단하고 이들 무리를 공격하여 진압하였다. 이일은 그 후에도 1580년대 내내 6진지역에서 활약하였다. 녹둔도 전투가 발생하자 이에 대한 응징으로 대군을 통솔하여 시전부락 전투에 대승을 거두고

---

13) 민덕기, 「임진왜란용이 되어버린 율곡의 십만양병설」『역사와 담론』 55, 2013, 231~232쪽. 녹둔도 전투에 대한 구체적인 연구는 김진수, 「선조대(1587년) 녹둔도(鹿屯島) 전투에 대한 고찰」『군사연구』 140, 2015를 참고.
14) 김구진, 앞의 논문, 76쪽. 이일의 아버지는 兵馬 虞侯 출신이다.

있다.[15]

신립(1546~1592)은 1567년 무과에 급제했다. 원균과 같은 시기였다. 니탕개의 난 때의 신립의 활약을 『제승방략』을 중심으로 보면 다음과 같다.

①니탕개의 난이 일어나자 온성부사 신립이 阿山堡의 助戰을 위해 말을 달려서 현장으로 가다가 安原堡를 거치게 되었을 때 그곳 군사들의 마음을 진정시키고 사기를 북돋워서 적들로 하여금 물러나게 하였다(『제승방략』 권1, 安原堡 故事).

②니탕개의 난 때 賊胡들이 경원진을 포위하였는데, 온성부사 신립이 정예기병을 이끌고 안원보에서 달려와 수비를 굳건히 하며 백마를 타고 돌격하는 한 오랑캐를 화살로 거꾸러뜨리자 적병들이 놀라서 흩어져 도망쳤다(『제승방략』 권1, 경원진 故事).[16]

③『제승방략』 권1, 訓戎鎭 故事에는 신립의 활약이 다음처럼 자세하게 기록되어 있다.

> 계미년(1583) 봄철에 賊胡 1만여 騎가 麻田洞에서부터 쳐들어와서 本鎭(훈융진)을 포위하고 두세 번 진격하고 후퇴하면서 長城의 문을 깨뜨려 부수고 衝橋를 만들어 城의 烟臺를 허물었는데, 화염이 하늘까지 솟아올랐다. 僉使 申尙節과 助戰將 鐘城判官 元熹가 하루 종일 적과 서로 싸웠는데, 화살이 떨어지고 힘이 다하여 바로 성 안에서 지탱하기가 어려운 때를 당하였으나, 온성 부사 신립이 黃坡堡에서 柔遠僉使 이박과 군관 차정·김경유 등과 함께 賊變을 듣고서 사잇길을 따라서 말을 달려와서 적의 포위 가운데를 바로 돌파하여, 급하게 적을 공격하였다. 적호 가운데 신립의 얼굴을 알고 있는 자가 있었는데, 신립이 빠른 활을 쏘아서 적의 우두머리를 화살 한 대로써 죽이는 것을 보고는 깜짝

---

15) 『제승방략』 권1, 「회령진」 故事, 「撫夷堡」·「造山堡」·「鹿屯島」 故事, 「撫夷堡」 故事.

16) 賊胡란 조선을 침략한 여진족을 말한다. 조선에 공순한 여진족을 藩胡라 하는 것과 대비된다.

놀라서 말하기를, '온성의 슈公이 왔다.'고 하면서 즉시 활을 휘두르며 북쪽으로 후퇴하였다.

첨사 신상절 등이 이윽고 구원병이 이르렀다는 것을 알고 성문을 열고 나가서 적을 공격하였다. 신립 등이 달아나는 적을 추격하여 북쪽으로 쫓았는데, 적들이 창황하여 어찌할 줄을 모르고 넘어지고 자빠지면서 산을 기어 올라갈 즈음에 우리 군사가 다수의 적들을 쏘아서 죽이고 적의 목을 70여 급이나 베었다. 우리의 군사들이 싸움에 이긴 틈을 타서 적이 경유하는 安豆里 部落을 바로 습격하여 오랑캐의 막사를 모두 불태워서 나라의 수치를 조금이나마 씻었고, 군사들의 사기도 상당히 떨쳤다.

즉 1583년 봄에 賊胡 1만여 騎가 훈융진을 공격하여 함락될 지경에 이르렀을 때 온성부사 신립이 정예를 이끌고 내달려와 이를 격퇴하고 대승을 거두었다는 것이다.

④1583년 여름, 온성 부사 신립이 永建堡에서 賊變을 듣고 지름길을 달려 내달으니 적들이 후퇴하여 물러갔다(『제승방략』권1, 종성진 故事).

⑤제1차 니탕개의 난 당시 적호가 된 번호는 경원·회령·종성 등 6진 지역 대부분이었으나 신립이 부사로 있던 온성만은 유독 번호가 배반하지 않았다. 그 이유는 이 지역 번호들이 신립의 武勇에 승복했기 때문으로, 신립은 평소에 鐵騎 500여 명을 훈련시켜 사냥을 하며 전술을 익히게 하고 연안에서 내달려 돌격하는 연습을 시키곤 했는데 그 빠르기가 귀신같았음을 번호들이 익히 파악하고 있었기 때문이었다고 한다.[17]

이 ①~⑤에서 보이는 것처럼 제1차 니탕개의 난에서 가장 용명을 떨친 무장은 당시 온성 부사였던 신립이었다. 신립은 평상시에 휘하 군사들의 훈련을 잘 시켰을 뿐더러, 기마전술이 뛰어나고 적을 두려워하지 않는 뱃심이 대단했다. 그는 자신이 맡은 온성만 지켜낸 것이 아니라 전황이 긴박

---

17) 『선조수정실록』 16년 2월 1일조.

하고 위급한 곳마다 달려가서 구원했던 것이다.[18]

제2차 니탕개의 난 때에도 신립은 공을 세웠다. 2만여 기나 되는 대군이 종성에 쳐들어와서 성을 둘러싸자, 우후 장의현과 판관 원희 및 종성부사 유영립 등은 적의 수효가 워낙 엄청나서인지 나가 공격하지 못하고 북병사 김우서와 함께 종성부 성 안에서 적에게 포위되어 있었다. 그때 온성 부사 신립이 날쌘 기병을 거느리고 와서 적을 쳐 퇴각시켰다. 이처럼 니탕개의 난 진압을 통하여 알려진 명장으로서의 신립의 명성은 전국을 진동시켰다.[19]

이처럼 이일과 신립이 니탕개의 난에서 혁혁한 활약을 했음에도 불구하고 왜란에서 패배한 이유는, 즉 이일이 상주 북천의 들판에서, 신립이 탄금대에서 패배한 이유는 무엇일까? 그것은 기마병 위주의 野戰을 택했기 때문이며 여진족과의 전투에서 그런 방법으로 승리하여 왔기 때문이다. 그러나 일본군은 신무기 조총으로 무장된 보병 주력의 군대였다.[20]

3. 니탕개의 난에 활약한 임진왜란의 宣武功臣

왜란이 끝난 1604(선조 37)년 6월 조정은 왜란에 큰 공을 세운 武官으로 宣武功臣 18명을 선정하였다. 이들 선무공신 선정에 정문부·정기룡·곽재우 등의 활약이 반영되지 않았다고 비판받고는 있지만 당시 조정의 나름대로의 잣대에 의한 평가임을 부정할 수는 없을 것이다. 18명이란 1등으로 이순신·권율·원균, 2등으로 신점·권응수·김시민·이정암·이억기, 3등으로 정기원·권협·유사원·고언백·이광악·조경·권준·李純信·기효근·이운룡을

---

18) 송우혜, 「조선 선조조의 니탕개란 연구」『역사비평』72, 2005, 317쪽.
19) 송우혜, 위의 논문, 318쪽.
20) 관련논문으로는 김성우, 「임진왜란 초기 제승방략 전법의 작동 방식과 상주 북천 전투」『한국사연구』163, 2013 ; 이상훈, 「신립의 작전지역 선정과 탄금대 전투」『군사』87, 2013.

가리킨다.[21] 그런데 이 18명의 공신 중에 니탕개의 난에서 활약한 자들이 있었다. 이를 정리하면 다음과 같다.

李舜臣(1545~1598)은 1576년 무과에 합격하였다. 니탕개의 난이 일어 났을 때 선조는 진압을 위해 여러 장수들을 임명하는데 특히 함경 南兵使 로 이용을 임명한다. 이용은 부임하면서 당시 서울에서 훈련원 소속 무관 으로 복무하고 있던 38세의 무장 이순신을 직속 軍官으로 임명해 주도록 요청하여 허락을 받는다. 그리하여 이순신은 1583년에 '남병사 직속 군관' 이라는 신분으로 함경도에 가서 니탕개의 난 토벌전에 종사하게 되었다.[22]

그후 이순신은 부친상 3년상을 마치고 42세에 사복시의 주부로 복직하 나, 동북방이 다시 혼란스럽자 유성룡의 천거를 받아 경흥 부근의 조산만 호로 임명되었다. 이어 녹둔도 둔전관이 되었을 때 녹둔도 사건이 일어나 그 책임을 지고 백의종군하게 된다.[23] 1588년 시전부락 정벌에 그는 右衛 의 右火烈將으로 참여하여 공을 세운다.[24] 이렇듯 이순신은 니탕개의 난과 녹둔도 전투 및 시전부락 전투라는 3개의 전투에 모두 참전하여 무장으로 서의 자질을 매우 인상적으로 세상에 드러냈고, 그 결과 임진왜란이 발발 하기 바로 전 해에 전라좌수사에 임명됨으로써 임진왜란 때 벌어졌던 해전 들을 그의 역량대로 이끌어 갈 수 있었다.[25]

'무장 이순신'의 존재가 처음으로 크게 세상의 주목을 받게 된 계기는 니탕개의 난을 진압하는 중에 벌어졌던 '우을기내(于乙其乃) 사건'이었다. 니탕개의 난의 리더는 니탕개와 율보리 및 우을기내였다. 우을기내는 번호 의 추장들 중에서도 거물이라 '都酋長'이라 불렸던 인물로 이순신이 계략 을 써서 그를 유인하여 잡아 참하였다. 당시 니탕개의 난 때에 조선군이

---

21) 『선조실록』 37년 6월 25일(갑진) 7번째 기사.
22) 송우혜, 앞의 논문, 305쪽.
23) 김태훈, 『이순신의 두 얼굴』, 창해, 2004, 653~654쪽.
24) 한성주, 앞의 논문, 124쪽.
25) 송우혜, 앞의 논문, 300쪽.

여진족 졸개들은 많이 베었으나 그 우두머리를 참획한 일은 없었기 때문에 이순신은 이를 계기로 크게 주목을 받았다.[26]

이순신의 조카인 李芬이 쓴 이순신의 「行錄」에는 "이해(계미년: 1583) 겨울, (이순신이) 乾原堡의 權管이었는데, 그때 오랑캐 울지내(우을기내)가 변방의 큰 근심이 되었지만 조정에서는 걱정만 했지 잡을 도리가 없던 차에 公(이순신)이 여기로 到任하여 방책을 써서 꾀어내니 울기내가 藩胡들을 데리고 오므로 공이 복병을 배치했다가 그들을 사로잡았다, 고 실려 있다.[27] 『징비록』에도 "그(이순신)는 일찍이 조산만호가 되었는데, 이때 북쪽 변방에는 사변이 많았다. 이순신은 좋은 계교로써 배반한 오랑캐 우을기내를 유인하여 와서 兵營으로 묶어 보내어 베어 죽이니 드디어 오랑캐의 근심이 없어졌다." 라고 있다.[28]

우을기내 사건에서 이순신은 이 계획을 상관인 북병사에게 알리지 않은 채 집행했다는 이유로 조정으로부터 공로에 상응한 포상을 받지 못했지만, 이 사건을 통해 이순신은 무장으로서의 자질과 역량을 인상적으로 당시 사람들에게 각인시킴으로써 뒷날 무인으로서 출세할 발판을 단단하게 굳혔다. 그래서 뒷날 조정에서 장수감들을 추천할 때, 이순신은 중복 추천되었던 것이다.[29] 즉 1589년 1월 비변사에서 武臣을 품계를 뛰어넘어 채용하는 不次採用을 하려하니 장수감을 추천하라고 하자, 대신과 중신들이 각자 생각해둔 무장들을 추천했는데, 이때 이순신은 병조판서 정언신, 이조판서 이산해가 추천한 명단 속에 들어 있었다.[30]

그런데 한성주는 이순신이 '反虜 于乙其乃'를 꾀어내어 잡아서 백의종

---

26) 송우혜, 앞의 논문, 318~319쪽. 김태훈도 건원보 권관이던 이순신이 여진족 추장을 생포하여 훈련원 정7품인 참군으로 승진하였다고 논하고 있다(김태훈, 앞의 책, 659쪽).
27) 『李忠武公全書』 권9 「附錄1 - 行錄(從子正郎芬).
28) 유성룡 지음, 김종권 譯註, 앞의 책, 제1권.
29) 송우혜, 앞의 논문, 321쪽.
30) 『선조실록』 22년 1월 21일(기사).

군에서 사면되었다는『선조수정실록』20(1587)년 9월 1일(정해)조의 기사
와, "兵使 및 군관인 이박 등이" 우을기내를 잡아 참했다는『선조실록』
16(1583)년 7월 10일(기축)조의 기사가 서로 다르고 또한 두 기사의 시기
가 4년의 차이가 있다하여, 우을기내 참획을 이순신의 공적으로 삼는 것에
의문을 표하고 있다.[31] 니탕개의 난에서 4년이 경과된 1587년이라는 시기
도 그렇고『선조실록』이『선조수정실록』보다 객관적이라는 측면도 있으
므로 충분히 수긍되는 지적이다. 다만 전술하듯『李忠武公全書』『징비록』,
그리고『再造藩邦志』에 '우을기내 사건'을 이순신의 작품이라 단정하고 있
기에 본 논문에서는 한성주의 지적을 일단 유보하기로 한다.

元均(1540~1597)은 1567년 무과에 급제하고 거제현령을 역임하였다.
그러나 인사고과가 좋지 않아 휴직 중, 니탕개의 난 발생으로 종4품의 조
산보 만호로 복직해 함경도 병마사 이일의 지휘 하에 그 진압의 공로를 인
정받아 부령부사로 특진하였다. 그는 그 후에도 시전부락 전투에서 종성부
사로 참전하여 공을 세웠다.[32]

李億祺(1561~1597)는 1591년 5월에 전라우수사로 임명되어 이듬해 왜
란을 맞이하였다. 이후 전라좌수사 이순신과 경상우수사 원균 등과 합세해
당항포·한산도·안골포·부산포 등지에서 일본군을 크게 격파하였다. 그러
나 칠천량 해전에서 전사하였다.

이억기는 무과에 급제해(연도 미상) 북방 오랑캐가 침입했을 때 경흥부
사로 임명되어 적을 격퇴시키는 데 큰 공을 세웠다. 그 뒤 무인으로서의
자질을 인정받아 온성부사 등 국방상의 요직을 역임하였다.[33]

---

31) 한성주, 앞의 논문, 129쪽의 註 108).
32) 이한우,『선조 조선의 난세를 넘다』, 해냄, 2007, 358쪽, 김태훈, 앞의 책, 652·
    659쪽.
33)『한국민족문화대백과사전』.『연려실기술』권18「宣祖朝故事本末－宣祖條의 相
    臣」의 정언신 설명에, "계미년(1583년) 니탕개의 난 때에 (정언신을) 함경도 순찰
    사에 발탁하고 임금이 雲劍을 하사하였다. 公(정언신)이 인재를 알아보는 데 능
    하여 막하에 있던 사람 李舜臣·신립·김시민·이억기가 모두 명장이었다." 라고

李純信(1554~1611)은 1592년 1월 방답진의 첨사로 부임하여 방비에 힘
쓰다가 왜란이 발발하자 이순신의 휘하에 들어가 모든 해전에 참가하여 中
衛將·前部將로 크게 활약하였다. 벼슬로 훈련대장을 지냈고 후에 선무공
신에 봉해졌다.[34] 그러한 그는 1578년 무과에 급제하여 선전관·온성판관·
의주판관 등을 거쳐 혜산진 첨절제사가 되어 북방 오랑캐의 침입을 막아냈
다(『daum백과』).

金時敏(1554~1592)은 진주대첩의 주인공으로 진주 판관으로 있을 때
왜란이 일어났다. 진주 목사 이경의 명에 따라 그와 함께 지리산으로 피난
하였지만 5월 하순 목사 이경이 病死하자 초유사 김성일의 명에 따라 진주
목사직을 대리하게 된다.[35] 6월 초에는 金山(김천)으로부터 서·남진하여오
는 일본군을 저지하던 의병장 김면이 원병을 요청하자 거창 지례(沙郎巖)
까지 나아가 싸워 적을 격퇴하였다.[36]

뒤이어 일본군이 호남 진출을 위한 교두보 확보를 위해 육상에서의 전
투력을 진주 방면으로 집중하자, 김시민은 1592년 7월 前兵使 조대곤과
사천 현감 정득열 등과 합세하여 사천·진해·고성 등지로 출정하여 차례로
적을 물리치고, 함안 군수 유숭인과 칠원 현감 이방좌 등과 함께 적을 격
퇴하여 창원 등지의 여러 沿路의 고을들을 수복하였다.[37] 김시민이 진주의
주민을 안정시키면서 출전하여 누차 승첩을 거뒀으므로 김천 이남에 주둔
하던 적들이 모두 도망하였다. 이에 김시민이 다시 진주에 주둔하면서 굳
게 지킬 계책을 세웠다.[38]

김시민은 위와 같은 사천과 진해 및 고성 등지에서의 전공으로 8월 하
순 조정으로부터 진주 목사를 제수받았다. 9월 초순에는 진해로 출진하여

하고 있다.
34) 제장명, 「임진왜란 시기 李舜臣 幕下人物의 활동」 『역사와 경계』 52, 2004, 12쪽.
35) 조경남, 『亂中雜錄』 1, 壬辰年 上, 선조 25년 5월 20일.
36) 김봉렬, 「忠武公 金時敏의 생애와 정신」 『가라문화』 20, 2006, 54쪽.
37) 『선조수정실록』 25년 8월 1일 6번째 기사 ; 『난중잡록 2』 임진년 하, 8월 4일조.
38) 『선조수정실록』 25년 8월 1일 8번째 기사.

'鎭海賊將' 小平太를 사로잡아 의주의 행재소에 보냈다.[39] 그리고 10월 5
일부터 6일 동안 그 유명한 제1차 진주성 싸움에서 승리를 거두었지만 끝
내 적탄에 맞아 전사했다. 그는 1604년 선무공신 2등에 추증되었다.

김시민의 가계는 화려하다. 부친이 增廣試 文科 급제자이며 숙부 둘도
別試 文科 급제자, 친형도 式年文科 급제자이다. 김시민은 25세인 1578년
武科에 급제한 후 훈련원에서 관직생활을 시작하여, 30세인 1583년 경원
에서 발발한 니탕개의 난에 도순찰사 정언신의 막하 장수로 출정한다. 이
때 이순신·신립·이억기 등과 반란 진압에 공을 세웠다.[40]

그후 관직에서 물러나 오랫동안 은둔생활을 하고 있던 그에게 1591년
軍器寺 判官으로의 再入仕의 기회가 주어졌다. 그의 무인으로서의 전투경
험과 자질을 높이 평가한 이헌국·조언·정언신 등 고위관료의 천거로 진주
판관에 부임하게 되었고 거기서 왜란을 맞이하고 있다.[41]

高彦伯(?~1608)은『한국향토문화전자대전』에 의하면, 왜란이 일어나자
寧遠 군수로서 대동강 등지에서 적을 맞아 싸우다가 패배하였다고 한다.
그러나 계속 분전하여 그 해 9월 일본군을 산간으로 유인해 지형을 이용하
여 62명의 목을 베었고, 이듬해 양주에서 일본군 42명을 참살하여, 이러한
功으로 선조는 특별히 당상관으로 올리고 양주목사로 삼아 陵寢을 보호하
도록 하였다고 한다.

고언백은 양주에서도 장사들을 모집하여 산속 험준한 곳에 진을 치고
복병하였다가 일본군을 공격하여 전과를 크게 올렸다. 태릉이 한때 일본군
의 침범을 받았으나 그의 수비로 여러 능이 잘 보호될 수 있었다. 이에 선
조가 공을 칭찬하고 관급을 더 올려 경기도 방어사에 영전시키고 이를 표
창하였다. 또 내원한 명나라 군사를 도와 서울탈환에 공을 세우고 경상좌
도 병마절도사로 승진하였으며, 정유재란 때는 경기도 방어사가 되어 전공

---

39) 김봉렬, 앞의 논문, 56~57쪽 ;『선조실록』25년 10월 6일(임진) 5번째 기사.
40) 김봉렬, 앞의 논문, 48~51쪽.
41) 김봉렬, 앞의 논문, 52~53쪽.

을 크게 세웠고, 전란이 수습된 뒤 선무공신 3등에 책록되고 濟興君에 봉하여졌다(『한국향토문화전자대전』).

고언백은 본관이 濟州 교동의 향리로서 무과에 급제하여(연도 미상) 군관·邊將을 역임하였다. 『제승방략』에 "정해년(1587년) 가을에 석호 100여 명이 (甫老知堡에) 침입하였다. (중략) 勸管 입명정과 군관 고언백이 이 소식을 듣고 추격하였으나 마침 해가 지고 군사가 적어서 적의 유인하는 술책에 빠질까봐 걱정하여 끝까지 추격하여 체포하지 못하고 돌아왔다." 라고 있어 그가 니탕개의 난 때는 알 수 없으나 1580년대 후반 6진 지역에서 군관으로 활약하고 있었음을 알 수 있다.[42]

이상으로 검토한 것을 정리하면 〈표 1〉과 같다. 선무공신 중에 이순신·원균·이억기·김시민이 니탕개의 난을 비롯하여 1580년대 6진 지역에서 구체적으로 활약하고 있었음을 알 수 있다. 다만 李純信과 고언백의 경우, 니탕개의 난에서의 활약은 알 수 없으나 1580년대 중후반 6진 지역에서 활약하고 있음은 명백하다.

〈표 1〉 니탕개의 난에 활약한 임진왜란의 선무공신

이름(생몰연도)	급제연도	니탕개의 난 때의 활약	비고
이순신(李舜臣, 1545~1598)	1576	함경 南兵使 이용의 직속 군관	
원균(元均, 1540~1597)	1567	조산보 만호	
이억기(李億祺, 1561~1597)	미상	경흥부사	
이순신(李純信, 1554~1611)	1578	미상	6진 지역 근무
김시민(金時敏, 1554~1592)	1578	도순찰사 정언신의 막하 장수	
고언백(高彦伯, ?~1608)	미상	미상	군관(1587년)

42) 『한국향토문화전자대전』, 『제승방략』 권2, 甫老知堡 故事.

4. 니탕개의 난에 활약한 임진왜란의 장수들

선무공신에 뽑히지는 않았으나 왜란에서 큰 공을 세운 인물들 중에 니탕개의 난, 나아가 1580년대 후반 6진 지역에서 활약한 장수들이 있었다. 다음이 그들에 대한 설명이다.

金俊民(?~1593)은 임진왜란이 일어나기 직전에는 거제현령을 지냈다. 임진왜란이 일어나자 합천 假將으로 정기룡·조경형·정방준 등과 진주성 전투에 참여하였고, 의병을 이끌고 무계현에서 일본군의 대부대를 격파하였다(『한국민족문화대백과사전』).

그의 왜란 초기의 활약에 대하여 경상감사 김수는 치계로 "水營의 助羅浦·知世浦·栗浦·永登浦 등은 진지가 이미 텅 비었는데 巨濟縣令 김준민만이 홀로 외로운 성을 지켜 죽음으로써 기약하고 있습니다." 라고 평하고 있다.[43] 정경운도 『고대일록』에서 그를 다음처럼 적극 평가하고 있다.

> "순변사 이일이 상주 北川에서 적들과 전투를 벌였지만 관군이 불리했다. 적들이 조령을 넘어 상주로 향하였는데, 이후로 거쳐 가는 州縣마다 적의 무리로 가득하여 江左의 소식을 오랫동안 듣지 못했다. 연변의 군현들도 연락이 단절되어, 대부분 왜놈의 소굴이 되었음을 알게 되었다. 그러나 오직 거제 현령 김준민이 다양한 方略으로 힘을 다해 방어했다. 적이 세 차례나 성 아래까지 도달했으나 모두 이기지 못하고 물러났다. 조금도 두려워하는 빛을 보이지 않은 채, 갑옷과 병기를 수선하며 방어의 계책을 마련하는 늠름한 모습이 마치 파도가 밀려와도 전혀 움직이지 않는 砥柱와 같았다. 만약 군대를 이끄는 장수들이 조금이라도 준민의 마음을 갖고 있었다면, 어찌 이토록 무인지경에 들어가는 것과 같은 경우가 있었겠는가."[44]

---

43) 『선조실록』 25년 6월 28일(병진) 6번째 기사.
44) 정경운 지음, 남명학연구원 옮김, 『譯註 孤臺日錄』, 태학사, 2009, 임진(1592)년 4월 23일(임자).

이러한 김준민은 니탕개의 난 때 함경북도 병마절도사 이제신의 군관으로 출전하여 공을 세웠다. 즉 1583년 2월 16일 응징을 위해 적호의 부락을 소탕하여 적호 215명을 사살하는데, 이때 그는 온성부사 신립 및 군관 이종인과 함께 참여하고 있다.[45)

그의 니탕개의 난에서의 전공에 대해 실록에는 "준민이 계미년(1583년) 北道의 싸움에 며칠 길을 걸어서 들어가 싸웠는데 용맹이 三軍에서 으뜸이었다." "(김준민이) 이종인과 함께 북변을 수비하면서 힘껏 싸워 이름이 드러났으나 문벌이 낮은 관계로 일찍 현달하지 못하였다. 영남의 전공으로는 김준민이 가장 으뜸이었다." 라는 평가를 내리고 있다.[46)

黃進(1550~1593)은 1590년 경인통신사 파견에 從叔父인 황윤길의 군관으로 수행한 경력을 가지고 있다. 전라도 화순의 同福 현감으로 재직 중 왜란이 일어나자 전라도관찰사 이광의 휘하에서 참전했으나 용인전투에서 대패했다. 그러나 이후 진안·안덕원·이치 전투에서 일본군을 격파하고, 그 공으로 익산군수 겸 충청도 조방장에 임명되었다. 1593년 3월 충청도 병마절도사가 되어 죽산전투에서 후쿠시마 마사노리(福島正則)가 이끄는 일본군을 대파하고 상주까지 추격했다. 그해 6월 일본군이 전열을 정비해 진주성을 재차 공략하자 김천일·최경회 등과 함께 성을 굳게 지켰다. 9일 동안 격전을 치렀으나 마침내 성이 함락되면서 전사했다(「daum백과」).

황진은 1576년 별시 무과에 16등으로 급제하여 훈련원 봉사란 직위에 있었다. 니탕개의 난이 발발하자 조정이 경원부사로 이일을 임명하여 토벌케 할 때 황진도 종군하여 戰功을 세웠고, 이로 인하여 경원도호부 安原에 설치된 鎭堡의 수비대장인 權管에 임명되었다.[47)

李宗仁(?~1593)은 1593년 경상우병사 김성일의 牙將이 되어 선봉에서

---

45) 한성주, 앞의 논문, 123쪽.
46)『선조실록』25년 6월 28일(병진) 6번째 기사 ;『선조수정실록』26년 6월 1일 9번째 기사.
47) 정내수,「武愍公 黃進에 대한 고찰」전북대 교육대학원 석사논문, 1985, 9~10쪽.

적장을 사살하여 적을 퇴각시켰다. 그 공로로 김해부사가 되었는데, 그해 7월 일본군이 재차 진주성으로 몰려오자 병력을 거느리고 성내에 들어가 성을 사수하다 전사하였다. 그는 일찍이 무과에 급제하여(연도 미상) 북도 병마사 휘하의 군관이 되어 니탕개의 난 진압에 공을 세웠다(『한국민족문화대백과사전』).

徐禮元(?~1593)은 1591년 김해부사로 1차 진주성 전투에선 공을 세웠으나 2차 진주성 전투에선 진주목사로서 싸우다가 전사한 장수이다. 그는 1573년 무과에 급제하여 선전관에 임명되고 1581년 보성군수, 1583년 함경도 회령도호부위 보을하진 첨절제사가 되었다. 이때 정탐의 임무를 띠고 두만강을 건너 여진 땅에 깊이 들어갔다가 발각되어 군사를 몽땅 잃은 일로 종성에 유배되었다고 한다. 그러나 그 후 니탕개의 난 때 백의종군하여 공을 세워 1586년 곽산군수로 재임명되었다고 한다.[48]

그러나 『제승방략』엔 다음의 내용이 있다.

> 을유년(1585년) 여름철에 첨사 서예원이 정병 80여 명을 거느리고 오랑캐 땅에 깊숙이 들어가서 舍地의 能仇太 부락의 북쪽 고개를 정탐하다가 적호 300 명이 역습하여 싸우다가 패배하였다. 軍器와 여러 가지 물건을 모두 빼앗기고 군인 10여 명과 戰馬 17마리를 모두 적에게 피살당하거나 약탈당하였다. 別侍衛 이제순 등 3명은 적에게 사로잡히고 서예원은 간신히 몸을 빼내서 도망하여 돌아왔는데, 이 때문에 서예원은 영구히 종성진에 유배되었으나 이제순 등은 뒤에 쇄환되었다. 처음에 서예원이 군사를 거느리고 두만강을 건넜을 때에 갑자기 바람이 일어나서 者皮船을 전복시켰는데, 같이 가던 藩胡의 추장 都乙之가 이것을 불길하다고 하였으나, 서예원은 끝내 그 말을 듣지 아니하다가, 이와 같은 패배에 이르렀다.[49]

---

48) 박희봉, 『김시민의 전투일지로 임진왜란을 다시 쓰다』, 논형, 2016, 27쪽.
49) 『제승방략』 권1, 雲頭城 故事.

이 기록으로 보면 서예원이 정탐을 잘못하여 간신히 도망친 것은 니탕개의 난이 일어난 이후인 1585년의 일이었고, 이로 인해 종성진에 유배되었던 듯하다. 그러나 어떤 이유로 사면·복귀되었는지는 불확실하다. 다만 확실한 것은 1580년대 그가 동북방에서 활약하고 있었다는 사실이다.

元豪(1533~1592)는 왜란이 일어나자 여주목사 겸 강원도 조방장으로서 향병을 소집하여 여주 부근의 신륵사·구미포·마탄 등지에서 일본군을 물리침으로써 한강 상류 부근에는 일본군이 얼씬거리지 못하게 했다. 그 공으로 여주목사 겸 경기·강원 兩道의 조방장으로 임명되었으며, 가선대부로 승서되었다. 그러나 며칠 뒤 강원감사 유영길의 명령을 받고 김화지역 전투에 출전했다가 전사했다(『한국민족문화대백과사전』).

원호는 1567년 무과에 급제했고 경원부사 시절 니탕개의 난 평정에 공을 세우고 있다. 원호의 아버지는 첨지중추부사 元松壽이다.[50] 그 뒤 전라우도 수군절도사가 되었지만, 1587년 전라좌도에 침입한 왜구에게 패한 책임으로 유배당하기도 했다.

鄭湛(?~1592)은 김제 군수였는데 왜란이 일어나자 전라감사 이광을 따라 북상하다가 용인전투로 퇴각하는 바람에 전투도 제대로 하지 못하고 철수했다. 그해 7월 초 권율의 지휘에 따라 나주 판관 李福男과 의병장 황박 등과 함께 전주 점령을 위해 웅치로 육박해 오는 일본군을 막고자 하였으나, 일본군의 공격을 받아 격렬한 공방전을 벌이다가 황박 등과 함께 전사했다. 이러한 그는 1583년 무과에 급제해 니탕개의 난을 평정하는 데 공을 세우고 있다(『한국민족문화대백과사전』).

崔湖(1536~1597)는 왜란이 발발했을 때 오위도총부에 근무하였고, 그해 9월엔 함경남도 병마절도사(남병사)가 되었으나 충청도 수군절도사로 있던 1597년 칠천량 해전에서 전사한 인물이다.

---

50) 『제승방략』 권1, 「녹둔도 - 故事」에는 "계미년(1583)에 오랑캐가 변란을 일으킨 이후에, 監司 정언신이 녹둔도에 군량미를 저축하는 屯田을 설치하고자 하여, 경흥 부사 원호로 하여금 땅을 개간하여 둔전을 설치하게 하였다"라고 있다.

최호의 가계도 전술한 김시민처럼 화려하다. 그의 고조부는 이조좌랑, 아버지는 水軍 첨절제사, 외조부는 군수를 역임했고, 장인은 현령 출신이다. 최호의 고조부부터 손자 대까지 문과 급제자가 3명이며, 진사시 급제자 1명, 무과 급제자 3명이라고 『慶州崔氏世譜』에는 기록되어 있다. 그러나 이와는 달리 무과만 4명이었다는 설도 있다. 즉 최호와 그의 아버지, 그의 둘째와 셋째 형이었다고 한다.[51]

최호는 1574년 무과에 급제하여 1580년에는 강계의 추파 만호, 그리고 종성 방원보 만호로 있을 때 니탕개의 난이 일어나 이를 진압한 공로로 3자품을 뛰어넘어 승진하였다.[52]

金敬老(?~1597)는 왜란이 일어나자 김해부사로 경상도관찰사 김수의 막하에서 군사의 규합과 군량조달 등에 노력한 인물이다. 이듬해 황해도 방어사가 되어 황해도 관찰사 유영경의 명에 따라 해주의 방어에 힘썼으며, 1594년 첨지중추부사로서 도원수 권율의 막하에서 전라도 방어를 수행하였다. 1597년 정유재란에 일본군이 사천·고성 등지로 상륙하여 남원을 포위하자 助防將으로 전주에 있던 그는 병마절도사 이복남과 함께 결사대를 조직하여, 남원으로 들어가 방어사 오응정·구례현감 이원춘과 함께 명나라의 副總兵 楊元을 도와 일본군과 싸우다 성이 함락되면서 전사하였다.

김경로는 어려서는 학문에 뜻을 두었으나 도중에 포기하고 무예를 닦아 1576년 무과에 급제한 사람이다. 1587년 鏡城 판관이 되어 두만강변의 야인을 소탕하는 데 전공을 세웠다(『한국민족문화대백과사전』『한국향토문화전자대전』). 그러나 『제승방략』에는 그에 대한 기록으로 다음과 같다.

정해년(1587년) 3월에 적호 40여 명이 立巖의 體探하는 곳에 있는 시냇가에 몰래 매복하였다가 우리의 체탐하는 군사들을 만나자 갑자기 도발하여 서로 싸

---

51) 박정민, 「조선 중기 武將 최호의 북방 활동」『백산학보』 105, 2016, 82쪽.
52) 박정민, 앞의 논문, 87~90쪽.

웠다. (중략) 경성 판관 김경로가 접전하였다는 소식을 듣고 즉시 정예군을 거느리고 지름길로 吾村堡를 거쳐 爐冶洞을 지나서 馬仇里에 이르렀다면, 길을 차단하고 적들을 죽일 수도 있었을 것이다. 그러나 그는 오촌보에 이르러 도리어 의심하고 두려워하는 마음이 생겨, 오촌 勸管 황대붕과 약속하고도 이를 지키지 않고 우회하는 길을 거쳐서 주을온보를 향하여 돌아왔기 때문에 적들로 하여금 멀리 도망가게 하였다. (중략) 土人들은 모두 김경로가 진군하지 아니하고 지체한 것에 격분하였다.[53]

즉 기습한 '적호'를 경성 판관 김경로가 겁을 먹고 주저하는 바람에 놓쳐버렸다는 비난이다. 그러나 그의 1580년대 후반 동북면에서의 근무는 나쁘게 평가되지 않았던 듯하다. 『선조실록』 22(1589)년 1월 21일(기사)조에서, 비변사가 武臣을 不次採用할 때 그가 천거되었다는 것은 동북방에서의 그의 활약이 평가·반영되었다는 것을 의미하기 때문이다.

宣居怡(1550~1598)는 왜란이 일어나자 그 해 7월 한산도해전에 참가하여 전라좌수사 이순신을 도와 일본군을 크게 무찔렀다. 같은 해 12월 독산산성 전투에서는 전라도병사로서 전라순찰사 권율과 함께 승첩을 올렸는데 이때 크게 부상당하였다. 1593년 2월 행주산성 전투에 참가하여 권율이 적을 대파하는 데 공을 세웠다. 같은 해 9월에는 함안에 주둔하고 있던 적군이 약탈을 일삼고 있었으므로 이를 공격하다가 다시 부상을 당하기도 하였다. 이후 한산도에서 이순신을 도와 둔전을 일으켜 많은 軍穀을 비축하였다. 1594년 9월에는 이순신과 함께 長門浦 해전에서 공을 세웠다. 충청수사가 되고 다음 해 황해병사를 역임하였다. 1597년 정유재란 때에는 남해·상주 등지에서 활약하였다. 1598년에는 울산 전투에 참가, 明의 장수 楊鎬를 도와 싸우다 전사하였다. 이순신과는 절친한 사이로 전투에서도 서로 도와 이름이 높았다(『한국민족문화대백과사전』).

---

53) 『제승방략』 권2, 朱乙溫堡 故事.

선거이는 1570년 무과에 급제하여 1586년 함경북도 병마절도사 이일의 啓請軍官이 되었고, 1587년 造山萬戶였던 이순신과 함께 녹둔도에서 여진 족의 침범을 막아 공을 세웠다. 1588년 거제현령·진도군수를 역임하고 이 어 淸白吏로 성주목사를 거쳐 1591년에 전라도 수군절도사가 되었다(『한 국민족문화대백과사전』).

李慶祿(1543~1599)은 나주 목사 재임 중 선정을 베풀었다고 선조로부 터 表裏一襲(속과 겉의 옷감 한 벌)을 하사받은 인물로 그해 왜란이 일어났 다. 창의사 김천일이 의병을 일으키자 이경록은 그를 도와 크게 공을 세웠 으며, 그 공으로 통정대부에 올랐고 제주목사로 전직되었다. 제주목사로 재임 중 抄兵 300명을 뽑아 바다를 건너 선조를 호위하겠다는 장계를 올 려 충신으로 칭송되었으며, '海外'에서 7년이 넘게 滯限없이 지킨 공로를 포상하여 加資되었다. 1599년 1월 임지에서 순직하였다(『한국민족문화대 백과사전』).

이경록은 1576년 式年 무과시험에 이순신과 나란히 합격하였다. 단성 현감·호조좌랑·하동현감·고성현감 등을 역임하였다가 경흥부사로 재직하 던 중 1587년 녹둔도 전투가 일어나자 당시 造山萬戶였던 동기생 이순신 과 참가하였고, 그 패배의 책임으로 이순신과 같이 백의종군하였다.[54] 또 한 1588년 1월의 시전부락 정벌에도 이순신과 같이 참전하여 선봉에 서서 세운 공이 커서 김해부사가 되었다가 나주목사로 왜란을 맞이하게 되었다 (『한국민족문화대백과사전』).

정현룡(鄭見龍: 1547~1600)은 왜란에서 함경북도가 반역적인 상황에 처하자 정문부 등과 회합하여 倡義軍을 편성하였고 그 창의대장에 정문부 를 세우고 스스로는 중위장이 되었다. 1593년 5월 정현룡은 일본군을 토 벌한 공로로 嘉善大夫 함경북도 병마절도사에 올랐다.[55]

---

54) 이순신이 이경록과 절친했음은 만력24(1596)년 2월 13일자의 『난중일기』에서 제주 목사 이경록에게 생선 등의 선물을 보냈다는 것을 통해서도 알 수 있다.
55) 정현룡은 왜란기에 동북방의 여진 토벌에 활약하고 있다. 즉 『선조수정실록』 선

정현룡은 1577년 알성시 무과에 급제하여 1579년 두만강변의 국경에서 선전관, 그리고 江界 判官으로 北關 방어 임무가 시작되어 1585년에 경흥부사에 오르는 등 함북지방에서 관직생활을 하고 있었으나 니탕개의 난과 관련한 직접적인 기록은 아직 발견되지 않는다. 1591년 경성부사 겸 방어사에 올랐고 1592년에는 회령부사가 되었다.[56]

〈표 2〉 니탕개의 난에 활약한 임진왜란의 장수들

이름(생몰연도)	급제 연도	니탕개의 난 때의 활약	임진왜란 때의 주요 지위
김경로(金敬老, ?~1597)	1576	경성판관(1587년)	김해부사
김준민(金俊民, ?~1593)	미상	함북 병마절도사의 휘하 군관	거제현령
서예원(徐禮元, ?~1593)	1573	회령 보을하진 첨절제사	진주목사
선거이(宣居怡, 1550~1598)	1570	造山 만호(1587년)	전라 병마절도사
원호(元豪, 1533~1592)	1567	경원부사	여주목사
이경록(李慶祿, 1543~1599)	1576	경흥부사(1587년)	제주목사
이종인(李宗仁, ?~1593)	미상	북도 병마절도사 휘하 군관	김해부사
정담(鄭湛, ?~1592)	1583	무사	김제군수
정현룡(鄭見龍, 1547~1600)	1577	경흥부사(1585년)	함북 병마절도사
최호(崔湖, 1536~1597)	1574	종성 방원보 병마만호	남병사
황진(黃進, 1550~1593)	1576	경원부사 휘하 군관	충청 병마절도사

조27(1594)년 3월 1일엔, 북병사 정현룡이 降倭를 선봉으로 삼아 적호인 易水部 소굴을 급습하여 섬멸하였는데 참획한 오랑캐가 700~800명이었다고 한다. 『선조실록』 선조27년 10월 11일(을묘)엔, 북병사 정현룡이 군사 1,325명과 항왜 25명으로 역수부 세 부락을 급습하여 완전 섬멸했다고 한다. 참획한 적의 수급은 266명이었으며 아군은 전원 무사했다. 강변 부락의 추장 投丁乃도 배반했던 前歷이 있으므로 이날 별동대로 토벌하여 60명을 참획하였다고 한다. 왜란기 그의 활약에 대해서는 민덕기, 「임진왜란기 조선의 북방 여진족에 대한 위기의식과 대응책」 『한일관계사연구』 34 (2009) 201~210쪽.

56) 동래정씨대호군공파종중 카페(http://cafe.daum.net/joung.in). 정현룡도 전술한 김경로처럼 『선조실록』 22년 1월21일(기사)조에서, 비변사가 武臣을 不次採用할 때 천거되고 있다.

이상으로 선무공신에는 포함되지 않았으나 왜란에서 큰 전공을 남긴 장수들을 중심으로 니탕개의 난에서 활약한 전력을 살펴보았다. 이를 정리한 것이 〈표 2〉이다. 이 중에 김경로·선거이·이경록·정현룡의 경우는 1580년대 중후반 6진 지역에서 활약한 인물로 니탕개의 난에서의 활약 기록은 구체적이지 않다. 그러나 결코 무관하지는 않았으리라 여겨진다.

5. '니탕개의 난 別試武士'들이었던 이순신의 참모들과 선무공신

조정은 1583년 4월 알성시로 101명, 같은 해 8월 별시로 또 500명을 뽑았고, 1584년 8월엔 별시로 202명을 선출하였으니 도합 803명이다. 이 규모는 조선왕조 건국 이래 중종 14(1519)년의 46명 선발이 가장 컸던 것과 비교하면 엄청난 것이었다. 그런데 이 인원이 다 니탕개의 난에 대한 대응으로 선발되었기 때문에 급제자 대부분은 6진 지역으로 보내졌다.[57] 그렇다면 이들 800여명을 '니탕개의 난 別試武士'들이라 부를 수 있을 것이다. 알성시도 정기시험인 式年試와 달리 부정기 시험이라는 측면에서 별시에 포함시킬 수 있기 때문이다.

그렇다면 이순신의 참모들과 선무공신 속에 '니탕개의 난 별시무사'들이 얼마나, 그리고 누가 포함되어 있을까 검토하여 보자.

1592년 4월 13일 시작된 왜란에 대하여 이순신이 경상지역으로의 첫 출전은 5월 4일이었다. 이 출전은 녹도만호 정운·방답첨사 李純信·홍양현감 배흥립·홍양 출신의 군관 송희립 등이 결사항전을 내세워 급히 출동할

---

57) 민덕기, 「임진왜란 직전 조선의 국방 인식과 대응에 대한 재검토 – 동북방 여진에 대한 대응을 중심으로」『역사와 담론』 57, 2010, 360~361쪽. 「한국역대인물종합정보시스템」(http://people.aks.ac.kr/index.aks)에 의하면, 1583년 4월 4일 알성시로 101명, 1583년 8월 28일 별시로 500명, 1584년 8월 17일 별시로 202명을 선발하였다.

것을 주장한 데에 따른 것이다. 출동여부를 놓고 5월 3일 최후로 이순신과
의 면담을 요청한 이는 녹도만호 정운이었다. 그는 즉각 출전하는 것만이
최선임을 강조하였다. 정운과의 면담 직후 마침내 영남해역에 진군할 것을
결심한 이순신은 곧 바로 李純信을 불러 다음날 새벽에 출진할 것을 명하
였다.[58]

사도첨사 김완은 이순신의 막하로 활약하였는데, 이순신은 그를 치켜세
워, "왜적의 전함과 맞서 싸울 적에 남 먼저 북을 치고 용기를 북돋우니 모
든 군사가 더욱 용기를 내어 싸웠는데 그것은 김완에 힘입은 바가 많다.
하물며 생선과 소금을 흥정하여 잘 팔고 양곡과 미숫가루를 잘 비축하여
군사들을 배고프지 않게 한 공은 정말 놀랍다." 라고 칭찬하고 있다.[59]

이순신의 1592년 9월 11일 장계에는, "여러 장수 중에서 권준·李純信·
어영담·배흥립·정운 등은 특별히 믿는 바 있어 서로 함께 죽기를 기약하며
매사를 함께 의논하고 계획을 세웠습니다." 라고 있다. 거북선 건조자 나대
용은 여수본영의 군관으로서 옥포 해전시 적의 대선 2척을 격침시켰고, 역
시 이순신의 군관인 최대성·배응록·이언량·변존서·김효성·송희립·이설·
이봉수 등도 각각 일본군의 대선 1척씩을 격침시키는 전공을 세웠다.[60]

이순신의 『壬辰狀草』를 분석해 보면, 1592년 4차 해전에서 가장 큰 전
공을 세운 인물로 3차의 해전에서 적의 대·중·小船 8척을 격침시킨 광양
현감 어영담을 꼽을 수 있다. 그는 무과에 합격한 뒤로 영남·호남의 여러
진을 두루 다녀 水路의 특성과 해상 요해처를 자세히 알고 있었다. 그리고
전투마다 그 전공이 으뜸으로 평가되었고, 군량을 준비함에도 깊은 지혜로
많은 노력을 기울였는데, 이순신이 그를 위하여 두 번이나 장계를 올릴 정
도로 절대적인 신임을 받았다.[61]

---

58) 제장명, 앞의 논문, 8~9쪽.
59) 제장명, 앞의 논문, 11쪽.
60) 제장명, 앞의 논문, 12쪽.
61) 제장명, 앞의 논문, 10쪽.

어영담 다음으로 이순신의 휘하에서 戰果가 큰 인물은 녹도만호 정운이다. 그는 1570년 무과에 급제한 후, 주요 보직을 두루 거치다가 임진왜란 발발 1년 전에 녹도만호가 되었다. 옥포해전에 선봉으로 나서 큰 공을 세웠고, 이후 해전에서도 공을 세웠다. 9월 1일 부산포 해전에서 적의 탄환을 맞고 순국하자 이순신이 "국가가 오른팔을 잃었다"고 슬퍼했을 정도의 인물이다.[62]

이상으로 언급한 이순신의 전공을 도운 참모들을 가나다순으로 배열하면 권준·김완·김효성·나대용·배응록·배흥립·변존서·송희립·어영담·이봉수·이설·李純信·이언량·정운·최대성 순이다. 이들 15명 중에 기록에 남아 있는 武科 합격자는 11명이며 그들을 급제연도순으로 정리하면 〈표 3〉과 같다. 주목되는 점은 이순신의 참모들이 대부분 무과 급제자 출신인 것에 더하여, 급제자 11명 중에 '니탕개의 난 별시무사'가 4명 포함되어 있다는 사실이다.

다음으로 선무공신의 경우는 어떠한가?

선무공신 18명 중에 니탕개의 난에서 활약한 장수로 이순신·원균·이억기·李純信·김시민·고언백에 대해서는 이미 서술하였다. 그러면 이 6명을 빼고 남은 공신은 12명인데 그중 文科 출신은 권율·신점·이정암·정기원·권협·유사원·원준으로 7명이다. 그렇다면 남은 무과 출신은 5명이다. 이들 5명을 정리한 것이 〈표 4〉이다. 여기서도 나타나는 것은 5명 중에 4명이 1583년과 1584년 무과 급제자로 '니탕개의 난 별시무사'들이라는 점이다.

이기(李墍: 1522~1604)는 『松窩雜說』(『大東野乘』수록)에, 니탕개의 난을 당하여 율곡의 건의를 받아들인 조정에서 특별 무과 과거로 무사 600여 명을 선발했고, 이후 해마다 수백 명을 뽑았다. 이로 인하여 조종조부터 내려온 科擧 규칙이 이때에 와서 바뀌어 조금이라도 활을 잡을 줄 아는 자는 모두 榜에 올랐다고 적고 있다. 그런데 이기의 기록 중에, 니탕개의 난

---

62) 제장명, 앞의 논문, 11쪽.

으로 다수의 무과별시를 선발하게 되자 활을 일단 잡을 줄 아는 자도 다 급제했다는 그의 주장은 사실일까?

심승구는 16세기말의 무과 급제자들은 양반 내지 士族의 赤子였다고 분석하고 있다. 즉 무과 급제자의 부친엔 고위 관직자도 있었고, 문과와 무과에 응시한 성씨집단이 중복된다는 것을 파악하여 당시 모든 양반 성씨가 무과에도 응시하고 있으며, 실제로 명문거족의 후예에서도 무과 급제자가 다수 배출되고 있다고 밝히고 있다. 그리고 1580년대 무과 별시가 900 여 명으로 양적 확대를 보였음에도 불구하고 관직 진출의 한 방법으로 양반층에 인기를 차지하고 있었다고 결론짓고 있다.[63] 전술한 무과 출신의 김시민의 가계가 대표적인 사례일 듯하다. 그의 부친도, 숙부 2명도, 게다가 형도 문과 급제자였다. 이순신 또한 문과를 지향하다가 무과를 택하지 않았던가. 그러므로 활을 잡을 줄 아는 자라면 다 급제했다는 이기의 주장은 어불성설이다.

무과가 그처럼 인기가 있었다는 것은 宣祖代 조선이 결코 '崇文賤武'를 지향하지 않았다는 것이 된다. 무과 합격자들이 현령·府使와 같은 지방관으로 진출한 사례를 앞서의 서술에서 많이 볼 수 있지 않았던가. 선조는 특히 니탕개의 난 직후, 전라·경상도 연해의 고을 문관 수령을 모두 武臣으로 대체 임용하고, 무신으로서 永不敍用·削去仕版·奪告身·罷職 등에 처해 있는 사람들까지도 모두 다시 敍用하기로 하고 있다.[64] 선조는 조선의 문관에 대하여 평하길, 어려움을 만나면 달아나며 편안히 날짜만 보내길 좋아하는 부류라고 하여 국방 차원에서 부정적인 인식을 나타내고 있었다.[65] 이처럼 니탕개의 난을 계기로 조선은 '文' 못지않게 '武'를 중시하게 되었음을 알 수 있다.

---

63) 심승구, 「조선 宣祖代 武科 급제자의 신분 - 1583~1584년의 大量試取 榜目을 중심으로 - 」 『역사학보』 144, 1994.
64) 『선조실록』 16년 2월 20일(계묘).
65) 『선조실록』 21년 11월 8일(정사).

〈표 3〉 이순신의 참모 중의 '니탕개의 난 별시무사'들(*표한 사람)

이름(생몰연도)	급제 연도	임진왜란 때의 지위	비고
어영담(魚泳潭, 1532~1594)	1564	광양현감	
정운(鄭運, 1543~1592)	1570	녹도만호	부산포 해전에서 전사
배흥립(裵興立, 1546~1608)	1572	흥양현감	
김완(金浣, 1546~1607)	1577	蛇島첨사	조부와 부친이 進士 출신
이순신(李純信, 1554~1611)	1578	방답첨사	선무공신 3등
*나대용(羅大用, 1556~1612)	1583	훈련원봉사	거북선 건조
*송희립(宋希立, 1553~1623)	1583	이순신의 군관	
*변존서(卞存緒, 1561~1597)	1583	이순신의 군관	
*배응록(裵應祿, 1552~?)	1584	이순신의 군관	
최대성(崔大晟, 1553~1598)	1585	이순신의 군관	
이언량(李彦良, ?~?)	1588	이순신의 군관	

〈표 4〉 선무공신 중의 '니탕개의 난 별시무사'들(*표한 사람)

이름(생몰연도)	급제 연도	관직	비고
기효근(奇孝謹, 1542~1597)	1579	의병장	원균 휘하에서 활약
*조경(趙儆, 1541~1609)	1583	경상우도 방어사	행주대첩에 활약
*이광악(李光岳, 1557~1608)	1584	곤양군수	진주대첩에 활약
*이운룡(李雲龍, 1562~1610)	1584	옥포만호	원균 휘하에서 활약
*권응수(權應銖, 1546~1608)	1584	경상좌도 兵使 박진 의 휘하	의병대장으로 활약

6. 맺음말

이상으로 검토한 것을 가지고 정리하여 보면 다음과 같다.

이일과 신립의 경우, 기병 중심의 전투로 일본군을 맞아 패배했지만 1580년대 니탕개의 난 등 6진지역의 전투에서는 기병 전투로 혁혁한 군공을 세운 자들이라는 점이다.

선무공신 18명 중에 문신관료 7명을 제외하면 11명이 무과출신으로, 그 중 6명은 니탕개의 난 등에서 활약한 장수로 이순신·원균·이억기·김시민 등이다(〈표1〉). 이들의 왜란에서의 활약은 말할나위도 없다. 그런데 남은 무과출신 5명 중의 4명도 '니탕개의 난 별시무사'라는 점이다(〈표4〉). 그렇다면 선무공신의 武官 11명 중에 10명이 니탕개의 난과 관련해 활약한 셈이다.

선무공신에 포함되지 않았지만 왜란에서 크게 활약한 장수로 김준민·선거이·원호·이경록·최호·황진 등 11명을 전력을 검토하였더니 그들 또한 니탕개의 난 또는 1580년대 6진지역에서 활약한 장수였음이 명확해졌다(〈표 2〉).

'니탕개의 난 별시무사'는 이순신의 참모들 속에서도 발견되고 있다. 유력 참모 15명 중에 무과급제자는 11명이었으며 그중 4명이 '니탕개의 난 별시무사'라는 점이다(〈표3〉). 그렇다면 이순신과 그의 참모들은 니탕개 난의 진압을 위해, 또는 난 후의 6진 지역 안정을 위해 조선이 선발·육성한 존재라는 점이다. 이순신의 수군은 결코 이순신의 私兵집단이 아닌 것이다.

이처럼 왜란 직전 조선은 니탕개의 난과 녹둔도 전투 및 시전부락 전투 등을 통해 장수와 '武士'들을 성장시키고 있었고, 실전 경험을 축적시키고 있었으니, 이들의 활약이 왜란의 극복에 힘입은 바가 컸다고 아니할 수 없다. 그리고 니탕개의 난을 진압하기 위해 800여 명의 무사를 선발하는데 많은 名族 양반자제들이 응시하였음은 당시 조선이 결코 '崇文賤武'의 사회가 아니었음을 말해준다.

『西厓先生文集』에서 유성룡은 니탕개의 난으로 북도에 운송된 곡식의 양은 이미 10여 만 섬이 넘고, 布 5만여 필이 되니 이것으로 1만 명의 몇 년간 양식을 충당할 수 있을 것이라고 하고 있다.[66] 니탕개의 난으로 6진

---

66) "北道運穀之數, 已過十餘萬石, 布五萬餘匹, 此乃萬人數歲之食."(『西厓先生文集』

지역에 대해 다량의 군량미와 포목이 투입되었음을 강조한 유성룡이, 의아
스럽게도『징비록』에선 전술하듯 왜란이 일어나기 전 조선은 태평성대였
다고 기억하고 있다. 이 유성룡처럼 왜란 이후 조선의 많은 사람들은 왜란
이전의 1580년대의 니탕개의 난과 녹둔도 사건 및 시전부락 전투를 망각
하고 있다. 특정 시기에 대한 기억상실증이다. 그래서 왜란 前夜의 조선은
평화에 젖어 있었다고 전제하고 있다. 율곡의 십만양병설도 10년 후엔 태
평성대가 끝나고 왜란이 일어난다고 제기하고 있다.

　이처럼 임진왜란을 이해함에 있어 니탕개의 난을 포함시키면, 태평성대
에 안주하며 국방에 전혀 대비하지 못하였기 때문에 수군을 이끈 이순신과
민중의 의병에 의해 왜란이 극복되었다는 기존시각에 근본적인 문제점을
제기할 수 있을 것이다.

　마지막으로 임진왜란기를 이해함에 있어서도 '南倭'(일본)만이 아닌 '北
虜'(여진)까지 시야에 넣어야하는 것의 당위성을 강조하고 싶다. 예를 들어
1595년 10월 조정이 남방에서 名將으로 활약 중인 한명련과 김덕령을 서
북방의 장수로 차송하려 하거나, 경상우도 兵使 김응서를 시켜 휘하의 降
倭들을 인솔하여 북방으로 가 지키게 하려한 사실이다. 이로 보아 '남왜'에
'북로'까지도 시야에 포함시킬 때 임진왜란에 대한 보다 입체적인 이해가
가능할 것이라 여겨진다.

14 - 雜著 - 북방 대책).

제11장
정유재란기 황석산성 전투와 김해부사 백사림

1. 머리말

황석산성 전투란 정유재란 초기단계인 1597년 8월 중순, 거창에서 전주로 통하는 교통의 요지인 해발 1,190m의 황석산 산성에서 조선의 함양·안음(安陰)·거창의 지역 군민과,[1] 일본 右軍의 가토 기요마사(加藤清正) 등 6만 여명의 군대가 벌인 전투를 말한다. 당시 황석산성은 안음현감 곽준을 수성장으로, 別將으로 김해부사 백사림, 그리고 前함양군수 조종도가 지키고 있었다. 이 전투는 고니시 유키나가(小西行長)를 선봉으로 하는 일본 左軍과 水軍에 의한 남원성 공략과 거의 때를 같이하여 이루어진 전투였다.

8월 16일 전투가 개시되어 기요마사는 성곽의 남쪽에서, 나베시마 나오시게(鍋島直茂)는 서쪽에서, 구로다 나가마사(黑田長政)는 동쪽에서 일제히 공격하여 갔고, 중과부적인 조선군은 18일에는 완전 궤멸되었으나 김해부사 백사림은 도주하였다고 한다. 이때부터 일본군의 조선인에 대한 코베기가 적극적으로 자행되었다.

황석산성 전투는 조명연합군 전투인 남원성 전투에 비해 별로 알려져 있지 않다. 후술하듯 사료적 제한 때문에 본격적인 연구 또한 많지 않다.[2] 그런데 1980년대 후반에 발굴된 함양 선비 정경운의 일기인 『고대일록』에는 황석산성 전투와 관련한 직간접적인 내용이 얼마간 있다. 본 논문에서는

---

1) 안음은 18세기 중엽 英祖가 安義라 개칭시켰다 한다. 또한 당시 안음은 지금의 함양군 안의면, 서하면, 서상면과 거창군 마리면, 위천면, 북상면을 포함하고 있었다 한다(『경남도민일보』 2017년 1월 20일, 「경남의 산 (3) 함양」).

2) 직간접적인 관련 논문(~2017)은 다음과 같다.
정해은, 「임진왜란 시기 경상도 사족의 전쟁 체험 - 함양 양반 정경운을 중심으로」 『역사와 현실』 64, 2007 ; 정출헌, 「문학과 정치 혹은 문학의 정치 ; 17세기 전반 재지사족의 자기정체성 확립과 기억의 정치학 - 황석산성(黃石山城) 전투에 대한 엇갈린 기억의 『용문몽유록(龍門夢遊錄)』을 중심으로 」 『민족문학사연구』 46, 2011 ; 오인택, 「임진왜란기의 삶과 죽음, 그 표상방식 : 김해부사 백사림과 동래부사 송상현을 중심으로」 『동아시아사의 인물과 라이벌』, 아세아문화사, 2008.

이 일기 자료를 적극 검토·이용하고자 한다.[3]

황석산성 전투는 함락 직전 도주한 김해부사 백사림을 비난하고 처형하자는 논의가 한동안 함양 일대와 중앙 정계에서 벌어지고 있다는 특징이 있다. 백사림이 충분히 방어할 수 있다고 장담하고는 오히려 그 가족들을 빼돌려 도주했고, '附倭'를 일삼아온 김해사람들 또한 일본군에 투항함으로써, 그 결과 안음현감 곽준 등이 살해되었다고 백사림의 책임을 묻는 상소가 광해군대에까지 지속되고 있다.

본 논문에서는 황석산성 전투에 대한 객관적인 검토와 분석, 그리고 백사림에 대한 처형 논의가 어떻게 전개되고, 어떻게 결론지어 가는가를 구체적으로 더듬어 보고자 한다.

2. 황석산성 전투의 기록과 평가

1) 황석산성 전투의 기록

가) 『선조실록』 30년 9월 1일(무자) 3번째 기사

경상도 관찰사 이용순이 치계하였다.

"戰士 강흘이 와서 보고하기를 '황석산성에 달려가 패몰한 상황을 살펴본 결과 本城이 함락당한 것이 확실했다. 城中 사람들로서 피살된 자와 죽은 노약자들이 총 1백여 명이며, 서문 밖에서 피살된 사람들의 수효도 많았다. 본성에 다

---

3) 『고대일록』은 함양의 士族 정경운이 1592년 4월부터 1609년까지 쓴 일기로, 학계에 처음 발굴·공개된 것은 1986년 경상대학교 오이환 교수에 의해서였다. 현재 번역본으로는 정경운 지음, 남명학연구원 옮김, 『譯註 고대일록』(태학사, 2009)과, 정경운 지음, 문인채·문희구 옮김, 『고대일록』(서해문집, 2016)이 있다. 그리고 인터넷의 '한국고전종합DB'(http://db.itkc.or.kr)에도 실려 있다. 『고대일록』을 이용한 황석산성 전투 연구로 이선희, 「임진왜란 시기 咸陽 守令의 전란대처 - 孤臺日錄을 중심으로」(『진단학보』 110, 2010)의 '제3장 정유재란기 황석산성 전투'가 있으나 그 분량상 본격적인 검토로는 보이지 않는다.

시 들어가 겨우 살아난 사람과 서로 만나 함락당한 이유를 물어보니 「이 달 17일에 수효를 셀 수 없이 많은 왜적들이 올라와 성을 포위하였는데 여러 산의 봉우리마다 진을 치고서 무수히 포를 쏘아대어, 4更에 함몰되었다. 사람들이 도망하여 달아날 때 초목이 우거진 곳에서는 앞을 내다볼 수 없어서 왜적을 만나 피살된 사람도 많았다. 안음현감은 남문을 지키다가 피살되었으며, 김해부사는 성을 넘어서 도망갔는데 살았는지 죽었는지 알 수 없다. 당초에 부사가 백성들과 약속하기를, 비록 죽을지언정 城中에 앉아 있겠다고 하자, 백성들은 그 약속을 금석처럼 믿고서 성중으로 들어가 있었다. 그런데 왜적들이 쳐들어오자 먼저 달아나버려, 온 성중 사람들로 하여금 그 기미도 모르고서 모조리 왜적의 손에 함몰되게 하였으므로, 사로잡힌 사람의 족속들이 통분하게 여기지 않는 사람이 없다. 김필동은 왜적들이 성을 넘어오기도 전에 김해사람 20여 명을 인솔하고 몰래 성을 빠져나가 왜적에게 투항하였다. 안음 현감은 머리를 베어 갔고 그 이외에 피살된 사람들은 코를 베어 갔으며, 나머지 생존한 백성들은 성을 탈출할 즈음에 落傷하지 아니한 사람이 없다. 목격한 바가 慘惻하였다.」고 하였다.' 하였습니다."

이 경상감사 이용순의 치계는 '戰士' 강흘이 직접 황석산성을 다녀와 보고한 것을 가지고 9월 1일 작성한 것이므로 최초의 가장 정확한 자료라 할 수 있다.[4] 내용을 보면 8월 17일 공격당해 18일 새벽(四更: 오전 1~4시)에

---

4) 여기서 '戰士'에 대해 『선조실록』을 보니, 비변사가 "軍官은 몇 명이고, 戰士는 몇 명인가" 알아보라는 것(『선조실록』 27년 4월 18일[병인] 1번째 기사), 선조가 "지금 적과 대치하고 있는데 戰士 중에 말을 갖지 못한 자가 많다."(『선조실록』 28년 6월 11일[임자] 3번째 기사)라는 것을 보면, 군관보다는 아래지만 軍馬를 소지할 수 있는 무사를 가리키는 듯하다. 판돈녕부사 송찬의 차자엔 "軍官의 戰士들은 대부분 부족한 점이 많은 무식한 무리이므로 그들은 군역을 면하고 과거에 급제하는 것만 다행으로 여긴 채 맘껏 편하고 한가롭게 지낼 생각만 하기 마련입니다. (중략) 그러나 미리 널리 자문하여 선발한다면 반드시 적격자가 있을 것입니다."(『선조실록』 32년 윤4월 29일[정미] 2번째 기사)라고 한 것으로 보아 武科합격자인 武士와 같은 의미인 듯하다.

함락되면서 성내에서 피살된 자 100여 명, 서문 밖에서 피살된 자 다수, 성 밖으로 도망치려다 우거진 숲 때문에 멀리가지 못하고 여기서 또 다수 피살되었다고 한다. 김해부사는 먼저 도망갔다고 하는데 무소식이며 안음현감(곽준)은 남문을 지키다가 피살되었다고 한다. 김해부사가 애초엔 성을 사수하겠다고 큰소리하여 백성들이 안심하고 성에 들어왔다고 한다. 김필동이란 자가 김해사람 20여 명 대동하고 왜적에게 투항하였다 한다. 일본군은 안음현감은 머릴 베어가고 나머지 살해한 자들은 코를 베어갔다고 한다.

　　나-1) 『鍋島家文書』(刊本119, 慶長2年9月22日, 毛利秀元外11名宛, 豊臣秀吉
　　　　 朱印狀寫)

　　전라도와 경상도의 경계에 있는 안음군 안쪽의 황석산성은 '金海上官'이 지키는 곳으로, 공격을 명령하여 8월 16일밤(조선曆 8월 17일) 함락하며 그 '상관'의 목을 구로다 나가마사(黑田長政)가 취하였고, 그 밖에 성곽 안에서 353명, 아울러 산골짜기 여기저기를 장악해 나가면서 그곳에서 수천명을 살해했다.[5]

　　나-2) 秋月鄉土館所藏 『秋月黑田家文書』

　　오늘 받은 머리·코 및 사로잡은 숫자의 件, 머리 13, 코 25, 생포 2명, 합 40. 여기에 金海上官의 머리 하나, 이것이 있다. 이를 확실하게 받은 바이다. 8월 17일.[6]

---

5) 원문 全文은 "八月十七日注進狀幷繪圖到來, 加波見候, 赤國與白國之堺, 安陰郡之內, 黃石山之城, 金海上官相抱候處, 仕寄申付, 八月十六日夜, 責崩, 彼上官首, 黑田甲斐守(長政)手へ討捕, 其外, 於城中三百五十三 , 幷谷々つき崩候處, 於手前數千人切捨候由, 粉骨之至神妙ニ被思召候, 彌先々動之儀, 左手之衆申談, 不可有由斷候, 猶德善院(前田玄以)·增田右衛門尉(長盛)·石田治部少輔(三成)·長束大藏大輔(正家)可申候也, 九月二十二日 御朱印."이다. 이것은 北島万次, 『豊臣秀吉 朝鮮侵略關係史料集成 3』(平凡社, 2017) 639쪽, 津野倫明, 「黑田長政宛鼻請取狀について」(『高知大學人文學部人間文化學科人文科學研究』 17) 16쪽에서 재인용.

6) 원문은 "今日受け取る頸·鼻ならびに生け捕り數の事, 一 首 13, 一 鼻 25, 生け捕り 2人, 合40, 內, 金海上官の首一つ, これ有るなり, 右慥かに請け取り申す所なり

나-1)은 1597년 8월 14일~16일(조선曆, 8월 15일~17일)의 황석산성의 싸움에 대한 右軍側의 보고서(注進狀)와 관련지도(繪圖)를 받은 히데요시가 발급한 朱印狀 사본의 일부로, 전투의 내용이 어떠했는가를 알려주고 있다. 즉 성을 함락하여 성안에서 353명, 산골짜기에서 수천명을 살해했다고 기술한 것이다. 흥미로운 것은 '金海上官' 즉 김해부사 백사림을 守城將으로 판단하고 또한 그를 참획했다는 기록이다. 그러나 가)로 보아 백사림은 이미 도주하였고 참획된 자는 안음현감 곽준이므로 그를 '김해상관'으로 착각하여 구로다 나가마사가 그 목을 확보하고 있는 듯하다.

나-2)는 산성 전투 직후 구로다 나가마사가 받은 '證文'으로 '金海上官'의 머리를 합쳐 13개를 그가 취하고 있음을 알 수 있다. 벤 코는 25개이며 생포한 자도 2명 있다.

> 다)『난중잡록』1597년 8월 15일
>
> 기요마사 등의 군사가 함양에 이르렀는데, 선봉 수천 명이 진군하여 황석성 밑에 임박하여 通事를 시켜 介山을 불러 말하기를, "너의 부친이 여기 있으니 문을 열고 나와 보라." 하였다. 백사림이 개산을 참수하여 성밖으로 내던졌다. 왜적이 말하기를, "비록 백 명의 개산을 죽인다 하더라도 우리가 무엇을 아깝게 여기겠는가?" 하였다. 다음날 적병이 고함쳐 말하기를, "성을 비어 두고 나가면 쫓아가 죽이지는 않겠다." 하니 백사림이 줄을 타고 성에서 매달려 내려가고 군사는 무너져 달아났다. 적이 입성하여 마구 죽이니, 함양 군수 조종도·안음현감 곽준 등은 가족과 함께 죽었으며, 근처 疊入官과 장졸 등 죽은 자가 5백여 명에 달했다. 개산은 김해사람이다. 아버지가 임진란 초부터 적에게 붙어 적이 성을 함락시키는 계책을 도왔다.

8月17日"(中野等, 『秀吉の軍令と大陸侵攻』吉川弘文館, 2006. 314~315쪽에서 재인용).

조경남의 『난중잡록』은 위의 가)와 나)에 비하면 뒤에 편집·정리되었을 가능성이 크다. 그럼에도 황석산성 전투와 거의 같은 시기에 일어난 남원성 전투를 지리산 黃流洞으로 피난가 직접 내려다 본 그였으므로, 그곳에서 거리상 멀지 않은 황석산성 전투에 대한 정보는 오류가 많지 않을 것으로 보인다. 일본군이 附倭인 介山의 애비를 통해 투항을 권유하였으나 백사림은 개산을 참수하며 이에 대응하였지만, 막상 전투가 벌어지자 도주하고 말았다고 조경남은 설명하고 있다. 이 전투에서 살해된 자는 500여 명이라 하고 있다.

라)『선조수정실록』30년 8월 1일(기미)

적이 안음의 황석산성을 함락시켰다. 현감 곽준과 전 함양군수 조종도가 전사하였다. 처음에 가토 기요마사가 서생포에서 서쪽으로 전라도로 들어와 유키나가와 함께 남원을 공격하려고 했는데, 元帥 이하가 모두 소문을 듣고 도망하였다. 안음현감 곽준은 관직에 있은 지 겨우 2년이었는데 吏民의 마음을 얻고 있었다. 체찰사 이원익은 황석산성이 호남과 영남의 요충지이므로 적이 반드시 빼앗고자 할 것이라 여겨서 세 고을의 군사를 예속시키어 곽준에게 지키도록 명하고, 김해부사 백사림으로 하여금 돕도록 하였다.

<u>수많은 적이 남문으로 쳐들어오자, 곽준은 밤낮으로 督戰을 게을리하지 않았으나, 사림은 사세가 위급함을 알고는 그의 처자를 줄에 매달아 내려보내고 도망하였다.</u> 곽준의 아들과 사위 및 吏民들이 모두 울면서 빨리 계책 세울 것을 청하자, 준은 웃으며 '이곳이 내가 죽을 곳인데, 무슨 계책을 다시 세운단 말인가.' 하고는 태연한 기색으로 胡床에 걸터앉아서 끝내 해를 당하였다. 그의 두 아들 곽이상과 곽이후가 시체를 부둥켜안고 적을 꾸짖으니, 적이 함께 죽였다. 준의 딸은 유문호에게 시집을 갔는데, 문호가 적에게 사로잡히자 이미 성을 빠져 나왔다가 그 말을 듣고는 여종에게 '아버지가 돌아가셨으나 같이 죽지 않은 것은 남편이 있었기 때문인데, 이제 남편도 사로잡혔으니 내가 어찌 차마 홀로 살아 있겠는가.' 하고는, 마침내 스스로 목매어 죽고 말았다.

조종도는 전에 함양군수를 지내고 집에 있었는데, 일찍이 '나는 녹을 먹은 사람이니, 도망하는 무리와 초야에서 함께 죽을 수는 없다. 죽을 때는 분명하게 죽어야 한다.' 하고는 처자를 거느리고 성으로 들어가, 공동산 밖의 생활도 즐거웠지만 장순·허원처럼 성을 지키다 죽는 것도 영광일세, 라는 시를 지었는데, 마침내 곽준과 함께 전사한 것이다.

『선조수정실록』인 라)는 『선조실록』인 가)보다는 뒤에 만들어진 만큼 자세하다. 곽준과 두 아들이 순절하는 과정과, 성 밖으로 도망간 곽준의 시집간 딸이 지아비가 포로로 잡혔다는 소식에 자결했다는 것, 그리고 전 함양군수 조종도의 장렬한 순절 등이 구체적으로 그려져 있다. 이 내용은 『징비록』(제2권)에서도 거의 유사하게 나타난다. 흥미로운 것은 전투 그 자체보다 순절과정을 중시한 기술이다.

2) 황석산성 전투의 평가

이상의 가)~라)의 사료에 의거 황석산성이 논해졌기 때문인지 기존 연구에 보이는 황석산성 전투 기술은 간략하기 짝이 없다.

北島万次에 의하면, 조선 册曆 8월 3일 기요마사의 우군은 창녕 - 초계 - 합천 - 삼가를 지나 8월 15일 함양에 도착. 8월 17일 기요마사 군은 황석산성 남문으로부터 성내에 돌입하였다고 한다. 한편 8월 중순 남원성을 함락한 좌군은 8월 20일 전주에 무혈 입성하였고 우군은 황석산성 전투 이후 운봉 - 남원, 그리고 장수 - 진안을 거쳐 25일 전주에 도착하였다고 한다.[7] 中野等도 右軍의 황석산성 함락을 8월 17일(조선력)로 파악하고 있다.[8]

양재숙의 설명에 의하면, 당시 우군은 총 64,300명으로 초계와 합천을

---

7) 北島万次, 『加藤淸正』, 吉川弘文館, 2007, 158·161쪽.
8) 中野等, 『文祿·慶長の役』, 吉川弘文館, 2008, 200쪽.

거쳐 8월 16일 전라도로 넘어가는 길목인 안음에 이르러, 안음 서북쪽 6km 지점인 황석산성에서 야간 공격을 하여 군사들보다 백성들이 더 많은 오합지졸인 산성 수비군을 손쉽게 제압하고 성안에서 500여명을 학살했다고 한다.[9]

이이화는, 일본군에 맞서 "아군이 진로를 막으며 사투를 벌였으나 성안에 있던 첩자가 북문을 열어주어 끝내 500여 명의 사망자를 내고 무너졌다."라고 서술하고 있으나 어떤 사료에 의거한 것인지 불분명하다.[10]

한편 국사편찬위원회의 『한국사29 – 조선 중기의 외침과 그 대응』엔 다음처럼 서술하고 있다.

> 전주로 진격하려던 倭우군의 선봉인 가등청정은 서생포를 출발하여 창녕·안음(현 安義)을 경유하면서 창녕에서 경상좌방어사 곽재우가 지키던 화왕산성을 공격하려다가 守城軍의 위세에 눌려 黃江을 건너 경상우도로 피해갔다. 이때 곽재우 군은 가등청정 군의 후미를 공격하여 큰 타격을 입혔다. 그리고 가등청정 군은 영·호남간의 요충인 안음 황석산성에서도 안음현감 곽준과 함양군수 조종도의 수성전에 직면하여 성을 함락시켰지만 고전을 면치 못했다. 이 전투에 참전하였던 鍋島直茂 軍은 다시 성주방면으로 북상하여 8월 중순 고령에 진출하려다가 도체찰사 이원익 휘하의 상주목사 정기룡의 군대에게 공격을 받고 큰 손실을 입었다. 이로써 임진왜란 때 일본군의 북상로 가운데 중로로 진출하려던 일본군은 조선군에게 저지되었다. 이리하여 倭 우군은 가등청정을 필두로 전주에 들어가 일단 倭 좌군과 합류하였던 것이다.[11]

이와는 다르게 화왕산성의 곽재우 군이 농성하는데 만족하여 기요마사 군의 후미를 공격하지 않았음은 자명하다.[12] 여기서는 황석산성 전투에서

---

9) 양재숙, 『임진왜란은 우리가 이긴 전쟁이었다』, 가람기획, 2001, 318~319쪽.
10) 이이화, 『한국사 이야기 7 – 조선과 일본의 7년 전쟁』, 한길사, 2000, 342쪽.
11) 국사편찬위원회, 『한국사29 – 조선 중기의 외침과 그 대응』, 탐구당, 2003, 117쪽.

일본 右軍이 "성을 함락시켰지만 고전을 면치 못하였다."라는 서술이 과연
타당한 것인가 하는 것이다. 이를 검토하기 위해 『고대일록』을 검토하고
자 한다.

3. 『고대일록』으로 본 전투의 평가

이상에서 본 것처럼 황석산성 전투는 그 기록이 부족하여 단편적인 서
술에 그치고 있었다. 그런데 황석산성의 근거리에 살고 있었으며 산성을
자주 오갔던 정경운의 『고대일록』을 통해 일정한 평가를 더할 수 있을 것
이다. 다음은 『고대일록』 1597년의 관련 일기 내용이다. 이하 본 논문에서
이용하는 『고대일록』은 한국고전종합DB(https://db.itkc.or.kr/)의 것임을
밝혀둔다.

· 1월 19일, "조카가 산성에 이르렀다."
· 1월 21일, "조카 주한이가 집으로 돌아왔다. 산성이 가파르고 험한 것이 기이
　하다고 하였다."
· 1월 25일, "이른 아침에 최정준君과 산성에 같이 갔다."
· 1월 26일, "일찍이 산성에 올랐는데, 城이 험한 것은 하늘이 만든 것이다. 만약
　수년 동안 먹을 군량만 비축되어 있다면, 倭奴와 충돌하더라도 두려울 것이 있
　겠는가. 황혼 무렵에 집으로 돌아왔다."
· 4월 10일, "城主가 사직할 뜻이 있어서 산성으로 갔다."
· 6월 12일, "조카가 황석산성에 가서 성 쌓는 일을 감독했다. 성 쌓는 일이 지금
　의 급선무라고는 하지만, 6월에 일꾼을 동원하는 것은 어떠한가, 어떠한가."
· 7월 18일, 칠천량 패전 소식 듣고 충격에 빠지다.

---

12) 당시 화왕산성의 농성자 명단에 대한 분석으로 하영휘의 「화왕산성의 기억」(『임
　진왜란 – 동아시아 삼국전쟁』, 휴머니스트, 2007)이 주목된다.

· 7월 19일, 칠천량 패전에서 도망쳐 온 수군들이 헐벗은 모습으로 구걸하고 있다.

· 7월 26일, "산성으로 가서 郭養靜(곽준)과 公幹(박여량) 등을 만났고, 그들과 함께 잤다."

· 8월 02일, 성을 쌓는 일은 아직 절반도 안 되었는데 적의 소식은 다급하게 들려온다. 안음현감을 만나다.

· 8월 6일, 벽견산성을 버리기로 했다는 소문. 兵使가 가족을 피난시키려 하니 사졸들도 도망갈 궁리. "산성을 고수한다 해서 적이 조금도 물러날 리 없고, 외부의 지원도 전혀 없으니, 헛되이 죽을 따름이다. 이는 구차하게라도 살아남는 것만 같지 못하다."라고도.

· 8월 7일, "벽견·악견·정개 등 세 산성을 모두 버리고 지키지 않는다 하니, 정말 한탄스럽다. 사람의 智謀가 이와 같으니, 天運을 말할 수 있겠는가. 사람들이 놀라 흩어져 모두 성에 들어가려고 하지 않으니, 이 같은 상황에서는 비록 李廣과 郭子儀 같은 장수가 있어도 국가를 위하기가 어려울 것이다."

같은 날, 나무로 만든 부모님의 신주를 묘 옆에 묻고, 陳君述과 함께 서원에 가서 서책을 옮기고 神版을 묻었다.

· 8월 8일, "동이 틀 무렵 가족과 여러 아낙네들을 이끌고 開心寺로 피난했다. 인심이 무너지고 흩어져 마을이 텅 비었고, 한 사람도 산성으로 들어가는 사람이 없으니, 앞으로 어떻게 할 것인가. 어떻게 할 것인가."

· 8월 9일, "兇賊이 下道에 가득 찼다고 하는데, 연락이 끊어져 소식이 깜깜하다. 평소에 많은 병사를 거느리고 군량을 모으면서 백성을 함부로 못살게 굴던 놈들이, 하루아침에 난을 만나자 望風逃走하면서, 적은 많고 아군은 적다는 핑계를 대며 헛된 말을 장황하게 늘어놓아 임금에게 온갖 거짓 보고를 하니, 분하고 또 분하도다!" 假將 이윤이 郡에 도착해서 산성으로 갔다.

· 8월 10일, "孫軍門의 撥軍과 摠兵 楊元의 擺撥이 모두 철수하니, 반드시 위급한 상황일 것이라 생각되지만, 소식이 오래도록 끊어졌으니 우물 속에 앉아 하늘을 바라보는 것과 무엇이 다르겠는가."

- 8월 11일, "흉적들이 구례와 남원에 들어갔다가, 나가서 불을 지르고 노략질하기를 마치 無人之境에 들어가듯 하니 통분하고 또 통분하도다."
- 8월 12일, "北面으로 가다가 길에서 土古와 조유인을 만나 산성 소식을 들었는데, 대단히 허술하다는 것이었다. 안음으로부터 북쪽 3리는 단지 다섯 명이 들어갔으며, 거창에서 들어온 사람은 하나도 없고, 함양 백성 역시 사방으로 흩어져서 도무지 성에 들어갈 뜻이 없으니, 끝내 보존하기 어려울 것이다. 얼마나 비참한가."
- 8월 13일, 왜적이 거창과 합천 등지에 침입.
- 8월 14일, 피난하여 쇠목[牛項] 앞의 雙亭子를 거쳐 栢田 도착.
- 8월 15일, 왜적이 안음 침입. 太防村으로 피난.
- 8월 16일, 왜적이 함양 침입해 분탕질. 다급하게 寶國庵으로 피난.
- 8월 17일, 새벽에 적이 박두했다는 소식에 산골짜기로 도망했으나 잘못된 정보. 백운산으로 이동.
- 8월 18일, 저녁에 왜적 십여 명의 갑작스런 출현으로 산골짜기로 도망치다가 큰딸과 막내딸 및 노비 셋과 떨어짐. 백운산 체류. 적이 남원 함락, 총병 양원은 도주.
- 8월 19일, 흉적들이 사방으로 나가 분탕질과 약탈을 자행. 백운산에도 왜적이 수색하고 잠복.
- 8월 20일, 백운산 계곡으로 가 딸을 찾아 헤매다 막내딸과 세 노비도 찾음.
- 8월 21일, 백운산 기슭에서 왜적을 피하다 자결한 큰딸 시신 발견
- 8월 22일, 왜적이 산골짜기를 뒤지며 철저히 살육. 장안산으로 피난.
- 8월 23일~26일, 백운산에서 피난·체류.
- 8월 26일, 장수로 피난하려다 왜적이 장수와 진안에 진입했다 하여 포기. 함양을 쳤던 왜적이 전주로 향했다고.
- 8월 27일, 墨界寺로 피난.
- 8월 28일, 형수와 가솔들을 묵계사에서 비로소 만나고 온돌방을 얻어 숙박. 적이 이 절은 분탕질을 하지 않아 천만다행. 일가친척 4명이 해를 입었다는 소식

접함. "郭養靜(곽준) 三父子가 서로 끌어안고 통곡하며 성안에서 같이 죽었다 하니, '삶을 버려서 의를 취한다.'는 것을 이 사람에게서 볼 수 있구나. 오호라! 양정은 그 배운 바를 저버리지 않았도다. 변란이 일어난 이후로 땅을 지키는 신하치고서 맡은 지역을 지키다가 의로써 죽었다는 이는 전혀 들을 수 없었는데, 홀로 양정이 죽기를 각오하고 꿋꿋이 절개를 세웠으니 옛 사람에게 부끄럽지 않도다. 황석산성이 비록 자연적으로 험하다고는 하지만, 壁堅·岳堅·正介 등의 城이 소문만 듣고서도 무너짐에 인심이 놀라 흩어졌으니, 성을 지켜 낼 이치가 만무했다. 김해부사 백사림은 만에 하나의 공을 도모하여 패군의 죄를 모면하고자 망녕되이 스스로 큰소리치기를, '비록 세 고을의 군사가 없더라도 내가 김해의 군사만 가지고도 적을 막기에는 넉넉하다.'라고 말하고 다녔다. 그런데 적군이 성을 침범하는 날에는 김해 사람 …〈缺〉… 사람은 밤중에 도망가 버려, 양정으로 하여금 졸지에 흉한 칼끝에서 죽게 했으니, 어찌할거나. 우리 좋은 인물들이 다 죽는구나."

· 8월 29일, 寶國庵에 가 그곳에 묻어 두었던 책 상자를 파내서 갖고 왔다.

· 8월 30일, 집에 돌아와 보니 마을 전체가 남은 것이라곤 없이 다 불태워져 있었다.

이상의 일기를 통해 다음과 같은 지적이 가능할 것이다.

첫째, 황석산성은 함양의 정경운에게 있어 일상적으로 접하는 존재가 되어있다는 점이다. 조카는 1597년 1월부터 들락거리고 있고(1월 19·21일), 정경운 자신도 종종 다녀오고 있다(1월 25·26일, 4월 10일).[13] 그리고 험한 요새로써 군량만 있으면 지켜낼 수 있을 것으로 기대하고 있다(1월 21·26일). 그리하여 정유재란이 발발하자 성 쌓는 일이 박차를 가하게 되지만(6월 12일), 칠천량 해전의 패배 소식으로 전율하고 있던 함양지방에

---

13) 황석산성을 쌓기 시작한 것은 1596년 3월 9일 체찰사 이원익이 황석산에 산성을 쌓고자 지형을 살피러 온 이후였다(이선희, 앞의 논문, 113쪽).

수군 패잔병들이 나타나 구걸하는 광경이 나타나기에 이르자(7월 18·19일), 정경운도 다급해져 산성에 가 숙박도 하고 축성이 더디어짐에 안달한다(7월 26일, 8월 2일).

둘째, 황석산성 入城을 정경운만이 아니라 지역민들이 회피하고 있다는 점이다. 일본군의 근접 소식이 들려오기 시작하자(8월 2일) 진주의 벽견산성을 지키지 않기로 했다는 소문과, 산성으로 들어가느니 구차하더라도 피난 가서 살아남는 것이 낫다는 사람들이 늘어나고 있다(8월 6일),[14] 더구나합천의 악견산성, 하동의 정개산성도 지키지 않을 것이라는 소문을 접하고는 아무도 황석산성으로 들어가려 하지 않는다(8월 7일). 드디어 정경운은 부모의 神主를 땅속에 묻고(8월 7일), 한 사람도 들어가지 않는 황석산성을 뒤로한 채 開心寺로 피난을 떠난다(8월 8일). 그에게 황석산성 入城을 회피했다는 것은 커다란 고통이었을 것이다. 산성의 축성 총책인 1550년생의 안음현감 곽준은 그에게 6세 연상의 고향선배로 막역한 사이였기 때문이기도 하다(7월 26일, 8월 2일).[15]

셋째, 전투를 앞에 두고 황석산성은 고립무원의 상태로 되어갔다는 점이다. 假將 이윤이 산성으로 들어갔다고는 하나(8월 9일), 명나라 군사(孫軍門의 撥軍과 摠兵 楊元의 擺撥)도 모두 도주하고 있다(8월 10일). 산성에 들어간 사람으로 안음사람이 5명, 거창은 全無하고, 함양사람들도 대부분 회피하고 있다고 정경운은 듣고 그 守城을 이미 비관하고 있다(8월 12일).

넷째, 황석산성 전투는 산성의 함락 그 자체만이 아니라 주변지역 일대에 대한 양민 학살이 동시에 이뤄지고 있다는 점이다. 정경운은 8월 8일 피난을 시작하였는데, 일본군이 함양에 침입하는 건 16일이다. 산성이 함락되는 18일엔 정경운 가족이 피난 가있는 백운산까지 야수를 뻗쳐 아비

---

14) 『난중일기』에 의하면 1597년 8월 13일에 벽견·개성산성이 '罷散自潰' 했다고 한다.
15) 『고대일록』엔 곽양정(곽준)이 20회 검색된다. 1597년 7월에만도 정경운은 곽양정을 3회 만나고 있다(7월 5·8·26일).

규환의 학살을 행한다.[16] 그날 피난민들이 얼마나 허둥대며 도망쳤는지 정경운도 두 딸과 세 노비를 잃고 만다. 그렇다면 일본군은 황석산성 함락에만 全軍을 투입한 것이 아니라, 함양 일대 여기저기서 살육 약탈로 날뛰고 있었던 것이다. 정경운은 이틀 후인 20일에야 딸을 찾아 백운산 기슭을 헤매다 막내딸과 세 노비를 되찾지만, 맏딸은 결국 다음날 시신으로 발견된다(8월 21일). 정경운이 8월 26일까지 계속 백운산 일대를 전전하며 피난길을 이어간 것은, 황석산성을 함락한 일본군이 함양 일대에서 분탕질을 계속하면서 이동을 지체했기 때문이고, 左軍 또한 장수와 진안으로 북상했기 때문이었다(그림3 참고). 그리고 28일에야 식솔들이 묵계사란 절에서 만나 실로 오랜만에 온돌방에서 숙박하게 된다.[17] 그리고 그날 피난과정에서 친척 4명이 일본군에게 살해되었다는 사실도 알게 된다.

다섯째, 절체절명의 피난생활에서 겨우 한숨 돌린 8월 28일에서야 정경운은 황석산성의 함락 소식과 곽준 부자의 순절 소식을 접했다는 점이다. 일상적으로 황석산성을 접했던 그가 전투 10여 일 후에야 그 소식을 접하게 되었다는 것은 그만큼 피난생활이 가혹했다는 것일 것이다. 8월 28일 일기 내용은 백사림이 큰소리 치고는 정작 도망한 것 등등 전계한 실록 기록 가)의 내용과 별반 다르지 않다.

이렇게 보면 황석산성의 함락은 전계한 국사편찬위원회의 『한국사29 - 조선 중기의 외침과 그 대응』에서 말하듯 "(일본군이) 성을 함락시켰지만 고전을 면치 못하였다"는 평가는 부적절할 것이다. 전투 이후 조정에서 지속적으로 거론된 것도 백사림의 도망으로 산성이 처절한 저항 없이 함락되고 곽준 3부자가 그 때문에 순절했다는 논지로 일관하고 있다는 것이다(후술).

---

16) 백운산은 함양군 백전면·서상면과 전북 장수군 번암면의 경계에 위치해 있는 산으로, 높이 1,279m이며 주위에 월경산·장안산 등이 있다. 이선희, 앞의 논문, 115쪽에 의하면, 전라도와 경상도 남쪽에서 함양으로 진공하는 일본군을 피할 수 있는 가장 먼 곳이 함양사람들에게는 백운산이었다고 한다.

17) 묵계사는 백운산에서 남쪽으로 2.1km에 위치한 묵계암 근처로 보인다.

황석산성이 함락된 후 40일이 지난 『고대일록』의 9월 27일 일기에는 "밥을 먹은 뒤, 梧峴을 지나 雨落洞에서 君子亭을 구경했다. 머리를 들어 산성(황석산성)을 바라보고 굽어 적진을 바라보다가 養靜(곽준)의 죽음이 생각나서, 나도 모르게 눈물이 흘러내렸다. 슬프다! 양정이 백사림에게 속임을 당하여 흉측한 칼끝에서 헛되이 죽었으니, 애달프기 짝이 없다." 라고 적고 있다. 君子亭은 함양군 화림동 계곡에 위치해 있고, 그곳에서 황석산은 눈앞에 나타나는 거리이다. 정경운에게 황석산성 전투가 어떠한 것이었을까 누구보다도 잘 파악하고 있었을 터였다.[18]

4. 김해부사 백사림에 대한 論罪의 전개

황석산성 전투에서 도주했다는 백사림은 광해군 초기까지 논죄의 대상으로 거론된 인물이 되고 있다.[19] 그에 대해 실록엔 어떻게 기록되어 있을까 〈표 1〉를 가지고 검토해 보자.

1597년 9월 단계엔 황석산성 전투에 즈음하여 도망갔다고만 알고, 구체적인 실정은 아직 파악하지 못한 듯하다. 오히려 경상우병사 김응서의 치계를 보면 백사림은 함락 직전 탈출한 것으로 파악하고 있다.

김응서의 치계에는, 기요마사의 부하로 1597년 3월 투항한 사백구(沙白鷗)가 백사림의 휘하에 배속되어 있으면서 이번 산성전투에서 조총으로 왜적 4명을 사살했지만, 김해사람들이 왜적과 내응하여 도주하고 성 또한 곧 함락되려 할 때, 비만한 백사림을 부축하여 바위굴에 숨겨놓았고, 날이 밝

---

18) 『고대일록』에는 실록보다 구체적이고 실제적인 정보들이 많이 들어있다. 이에 대하여는 민덕기, 「임진왜란기 정경운의 『孤臺日錄』에서 보는 아래로부터의 聞見정보 – 實錄의 관련정보와의 비교를 중심으로 – 」, 『한일관계사연구』 45, 2013을 참고.

19) 황석산성과 관련한 백사림에 대한 기존연구(~2017)로는 정출헌, 앞의 논문, 오인택, 앞의 논문 등이 있으나 모두 문학적인 접근이라는 점에서 그 평가를 유보한다.

아오자 백사림을 결박하여 조선인 도적을 체포하여 연행하는 것처럼 성안의 일본군을 속여 성밖으로 탈출하여 목숨을 부지한 과정을 설명하고 있다. 덧붙여 "지금 우리나라의 유식한 무리들도 家長이나 처자식을 구제하지 않고 있는데 무식한 오랑캐의 무리로서 지성스러운 마음이 이와 같았으니 사람으로서 부끄럽게 여겨야 할 것입니다."라며 그에게 큰 상을 내려달라는 것이었다.[20]

그러나 2개월 후인 1597년 11월 경상관찰사 이용순은 백사림이 守城將으로써 도주한 것이라 보고 있다.

1598년 1월에 이르러 백사림에 관한 처벌은 백의종군으로 이미 판결났음을 알 수 있는데, 그 배경엔 미리 도주한 것이 아니라 함락 직전 도주한 것이기 때문이라 하고 있다. 다만 우의정 이원익이나 병조에선 백의종군 이상의 처결을 원하고 있다. 그후 백사림은 왜적 7명을 참획하여 속죄했음이 1598년 9월의 의금부 보고를 통해 알 수 있다.

백사림을 처형해야 한다는 논의는 1598년 12월에 집중되어 있다. 正言 권진이 매일처럼 4회나 요청하고 있으나, 宣祖는 이미 속죄한 입장이라고 追罪를 거부하고 있다. 12월엔 정언 홍문도가, 그리고 비변사도 나서고 있다.

1599년 5월 이후엔 사헌부가 나서 처벌을 요구하고 있으나 선조는 일단 내린 석방령을 철회하지 않고 있다. 6월, 사헌부의 추죄 요청에 선조는 '北道'로 보내 공을 세우게 하라는 속죄조건을 다시 세우고 있다.

2년 후인 1601년 2월, 비변사는 백사림이 이미 여러 차례 처벌받았으니 부산에 充軍시켜 속죄케 하자고 건의하고 있고 선조가 허락하고 있다. 그로부터 3년 후인 1604년 5월에 이르러 백사림은 부산포에 충군되는 듯하다. 사헌부는 1604년의 9월말 이후 2차에 걸쳐 백사림의 추죄를 건의하나 선조는 단죄가 끝났다는 입장이다. 1605년 백사림이 작은 공을 세웠다고 ('原從之功') 선조가 職牒을 내리려 했던 듯하다. 즉 6월 사헌부가 이를 철

---

20) 『선조실록』 30년 9월 8일(을미) 4번째 기사.

회하여달라고 요청하고 있기 때문이다. 2년 후엔 1607년 윤6월에 사간원은 직첩의 환수를 건의하고 있다.

광해군 1(1609)년 11월 의금부의 啓에 의하면, 백사림은 宣祖 때 이미 두 차례 투옥되어 刑訊을 받았고 恩赦도 수차례 받은 입장이었다. 또한 함락 직전에 가서야 성을 탈출했다는 믿을만한 증언도 확보하고 있었다고 한다. 게다가 광해군으로선 先王이 종료시킨 사안을 번복할 수 없었다. 그래서인지 1609년 11월의 광해군은 다음 달인 12월엔 변경에 가서 공을 세우게 하라고 재삼 속죄조건을 마련해 주고 있다. 결국 백사림은 처형되지 않고 생을 마감한 듯하다.

이상으로 백사림의 논죄에 대한 실록 내용을 검토하였다. 그러면 『고대일록』의 백사림 기사를 통해 더 구체적으로 검토해 보자.

a) 1597년 8월 28일 :"김해부사 백사림은 만에 하나의 공을 도모하여 패군의 죄를 모면하고자 망녕되이 스스로 큰소리치기를, '비록 세 고을의 군사가 없더라도 내가 김해의 군사만 가지고도 적을 막기에는 넉넉하다.'라고 말하고 다녔다. 그런데 적군이 성을 침범하는 날에는 김해 사람 …⟨缺⟩… 사림은 밤 중에 도망가 버려, 양정으로 하여금 졸지에 흉한 칼끝에서 죽게 했으니, 어찌할거나.

b) 1597년 9월 27일 :양정이 백사림에게 속임을 당하여 흉측한 칼끝에서 헛되이 죽었으니 애달프기 짝이 없다. 사림은 일찍이 성안에 있으면서, 노약자는 성을 나가게 하라는 도체찰사의 전령을 숨겼다. 또한 남몰래 자신의 어머니와 두 첩을 내보내고도, 안음과 거창의 두 관아에는 보고조차 하지 않았다. 마음 쓰는 것이 왜적과 무엇이 다르겠는가.

c) 1599년 2월 17일 :하성원·문군변·류임가 등 여러 형이 刻邑에 통문을 돌렸다. 백사림이 사람들을 속이고 敗軍한 죄를 장차 상소를 올려 드러내고자 하였다. 백사림은 많은 사람 앞에서 큰소리치면서 말하기를, "비록 함양·거창·안음 등 세 읍에 군사가 없다 하더라도, 나 혼자서 김해 사람들과 함께 산성

을 지킬 것이다."라고 했다. 왜적이 침입해 오던 날에 자기가 먼저 도망가서
는, 항복한 왜놈 한 명과 함께 산골짜기에 숨어서 재물을 약탈하여 자기 집
식구들을 보전했으며, 곽양정에게 해를 입게 하여 사람들이 한결같이 이를
갈았다. 그래서 臺論이 일어나 왕명으로 그 죄를 다스렸다. 그러나 도리어 죄
를 면하려고 죄 없는 사람을 언급하여 연루시키니 士論이 원통하게 여겼다.

d) 1604년 6월 9일 : 백사림이 풀려났다는 소문을 들었다. 아아! 유일은 죄를 받
고 사림은 석방되었으니, 형벌의 적절하지 않음이 극도에 다다랐구나!

e) 1604년 8월 7일 : 안음 사람들이 이리로 통문을 보내었는데, 상소하여 백사
림을 죄주자는 내용이라고 한다. 생각지 못했던 바라고 말할 만하겠다.

f) 1604년 윤9월 12일 : 듣건대 안음 사람이 백사림의 죄를 청하기 위해 대궐로
가서 상소하니 啓字를 찍어 의금부에 회부했다고 한다.

a)로 보아 백사림은 성을 굳게 지키겠다고 큰소리 치고는 밤중에 도주
하였다. 이 사실은 이틀 후인 9월 1일의『선조실록』의 내용, 즉 전게한 가)
의 그것과 같다. 가)에서는 함락 직전 김필동이 김해사람 20여 명을 데리
고 일본군에게 투항했다고 하고 있다. 그렇다면 a)의 "적군이 성을 침범하
는 날에는 김해 사람 …〈缺〉… "의 부분은 김필동이 인솔한 김해사람들에
대한 내용이 될 것이다.

a)로부터 1개월 후인 b)에서는, 산성을 수비하는데 노약자는 성 밖으로
나가라는 도체찰사의 분부를 백사림이 감추었고,[21] 정작 자신의 어머니와
두 첩은 몰래 성 밖으로 내보냈다고 탄식하고 있다(b).[22]

1599년 2월 단계인 c)에서는 하성원 등의 지역민들이 列邑에 通文을 돌
리고 있다.[23] 상소하여 산성을 사수한다고 성안의 사람들을 속이고 먼저

---

21) 당시 도체찰사는『고대일록』1597년 5월 15일(을사)의 일기로 보건데 이원익이
다.

22) 노약자는 산성 밖으로 나가게 하라는 도체찰사의 전령을 백사림이 숨겼다는 내
용과, 백사림의 두 첩도 도주했다는 내용은 실록에선 나타나지 않는다.

도망간 죄를 받게 하겠다는 것이다. 이 통문은 〈표 1〉로 볼 때 상소로써 구체화되지는 않았지만, 사헌부를 통해 '영남인들 통분' '여론 더욱 분격', 의금부를 통해 '公論'으로 표출된 듯하다(1599년 6월 23일). 그런데 c)의 "항복한 왜놈 한 명과 함께 산골짜기에 숨어서 재물을 약탈하여 자기 집 식구들을 보전"했다는 내용은 전술한 항왜 사백구의 행위를 떠올리게 한 다. 김응서의 치계에는 사백구가 백사림을 일본군으로부터 구출한 것을 평 가하고 있으나, 정경운은 도주한 백사림이 자기 가족을 보전하려 재물을 약탈했다고 적고 있다.

백사림이 석방되었다는 소문을 적은 1604년 6월의 d)는, 〈표 1〉로 보아 부산포로 充軍한 것을 가리키는 듯하다(1604년 5월 28일). 이에 다시 두 달 뒤인 8월엔 안음의 사족들이 백사림을 처벌하자는 상소를 올리려 통문 을 돌린다(e). 이에 작성된 상소는 9월말 선조에게 전달되었고, 사헌부로 하여금 다시 체포해서 추죄하라고, 이는 영남의 한 두 선비가 아닌 '公議' 라고 요구하게 만든다(〈표 1〉 1604년 9월 30일, 윤9월 1일). 그러나 e)로부 터 1개월 후인 f)의 내용, 즉 안음 사람의 대궐 상소는 〈표 1〉의 해당 기간 을 살펴볼 때 반영되지 않은 듯하다.

그런데 〈표 1〉를 검토하면 백사림사건을 둘러싸고 臣權, 구체적으론 영 남 在地士族과 이를 지지하는 兩司가 왕권을 압박하고 있고, 이에 왕권이 반발하는 양상을 보이고 있다.

1598년 12월 사간원의 正言 권진과 홍문도가 수차례 백사림의 처형을 요청하고 있다. 여기에 비변사도 가세하고 있다. 권진은 영남의 士論('南中 士論')이 통분해 하고 있음을 강조하고 있다. 그 이유로 산성의 모든 사람들 이 성안에서 끝내 학살되었는데 백사림의 모친과 자식 및 김해사람들이 모 두 하나같이 무사했다는 것에서였다. 비변사도 영남인('南方之人')의 분노

---

23) 『고대일록』에는 하성원 등 3인의 이름이 몇 차례 검색 되는 바 함양이나 함양 인근의 士族으로 보인다.

와 '公論'을 들어 追罪를 요청하고 있다. 그러나 선조는 이런 영남의 士論에 대해 12월 16일 "(백사림이 城을 왜적에게 팔아넘겼다는 등) 영남사람들은 본래 이러쿵저러쿵 말이 많다(南人素多橫議)" 라고 반감을 표현하고 있다.

1598년 말에 집중된 실록의 백사림에 대한 '南中士論'을 『고대일록』이 처음으로 구체화하여 기록한 것은 전게한 1599년 2월인 c)이다. "臺論이 일어나 왕명으로 그 죄를 다스렸다. 그러나 도리어 (백사림이) 죄를 면하려고 죄 없는 사람을 언급하여 연루시키니 士論이 원통하게 여겼다."는 부분이다. 영남지역에서 일어난 '남중사론'이 1598년 12월 중앙으로 가 영향을 주었다가, 다시 영남으로 내려와 더 큰 여론을 조성하려 했었는지 c)에서 보듯 1599년 2월엔 하성원 등이 통문을 돌려 연명상소를 준비하고 있는 것을 알 수 있다.

1599년 6월 사헌부가 守城將으로서 도망간 백사림에 대한 영남인들('南中之人')의 분노를 강조하고 있다. 이때 의금부도 그 분노를 '公論'으로 자리매김하고 있다. 같은 시기 현풍의 儒生 곽근도 상소로 처형을 요청하고 있다. 그는 황석산성 함락 때 살해당한 사람의 친척이었다. 1604년 5월 백사림이 부산포에 충군되자 史臣은 처형했어야 할 인물이라고 평가하고 있다. 『고대일록』의 전게한 1604년 8월 7일의 e)는 안음 선비들이 통문을 돌려 연명상소를 준비하고 있음을 알 수 있다. 이렇게 만들어진 상소에 대해 실록은 어떻게 전하고 있을까?

1604년 9월 30일 사헌부의 追罪요청에 선조가 "지금 그쪽 유생들('渠輩儒生')의 상소 때문에 이런 의논이 있게 되었는데, 조정의 刑政이 영남 유생들의 우롱거리가 된다면 크게 폐단이 있게 될 것이다. 王獄의 죄인에 대해 그들에게 조종당할 수는 없다."라고 크게 불쾌감을 표현하고 있다. 이에 다음 날인 윤9월 1일 사헌부가 성안 사람들 다 죽었는데 백사림쪽은 다 생존하여 公議가 그 처벌을 소망하는 것이지, 결코 영남의 한 두 선비의 伸寃을 위한 것이 아니라고 반박하고 있다. 그리고 왕명을 받아 의금부에서 백사림 사건이 논의되는 것은 그 다음 달인 윤9월 3일이다.

1607년 6월 사간원이 황석산성 수비의 主將으로써 백사림이 도주하였으므로 영남 인심이 아직도 통분하고 있다고 전하고 있다. 1609년은 광해군 1년인데 10월 비변사가 근래의 유생 禹惇 등의 상소는 영남의 분노를 표명한 것이라 언급하고 있다. 그런데 11월 10일의 의금부 啓의 말미 割註엔 정인홍이 그의 門徒를 시켜 상소해 백사림의 처벌을 요청한 것이라 부언하고 있다.

한편 1609년 10월 24일에 보인 우돈의 상소는 11월 14일에도 보이고 있다. 20일이 경과되었다는 점에서 2회째 상소로 보인다. 그가 안음 출신이라는 것은 황석산성을 死守했던 안음현감 곽준 父子와 당시 살해되었을 안음의 많은 士民들의 분노를 가지고 있었을 것으로 보인다.『고대일록』의 전개한 e)·f)에서 상소를 준비한 사람들도 안음사람들이었다. 영남 유생들의 상소는 1612년에까지 이어진다. 광해 4년 11월이다. 이에 대해 광해군은 "이들이 상소를 하여 다그치니 사체에 손상이 있다. 이 소장을 돌려주도록 하라." 고 불쾌감을 표현하고 있다. 여기에도 할주에 정인홍이 문인으로 하여금 번번이 상소한 결과라고 설명하고 있다.[24]

5. 백사림의 '通倭' 여부

전계한『고대일록』의 a)~f)엔 백사림을 도망한 장수로만 비난하고 있다.[25] 그런데 후술하듯 실록에선 백사림과 그를 모시는 김해사람들을 일본군과 내통한, 즉 '通倭'한 자로 의심하고 있다. 〈표 1〉을 참조해가며 설명하여 보자.

---

24) 광해군에게 정인홍은 최측근이었을 터인데도 불구하고, 백사림건에 관한 한 광해군은 先王의 결정을 존중한 듯하다.

25)『고대일록』엔 전계한 c)에서처럼 "왜적이 침입해 오던 날에 자기가 먼저 도망가서는, 항복한 왜놈 한 명과 함께 산골짜기에 숨어서 재물을 약탈하여 자기 집 식구들을 보전했으며,"라고 하고 있다.

〈표 1〉 조선왕조실록에 나타난 황석산성 전투 이후의 백사림 기사

실록기사 날짜	발언자	백사림 평가	비 고
선조30(1597). 09.01.	경상 관찰사 이용순	백사림의 死守약속을 믿고 백성들이 入城했었다.	김필동이 김해사람 20여 명을 데리고 몰래 왜적에게 투항.
	비변사	死守한 곽준에겐 표창을, 도망한 백사림에겐 처벌을 요구	구체적인 실정 未파악
선조30(1597). 09.08.	경상 우병사 김응서	降倭 백사구(沙白鴎)의 기지와 용기로 백사림을 함락하던 산성에서 구출했으니 표창해야	김해사람이 왜적과 내응하여 도주.
선조30(1597). 11.14.	경상 관찰사 이용순	守城의 主將이면서 도망	
선조31(1598). 01.05.	예조판서 심희수	비변사, 함락에 즈음한 도주라면 백의종군감. 우의정 이원익, 백의종군으로는 부족.	이원익, 백사림이 附賊者의 인심을 얻고 있어 그들과 더불어 몰래 도망칠 계책을 꾸몄다.
선조31(1598). 01.07.	병조	백의종군으로는 부족	백사림이 附賊吏民의 꾐으로 도망
선조31(1598). 09.19.	의금부	御命으로 放送한 바 왜적 7명 참획	백사림이 附賊吏民의 꾐으로 도망
선조31(1598). 12.12.	正言 권진	백사림의 모친과 자식 및 김해사람만 모두 살해 모면. 영남의 士論이 통분. 백의종군형은 失刑. 宣祖, 追罪를 거부	
선조31(1598). 12.14.	정언 권진	위의 12일자와 유사한 내용	
선조31(1598). 12.15.	정언 권진	영남의 士論 통분. 처형해야 할 것.	그의 가족과 부하인 김해 사람은 부상자조차 없는 것은 왜적에게 賣城한 것과 같음.
선조31(1598). 12.16.	정언 권진	처형 요청. 宣祖, 속죄했으므로 불허	선조 왈, 남방인들은 말을 함부로 한다(南人素多橫議)
선조31(1598). 12.17.	정언 홍문도	처형 요청. 宣祖, 비변사에 논의케	

실록기사 날짜	발언자	백사림 평가	비 고
선조31(1598). 12.19.	비변사	영남인들 분노 전달과 追罪 건의	
선조31(1598). 12.23.	비변사	公論의 분개 들어 추죄 요청	
선조32(1599). 05.21.	사헌부	체포와 추죄 요청	
선조32(1599). 06.23.	사헌부	守城將으로서 도망. 영남인들 통분. 立功 속죄조치도 失刑인데 석방령에 여론 더욱 분격. 宣祖, 석방이 마땅하다.	
	의금부	公論 때문에 수차례 수감했다. 선조, 석방하라.	
선조32(1599). 06.24.	사헌부	위의 23일의 내용과 유사	
선조32(1599). 06.25.	사헌부	추죄를 요청. 선조, 북도에 보내 공 세우게 하라.	
선조32(1599). 06.26.	儒生 곽근	상소로 사면 아닌 처형 요청	곽근의 친척이 산성 함락시 피살.
선조34(1601). 02.19.	비변사	力戰의 壯士이며 누차 처벌받았으니 부산에 充軍시켜 속죄케. 선조, 윤허.	
선조37(1604). 05.28.	의금부	부산포로 流三千里에 처하고 充軍	
	史臣	처형했어야 할 인물	
선조37(1604). 09.30.	사헌부	다시 체포하여 추죄해야. 선조, 이미 단죄해 완료된 사안.	宣祖, 영남 유생들의 상소 때문에 조정의 刑政이 우롱당한 꼴.
선조37(1604). 윤9.1.	사헌부	성안 사람들 다 죽었는데 백사림 쪽은 다 생존하여 公議가 그 처벌을 소망. 결코 영남의 한 두 선비의 伸寃 위한 것이 아니다.	
선조37(1604). 윤9.3.	의금부	군법상으론 사형.	
선조38(1605). 06.17.	사헌부	방면한 것도 失刑인데 사소한 공을 세웠다고 직첩을 내린다는 것은 불가하다	

실록기사 날짜	발언자	백사림 평가	비 고
선조40(1607). 윤6.11.	사간원	主將으로 도주하여 영남 인심 아직도 통분. 직첩을 환수해야 마땅.	
광해1(1609). 10.24.	비변사	유생 禹惇 등의 상소는 영남의 분노를 표명한 것.	
광해1(1609). 11.10.	의금부	2회 투옥과 刑訊을 받았고 恩赦도 수차례 있었다. 함락 직전에서야 성을 탈출했다는 증언도 믿을 만. 광해군, 선왕의 결정을 존중해야.	割註에, 정인홍이 그의 門徒를 시켜 상소해 처벌을 요청한 것.
광해1(1609). 11.12.	사헌부	守城將으로써 전투 이전에 도망. 판결 종료라 해도 추죄해야한다.	
광해1(1609). 11.14.	생원 禹惇	안음 출신으로 상소해 처단 요청.	
광해1(1609). 12.12.	광해군	선왕이 이미 용서했으니 변경에 보내 공을 세우도록 하라.	
광해4(1612). 11.05.	유생 상소	영남 유생이 상소하여 백사림 처단 요청. 광해군, 先朝에 마무리, 상소로 다그치나 受理 불가.	할주에, 백사림이 적에게 항복했다고 의심. 정인홍이 문인으로 번번이 상소.

1597년 9월, 경상도 관찰사 이용순은 김필동이 김해사람 20여 명을 데리고 몰래 왜적에게 투항했다고 하고, 경상 우병사 김응서는 김해사람이 왜적과 내응하여 먼저 도주하였고 백사림이 덩그러니 남았었다고 전하고 있다.

1598년 1월엔 이원익이, 백사림은 '附賊者'의 인심을 얻고 있어 그들과 더불어 몰래 도망칠 계책을 꾸몄다고 하고, 병조도 백사림은 '附賊吏民'의 꾐으로 도망했다고 하고 있다. 9월의 의금부 啓에도 '附賊吏民'의 꾐으로 도망갔다고 말하고 있다. 12월의 정언 권진도 백사림의 늙은 어미와 어린 자식 및 부하인 김해사람들이 성이 함락되었는데 부상자조차 한 명도 없었던 것은 왜적에게 성을 팔아넘겨 목숨을 구걸했기 때문일 것이라 말하고 있다. 이러한 의혹은 백사림 사건을 보는 한 시각이기도 한듯하나 정식으

로 거론되지는 않고 있다. 그러다가 백사림사건이 마지막으로 실록에 거론
된 1612년 11월 5일의 할주에는 성의 함락에도 백사림이 살아난 것은 왜
적에게 항복했기 때문이라는 의혹을 적고 있다.

백사림의 '통왜' 의혹과 관련하여 경상도 안음현 출신인 정온(1569~
1641)의『桐溪集』제2권「傳 - 書郭義士傳後」을 살펴보자.

정온은 일본군의 출현에 즈음하여 산성이 무너졌고,[26] 그 때문에도 '郡
民'들 중에 성에 들어간 자가 열에 한 두명도 되지 않았다고 한다. 이러한
상황에서 백사림이 성을 지킬 수 없을 것임을 알면서도 큰소리친 것은, 항
왜가 "왜적이 서울을 침범하는 것이 다급하여 필시 이 성에는 뜻을 두지
않을 것이다"라는 의견을 믿었기 때문이라는 것이다.[27]

그런데 백사림이 데리고 온 '우리 군졸'들은 "김해사람들로 새로이 賊中
으로부터 온 자들이었다. 이 사람들은 왜적의 옷과 신을 은밀히 전대 속에
다 감추어 가지고 다니면서 만약 사태가 악화되면 이 옷과 신을 신고 적중
으로 투항하는 것이 그들의 계획"이었기에, 일본군이 육박해오자 북문으로
도망쳤고 백사림의 가족들도 덩달아서 내뺐다는 것이다. 그러자 백사림도
뒤따라 도망 나왔다는 것이다.

그렇다면 백사림을 비난하고 처형하자는 측의 의구심, 즉 '附倭'한 김해
사람들과 함께 백사림과 그 가족들이 '通倭'하여 살아남은 것일까? 이를
실록을 통해 검토하여 보자.

우선 백사림은 황석산성 전투 이전엔 어떤 활동을 했을까? 1592년 8월
湖城監 李柱가 선조에게 백광언의 아우인 백사림이 있는데 장수로 삼을 만
하다고 천거하고 있다.[28] 그러나 다음 해인 1593년 5월, 선조는 백사림의
군대가 흩어졌다고 하여 그 활약이 미미했음을 시사하고 있다.[29] 1593년

---

26) 전술한『고대일록』의 전투 직전의 일기에는 성이 무너졌다는 내용이 없다.
27) 여기서의 항왜란 전술한 사백구가 아닌가 보인다. 곽재우가 지킨 화왕산성을 일
    본군이 비껴간 것을 보고 그러한 예상을 한 듯하다.
28)『선조실록』25년 8월 26일(계축).

윤11월 백사림이 김해부사라는 정식 관직을 갖게 되고, 1594년 1월엔 戰功이 있으나 포상을 미처 받지 못한 장수들의 한 사람으로 비변사에 의해 거론되고 있다.[30] 아마도 이때에 이르러서야 조정으로부터 인정을 받지 않았는가 여겨진다. 그리고 1596년 9월 초 도체찰사 이원익의 장계에는, 김해부사 백사림은 김해 백성들이 보따리를 지고 따라 다닐 정도로 고을의 인심을 얻고 있다고 평가하고 있다.[31]

둘째로, 백사림은 다음처럼 임진왜란기 對日교섭의 최전선에 있었던 듯하다. 1594년 10월 병조좌랑 김상준이 거제도의 일본군에 대한 조선측의 공격에 대해 선조에게 설명 하는 중에, 선조가 이번 거사는 누구의 의견으로 한 것인가 하고 물었다. 김상준이 답하여, 거제도 왜적의 분탕질이 특히 심하여 "백사림이 豊茂守를 통하여 小西行長에게 傳言해서 行長이 허락하였기 때문에 공격한 것이라고 합니다" 라고 전하고 있다. 조선측이 백사림 – 豊茂守 라인을 통해 유키나가와 협의하여 거제도 일본군에 대한 공격을 할 수 있었다는 것이다.[32]

이와 관련하여 1594년 11월에도 김해부사 백사림에 대한 주목되는 기사가 있다. 경상도 순변사 이빈의 치계에, 김해에 있는 '將倭'의 조카로 군관이라고 호칭하는 왜인 源十良과 卒倭 7명이 각각 창검을 휴대하고서 附賊人 崔億과 通事인 승려 印思와 더불어 倭書 3통을 가지고 나왔기에, 김해부사 백사림으로 하여금 그들을 접대케 하였다는 것이다. 이어서 그 왜서 3통 중에 "茂守가 김해부사 백사림에게 답한 서신은 直茂의 서신과 내용이 같다", 고 적고 있다. 여기서 直茂는 豊臣直茂로 순변사 이빈에게 講和를 위한 내용의 서한을 보냈다. 茂守는 豊茂守를 가리킬 것이다.[33] 김해부사 백

29) 『선조실록』 26년 5월 5일(무오).
30) 『선조실록』 26년 윤11월 14일(갑오), 27년 1월 21일(경자).
31) 『선조실록』 29년 9월 1일(갑오).
32) 『선조실록』 27년 10월 15일(기미).
33) 『선조실록』 27년 11월 18일(임진). 이때 보내진 3통의 倭書 중엔 대마도의 豊臣
    調信(柳川調信)의 것이 있는 것으로 보아 유키나가가 지휘하는 제1군임을 알 수

사림이 유키나가 진영의 豊茂守와 강화문제로 서한을 주고받는 사이라는
것, 또한 그가 '附賊人'이나 통역관이 유키나가 진영에서 나오면 그 접대역
을 담당하고 있었다는 것을 알 수 있다.[34] 그런데 유키나가의 副將인 豊茂
守가,[35] 황석산성이 함락되는 해인 1597년 3월엔 김해에 주둔하고 있다.[36]
　그런데 백사림을 끔찍이 따르는 김해사람들에 대하여 조정에선 어떻게
인식하고 있었을까?

　　g)『亂中雜錄－(第1)壬辰上』 선조25년(1592) 5월 20일조
　　김해·동래 등지의 사람들은 다 왜적에 붙어서 사람을 죽이고 재물을 약탈하
며 여인을 더럽히고 하였는데 왜적보다 심하였다. 김해의 경우에 도요저(都要
渚) 마을은 낙동강 연변의 큰 고장인데, 왜란 초기부터 왜적에 붙어서 도적질을
하고 혹은 지난날의 원수를 갚기도 했다.

　　h)『선조실록』26년(1593) 5월 21일(갑술) 2번째 기사
　　비변사가 아뢰길, "김해에는 촌민들이 모두 왜적에게 빌붙어서, 영남의 크고
작은 도로에 모두 '向導'가 되어 있고, 鄕使 김변호와 書者 裵仁 등은 倭將이 되어
매번 분탕질할 때마다 반드시 앞잡이가 되니, 賊中에 머물고 있는 백성들은 이들
의 소행을 보고는 모두 倭服을 입고, 다시 도망쳐 나오려는 뜻이 없다고 합니다."

────────────
있다.
34) 馬場勇道編, 『佐賀縣史料集成 古文書編 第5卷』(佐賀縣史料編纂委員會, 1960)의
　「泰長院文書」엔 김해부사 백사림을 비롯한 경상도방어사 김응서 및 '朝鮮國大將
　軍李' 등의 서한이 수록되어 있다(이 자료는 해군사관학교 해양연구소 연구위원
　신윤호 학예사가 제공해 주었다).
35)『선조실록』29년 5월 28일(갑오)에 行護軍 黃愼의 치계 내용에, 유키나가가 副將
　豊茂守를 보냈다는 내용이 있다.
36)『선조실록』30년 3월 25일(을묘)의 경상우병사 김응서의 서장에, 3월 19일 김해
　섬 주둔 왜장 豊茂守가 왜인 3명을 보내어 臣에게 通門하였다고 하고 있다.『선
　조실록』30년 6월 14일(계유)에도 도원수 권율의 치계에서, 豊茂守는 유키나가
　의 참모장수로 조선측과 교섭하는 자라고 말하고 있다.

l) 『선조실록』 27년(1594) 3월 9일(정해) 1번째 기사,

유성룡이 아뢰기를, "백사림이 招來한 附賊人들에게도 먹을 것을 주어 죽지 않게 해야 하는데 굶주려 죽는 자가 많으므로 다시 賊營으로 들어간다고 하니, 이는 매우 염려스럽습니다."라고 하였다.

j) 『선조실록』 28년(1595) 3월 1일(갑술) 8번째 기사.

도원수 권율이 장계에서, "왜적이 변경에 머물러 있은 지가 오래 되었고 세월도 많이 흘렀습니다. 살육이 약간 중지된 데다 또한 거짓으로 온화한 체하면서 서로 侵暴하지 말자고 먹을 것을 주니, 본성을 잃고 기아에 시달리던 어리석은 백성들이 분분히 서로 이끌고 그들에게로 돌아감을 금할 수도 없습니다. 왜적을 위하여 농사를 지어 조세를 바치고 그들의 노역에 이바지하면서도 부끄러운 줄을 모르며 세월이 갈수록 거의 그들과 동화하여 서로간의 관계를 잊고 있습니다. 전해 들으니, 동래·부산·김해 등지에는 밭가는 자들이 들녘에 가득한데 3분의 2가 모두 우리나라 백성들이며 그들 중에는 이따금 머리를 깎고 이를 물들이는 등 그들의 풍속을 따른 자들도 있다고 하고, 또한 먼 지방의 장사꾼들이 각각 그들의 물건을 가지고 왕래하며 적진 속에서 장사를 하는데도, 조금도 금지시키지 않는다 하니, 이보다 더 한심한 일이 없습니다."

즉 일본군의 장기 주둔하고 있는 경남 남해안 지역에는 일본인처럼 머릴 깎고 이를 검게 물들이는 자가 있을 정도라는 것이다(j). 특히 김해 촌민들이 모두 왜적에게 빌붙어 살고(h), 김해의 도요저 마을은 왜란 초기부터 그랬다는 것이다(g). 그러나 김해부사인 백사림은 附倭했던 자들을 일본진영(賊營)으로부터 빼내오고 있다(i).

이처럼 附倭 경향이 많은 김해사람들과 김해부사 백사림을 동일시할 수는 없을 것이다. 김해사람들이, 나아가 백사림의 가족들이 산성에서 도망치는데 전술한 정온의 지적처럼, 일본인의 옷과 신을 착용하여 도망치는 附倭的 도주, 이른바 간접적 通倭행위는 예상할 수 있을 것이다.[37] 그러나

백사림의 도주는 그와 달랐다고 여겨진다. 전계한 일본사료 나-1) 나-2)
를 다시 보자. 황석산성 전투에서 '金海上官'의 목을 취했다고 보고하고 證
文하고 있다는 점이다. 즉 일본 右軍이 안음현감 곽준을 '김해상관'으로 착
각했다는 것으로, 결국은 백사림이 부왜자인 김해사람들과 일체가 되어 通
倭하여 도주한 것은 아님을 알 수 있다.

6. 맺음말

이상 검토한 것을 정리하여 보면, 우선 황석산성 전투 상황은 〈표 2〉와
같다.

〈표 2〉 황석산성 전투에 대한 대표적 사료의 기록

사료	함락 일시	피살 규모	백사림 기록
가) 선조실록	8월 18일 새벽	城內 100명, 서문 밖 다수, 성밖 숲 다수	백사림 도주
나-1) 鍋島家文書	8월 17일 밤 (일본曆 8월 16일 밤)	城內 353명, 산골짜기에서 수천명 살해	'金海上官' 참획
나-2) 秋月黑田家文書		나가마사, 살해한 조선인의 머리 13, 코 25, 合 38 수령	
다) 난중잡록	8월 16일 이후	500여명	백사림 도주

〈표 2〉에서 함락 일시는 가)가 타당할 것이다. 피살 규모는 일본측 기록
인 353명이 제일 확실할 것으로 보인다. 히데요시에게 보고한 숫자이기 때
문이다. 그런데 나-2)에 의하면 나가마사는 38명의 머리와 코를 확보하고

---

37) 일본인처럼 외형을 바꾸는 행위를 附倭 의지를 표현한 것으로 여겨 일본군이 이
들의 도주를 묵인해 주었다면, 조선인 입장에선 일종의 通倭행위라 할 수 있을
것이다.

있다. 이 숫자는 산성 함락 후 살해한 조선인 숫자를 右軍의 동원병력 규모에 의해 비례하여 분배했을 것으로 여겨진다. 右軍 총병력은 64,300명이었고 나가마사의 동원병력은 5,000명이다. 353명을 64,300명으로 나누면 右軍 182명당 조선인 1명이다. 그렇다면 나가마사가 받을 조선인은 27명이어야 하는데 38명, 게다가 '김해상관'의 머리까지 확보하고 있다. 이는 아마도 나가마사의 임진왜란에서의 활약상을 감안한 것이 아닐까 한다. 353명이란 피살 규모는 가)의 내용, 즉 성내에서 100명과 서문 밖에서와 숲에서는 그보다는 다수 피살되었다는 것으로 읽혀져 대략 근사치로 보인다.

황석산성에서 300여 명이 피살되었다면 그들은 누구일까? 가)에서 김필동과 김해사람 20명, 그리고 백사림과 그 가족이 도망했다고 하니 그 나머지의 사람들이었을 것이다. 성곽 수축단계부터 곽준을 믿고 따랐던 안음현 사람들이 주로 많았을 것으로 보인다. 『고대일록』 1597년 8월 12일 일기에 거창이나 함양사람은 도망가는데 안음사람 5명이 산성으로 들어갔다고 적혀있듯이 말이다.

황석산성은 일본군의 침입에 즈음하여 고립무원의 처지가 되었고 지역민들은 황석산성을 등진 채 백운산 등지로 피난을 떠났다. 곽준과 막역했던 정경운마저도 등을 돌렸다. 그런데 그들이 황석산성의 함락에 때맞춰 백운산 등지에서 대량 살해되고 있다는 점이다. 정경운도 이즈음 큰딸과 친척 4명을 잃고 있다. 그렇다면 나-1)의 '산골짜기에서 수천명 살해'란 아마도 피난 백성들에 대한 행위로 여겨진다. 그럼에도 의문시되는 것은 그 살해했다는 '수천명'에 대한 코베기가 어떤 이유로 행해지지 않았을까 하는 점이다.

황석산성 전투가 끝난 직후부터 김해부사 백사림에 대한 처형 상소가 안음을 중심으로 지속되고 있다. 중앙에서도 사헌부 등이 이를 지원사격하고 있다. 1612년까지 이어진 백사림 처형 요구는 死守하겠다고 장담했던 장수 백사림은 도망하였다는 것이다. 그것도 '通倭'하였기 때문에 도주할 수 있었다고 비난하고 있다. '附倭'를 일삼는 김해사람들도 백사림의 가족들도 다 도망가 멀쩡하게 살아남았는데, 곽준 부자는 절의를 지켜 순절했다는 것이다.

이처럼 백사림 처형을 '영남의 士論'이라며 '公議' '公論'으로 자리매김 하려하는 분위기에 대하여 선조 등 반대측은 왜적 7명 참획과 '北道' 방어 등등 속죄 조건을 충족했다며 처벌하지 않고 있다.

이 논문을 마지막으로 말하고 싶다. 처절하게 저항하진 못했다 하더라도 황석산성에서 죽어간 353명은 殉節한 것이다. 守城해 낼 것을 갸우뚱하면서도 入城했다면 더욱 그러하다. 정경운과는 다르게 공격당하여 죽을 것을 각오하고 城으로 들어간 그들을 마땅히 기려야 할 것이다.

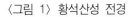

〈그림 1〉 황석산성 전경

*출처: 함양군청 제공

〈그림 2〉 황석산성 구조

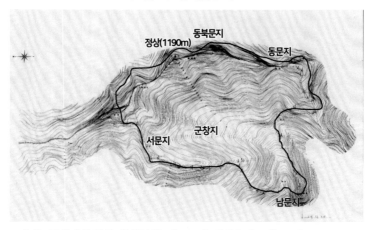

*출처: 문화재청(함양 황석산성 지표조사 현황측량도에 표기)

〈그림 3〉 정유재란 전개도

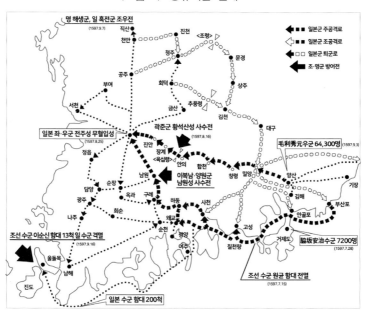

*출처: 『임진왜란은 우리가 이긴 전쟁이었다』
(양재숙, 가람기획, 2001, 320쪽. 재작성)

〈그림 4〉 황석산성과 백운산의 위치

출처: 『朝鮮圖』(국립중앙박물관 조사 국외역사자료총서-1, 2007)

제12장
사명당에 대한 역사적 전승
−그의 渡日 관련 설화를 중심으로−

1. 머리말

어린 시절 마을의 어른으로부터 四溟堂 관련 설화를 들은 적이 있다. 사명당이 임진왜란에 잡혀간 조선인들을 구하러 일본으로 담판하러 갔는데 '倭王'은 가마솥에 넣어 삶아 죽이려 했단다. 그러나 사명당이 도술을 부려 눈썹과 수염에 고드름을 주렁주렁 달고는 추워 죽겠으니 불을 더 때라고 호통을 쳤다는 것이다. 마침내 '왜왕'을 굴복시킨 사명당이 수천명의 조선 인들을 데리고 귀국했다는 이야기로 기억된다.

이처럼 보통의 한국인들은 어려서부터 신통력을 자유자재로 구사하는 도 승으로서의 사명당의 모습을 귀에 익게 들어왔다. 이는 임진왜란에서 보여 준 사명당의 그 위풍당당하던 기개를 신화적 偉人으로 추존하여 일제 하의 정신 교육으로 삼으려는 옛 사람들의 숨은 뜻이 있었기 때문이라고도 한다.[1]

그런데 사명당은 이미 조선 후기에 일반 서민층에서 전설적인 인물로 만들어져 갔다. 역사상의 실존 인물이 전설적 인물로 인식되는 것은 그에 대한 민중적 숭배가 너무나 큰 나머지, 서민층에서 그를 신비화시켜 마치 초인적 능력으로 온갖 조화를 부리는 존재인 양 믿었기 때문일 것이다. 그 결과 사명당은 동화와 민담으로 각양각색의 설화가 전해져 오게 된다.[2]

근간에 '사명당기념사업회'에서는 사명당에 대한 업적을 기리기 위해 활발한 학술적 연구발표 활동을 하여왔다. 그것은 대부분 역사적 인물 사 명당에 대한 究明작업의 일환이었다.[3] 그러나 본 논문은 설화상의 인물 사

---

1) 사명당기념사업회 편, 『사명당 유정』「박권희 - 서문」, 지식산업사, 2000.
2) 사명당기념사업회 편, 위의 책, 「이우성 - 서문」.
3) 2006년까지의 연구성과는 다음과 같다. 사명당기념사업회 편, 『사명당과 임란 및 강화교섭』, 1999 ; 사명당기념사업회 편, 『사명당 유정』, 2000 ;『그대의 목 은 우리의 보배』, 2002 ; 仲尾 宏·曺永祿 編, 『朝鮮義僧將·松雲大師と德川家康』, 明石書店, 2002.

명당에 초점을 맞추고자 한다. 특히 사명당의 일본에서의 활동에 한정하여 그 渡日 활동이 '역사'에서, 어떤 '설화'로 바뀌어 전승되어 갔는가를 검토하려는 것이다. 이와 관련하여 사명당이 역사상의 실존인물로서, 그리고 설화상의 인물로서, 나아가 현재에 이르러서는 어떻게 인식되어 왔는가를 관찰하고, 분석해 보고자 한다.

2. 역사적 인물로서의 사명당

사명당을 바라보는 當代 사대부들의 시각은 어떠한 것일까? 그것은 1604년 6월에 도쿠가와 이에야스(德川家康)의 강화 요청 진의를 탐색하기 위해 渡日하는 그에게,[4] 당시 重臣들이 그의 신변을 염려하며 충절심을 기리어 읊은 송별시의 내용을 보아 알 수 있다. 즉 그의 용기와 충절심에 깊은 존숭과 감사를 표현하는 한편으로, 중대한 對日 현안인 강화 문제를 일개 승려에게 위임해야 하는 중신으로서의 자괴감이 표현되어 있다.[5] 이러한 자괴감은 사명당의 도일을 결정한 조정을 비난하는 史官의 글에서도 나타난다. 사관은 "不共戴天의 원수와 강화하는 것만도 이미 수치스러운 일인데, 다시 일개 沙門의 힘을 빌려 일을 이루려고 하다니, 肉食者의 꾀가 비루하다 하겠다"라고 비난하고 있다.[6]

임진왜란 당시에도 승려에 대한 천시는 여전했던 듯하다. 淸州城이 승려 靈圭의 활약으로 탈환된 것을 안 선조가 그에게 堂上官을 제수하려 하자, 중신 윤두수는 승려에게 그런 높은 관직을 준 전례가 없다고 완강하게 반대하고 있다. 이미 조정에서는 신분 여하를 막론하고 軍功을 세운 자에

게는 벼슬을 제수하기로 결정한 때였음에도 불구하고 윤두수는 승려라는
사실 하나만으로 영규에게 벼슬 주는 것을 반대하고 있는 것이다.[7]

사명당의 평가와 관련하여 그의 사망 소식을 접한 광해군의 傳教를 보
면, "山人 惟政은 선조 때 자신을 잊고 환난을 구하기 위해 뛰어 들었으니
참으로 義僧이라고 할 만한데, 지금 그가 죽었으니 매우 슬프다. 장례에 필
요한 물건을 잘 헤아려 지급하도록 하라"고 하고 있다. 즉 사명당을 '義僧'
이라 평가하고 있다.[8]

사명당의 死後 그에 대한 평가는 신유한이 評釋을 가해 편찬한 『四溟大
師壬亂記 - 奮忠紓難錄 -』에 「序」를 쓴 김중례의 글을 통해서도 관찰할 수
있다. 거기엔 임금과 어버이를 버리고 인간 사회를 도피하여 典禮를 외면
하고 空寂을 중시하는 것이 불교이기 때문에 儒家에서 이를 배척하는 것이
라면서, 그럼에도 승려인 사명당을 기리게 된 연유가 무엇 때문이었는가를
밝히고 있다.[9] 즉 1738년에 우의정 송인명의 사명당에 대한 평가가 그랬
던 것처럼, 임진왜란에 倡義하여 큰 공을 세웠을 뿐만 아니라 渡日해서는
일본과 和好를 이루었고 다수의 조선 被虜人을 쇄환하였기 때문이라는 것
이었다.[10]

사명당은 이후 渡日하는 통신사행에게 큰 관심의 대상이 되고 있었다.
1617년에 사행의 正使 오윤겸의 기록에는 사명당이 七言絶句 네 首를 지
어 시모노세키에 있는 안토쿠 천황(安德天皇)의 廟에 남겨 놓고 있었으므
로 副使 박재가 그 韻을 次하여 和作을 求하였다고 적고 있다. 1636년에
사행의 부사 김세렴도 일본의 어떤 승려가 작은 匣을 바치므로 열어보니,
사명당이 일본에 왔을 때 안토쿠 천황을 弔慰한 絶句 3首가 쓰인 위에 '朝

---

7) 임철호, 『說話와 民衆의 歷史認識』, 집문당, 1989, 274쪽.
8) 『광해군일기』 2년, 9월 28일(경오).
9) 신유한 편, 안계현 옮김, 『四溟大師壬亂記 - 奮忠紓難錄 -』, 동국대부설 譯經院,
   1979, 12쪽.
10) 『영조실록』 14년 2월 신해(29일).

鮮國勅使詩'라 적혀 있었기에 그 韻을 따라 지어 주었다고 기록하고 있다. 1643년에 사행의 부사 조경도 시모노세키에서 사명당의 시에 次韻하고 있다. 1655년에 사행의 從事官 남룡익은 안토쿠(安德)寺 승려가 지닌 詩軸에 次韻했는데 原韻은 사명당이 지었고 前後에 우리 사신들이 和答한 것이라 기록하고 있다. 1719년에 사행의 제술관으로서 渡日한 신유한은 사명당의 필적이 에도(江戶)에 있다하여 찾아보니 종이 색은 오래되어 변하였으나 필적은 알아볼 수 있었다고 하고, 이것을 일본인들이 보물로 간직하여 일백년 동안 사모하며 귀중히 여기고 있다고 적고 있다.[11]

조선시대 사대부층의 사명당에 대한 자리매김은 密陽의 表忠寺가 단적으로 말해준다고 할 수 있겠다. 표충사는 사명당의 공로를 높이고 그 충절을 기리기 위하여 건립된 사찰이다. 사찰임에도 불구하고 그 경내에는 유교식 서원인 표충서원이 건립되어 있다. 이는 한국에서는 전혀 그 사례를 찾아볼 수 없는 것으로 유교와 불교의 공존을 보여주는 것이라 하겠다.[12] 불교를 否定하는 주자학으로 무장된 조선시대의 사대부층에게 표충사와 표충서원의 공존은 어떤 의미를 지닐까? 사명당은 高僧·義僧만이 아니라 유교적 聖賢이었다는 평가에 다름 아닐 것이다.

3. 설화적 인물로서의 사명당

이렇듯 조선시대 사대부들에게조차 외면할 수 없는 업적을 세운 역사적

---

11) 吳允謙, 『東槎上日錄』, 10월 18일 ; 金世濂, 『海槎錄』, 2월 10일 ; 趙絅, 『東槎錄』, 50쪽 ; 南龍翼, 『扶桑錄』, 8월 12일 ; 申維翰, 『海遊錄 - 附 聞見雜錄』. 여기서 사명당의 '安德天皇弔詩'는 "渡赤間關海見安皇遺像, 安皇遺迹赤間傍, 路斷倉波革樹荒 只有中天一片月, 年年依舊照空廟堂"이란 내용이다. 이외에 사명당의 일본 내 遺墨에 관하여는 사명당기념사업회 편, 앞의 책, 362쪽 참고. 안토쿠 천황이란 고대 말기 헤이씨(平氏) 정권의 몰락 과정에서 겐지(源氏)에게 쫓겨 시모노세키에서 다이라씨 일족과 바다에 몸을 던진 천황으로 당시 나이는 9살이었다.
12) 사명당기념사업회 편, 앞의 책, 507쪽.

인물 사명당이, 이번에는 민중 속에서 설화적 인물로서 다시 부활되어 나타났다.

조선시대 민중은 우선 서산대사를 바람과 비를 마음대로 몰고 다니는 신출귀몰한 神僧으로 만들었다. 민중은 임진왜란이라는 국가적 위기 속에서 서산대사로부터 참된 영웅의 모습을 발견하려고 했기 때문이다. 그러므로 서산대사의 도술 이야기는 임진왜란에 관한 것이 많으며, 당연하게 그 전란에서 혁혁한 공을 세운 제자 사명당과 결부된 것이 많다.

예를 들어 서산대사가 일본에 가는 사명당에게 부적 하나를 건네줬고, 이 부적 덕택으로 사명당은 일본의 王城에 있던 병풍에 적힌 싯귀들을 모두 알아맞힐 수 있었다고 한다. 민중은 서산대사와 사명당의 도술 시합도 창안해 냈다. 사제관계였던 두 명의 고승이 도술 시합을 벌인다면 어떤 결과가 나올까를 점쳤던 것이다. 그러나 시합의 결과는 스승의 승리였다. 조선시대 민중은 스승과 제자의 서열을 뒤집고 싶지 않았던 모양이다. 결국 이런 민중의 기대는 『西山大師秘訣』이란 책자를 낳았다. 이 책은 조선 후기에 출현해 『鄭鑑錄』의 일부가 되었다.[13]

사명당의 渡日과 관련한 설화가 활자로서 처음 등장하는 것은 1678년에 홍만종이 쓴 『旬五志』라고 한다.[14] 일본에 간 사명당에게 일본 측이 숯불을 크게 지펴 놓고 그 속으로 들어가라고 하자 지체 없이 사명당이 불길로 뛰어드는 순간 하늘에서 비가 내려 숯불이 꺼져버렸고, 이에 일본인들이 그를 生佛로 경외하여 金으로 꾸민 가마로 모셨다는 내용이 들어있다.[15]

年代와 저자 미상의 『就惠文庫』에는 다음의 이야기가 수록되어 있다. 일본의 궁성으로 이르는 길가 좌우에 금은으로 꾸민 병풍을 설치했는데 병풍 안에는 빽빽하게 일본인들이 지은 시가 적혀 있었다. 사명당이 지나가며 이 시들을 모두 순식간에 암기하여 일본인들 앞에서 한 글자도 틀리지

---

13) 「서울신문」, 2005년 8월 4일, "백승종의 정감록 산책 – 서산대사와 정감록"
14) 임철호, 앞의 책, 283쪽.
15) 신유한 편, 안계현 옮김, 앞의 책, 154쪽.

않게 시의 내용을 거론하여 평가하니(「屛風詩句」 이야기), 이를 들은 '倭
王'이 놀라 그의 도술을 시험해 보려고 구덩이를 깊이 파 코끼리와 독사를
넣고 그 위에 유리를 깔아 마치 물속처럼 착각하게 만들었다. 그리곤 사명
당을 그곳으로 오라하여 들어가라 하니 사명당이 염주를 던져 물속이 아님
을 안 후 들어가 앉았다(「유리함정」 이야기). '왜왕'이 사명당의 지혜에 탄
복하면서도 다음날 아침 다시 불로 달군 鐵馬를 타고 궁성으로 들어오게
하였다. 이에 사명당이 서쪽을 향해 묵도하자 맑은 하늘에 조선쪽으로부터
뭉개구름이 밀려와 순식간에 큰 비로 내려 철마의 열을 식히니(「달군 무쇠
말」 이야기) 일본인들은 그를 神僧이나 生佛로 여겼다.[16]

사명당의 활약상을 담은 설화는 주로 『壬辰錄』에 집결되어있는데 구전
설화로도 채록된 것이 많다. 『임진록』의 원본은 늦어도 18세기 중엽 정도
엔 창작되었으리라 여겨지는데,[17] 사명당과 관련해 다음과 같은 이야기들
을 담고 있다.

사명당이 일본에 가자 '왜왕'이 일본인들의 시를 병풍에 적어 지나는 길
에 진열해 놓고 일본 문물의 번성함을 자랑하자 사명당이 이를 모두 암송
해서 모방한 작품에 불과하다고 지적했다는 「屛風詩句」 이야기다. '왜왕'
이 사명당을 큰 무쇠막에 넣고 숯불을 피워 무쇠막을 달구어 태워 죽이려
하였으나 사명당이 얼음 '氷'자를 천장에 써 붙이고 도술을 부려 '왜왕'이
방문을 열었을 때 사명당은 수염과 눈썹에 고드름을 달고 추워하고 있었다
는 이른바 「달군 房」 이야기다. '왜왕'이 무쇠로 만든 말을 벌겋게 달구어
놓고 이것을 타라고 사명당에게 명령하자 사명당이 비를 내리게 해 무쇠말
을 식혔다는 「달군 무쇠말」 이야기다. 그런데 무쇠말을 식히려던 비가 계
속 쏟아져 내려 일본이 물에 잠기게 되자 '왜왕'이 항복하기에 이르렀고, 이
에 사명당은 매년 사람의 말린 가죽 300장과 사람의 말린 불알 세말씩을

---

16) 신유한 편, 안계현 옮김, 앞의 책, 158~160쪽.
17) 신태수, 『壬辰錄 作品群의 등장인물 성격 연구』, 경북대 박사학위논문, 1992,
154~155쪽.

朝貢하게 하고 귀국했다는 이야기로 『임진록』의 사명당 관련 對日 설화는 끝을 맺고 있다.[18] 일본 사람의 가죽과 불알을 말려 일정 수량 헌납케 했다는 이 내용은 임진왜란에서의 처참한 고통에 대한 처절한 복수로, 그것이 설화 형태라고는 하나 사명당을 통해 실현되고 있다는 점이 주목된다.

한국 口碑文學大系에 오른 역사 인물의 설화 빈도를 임진왜란기 인물을 중심으로 보면 사명당 45편, 김덕령 31편, 곽재우 23편, 서산대사 18편, 이순신 13편, 정기룡 7편, 김응서 3편 등으로 인물간에 전설 探錄의 차가 꽤 큰 것으로 나타난다. 특히 사명당 중심으로의 설화 집중 현상이 심화된 것으로 여겨지는데, 그 이유는 무엇보다도 차별과 억압을 당한 승려 신분이었음에도 전란에서 백성을 위해 자기희생을 마다하지 않았다는 점이라 할 수 있다. 지금껏 소외와 홀대의 대상이었던 승려였으면서 구국의 선봉에 선 그에 대한 민중의 選好는, 백성을 돌보지 않고 도망가기에 급급했던 전란 때의 기존 위정자에 대한 반감이 고조되면 될수록 증폭되는 것이었다. 결국 민중에게 그는 설화적 인물로 가장 적합했던 것이다.[19]

4. 여전히 초능력자인 사명당

庚戌年은 일제에 의해 한국이 강제로 식민지화되는 1910년이다. 그해 항간에는 "五庚後 弘濟尊者가 통곡한다"는 참언이 나돌았다고 한다. '弘濟尊者'란 사명당이며 그가 사망한 것이 경술년(1610)이므로 '五庚後'란 경술년이 다섯 번 지난 때를 가리키며, 그 때에 사명당이 통곡한다는 뜻이다. 나라 잃는 민중의 슬픔을 가야산 해인사의 四溟堂碑에 관련시킨 참언이라 할 수 있다.[20]

---

18) 「사명당 설화」로 http://www.seelotus.com/gojeon/gojeon/seol~hwa/sa‐myeong ‐dang.htm를 참고했으나 현재는 'Not Found'로 처리되어 있다.
19) 김승호, 「壬亂時 僧將의 설화전승 양상」, 『東岳語文論集』 36, 2000의 '3. 임란전설의 초점화 현상과 사명당' 부분.

　한편 경남 밀양에 있는 弘濟寺엔 '땀 흘리는 碑'로 알려진 表忠碑가 있다. 이 碑는 1742년(英祖 18)에 사명당의 5대 法孫인 남붕이 세운 것으로 전해지며, 碑文엔 당대 영의정을 지낸 이의현의 사명당 공적을 기린 글이 담겨져 있다.

　그런데 이 표충비는 1894년의 갑오동학혁명 7일 전에 3말 1되 분량의 땀을 흘린 이후, 줄곧 한국사에서 중요한 사건이 생길 때마다 어김없이 땀을 흘려왔다고 한다. 1910년(庚戌) 강제병탄의 17일 전에는 네 말 여섯 되의 땀, 1945년에 해방의 14일 전에는 다섯 말 일곱 되, 1950년에 6.25 발발의 25일 전에는 서 말 여덟 되, 1960년에 4.19혁명 당일엔 19시간 동안 땀을 흘렸고, 1961년에 5.16의 5일전에도 다섯 말을 흘렸다고 기록되어 있다. 이 수량 기록은 사찰측이 비석에서 땀이 흐를 때마다 바닥에 무명천을 깔아 이를 짜서 잰 기록으로 지금도 보관되어 오고 있다고 한다.[21]

　또한 밀양경찰서는 표충비의 땀 흘리는 현상을 '표충비 汗出 動向'으로 역대 정권에 보고했다고 한다. 특히 정통성을 갖지 못한 군사 정권의 경우, 표충비의 동향을 민심과 연결시켜 예민하게 반응하는 경향도 있었다고 한다. 표충비를 관리하는 표충사 스님들은 "표충비에서 땀을 흘리기라도 하면 공무원들이 찾아와, 이 사실을 외부에 발설하지 못하도록 하거나 땀 흘린 양을 적게 해달라고 부탁해 오기도 한다."고 말했다고 한다.

　표충비가 땀을 흘린다는 이야기가 입에서 입으로 전해지면서 이 절을 찾는 사람이 많아졌단다. 대부분의 방문객들은 비석이 땀을 흘린다는 애기

---

20) 『조선일보』, 2003년 3월 18일. '이규태코너 – 사명대사의 눈물' 여기서 "弘濟尊者"란 시호는 사명당이 입적한 후 許筠이 내린 私諡로서, 이는 해인사 弘濟庵 石藏 碑文에 記錄되어 있다.

21) 이하 표충비에 대한 설명은, 2005년 5월 24일부로 작성된 「땀 흘리는 표충비 – 미스테리」(http://blog.daum.net/cownh/2011524), KBS 1TV 2002년 5월 18일 방영된 역사 스페셜 「임진왜란 외교비사, 사명당은 왜 일본에 건너갔나」, '영원한 자유인 – 사명대사'(http://blog.naver.com/suni075/120011122052)를 참고한 것이다.

를 전해 듣고 신비로운 느낌이 들어 방문하지만 사명당의 영험을 구하기 위한 사람도 적지 않다고 한다. 병이든 환자나 소원을 빌려는 사람들도 많이 찾아오는데 그들의 대부분은 꿈에 사명당의 계시를 받았다고 한다.

밀양 사람들은 밀양 출신의 사명당을 아예 '밀양의 수호신'으로 여기는 경향도 보인다. 그래서 그런지 표충비는 여느 비석과는 다른 대우를 받고 있다. 비각 앞에는 촛대와 향로가 설치돼 있고 참배객들이 찾아와 향을 사르고 비석에 예를 갖추는 모습을 자주 볼 수 있다. 지금도 비석에서 땀이 나오면 수백명의 사람이 몰려오고 경찰들이 와서 밤새 지킨다고 한다.

이처럼 사명당에 대한 인식은 현대에 이르러서도 여전히 초능력자로서의 그것이다. '國術'에 대한 설명을 보면, 內功의 힘을 한 곳에 집중시킬 때 상상을 초월하는 위력을 발휘하는데, "서산대사나 사명당 등이 이같은 내공의 힘을 발휘한 역사적 인물"이라고 하여 서산대사와 사명당을 무술의 달인으로 등장시키고 있다.[22]

한국의 대표적 검색 사이트인 '천리안'에서 운영하는 '초등사회역사인물'에는 사명당의 강화교섭과 관련하여 다음처럼 기술하고 있다.

> 전쟁이 끝난 뒤에는 일본에 건너가 도쿠가와(德川)와 평화회담을 갖기도 했다. 일본을 휘어잡고 있던 도쿠가와나 벼슬아치들, 그리고 일본 국민들은 사명당의 높은 도력과 슬기에 압도당하고 말았다. 그래서 지금도 일본에서는 사명당을 모시는 종교까지 있다고 한다. 사명당은 평화회담에서 일본으로 잡혀간 조선의 포로 4천여 명을 데려오기도 했다. 나라에 평화가 오자 그는 宣祖의 간절한 벼슬 제의도 거절하고 산으로 들어갔다.[23]

사명당이 송환한 피로인이 '4천여 명'으로 부풀려진 것은 접어두더라도,

---

22) http://k.daum.net/붐/kin/home/qdetail_view.html?boarddid=LH&qid=00Sh6&q=%B1%B9%BC%BC%FA:신지식〉스포츠, 레저〉격투기, 투기
23) http://user.chollian.net/~makcbg/a23sameng.htm:초등사회역사인물

확인할 수 없는 "지금도 일본에서는 사명당을 모시는 종교"가 있다는 서술
이 주목된다. 특히 "일본 국민들은 사명당의 높은 道力과 슬기에 압도당하
여"라고 하여 신통력에 상응하는 '道力'이란 표현으로 사명당의 渡日 활동
을 수식한 것이 역시 주목된다.

　다음은 '사명당 사찻방'이란 속담이다. 인터넷 사전에서 이에 대한 설명
을 보자.

> 　'매우 추운 방'을 가리키는 말이다. 흔히 사명대사라고 하는 사명당은 조선
> 선조 때의 유명한 승려로, 임진왜란 당시 사명당의 활약을 과장한 많은 일화들
> 이 전해져 온다. 그 중에 다음과 같은 이야기가 유명하다. 사명당이 일본과 강
> 화를 하기 위해 일본에게 건너갔는데, 그 때 왜왕이 사명당을 태워 죽이려고 구
> 리로 집을 지어 그 속에 가두고 사면에서 불을 피웠다. 그러나 사명당은 四壁에
> 서리 '霜'字를 써 붙이고 방석 밑에 얼음 '氷'字를 써 놓은 다음 팔만대장경을
> 외우니 방이 타기는커녕 방안에 얼음이 얼어서 죽을 고비를 넘겼다고 한다. 이
> 러한 이야기로부터 몹시 추운 방을 가리켜 '사명당 사찻방'이라고 하게 되었다.
> 사찻방의 '사처'는 '下處'가 변해서 된 말로, 점잖은 손님이 객지에서 묵는 집을
> 가리킨다. 같은 유래에서 나온 말로 "사명당이 越站하겠다"는 속담이 있다. 사
> 명당이 길을 가다가 쉬지도 않고 지나쳐 버릴 정도로 방이 매우 춥고 차다는
> 뜻이다.[24)]

　사명당 설화의 이른바 「달군 房」 이야기가 급기야 속담으로 정착하고
있음을 알 수 있다. 이 속담으로 한국인들은 몹시 추운 방에서 역사상의
사명당이 아닌 설화상의 사명당을 떠올리게 될 것이다.

　사명당에 대한 설화적 기술은 다음처럼 아동용 위인 전기에 계승되어

---

24)　http://www.woorimal.net/language/root/root-sa.htm#사명당%20사찻방:야후
　　지식검색홈〉위키지식〉교육〉우리말

있다.

① 어효선 글·오승진 그림, 『사명당』, 교학사, 1990. 「세계위인전기」 시리즈로, 이 책에는 일본측이 무쇠방에 불을 때어 사명당을 질식사시키려 했으나 실패했다는 「달군房」 이야기가 수록되어 있다.

② 김광채 엮음, 『사명대사』, 바른사, 2000. 「어린이 위인전」 시리즈로, "춥기는 사명당 사첫방"이란 속담을 풀이하여 몹시 추운 방을 뜻한다고 설명하고 있고(104쪽), 일본측이 함정을 파 놓았으나 사명당이 지혜롭게 비켜 갔고, 늪에 철판을 깔아 그 위에 앉게 하여 늪에 파묻히게 하려 했으나 사명당이 바람을 불어와 철판이 둥둥 떠다니게 하는 바람에 실패했다는 이야기, 그리고 「달군房」 이야기가 서술되어 있다(105~107쪽).

③ 김한룡, 『원효대사·사명대사』, 대일출판사, 1998. 「위인전기」 시리즈로, 여기엔 「屛風詩句」, 「유리 함정」, 「달군 房」, 「달군 무쇠말」 이야기가 수록되어 있다(208쪽).

④ 『한국의 역사 8권 - 倭亂과 胡亂』, 중앙문화사, 1985. 「屛風 詩句」, 「달군 房」 이야기가 수록되어 있다.

⑤ 『조선왕조 500년 野史』, 청아출판사. 토요토미 히데요시(豊臣秀吉)가 渡日한 사명당을 열흘 동안이나 굶겼으나 얼굴 혈색이 전혀 변하지 않았다. 이번엔 음식을 쉴새없이 먹게 했어도 배불러하지 않았으므로 히데요시는 비범한 인물이라 여겨 환대하였다.[25]

5. 설문 조사로 본 사명당

현대 한국인들은 사명당의 설화에 대하여 얼마나, 또한 어떻게 알고 있을까? 이에 대해 필자는 2005년 9월 청주대학교 학생들을 대상으로 설문

---

25) 사명당이 일본에 가 만난 것은 이에야스로 히데요시가 아니었다. 히데요시는 1598년 8월에 이미 죽어 없어졌다.

조사를 해 보았다(말미의 「설문 내용」 참고). 설문 조사에 응한 대상으로
우선 20대의 두 집단이 있다. 사학과 학생을 주로 한 제1집단으로 36명이
며, 그리고 〈표 1〉에서 괄호 속에 표기한 인원으로 일반 교양 과목의 수강
학생인 제2집단으로 95명이다. 조사에 참여한 40대 이상의 성인들은 제1
집단의 부모 또는 그들의 친척이나 주변 어른이다. 제1집단에 대해선 리포
트 형태로 제출하게 했으므로 좀더 적극적으로 설문에 응하였을 것이고,
또한 역사학 전공 학생이 대부분이었으므로 역사에 관심이 어려서부터 많
았을 가능성이 있다. 이에 비해 제2집단에 대해서는 즉석에서 설문지를 배
부하고 제출케 하였으므로 소극적으로 조사에 임했을 가능성이 있다. 이를
염두에 두고 그 결과를 조금은 감안해야 할 것이다.

　〈표 1〉에서 사명당이 신통력을 지닌 사람이었다고 들은 적이 있다고 답
한 사람은 제1집단의 경우 42%가, 제2집단은 8%이다. 전자가 후자의 5배
이상을 점하고 있다. 그런데 연령이 높아질수록 사명당 설화에 대해 아는
비중이 높아져 40대가 71%, 50대가 52%로 조금 하향하지만 60대 이상에
이르러서는 86%란 절대 다수에 달하고 있다. 민족적 차원의 고통(일제 식
민지, 6·25 등)을 많이 겪은 세대일수록 사명당 설화를 더 숙지하고 있었
음을 알 수 있다.

〈표 1〉 사명당에 대한 인지도

연령 : 참여인원	전혀 모른다	이름정도 안다	어느 정도 안다	神通力 소유자다	
				인원	%
20대 : 36(95)	4(43)	4(25)	13(19)	15(8)	42(8)
40대 : 7	1	1	0	5	71
50대 : 29	2	8	4	15	52
60대 이상 : 7	0	1	0	6	86
합계 : 79(95)	7(43)	14(25)	17(19)	41(8)	52(8)

*「신통력 소유자」란의 %는 해당 인원÷참여 인원의 %다.

<표 2> 사명당의 신통력을 접한 매체

연령대	학교 교육	부모나 어른	偉人傳記 등의 서적	기타	합계
20대	4(17%)	4(17%)	14(61%)	1	23
40대	1(20%)	3(60%)	1(20%)	0	5
50대	2(13%)	9(60%)	2(13%)	2	15
60대 이상	0(0%)	6(100%)	0(0%)	0	6
합계	7(14%)	22(45%)	17(35%)	3	49

그렇다면 그러한 사명당에 대한 이야기를 어떻게 들었는가에 대한 조사 결과가 <표 2>다. 20대는 부모나 어른들에게서 들은 것이 17%에 불과하지만 연령에 높을수록 그 비중이 높아지고 있다. 이에 대하여 책을 통해 접하였다는 경우는 반비례하여 나이가 적을수록 많아져 20대의 경우엔 61%를 차지하고 있다. 즉 나이가 많을수록 혈연과 지연 사회에서 설화상의 사명당을 접하지만, 나이가 젊을수록 「위인전기전집」 등의 책을 통해 사명당 설화를 접하게 되는 것을 알 수 있다. 그러나 학교 교육을 통해 이를 접하는 것은 연령에 관계없이 20%를 넘지 않고 있다. 역시 대학 입시 위주의 교육 현장에서 사명당은 역사적으로나 설화적으로도 다뤄질 여유가 없었던 듯하다.

<표 3> 사명당의 신통력 이야기 유형

연령대	달군 房	屛風詩句	유리 함정	달군 무쇠 말	기타
20대	10	6	3	1	12
40대	1	1	0	1	3
50대	4	3	1	2	6
60대 이상	2	0	0	2	3
합계	17	10	4	6	24

〈표 3〉은 사명당이 일본에 건너가 발휘했다는 신통력 이야기의 유형 조사이다. 「달군 房」 이야기가 단연 많아 설화를 들었다는 49명 중에 17명이 이를 들었다고 답하여 35%를 차지하고 있다. 「屛風詩句」는 10명이므로 20%, 「달군 무쇠말」이 6명으로 12%, 「유리 함정」이 4명으로 8%였다. 기타의 설화로 24개의 유형이 있었으나 전술한 4유형의 변형 내지는 유사형이 대부분이다.

6. 맺음말

임진왜란에서 크게 활약한 승려 사명당은 사대부들조차 추앙했던 역사적 인물이었다. 그러나 사망한 이후엔 민중 속에서 설화적 인물로 되살아나더니, 韓末부터는 국가적 대사건마다 表忠碑를 통해 땀을 흘리는 초월자로서 오늘날에도 일정한 사람들에게 영향을 주고 있다.

사명당처럼 역사적 인물이면서도 현대에까지 일정한 사람들에게 신앙의 대상이 되는 인물, 혹은 도술을 행한 초능력자로서 기억되는 인물이 과연 몇 사람이나 있을까? 김덕령이나 임경업 같은 이가 있겠지만 비극적 삶을 살다간 사람이라선지 巫俗의 세계에 국한되기 일쑤다. 유비를 섬긴 關羽를 떠올릴 수도 있겠으나 그는 『삼국지연의』에서 만들어진 인물이지 역사적 인물로서는 별로 평가될 상대가 아니었다.[26]

이처럼 사명당은 명확한 역사상의 인물이면서 동시에 설화상의 인물로 현대에까지 전승되고 있는 가장 대표적인 존재이다. 그런데 조선시대 민중에게 사명당이 사랑받으면 받을수록, 그 결과 만들어지는 사명당像은 역사적 실체로서의 사명당에서 멀어져 있다는 점이 지적될 수 있다.

---

26) 관우에 대한 신앙은 명나라 초기부터 관왕묘를 세우면서 널리 서민층에 파급되었고, 조선엔 임진왜란의 이후 파급되었다. 그러나 사명당이 구체적인 역사적 인물이라는 점에 비하여 관우는 陳壽의 『삼국지』로 볼 때 별반 알려진 바가 없다고 한다.

그 하나가 東萊府使 斬刑 이야기로, 국왕의 사절 자격으로서 사명당이 일본을 다녀오면서 시종일관 자신을 승려라고 멸시하고 전혀 대접을 행하지 않는 동래부사를 참형에 처한다는 내용이다. 과연 이 처형을 승려 사명당의 행위라고 상상할 수 있을까? 이는 승려를 비롯한 하층민들이 받아야했던 신분적 수모를 사명당의 행위로 만들어 복수하려는, 민중들의 위정자들에게 지녔던 계급적 차별에 대한 저항과 비판의식을 날카롭게 표출시키려는 의도에서 만들어진 것이다. 하층 민중들은 사명당이 자신들과 같은 차별받는 신분이었다는 점에 주목하여 지배 계층의 무능을 비판하면서 계급적 차별에서 당하는 피해 의식을 보상받으려고 한 것이다.[27]

다른 하나는 귀환을 거부하는 被虜人들을 물에 빠뜨려 죽여버렸다는 이야기이다. '왜왕'을 굴복시키고 전란에서 잡혀간 포로들을 송환하는 도중에, 조선에 귀환하기를 거부하는 자들을 바다 속에 처넣어 죽여 버렸다는 이 이야기 또한 佛者로서의 사명당의 행위라고는 믿기지 않는 것이다. 임진왜란에 억지로 일본에 끌려간 사람들이라 해도 그들이 조국으로 귀환하려하지 않는 한 異質化시켜 타도의 대상으로 자리매김하였던 것이다. 전란의 잿더미에서 고스란히 그 고통을 짊어지고 살아야했을 민중들에게 조국으로의 귀환을 거부하고 일본에 잔존하려는 자들은 용서할 수 없는 변절자로 보였을 것이다.[28]

아동용 위인전기 시리즈 속에 그려진 초능력자로서의 사명당은 이를 읽는 어린이가 어른이 되어가면서 잊혀져 갈 것이다. 그러나 밀양 표충사의 '땀 흘리는 四溟堂碑'인 表忠碑는 그의 사후 400년이 되어가는 현대의 '민

---

27) 임철호, 「四溟堂 說話 研究」, 『한국언어문학』 23, 1985, 271쪽·281쪽.

28) 임철호는 被虜人들을 水葬시키는 설화를 만드는 민중들의 심정엔, 전란의 참화를 일본에서 무사히 피하고서도 귀환을 거부한 피로인에 대한 응징 심리가 작용했기 때문이라고 보고 있다(임철호, 『壬辰錄 研究』, 정음사, 1986, 191쪽). 그러나 침략자 일본군에 의해 강제 납치·압송된 피로인들이 안락하게 일본 생활을 영위하고 있으리라 상상한 조선 민중이 과연 있었을까? 그보다는 오히려 조국의 전후 복구 대열에의 합류를 그들이 거부한 것에 대한 응징 심리가 아니었을까?

중'에게까지 '설화적 인물 사명당' 또는 신앙의 대상으로서의 사명당으로 계속 존속케하고 있으니, 佛心이 돈독한 어느 중년 부부가 사명당비 앞에서 "비석에 땀을 흘려 (사명대사가) 죽어서도 저토록 신통력을 발휘하는데 살아생전에는 오죽했을까?"라고 반문했다고 한다. 이처럼 사명당은 초월자로서 민중 속에서 지금도 살아있는 것이다.

부록: 설문 내용

1. 수강생에 대한 질문

① 님께서는 사명당에 대해 현재 어느 정도, 무엇을 알고 있는가?

② 현재 님께서 알고 있는 사명당에 대한 지식은 어떻게 습득된 것인가? 학교? 부모님? 주위의 어른들? 그 외의 매체라면 무엇인가?

③ 님께서는 성장과정에서 선생님이 아닌 주위의 어른들로부터 사명당에 대한 이야기를 들은 적이 있는가?

④ 들은 적이 있다면 어떤 내용의 이야기인가?

⑤ 그 들은 이야기가 역사적 사실이라고 느끼고 있는가?

2. 수강생이 주변 사람들(부모님, 친척, 어른들)에게 조사할 내용

① 그 어른께서 사명당에 대해 현재 어느 정도, 무엇을 알고 계시는지 여쭈어본다.

② 그 알고 계신 사명당에 대한 지식이 어떻게 습득된 것인가 여쭈어본다. 학교? 부모님? 주위의 어른들? 그 외의 매체라면 무엇?

③ 그 어른께서 성장과정에서 학교 선생님이 아닌 주위의 어른들로부터 사명당에 대한 이야기를 들은 적이 있으신가 여쭈어본다.

④ 들은 적이 있으시다면 어떤 내용의 이야기인가 여쭈어본다.

⑤ 그 들으신 이야기가 역사적 사실이라고 느끼고 계신가 여쭈어본다.

⑥ 그 어른분의 현재 연령과 출신지 및 학력의 대강을 파악한다.

제13장
임진왜란의 '戰後처리'와
동아시아 국제질서의 변동

1. 머리말

임진왜란이 한국 역사상 일찍이 없었던 대규모의 국제전이었듯이 그 戰後처리 또한 쉬운 일이 아니었을 것이다.[1] 그럼에도 일본군이 조선에서 철수한지 9년 후인 1607년 조선의 제1차 회답겸쇄환사의 渡日로 講和는 일단 성립된 셈이라고 할 수 있을 것이다. 조선으로서는 일본측이 먼저 강화를 요청하는 국서를 보내와 '回答'의 명분을 강조할 수 있었고, 겸하여 전쟁 중에 끌려간 동포도 송환시킨다는 '刷還'을 높이 표방할 수 있었을 것이다. 일본 또한 戰後 처리를 위한 강화사절이 조선에서 에도 막부로 파견되어 왔다는 사실을 일본 전국에 널리 과시하였을 터였다.

임진왜란이 전쟁이었다면 강화교섭은 외교였다. 그런만큼 강화과정을 통해 조선은 어떤 명분을 챙길 수 있었고, 일본이 챙긴 효과는 무엇이었나를 파악함은 조선 후기 양국 관계를 이해하는 잣대가 될 수 있을 것이다. 본 논문은 첫 번째로, 전후처리로서 조선이 제시한 강화조건이 무엇으로 어떤 의미를 가진 것이며, 이것이 일본에 의해 어떻게 이행되었고, 어떻게 양국을 만족시킬 수 있었는가를 검토하여 보고자 한다.[2]

임진왜란은 '일본'이 擧國的으로 쳐들어온 것이다. 돌이켜 보면 663년의 白江(白村江)의 전투 이후 임진왜란 이전까지 거국적 차원에서의 일본의 위협은 한국사에 존재하지 않았을 것이다. 오히려 일본의 특정세력인 왜구가 한반도의 특정 지역을 위협하기도 하고, 주요 豪族세력인 '巨酋'나 작은 세력인 '諸酋' 및 대마도주 등이 조선에 順逆을 거듭하였을 따름이다. 중앙정권이라야 그 지배력이 취약하여 무로마치 막부의 아시카가(足利) 쇼

---

1) 이와 관련한 다수의 축적된 기존연구가 있으나 紙面 관계상 그 소개를 일단 유보하기로 한다.
2) 이와 관련해서는 민덕기, 『전근대 동아시아 세계의 한일관계』(경인문화사, 2007)의 제5장에서 상세하게 논하고 있다.

군의 경우엔 대표적인 호족 세력인 오우치(大內)氏 등 8개 세력과 동등하게 '殿'으로 불리워졌다. 다만 '國王'에 '殿'을 더하여 '국왕전'이라 칭해진 점이 다를 뿐이었다.[3] 임진왜란은 일본이란 민족과 국가가 조선이란 민족과 국가에 가한 거국적 타격이었던 것이다.

왜란을 계기로 一元化된 존재로서의 일본이 조선에 각인되었을 것이다. 이후 조선에서의 일본 인식이 일정한 변화를 가져왔음에 틀림없다. 그런데 17세기의 한국사 전개에 '불구대천지원수'로서의 日本像과는 다른 일본상을 찾을 가능성을 엿보게 된다. '北虜'(여진족)가, '奴酋'(누루하치)가 조선을 뒤흔들기 시작했기 때문이다. '南倭'나 '倭奴'가 이미 낯이 익은 오랑캐였다면 '北虜'나 '奴酋'는 낯설은 오랑캐였을 것이다.

이에 본 논문은 두 번째로 병자호란이란 굴욕의 나락으로 떨어져가는 16세기 중반기로의 전개에, 국가로서의 일본이 조선에서 어떻게 논의되어지고 受容되어졌는가를 검토하고자 한다. 필자로서는 처음으로 시도하는 분야인만큼 얼마나 만족할만한 성과를 가질 수 있을지 의문이다.

본 논문 주제는 왜란 이후의 '동아시아 국제질서의 변동'에 대한 내용도 담으라 하고 있다. 예를 들어 일본의 조선이나 琉球를 통한 明나라에 대한 접근, 또는 일본의 유구 복속과 유구·明과의 관계 등도 본 논문에 담겨져야 할 것이다. 그러나 이에 관해서는 이미 논문으로 발표한 입장이라 더 검토할 필요를 느끼지 못하고 있다.[4] 따라서 '맺음말'에서 총괄하는 가운데 개괄적으로 언급하는 선에서 머물고자 한다.

---

3) 『선조실록』 36년 8월 8일(신묘)조에는, '九殿'을 國王·畠山·大內·小貳(少貳)·左武衛·右武衛·京極·細川·甲斐殿으로 규정하고 있다.
4) 민덕기, 「근세 일본의 조선과 琉球 통한 중국 접근」·「근세 일본의 琉球사절과 조선사절」(민덕기, 『조선시대 일본의 대외교섭』, 경인문화사, 2010) ; 민덕기, 「일본·중국에 있어서의 근세 琉球의 지위」(인하대학교 한국학연구소, 『중국 없는 중화』, 인하대학교출판부, 2009).

2. 전후처리

1) 조선의 講和조건 '二件' 제시

히데요시의 사망과 조선 주둔 일본군의 철수 이후 끊임없이 이어져 온 일본측의 강화요청에 대하여 조선이 강화조건으로 전격 제시한 것은 '二件'이었다.[5] '이건'이란 이에야스의 서한을 요구한 '先爲致書'와 임진왜란 때 성종과 중종의 능을 범한 자를 묶어오라는 '犯陵賊縛送'이었다. 이 '이건'은 일본을 정탐하려는 '差官' 계획(1606년 5월 단계)에 포함되었던 것으로, 차관 계획을 중지하며 대신 대마도측에 전달된 것이다. 다음의 실록 기사가 그것이다.

> 이달(6월) 12일 손문욱이 병든 몸을 이끌고 가까스로 부산에 이르러 박대근과 함께 모든 문답에 대해 일체 조정의 분부에 따라 서로 상의하여 비밀히 약정한 뒤, 대근이 이들 앞에 가서 橘倭(橘智正)를 만나보고 말하였다. (중략) "그대들은 修好하는 것에 대해 매양 이에야스를 칭탁하고 있지만 일찍이 이에야스가 서신 한 장 보내오지 않았으니 우리나라에서 무엇을 근거로 하여 서신을 보낼 수 있겠는가? (중략) 그대들이 진실로 속히 화호를 맺으려 한다면 어찌 돌아가서 이에야스를 달래어 화호를 청하는 내용으로 우리나라에 서신을 보내고 陵을 범한 적을 잡아서 보내지 않는가?" 하니, 智正이 '이 2件은 모두가 극히 어려운 것이다. 이곳에 와서는 누차 어려운 일을 가지고 말을 하니, 이는 내가 감히 행할 수 없는 일인 줄 알고 이것을 가지고 증거로 삼아 미루려는 계책을 세우려는 것이다.' 하였습니다."[6]

---

5) 그 과정에 대해서는 민덕기, 앞의 책 제4장에서 상세하게 논하고 있다.
6) 『선조실록』 39년 6월 26일(계해).

여기서 보이듯 박대근이 '이건'을 재촉하고 도시마사(智正)가 쉽지 않은 조건이라고 하고 있음으로 보아 그 제시 시점은 6월 12일 이전일 듯하다. 그런데 이 두 요구는 다 쉽게 이행될 성질의 것이 아니었다. 특히 '선위치서'에 대해서는 宣祖가 예상하듯 수용되기 힘든 것이었다. 서한을 내는 쪽은 "사절을 파견하여 항복을 구걸했다(遣使乞和)"는 입장이 되고, 이를 받는 쪽은 "항복을 애걸하여 강화를 허락했다(乞降納款)"라는 입장을 가질 수 있기 때문이었다.[7] 이같은 인식은 이에야스에게도 같았다.[8] '범릉적박송' 또한 전쟁의 침략자인 일본측에 전쟁통에 왕릉을 범한 戰犯을 압송하라는 요구로서, '선위치서'처럼 일본측이 이를 이행할 경우 임진왜란의 '無故動兵'을 일본이 사죄하는 의미를 가진 것이었다.[9]

조선은 '선위치서'하는 이에야스의 서한 양식에도 주문을 달았다. '일본국왕'이라 자칭하라는 것이었다. 그래야 일본의 권력을 장악한 외교권 행사자로서의 지위가 입증되고, 조선국왕과 대등한 '敵禮'(對等격식)의 내용을 서한에 담을 수 있기 때문이었다. 히데요시의 서한이 '적례'가 아닌 조선의 입조와 복속을 강요한 내용이었던 것을 조선은 의식하고 이를 예방하려 하였던 것이리라.[10]

그로부터 두 달이 지난 1606년 8월, 이에야스의 서한이 대마도에 도착

---

7) 『선조실록』 39년 5월 13일(경진)조에, "서계를 가지고 오라는 말은 이루어지지 않을 듯싶다. 이에야스가 반드시 이 한마디 말로 인하여 먼저 우리에게 서계를 보내려 하지 않을 것이다. 賊의 뜻은 바로 우리가 먼저 사신을 보내 글을 보냄으로써 우리가 '사신을 보내 화친을 구걸했다.'고 말하거나, 혹은 '항복을 애걸하여 강화해 주었다.'는 등의 말로 지칭하여 후세에 과시하려는 것이다."

8) 조선의 '선위치서' 요구에 대해 이에야스가 애초 보인 인식도 다음처럼 같았다. "內府(이에야스)가 처음에는 허락하려 하지 않으면서 말하기를 '어찌 먼저 글을 보내어 구차스럽게 화친을 구걸해서야 되겠는가.' 하고는 도리어 兵勢를 과장하고자 하였다("內府初不肯從曰, 豈可以先自遣書, 區區乞和乎, 反以兵勢誇張." 『선조실록』 39년 9월 13일[기묘]).

9) 민덕기, 앞의 책, 219쪽.

10) 민덕기, 앞의 책, 214~215쪽.

했다는 전갈을 대마도로부터 접한 조선은 이를 미리 열람하여 문제점 유무를 파악·지적하기 위해 전계신 일행을 대마도에 파견한다. 8월 17일의 일이다.[11] 일행은 그곳에서 '일본국왕서'를 열람하도록 권유받는다. 아울러 이 서한이 이에야스의 '寵臣'인 혼다 마사즈미(本多正純)의 '贊助'에 의해 얻어졌다고 그 경위를 설명 받고 있다.[12]

그러나 이에야스의 서한 원본을 검토하게 된 전계신은 '萬無遣使之理'의 서한이라며 그 근거를 세 가지로 지적하고 있다. 즉 '間或不遜'한 言辭가 있고, '범릉적' 압송을 언급하지 않고 있으며, 관례의 서식보다 글자가 크게 쓰여져 있다('大書')고 하고 있다.

이에 대해 대마도의 외교승 겐소(玄蘇)가 '大書'나 '一語不遜'은 특별히 문제가 되지 않느냐고 반박했다. 그러나 전계신은 대마도가 조선의 사례와 예절을 알고 있을 터인데 어찌하여 이러한 失策을 초래했는가 하고 힐책하고 있다. 또한 겐소가 '범릉적'을 서한에 언급하지 않은 이유로서, '범릉적'이 대마도 사람이기 때문에 그 압송건도 대마도가 독자적으로 처리할 수 있기 때문이라고 변명한 것에 대해서도 이를 묵살하고 있다.

전계신이 '間或不遜'과 '大書'를 개서 요구의 이유로서 지적하고 있는 것은, 그것이 대일관계를 '敵禮'관계로서 재편하려고 하는 조선에게 부적절한 표현이 되기 때문이었을 것이다. 또한 '범릉적박송'을 서한에 명시하라고 요구한 이유는, 그 압송을 대마도에 한정시키지 않고 어디까지나 일본의 침략행위에 대한 사죄로서 자리매김하기 위한 것이었다고 여겨진다.

그런데 당시 대마도에서 열람한 이에야스의 서한에는 과연 이에야스의 서명이 '일본국왕'이라고 칭하여져 있었을까? 전술하듯이 '일본국왕' 사용은 조선의 '선위치서' 요구의 전제조건이었다. 그런데 이에야스의 서한을

---

11) 이하 전계신이 열람한 이에야스의 서한에 관련해서는 『선조실록』 39년 9월 13일(기묘)조에 있는 전계신의 '問答別錄及家康書傳草'를 참고하였다.

12) "頃日討出內府書時, 內府初不肯從曰, 豈可以先自遣書, 區區乞和乎, 反以兵勢誇張, 誠非細慮, 幸賴寵臣政純之贊助, 得出此書, 其幸可言."

접한 전계신 일행은 그 개서를 요구하는 중에서 이와 관련해서는 한 마디도 언급하고 있지 않다. 이것은 이에야스의 서한에 조선의 전제조건이 충족되었음을 시사한다. 더구나 도시마사가 전계신에게 이에야스의 서한을 '日本國王書'라고 칭하고 있다.[13] 더욱이 대마도에 체류 중인 전계신으로부터 제1차 치계를 받은 조선에서는 '일본국왕' 사용여하에 관해서는 어떤 논의조차 없고, "(도시마사는) 일본에서 차출하여 보내는 것이 아니기는 하나 이에야스가 이미 국왕이라고 칭하고 있고 또 그의 서계를 가지고 오는 자이므로" 라고 하여 이에야스의 서한을 '國王書契'로 자리매김하고 있는 사실은,[14] 이에야스가 서한에서 '일본국왕'을 自稱했음을 뒷받침하는 것이라 할 수 있다.

전계신의 改書 요구를 받아 다시 작성된 이에야스의 서한이 '범릉적' 두 사람과 조선에 넘겨진 것은 1606년 11월 초순이었다. 서한의 내용을 보면 대마도에 지금까지 강화교섭을 명하여 온 것은 이에야스 자신이었다고 밝히고 있다. 그리고 조선의 요구에 응하여 서한을 보내는 것이라면서, '범릉적'건은 대마도주 종의지(義智)에게 전송시켰다며 '이건'의 이행에 관하여 언급하고 있다. 또한 임진란의 침략행위에 대해서는 이미 사명당이 일본에 왔을 때 '前代非'로서 표명한 적이 있다(1605년 3월)고 표현하며 조속한 통신사 파견을 요청하고 있다.[15] 한편 조선에 인도된 '범릉적' 두 사람은 조

---

13) 대마도에서 이에야스의 서한을 열람하고 이의를 제기하는 전계신에게 도시마사는 "이제 일본국왕의 글이 있어도 일이 빨리 이루어지지 않는다면 반드시 內府(이에야스)의 노여움을 면할 수 없다. 足下(전계신)가 일본국왕의 글을 가져다 본 뒤에 곧 조정에 回報하여 빨리 사신을 보내게 하여 주면 정말 다행이겠다."라고 말하고 있다(『선조실록』 39년 9월 13일[기묘]).

14) "橘智正雖非自日本差送, 而家康旣稱國王, 持其書契而來者, 與前日接待, 事體不同"(『선조실록』 39년 10월 5일[경자]).

15) 『선조실록』 39년 11월 12일(정축). 이에야스 서한의 내용은 다음과 같다. "수년 동안 義智와 調信 등에게 명하여 천고의 盟約을 다지도록 하였으나 그 일을 완수하지 못한 채 調信이 죽었으므로 지난해부터는 그의 아들 景直에게 명하여 그 일을 주선토록 하였습니다. 요전에 義智가 飛稟하기를 '여러 번 귀국에 화친을 청

선측의 취조 결과 가짜임이 밝혀졌다. 그러나 명분이 확보되었다는 임기응변책으로 '범릉적'은 처형되고 만다.[16)

한편 조선이 사절파견을 최초로 결정하는 것은 1606년 8월말이다. 즉이 때 처음으로 영의정 유영경이 '通信'보다 '通諭'라고 渡日 사절 명칭으로 삼는 것이 어떤가 하고 宣祖에게 묻고 있기 때문이다. 그렇다면 조선의 강화에의 전환은 8월 초순으로 예상된 이에야스의 '원본 서한'이 대마도에 도착했다는 소식을 접한 것에 기인한다.[17)] 그리고 전계신의 제1차 치계에 접하는 9월 14일 이전에 이미 조선에서는 왜관의 설치 장소로서의 절영도와 부산 연안의 적합 여부, 潛商(밀무역)의 폐해와 그 방지책, '倭使'의 한성 상경 금지책 등이 논의되고 있다.[18)] 이로 보아 조선에서 9월 초순까지는 사절파견이 기정사실화되고, 일본과의 제반 관계 재개도 이 시기부터 외교현안으로서 취급되기 시작했음을 알 수 있다. 그 뒤 조선의 사절파견 준비가 이에야스 서한의 개서 여하를 기다리지 않고 진행되고 있음으로 보아, 대마도에서 열람했던 '원본 서한'이 사절파견에 결정적 요인이 되었음을 알 수 있다. 결국 사절의 명칭은 회답사라 정해진다.[19)] 그리고 그 正使에 여우길이 임명된 것은 그 해 10월이었다.[20)]

하였으나 귀국에서는 혐의를 풀지 못하여 지금까지 지연시키고 있으니, 친히 서계를 만들어 청하는 것이 옳다.'고 하였으므로 이같이 通書하는 것입니다. 한 件의 일에 대해서는 다행히 죄인이 대마도에 있는 터이므로 義智에게 확고하게 명령하였으니 義智가 반드시 결박하여 보낼 것입니다. 또 陋邦이 前代의 잘못을 고치는 것에 대해서는 지난해 僧 松雲(사명당)과 孫僉知(손문욱) 등에게 모두 이야기하였으니 지금 다시 무슨 말을 하겠습니까. 바라건대, 전하께서는 속히 바다 건너 사신을 보내도록 쾌히 허락하여 우리 60여 州의 인민들이 和好의 실상을 알 수 있게 하여 주시면 피차에 다행일 것입니다. 계절에 따라 나라를 위해 자중하소서."

16) 민덕기, 앞의 책, 231~234쪽.
17) 『선조실록』 39년 8월 23일(기미).
18) 『선조실록』 39년 8월 23일(기미), 9월 3일(기사)·7일(계유).
19) 『선조실록』 39년 9월 16일(임오). 이때 사절칭호로 '회답사'가 처음으로 등장한다.

2) 이에야스의 '先爲致書' 이행과 그 배경

'선위치서'가 이행된 이른바 이에야스의 서한에 대하여 일본측의 기존 연구는 대부분 그 존재를 부정하고 대마도의 날조라고 평가하고 있다. 그 이유는 다음의 주장을 수용한 결과였다.

①곤도 모리시게(近藤守重)의 주장, 즉 이에야스의 서한에 대한 다음 해 1607년의 조선측의 회답이 대마도에 전래해 온 것과 막부에 건네진 것이 달랐음을 들어, 이는 이에야스의 서한이 대마도에 의해 날조되었기 때문이라고 논하고 있다(후술).

②宣祖가 조선에 전달된 이에야스의 서한에 대해 다섯 가지를 이유로 들어 위작이라 주장했다. 첫째, 이에야스가 '선위치서'를 할 리 없다. 둘째, 문장이 '倭書之禮'에 따르지 않은 듯하다. 셋째, 明 연호를 사용하고 있다. 넷째, 섭정의 위치에 있으면서 '국왕'이라 자칭하고 있다. 다섯째, 서한에 관례의 '德有隣'이 아닌 '일본국왕'이라 날인되어 있다.[21]

③대마도에 '일본국왕'印이 있었고 이를 대마도가 사용했다는 것이다. 즉 1607년의 회답겸쇄환사의 副使 경섬이 대마도에서 겐소에게 쇼군은 국왕호를 사용하지 않는다고 하는데 이에야스의 서한에 '일본국왕'이라 날인되어 있는 것은 어떤 이유에서인가, 하고 질문한 적이 있다. 이에 대해 겐소는 '일본국왕'이란 도장은 明의 책봉사가 전란 때 가지고 온 것이지만, 히데요시가 明의 책봉을 거부하자 그대로 두고 갔으므로 이를 사용했다고 답하고 있다.[22]

---

20) 『선조실록』 39년 10월 2일(정유).

21) 그러나 이러한 宣祖의 의문은 이에야스의 서한 존재를 불신한 것이지 부정한 것은 아니다. 이에 대해서는 민덕기, 앞의 책, 223~230쪽 참고.

22) 경섬, 『海槎錄』(『國譯 海行摠載(二)』, 民族文化文庫刊行會, 1974) 3월 15일조. 그런데 '일본국왕' 날인행위를 가지고 대마도의 날조로 치부할 순 없다. 이에야스의 묵인하에 대마도측이 가지고 있던 '일본국왕'인으로 날인할 수 있기 때문이다(민덕기, 앞의 책, 229~230쪽).

이에 대해 이에야스의 서한 존재를 긍정하는 논리로는 첫째, 전계신이 대마도에서 그 서한을 실제 보았으며 그에 근거하여 구체적으로 改書를 요구하고 있다는 점이다. 더구나 대마도측이 혼다 마사즈미의 도움으로 이에야스가 서한을 내기에 이르렀다고 발언한 것도 그렇다. 둘째, 1607년의 회답겸쇄환사가 막부에 전달한 서한, 즉 예조참판 오억령이 막부 執政에게 보낸 것엔 이에야스가 먼저 서한을 보내왔으므로 조선도 회답사절을 파견한다, 고 명시하고 있었다는 점이다. 셋째로 에도에서 1607년의 회답겸쇄환사측이 막부의 각료인 혼다 마사노부(本多正信: 혼다 마사즈미의 아들)에게 이에야스가 먼저 국서를 보내 임진란의 침략행위를 '前代之非'로서 인정하였으므로 조선으로서도 회답사를 파견할 수 있었다고 말한 것에 대하여, 그가 아무런 이의도 달지 않았다는 점 등을 들고 있다.[23]

이러한 논란과 관련하여 18세기 초의 유학자 아라이 하쿠세키(新井白石)가 1607년의 회답겸쇄환사의 가져온 조선측 국서와 가져간 일본측 국서에 대해 다음과 같이 추정한 것에 대해 검토하여 보자.

> 丁未(1607)年의 조선사절은 회답사라 일컬었다. 이는 이에야스가 보낸 서한에 답한다는 뜻이었다. 사절이 일본에 이르자 이에야스는 쇼군직을 히데타다에게 물려주었다. (이에 조선사절은 히데타다에게 서한을 전달해야 했고, 그 연유로) 히데타다는 답서를 내게 되어 일본(我)도 회답하는 바 되었으니, 조선(彼)이 먼저 서한을 보내지 않은 것과 같게 되었다.[24]

즉 이에야스가 보낸 강화 요청 서한에 의해 조선은 회답이라는 명분을 얻어 渡日할 수 있었다. 그런데 일본 본토에 다다른 조선사절에게 이에야

---

23) 민덕기, 앞의 책, 225~226쪽.
24) "按丁未之聘, 號曰回答使, 蓋言其報神祖(家康)所遺之書也, 使者到日, 神祖傳位, 德廟(秀忠)報書, 故我今所報, 非彼所遺."(新井白石, 「國書復號紀事」『新井白石全集』, 國書刊行會, 1905. 3권 所收).

스는 자신이 쇼군직을 이미 아들 히데타다에게 넘겨준 상태이므로, 에도에
있는 현 쇼군 히데타다에게 국서를 전하라고 명하고 있다.[25] 어쩔 수 없었
던 사절은 히데타다에게 그 국서를 전달했고, 이에 히데타다는 답서를 낼
수 있게 된다. 이로 인하여 조선이 회답의 입장을 취할 수 있었듯이, 일본
도 회답의 입장을 가질 수 있게 된 것이다. 하쿠세키는 이에야스의 전략을
이렇게 상정하고 있었던 것이다.

그러면 회답겸쇄환사가 가지고 간 '답서'였을 조선의 국서는 어떤 내용
으로 위작되어졌을까? 이때의 국서는 대마도에 전래해온 것(『朝鮮通交大
紀』수록)과 막부에 제출된 국서(紅葉山文庫 소장)의 차이를 통해 알 수 있
다. 즉 전자는 '奉復'으로 되어있는데 후자에는 '奉書'로 되어있고, 전자에
있는 '革舊而新問札先及' '庸答來意' 등의 문구가 후자에는 없다. 이로 보아
조선의 '답서'로서의 형식과 내용을 대마도가 히데타다에게 제출하면서
'來書'로 바꾸었음을 알 수 있다. 이것이 이에야스의 서한이 위작일 거라고
곤도 모리시게가 밝힌 내용이었다.[26]

이처럼 이에야스가 조선의 '선위치서' 요구에 응하여 조선에 강화를 요
청하는 서한을 내었다는 것에서 조선과의 강화가 이에야스 정권에게 매우
중대한 과제였음을 엿볼 수 있다. 히데요시 정권을 무너뜨리고 에도막부를
연 이에야스에게 조선과의 강화는 히데요시가 남긴 대외적 과제를 청산하
는 것이 되며, 일본국내에서는 反이에야스 세력에 대한 막부의 정통성이
확보되기 때문이었을 것이다.[27]

이렇게 볼 때 대마도가 일본측의 대조선 교섭을 대행하지 않으면 안 되
었던 이유는 대마도가 아닌 이에야스에게 있었음이 명확해진다. 이에야스
는 조선에의 강화 요청을 대내적 위신 때문에도 스스로 시작할 수 없게 된

---

25) 경섬, 앞의 책, 4월 10일·24일, 5월 14일·16일조.

26) 곤도 모리시게(近藤守重), 『外蕃通書』(『史籍集覽 -近藤正齋全集』 1900).

27) ロナルド·トビ, 「初期德川外交政策における『鎖國』の位置づけ」 社會經濟史學會
編, 『新しい江戸時代史像を求めて』, 1977.

것이다.[28] 그런 면에서 대마도에 대행시키는 것이 안성맞춤이었을 것이다. 그리고 조선의 '선위치서' 요구를 이행하면서도 일본 국내상으로는 그 행위를 숨기지 않으면 안 되었을 것이다. 이를 위해서 자신에게 보낸 '회답'을 지참하는 조선의 회답겸쇄환사를 히데타다에게로 향하게 하여야 했고, 그로 인해 조선의 회답서도 필연적으로 개작되지 않으면 안 되었다.[29] 그럴 경우 대마도라는 존재가 절대적으로 필요하게 된 셈이다. 조선 사절을 안내·접대하는 역할을 맡고 있던 대마도에게는 조선 국서를 개작할 기회가 충분하기 때문이었다.

3) 전후 처리상의 明나라 입장

일본군이 조선에서 철수하고, 그 재침이 否定되어가면 갈수록 명나라는 일본문제를 회피하는 방향으로 나아갔다고 할 수 있다. 그 이유는 무엇보다 일본군을 당해낼 수 없었다는 인식에 기초한 것이라 여겨진다. 『明史 – 朝

---

28) 김문자는 히데요시 사망 직후 이에야스에 주도되어 제시된 강화조건에 대해 다음처럼 주목되는 시각을 제공하고 있다. "(이에야스가) 일본군을 무사하게 철수시키기 위해 내건 강화조건은 '조선왕자의 일본 파견' 내지는 '공물의 헌납'이었다. 다시 말해서 왕자를 일본에 파견해 달라는 요구가 성립되지 않으면 공물 헌납으로 조건을 바꾸어서라도 화의를 성립시켜 군사들을 철수시키려 했던 것을 알 수 있다. 특히 조선측이 먼저 일본에 헌상하는 형태로 화의를 신청하도록 명령한 점이 주목된다. 즉 이에야스는 일본국내에 조선이 먼저 항복하기 위해 공물을 보내왔다고 선전함으로서 7년간의 전쟁을 종결시키고 일본 측이 승전했다는 인식을 심어주려 한 것으로 생각된다. 그렇기 때문에 공물의 수량은 별로 중요하지 않았던 것이다."(김문자, 「임진왜란기의 조일관계」 한일관계사연구논집 편찬위원회편, 『동아시아 세계와 임진왜란』, 경인문화사, 2010, 146쪽).

29) 이에야스는 조선이 자신의 서한을 보내라 요구할 것을 이미 '先爲致書'의 提起 훨씬 이전에 알고 있었을 것으로 여겨진다. 조선이 대마도를 통한 일본측의 강화요청을 대마도의 恣意的 행위로 오해하고 있었기 때문이며, 講和의 意志가 과연 이에야스의 뜻인가를 조선이 계속 의심하고 있었기 때문일 것이다(민덕기, 「朝日國交 재개교섭에 나타난 朝·明·日의 입장과 대응」 한일관계사연구논집 편찬위원회편, 『동아시아 세계와 임진왜란』, 경인문화사, 2010, 184~185쪽).

鮮列傳』의 왜란 종식 부분(1598년 11월)의 기술을 보자.

> 倭가 조선을 어지럽힌지 7년 동안 잃은 군사가 수십만이나 되고, 소모한 군
> 량이 수백만이나 되었는데도 中朝와 속국(조선)이 이길 가망이 없는 지경에까지
> 이르렀었는데, 關白(히데요시)이 죽고서야 禍亂이 비로소 종식되었다(自倭亂朝
> 鮮七載, 喪師數十萬, 糜餉數百萬, 中朝與屬國迄無勝算, 至關白死而禍始息).

이런 인식 하에서 명나라가 취할 對日정책은 제한적일 수밖에 없었을
것이다. 궁극적으로 중국연안을 일본이 위협하지 않는 한 관여하지 않겠다
는 것이다. 이를 입증하기 위한 작업으로 임진왜란기의 『明史 - 朝鮮列傳』
을 보자.

① 萬曆 21(1593)년 9월에 兵部主事 曾偉芳이 말하였다. "(중략) 마땅히 조선으
  로 하여금 스스로 지키게 하고 죽은 사람은 弔祭하고 遺族은 위문케 하면서
  병력을 기르고 군량을 쌓아, 그리하여 自强을 도모해야 할 것이다."
② 만력 22(1594)년 8월에 [顧養謙이 講和·封貢에 대하여 上奏하였다. "貢路는
  마땅히 寧波로부터 해야 하고 關白을 마땅히 日本王으로 封해야 하니, 유키
  나가를 타일러서 倭軍을 이끌고 모두 돌아가게 한 후에 封貢을 약속과 같이
  허락해야 합니다."
③ 만력 22(1594)년 9월, 중국 조정에서 의논하여 3개항을 요구하게 되었는데,
  "첫째 倭를 통어하여 모두 돌아가게 하고, 둘째 封國을 했다 하여 進貢을 허
  락하지 말 것이며, 셋째 조선을 침범하지 않겠다고 서약할 것" 등이었다.
④ 만력 25(1597)년 8월, [邢]玠가 參軍 李應試를 불러 계책을 묻자, 應試는 조
  정의 기본 방침이 무엇인지를 물었다. 이에 玠가 말하였다. "겉으로는 싸우
  면서 안으로는 和議하고자 하고, 평면으로는 토벌하되 이면으로는 招撫한다
  (陽戰陰和, 陽剿陰撫)는 방침이니, 政府의 여덟 글자로 된 비밀 계획은 누설
  함이 없어야 할 것이다."

⑤ 만력 30(1602)년 11월에 朓(宣祖)이 말하기를, "倭使가 자주 와서 講和를 강
요하지만 전쟁이 일어날 조짐이 조금씩 드러나니, 장수를 뽑아 병사를 거느
리고 와서 本國의 군사훈련과 방비를 함께 살펴 주기를 바랍니다." 라고 하
였다. 황제가 대답하였다. "일찍이 將士를 남겨 훈련을 시켰고, 법도를 마련
한 것이 갖추어져 있으니 다시 파견할 필요가 없소."

⑥ 만력 35(1607)년 4월에 朓(선조)이 이에야스가 講和를 바란다는 보고를 해
오자, 兵部에서는 국왕이 스스로 알아 처리하도록 허가할 따름이라는 결정
을 내렸다. 이로부터 和議 교섭이 끊임없이 이어져 3년 뒤에는 마침내 交易
을 계획하게 되었다.

이를 통해 알 수 있는 것은 우선 임진왜란에 임하는 明의 방침이다. "겉
으로는 싸우면서 안으로는 和議하고자 하고, 표면으로는 토벌하되 裏面으
로는 招撫한다(陽戰陰和, 陽剿陰撫)는 것이 明의 입장인 이상(④), 중국영토
로 왜란이 확대되는 것을 예방하는 것이 최선이었을 것이다. 그러므로 조
선이 국력을 키워 스스로 일본의 위협에 대응할 것을 明은 초지일관 조선
에 요구하고 있었다. 이미 왜란 중인 1593년에도 自强을 주문하고 있고
(①), 일본군이 철수한지 3년이 지난 1602년에 이르러서는 조선에 대한 장
수와 군졸 파견에 소극적이었다(⑤). 그럼에서일까 이에야스의 강화 요청
에 대해서도 조선이 스스로 알아서 처리할 일이라고 방관하고 있다(⑥).[30]
이러한 朝·日 강화에 대한 明의 방임적 자세는 실록에서도 산견된다.[31]

---

30) 해당 기사가 만력 35(1607)년 4월인데 그때 이에야스가 강화를 희망해 왔다고
함은 착오다. 이미 이 시기는 이에야스의 서한에 답하는 회답겸쇄환사가 渡日한
지 3개월이 되는 시점이기 때문이다.

31) 예를 들어 1602년 초 비변사는 "(일본을) 羈縻하는 일을 兵部가 萬軍門(만세덕)에
게 미루었고, 萬軍門은 이에 我國으로 하여금 스스로 결정하라 하였으니 이에 이
미 公事는 결정된 것이다. 만약 다시 倭와 講和함의 難易와 便否를 거론하여도
中朝(明)가 반드시 아국을 대신하여 구차하게 처리해 줄 리가 없다." 고 파악하고
있었다(『선조실록』 35년 1월 16일[기유]). 1604년 5월에도 明은 欽差巡撫遼東御

일본에 대해서는 왜란 초기엔 일본국왕으로 책봉하고 朝貢 입항장도 무로마치시대처럼 寧波로 설정하려 했으나(②), 이윽고 책봉은 해주되 조공은 불허하는 정책으로 전환한다(③). 이는 임진왜란을 일으킨 일본에 대한 공포와 불신의 결과이다. 또한 1523년의 일본 조공사절이 벌인 영파의 난을 떠올려 조공으로 인한 소란을 반복하지 않으려 한 소극책인 것이다.[32]

3. '借重'에서 '連帶'로 부상하는 조선의 일본 인식

1) '차중'의 대상으로 부상하는 일본

한국사의 전개에 일본을 借重한 적은 임진왜란 이전엔 없을 듯하다.[33] 그만큼 왜구가 아닌 '일본'이 한국사에 영향을 주지 못했다는 이야기도 될 수 있을 것이다. 반대로 일본이 조선을 차중하려 할 경우가 많을 것이라고 조선은 의식하곤 했다. 다음의 실록 기사가 이를 설명하고 있다.

史의 이름으로 咨文을 내어 , "그 (일본측 태도에 대한) 是非와 利害를 헤아림은 該國(조선)이 스스로 알아서 할 일이다. 사세를 살피고 策應하고 기회를 보아 대처하는 것 또한 該國이 스스로 해야 할 일로, 본디 天朝(明)에서 일일이 지휘할 수 있는 것이 아니다. 신의와 화목을 강구하고 닦는 것도 與國(조선)에 속한 일이고, 盟約을 맺어 변란을 막는 것도 未然에 대비해야 할 일로 더욱 天朝에서 지휘할 수 있는 것이 아니다."라고 표명하고 있었다(『선조실록』 37년 5월 21일[신미]).

32) 한명기는 "책봉에 수반되는 무역을 허용하는 문제를 놓고 명 조정의 신료들은 격렬한 논쟁을 벌였다. 1523년 '寧波의 亂'을 기억하고 있는 명 신료들은, 일본과 강화할 경우 그들에게 다시 무역을 허용하게 되는 것을 꺼려했다." "명은 결국 임진왜란 참전을 통해 대국의 위신이 실추되었거니와 그 같은 상황에서 기인한 對日 불쾌감은 전란 이후 일본에 대한 무시 정책으로 이어졌던 것으로 보인다." 라고 평가하고 있다(한명기, 「東아시아 國際關係에서 본 壬辰倭亂」한일문화교류기금 동북아역사재단 편, 『임진왜란과 동아시아세계의 변동』, 경인문화사, 2010, 122쪽).

33) '借重'이란 남의 힘이나 권위를 빌려 자신을 높이거나 보호하는 것을 의미한다.

① 1588년 1월, 宣祖가 일본에서 사신이 온 뜻을 모르겠다고 의아해 하자 황섬이 조선을 借重하려는 것에 불과할 것이라고 답하고 있다(『선조실록』 21년 1월 3일[정해]).

② 1589년 8월, 선조가 일본이 서둘러 信使를 요청하는 이유를 묻자 변협이 대답했다. "借重하여 인심을 진정시키려는 것인지, 우리에게 흔단을 만들려는 것인지 모르겠습니다."(『선조실록』 22년 8월 1일[병자]).

③ 1606년 1월, 선조가 "우리나라 사람은 敵을 잘 헤아리지 못한다. 임진년에 히데요시가 우리나라에 사절을 청한 것에 대해 모두들 논하길 (우리나라를) 借重하려는 뜻일 거라고 하였다. 그러나 히데요시는 天朝마저 경멸하였는데 어찌 우리나라를 차중하려 함이 있었겠는가?" 라고 히데요시를 비평하였다 (『선조실록』 39년 2월 12일[신해]).

모두 임진왜란 직전의 인식이지만, 일본 사신이 온 이유를 조선의 권위를 빌리려는 것이다(①), 信使 파견을 서둘러 요청하는 것은 조선을 차중하여 일본 국내 인심을 진정시키려는 의도일지도 모른다(②), 라고들 조선측은 히데요시의 의도를 짐작했으나 중국마저 능멸한 그였음을 당시엔 알지 못하였다(③), 라고 평가하고 있다. 이렇게 왜란 이전 조선에선 일본이 조선의 권위를 빌리려 한다고 믿었던 것이다.[34] 그러나 임진왜란을 계기로 조선은 일본의 武力에 대응하는 것에 한계를 느꼈고, 이를 극복하는 전략으로 明을 차중하는 방침을 세우게 된다.[35]

그리고 이윽고 일본 借重현상이 보이기 시작한다. 건주여진에 대한 示

---

[34] 김성일도 일본이 1580년대 '交隣通好'를 희망하여 조선 연안을 노략질했던 沙火同을 바치며 사절파견을 청한 배경을 "그 뜻이 예의의 나라 (조선을) 흠모한 때문으로 그 나라 (일본)에 借重하려고 하는 것에 다름 아니다"라고 추정하고 있었다 (『鶴峯先生文集』 권5, 書答許書狀笭).

[35] 조선의 對日 講和과정에서의 借重 전략에 대해서는 민덕기, 앞의 책 164~165쪽 참고.

威用으로 降倭를 이용하고 있는 것이다. 다음은 1596년 1월 누르하치 진영을 염탐하고 돌아온 신충일의 보고 내용 중의 일부를 대화체로 정리한 것으로, 내용 속의 馬臣은 누르하치 副將 중의 한 사람이다.[36]

마신: 당신네 나라 연해 지방에 降倭를 머물러 두었다고 하는데 사실인가?

충일: 사실이다.

마신: 그 숫자가 얼마나 되느냐?

충일: 약 오륙천명이다.

마신: 무엇 때문에 沿江 지방에 머물게 하느냐?

충일: 倭奴가 德義를 사모하여 항복해 오므로 우리나라가 이들에게 모두 衣食을 주어 안정시켰다. 그들이 이 은혜에 감복하여 邊上에 머물면서 나라를 위해 外侵을 방어하므로 우리나라가 그 정성을 가상히 여기어 연강의 여러 고을에 나누어 배치하였다.

마신: 왜인들의 체격이 장대하다고 하는데 과연 그러한가?

충일: 아니다. 오히려 형체가 몹시 작아서 풀숲 사이를 잠행할 수 있고, 총을 쏘면 반드시 명중시킨다.

마신: 아무리 작은 물건이라도 잘 맞히는가?

충일: 왜인의 총은 능히 나는 새도 맞힐 수 있기 때문에 鳥銃이라 부르고 있는 것이다.

마신: (쇠로 만든 투구를 내어 보이면서 말하길) 이 투구도 뚫을 수 있는가?

충일: 조총의 탄환은 능히 薄鐵로 씌운 이중으로 된 참나무 방패도 뚫는데 이 투구 정도야 어찌 이를 필요가 있겠는가?

마신: 어찌 그럴 수 있단 말인가!

(이에 좌우에 서서 듣던 胡人들도 서로 돌아보면서 놀라운 기색을 지었다)

---

36) 『선조실록』 29년 1월 30일(정유). 馬臣은 馬三非의 아들로 老乙可赤(누르하치)의 副將이라 한다(『선조실록』 28년 12월 5일(계묘).

항왜를 5,000~6,000명이라 한 것은 부풀리기였을 것이지만,[37] 신충일을 통해 降倭 존재를 강조하여 건주여진을 견제하려는 조선의 입장을 충분히 감지할 수 있을 것이다. 나는 새도 맞힐 수 있다 하여 이름 붙여진 조총을, 그것도 쇠로 만든 투구까지 관통하는 괴력을 지닌 조총을, 자유자재로 구사하는 정예 항왜 수천명이 북방의 국경지대에서 조선을 위해 충성을 다하고 있다는 표현에서, 항왜를 차중한 건주여진에 대한 示威 전략의 일단이 엿보이고 있다.

1619년 초 강홍립이 이끄는 조선군은 사르후 전투에서 패하여 후금에 투항한다. 다음 내용은 당시 강홍립이 후금측 인물 大海와 나눈 대화의 일부이다.[38]

대해: 일본과 通和한 적이 있소?

홍립: 平秀吉(히데요시)은 우리와 원수이지만, 지금은 家康(이에야스)이 평수길의 족속을 다 멸하여 옛날의 우호를 좇기를 원하므로 우리나라에서는 이것을 허락했소. 일본은 우리나라를 칭할 때 반드시 大國이라고 하며 문서도 또한 매우 공손하게 삼가오.

대해: 지난 해 흰 기운(白氣)을 귀국에서도 보았소?

홍립: 보았소.

대해: 滿住(누르하치)가 처음 흰 기운을 보고, '조선과 일본의 군대가 반드시 올

---

37) 이장희에 의하면 항왜의 이동과정에서 파악된 인원만도 거의 1천여 명을 헤아릴 수 있다고 하며, 실제 항왜의 수는 그보다 훨씬 많았을 것이라고 보고 있다(이장희, 『임진왜란사연구』아세아문화사, 1999, 375쪽).

38) "大海來問日本通和事 答云 平秀吉與我爲仇敵 今則家康盡滅秀吉之族 願從舊好 我國許之 日本稱我國 必曰大國 文書亦甚恭謹 大海曰 去年白氣 貴國亦見之否 曰見之 海曰 滿初見白氣曰 朝鮮日本兵必來云 果是貴國兵來 答曰 我國知天文者曰 西方大有殺戮云 海曰 今者來兵之敗 足以當之 答曰 今番乃小小事 後必有大段殺戮云 未知彼此如何海等亦蹙額無語 仍曰 日本兵我國可以借來 而今之出兵 實非本意 故不爲云."(『續雜錄』1, 己未年 萬曆 47년, 광해군 12년 4월조). 이 책은 임진왜란의 의병장 조경남이 저술한 野史이다.

것이다.' 하더니, 과연 귀국의 군대가 왔소.

홍립: 우리나라에서 天文을 아는 자가, '西方에 크게 살육이 있을 것이다.' 하였소.

대해: 이번에 온 군사들의 패배가 이에 해당하는 것이겠지요.

홍립: 이번 일은 작은 일이요, 후에 반드시 큰 살육이 있을 것이오.

대해: 그리될 줄 안다 한들 어찌할 수 있겠소.

홍립: 일본의 군대를 우리나라에서는 빌려올 수 있었지만, 지금의 출병은 사실 본의가 아니었으므로 그렇게 하지 않았소.

강홍립이 이에야스가 통치하는 일본과 조선과의 사이가 긴밀함을 과시하고 있다. 일본이 조선에 大國이라 칭하며 공손한 외교문서를 보내온다는 것이다. 그런데 하늘의 흰 기운을 보고 누루하치가 조선과 일본의 군사가 올 징조라고 우려하고 있었던 듯하다. 이에 대해 강홍립은 일본의 군대를 빌려올 수 있는 조선임을 강력 시사하고 있다.

이러한 일본 借重 현상은 사르후 전투 직후 후금의 서한(胡書)에 답하는 내용을 논의하는 광해군에게서도 다음처럼 보이고 있다.

"倭奴는 우리나라가 만세가 되어도 반드시 갚아야 할 원한이 있으므로 그들이 수교를 원한 후에도 백마를 잡아 하늘과 땅에 맹서하는 일은 없었다. 그러나 지금은 우리나라에서 하는 말을 복종하고 있으니 왜병 일백만을 종이 한 장으로 부를 경우 아침에 명령하면 저녁에 모을 수 있다. 귀국에서도 화친을 하고 싶다면 즉시 노략하여 간 사람과 물건을 보내어 화친의 실상을 보여 주어야 할 것이다. 그런데도 감히 수백 명의 장사를 먼저 죽여 놓고 겉으로는 화친의 뜻을 보이는가. 지금 만약 왜노가 한 것처럼 잡혀간 사람을 모두 돌려보내고 흔쾌히 우리나라의 말을 따른다면 어찌 우호의 뜻이 없겠는가."[39]

---

39)『광해군일기』11년 7월 18일(기해).

즉 광해군은 화친을 원하는 후금에의 답서에 다음처럼 적어넣자고 하고 있다. 조선은 일본에 대해 원한을 불식시키고 있지 않으나 일본이 적극 원하여 수교하고 있다. 조선에 복종하는 그들이므로 왜병 일백만도 종이 한 장을 내어 아침에 부르면 저녁에 올 수 있다. 후금이 그런 조선과 화친하고 싶다면 노략질해 간 사람과 물자를 돌려보내주어야 한다. 그런데 오히려 수백 명의 조선 병사를 살육하면서 어찌 화친을 바라는 것인가? 만약 일본처럼 잡아간 사람을 되돌려 보내고 조선을 따른다면 응할 것이다.[40] 여기에서 보듯 광해군은, 마치 조선에 의해 조종될 수 있는 일본을 그려내어 후금과의 관계에 借重하려 하고 있다.

이에 대해 비변사가 다음처럼 이의를 제기한다.

> "倭兵 일백만 명을 서찰 한 장으로 불러올 수 있다는 말은 저들에게 우리의 나약함을 보이고 도리어 저들의 분노를 일으키기에 꼭 알맞습니다. 저들이 강홍립 등을 奇貨로 삼고 포로들을 모두 석방하여 보냈으니 어찌 우호적인 말을 쓰지 않겠습니까. (중략) '일본은 우리나라와 동맹을 한 일이 없는데도 지금까지 通信이 끊이지 않고 있는데, 귀국은 먼저 수백 명의 장사를 죽이고 있으니 이것이 과연 상호 우호적인 관계를 갖자는 뜻인가. 교린의 도리는 오직 신의를 지키는 데 있다. 어찌 꼭 동맹을 해야만 선린 우호라 하겠는가. 전후로 송환한 사람에게서 정성을 쏟아준 뜻을 충분히 볼 수 있다.'라는 정도로 하는 것이 온당할 듯합니다."[41]

이와 같은 비변사의 의견으로 왜병 일백만 명을 서찰 한 장으로 불러올

---

40) 여기서 수백명의 살육이란 당시 포로로 잡혀 살해당한 조선군 400명을 가리킨다. 이들은 모두 양반이었는데, 그들 중 몇 명이 여진인 부녀를 강간, 살해하고 도주한 것에 대한 보복적 집단학살이었다고 한다(계승범, 『조선시대 해외파병과 한중관계』푸른역사, 2009, 175쪽).
41) 『광해군 일기』 11년 8월 1일(신해).

수 있다는 표현이 제외되었다. 하지만 일본과의 통신관계를 여전히 포함시켜 일본 借重의 입장을 변화시키지 않고 있다.

2) '連帶'의 대상으로 부상하는 일본

당시 조선에서는 일본이 차중에서 連帶할 대상으로까지 부상하기에 이른다. 그 배경엔 누르하치의 위협이 도사리고 있었다. 그러나 이미 1620년대 조선에선 국내의 반란세력이 연대할 대상으로 일본을 거론하고 있었다. 1628년 12월 남원 사람 송광유가 한글로 上變하기를, 전 좌랑 윤운구가 반란을 획책하여 전라도 각지에서 일제히 봉기하고, 僧軍 수천명으로 진주를 점거하고, 중앙에서도 따라 일어나되, "만약 일이 성사되지 않으면 하삼도를 지키면서 일본에 구원병을 청한다." 하였습니다(事若不成, 則把守下三道, 請兵於日本云矣)." 이 고변은 결국 무고죄로 논해지게 되었으나 흥미로운 점은 일본과 연대한다는 구상이라 할 수 있다.[42]

1638년 1월 인조와 병조판서 이시백이 나눈 대화도 주목된다. 병조판서 이시백이, 일본이 조선을 침략한다 해도 청나라가 구원해준다고 확신할 수 없다고 주장하였다. 이에 대해 인조는, 조선이 '倭'의 소유가 되면 다만 강 하나만을 사이에 두고 경계가 맞닿게 되어 청나라가 위태로워질 것이니 반드시 힘을 다해 조선을 구원할 것이다. 임진왜란 때 명나라가 구원해 주었던 것이 어찌 단지 조선만을 위해서였겠는가, 라고 반문하고 있다.[43]

이처럼 인조가 일본의 침략에 대한 청나라의 구원을 확신한 것에 대해 이와 반대되는 다음과 같은 견해가 있어 주목된다. 1640년 5월 안방준은 다음처럼 인조에게 상소하고 있다.

42) 『인조실록』 6년 12월 18일(갑진).
43) 『인조실록』 16년 1월 24일(무자).

"(병자호란 이후 일본에 대해 배려하지 못하고 있었음을 지적하고) 6道(전라·경상도를 제외한 전국)의 인민은 兵禍를 매우 혹독하게 입어 부모와 처자가 거의 다 죽거나 잡혀가, 청나라 사람을 원수로 보고 원한이 골수에 박혔습니다. 게다가 수령을 받들기에 진기가 빠지고 세금을 바치기에 곤란을 겪어 외롭게 남은 백성들이 숨 돌릴 날이 없으니, 혹시 倭兵이 중국을 구원하고 이웃나라를 돕는다는 것으로 명분을 내걸고 나온다면, 어찌 6도의 백성이 그들의 길잡이가 되어 그 원수를 갚으려 하지 않으리라 생각하십니까? 왜국은 兩南(전라·경상도)과의 거리가 가까워 범선으로 순풍을 만나면 순식간에 도착하여, 전하께서 청국에 구원병을 요청하는 사이에 왜적은 이미 새재(조령)를 넘어와 한강 이남은 그들의 소유가 되고 都下는 크게 놀라 막을 자가 없을 것이니, 전하는 부득이 서울을 떠나 서쪽 심양으로 들어가야 할 것입니다.[44]

병자호란 이후 조선인들의 청나라에 대한 원한 때문에 왜병이 중국을 구원하고 조선을 돕는다는 명분으로 출병한다면 조선 백성들이 길잡이가 되어 그 원수를 갚으려 할 것이다. 그리되면 조선 남부지역은 순식간에 일본에 장악될 것이고, 임금이 청나라에 구원을 요청하는 사이 한강 이남은 일본이 소유하게 될 것이니, 전하는 결국 심양으로 피난가야 할 것이다.

안방준은 이어서, 청나라가 조선을 구원하려 해도 주변의 적들을 경계하여 그 병력도 적을 것이니 청나라에 힘을 빌리는 것은 보장할 수 없다고 충고하고 있다.[45] 여기서 조선인민은 청나라에 대한 원한으로 일본과 연대

---

44) "六道人民 被兵甚酷 父母妻孥 殺掠殆盡 仇視淸人 怨入骨髓 加之以悴於供億 困於貢獻 孑遺之民 息肩無日 倘或倭兵以救中朝㔿鄰國爲名而出 則安知六道之民 不爲嚮道以復其讎也 倭與兩南 相距密邇 帆得風便 一瞥輒至 殿下乞兵淸國之際 倭已踰嶺 漢水以南 爲其所有 都下震驚 莫有禦者 則殿下不得不去邪而西入瀋陽也."(안방준 저, 안동교 역주『國譯隱峯全書(1)』신조사, 2002. 69쪽).

45) 안방준, 위의 책, 69쪽, "設令淸國欲盡力相援 精兵健馬 大敗於山東 累挫於蒙古 而祖摠兵領大衆 方駐廣寧 陳都督擁舟師 時在海島 掎角之勢已成 腹背之敵可畏 來救之師 不過數枝 則借重於淸國 不可必也 此實憂之大者."

하여 조선을 장악하지만, 청나라에 의존하는 임금은 심양으로 피난해야할 것이라는 대립구도가 부상하고 있다. 일본과의 외교에 더 적극적이지 않으면 안된다는 충고가 강조된 듯하다.

1638년 5월 조경은 인조에게 다음처럼 上申하고 있다.

> "(중략) 예로부터 원수를 갚고 치욕을 푸는 데는 반드시 우방의 도움을 힘입었습니다. 그럼에도 우리나라의 이웃은 일본뿐인데 서로 誠信으로 사귀지 않았습니다. 근래 듣자니 중국과 일본이 서로 교통한다는데 사실 여부는 모르겠으나 그럴 리가 없지도 않습니다. 우리가 그들의 도움을 얻지 못하면 도리어 中原에 쓰이게 될 것입니다. 이때 만약 才辯이 있는 자를 가려 행장을 꾸려 가지고 가서 정세를 탐지하는 한편 우리의 실상을 알리게 하면 삼십 년간 사귀어온 나라인데 어찌 와서 돕지 않을 수 있겠습니까."[46]

원수를 갚고 치욕을 푸는데 힘을 빌릴 수 있는 우방이며 이웃나라는 일본뿐인데 誠信으로 사귀고 있지 않다는 반성이 주목된다. 그런데 청나라의 위협으로 중국(明)까지 일본과 통교하려 한다는 마당에, 조선이 일본의 도움을 얻는데 소홀히 하면 일본이 중국에 더 가까워질 것이라고 우려하고 있다. 이는 마치 明과 일본을 동등한 외국으로 자리매김하고 있는 것으로 보여져 흥미롭다. 조경은 결론으로 능력 있는 使臣을 보내 청나라에 굴욕당한 조선의 현실을 알리면 30년 동안 사귄 일본이 어찌 도와주지 않겠느냐고 주장한다. 청나라를 적대시한 일본과의 연대 인식이 역시 돋보인다.

이같은 조경의 일본 連帶論은 2년 후에 올린 상소의 제9조에서도 다음처럼 나타난다. 그는 그동안의 대일관계에 성심과 신의가 미흡했다고 반성하고 있다. 그리고 사신을 파견해 '오랑캐'(淸)에게 받은 곤욕을 전하면 곧장 일본은 원병 파견을 승낙할 것이라 내다보고 있다. 그러나 일본을 불신

---

46)『인조실록』16년 5월 13일(을해).

하는 자들을 겨냥하여, 오랑캐를 섬기는 것이나 일본과 교린하는 것이나 모두 어쩔 수 없는 현실이라면 이미 화친관계인 일본을 이용하여 '오랑캐'의 원수를 갚는 것이 상책이라고 평가하고 있다. 다만 '왜병'을 청하여 오랑캐에게 맞서자는 것은 아니고 '聲勢'에 보탬을 주자는 것이라고 그 의도를 제한하고 있다. 이에 구체적인 방법으로 오랑캐가 조선의 대일관계에 관심 가지고 스스로도 對日통교를 꾀하는 것은 일본을 꺼려해서 그런 만큼, 조선의 사정을 알려 일본으로 하여금 청나라에 서한을 보내 이를 힐책하게 한다면 조선과 일본의 돈독한 관계를 알고 청나라도 조선을 함부로 하지 못할 것이라고 제안하고 있다.[47]

이러한 인식은 최명길에게도 다음처럼 나타난다.

> ① "의논하는 자들이 대부분 '일본에 사신을 보내어 사정을 탐문하고, 또 병자년의 일을 조용히 바로 말하여 그들의 뜻을 살펴보는 것이 마땅하다.'고 합니다."[48]
>
> ② "항간에 일설이 떠도는데 '일본은 의리를 좋아하는 나라이다. 우리나라가 핍박을 받고 있는 상황을 알리는 것이 옳다.' 고들 합니다. 이 말이 일리가 없지 않으니, 淸人들이 만일 (일본과) 반드시 수교하려고 한다면 이것으로 겸해서 사신을 보내는 것이 마땅할 듯합니다."[49]

두 기사 모두 1639년의 것으로 3월과 7월의 것이다. 일본에 사신을 파

---

47) 其九日: 誠信交隣, 以壯國勢 日本與我旣已通好, 非始謀結援也 唯不誠信耳 若遣一介之使, 明陳我困於虜之狀, 則彼之然若爲我國, 必不待辭之畢也 議者曰: "日本非親信之國 " 此虜獨可親信乎? 事之交之, 俱出於不得已也 與其均出於不得已, 無寧藉旣和之勢, 以鞭敵怨之虜乎? 況臣之計, 唯欲助聲勢而已, 非卽日請倭兵, 同我前驅也 彼虜亦常問倭來否, 且曰吾亦欲送使至彼, 蓋憚彼也 誠將如此情實, 密論日本, 使之飛一書於虜中, 以責侵我隣好, 則彼雖始知我使之, 而知我與倭深結, 終不能輕易加兵於我矣 此眞所謂落其機牙者也(『인조실록』 18년 5월 9일[기축]).
48) 『인조실록』 17년 3월 25일(임오).
49) 『인조실록』 17년 7월 1일(병진).

견하여 병자호란의 굴욕을 진솔하게 전달하자는 의견(①), 일본은 의리를 중시하는 나라이니 청나라에 핍박받는 조선의 현실을 알려야 하는데, 청나라가 對日 수교를 꼭 원한다면 사신을 파견해 이를 알릴 때 조선의 현실도 같이 알려야 할 것이라는 의견을 펴고 있다(②). '의논하는 자들'(①), '항간의 일설'(②)로 자신만의 의견이 아님을 시사하고 있는 최명길은 병자호란 때 講和派였다. 그런만큼 華夷관념에서 김상헌같은 主戰派보다는 자유스럽지 않았을까 여겨진다.

병자호란기가 지나 三藩의 난이 진행되고 있던 시기인 1675년 윤휴는 청에 복수하여야 하며 그러기 위해선 일본을 끌어들여야 한다고 주장하고 있다. 그는 과거 일본이 '北虜' 관련소식을 물었을 때 제대로 대답해 주지 않은 것이 실책이었음을 강조한 뒤, 일본에 사신을 보내 양국이 함께 明을 받들기를 권면하고 해외에서 聲勢를 연결해야 한다고 강조하고 있다. 전술한 조경이나 윤휴 등에게서 보이는 이러한 連日論은 송시열에게서도 나타난다. 송시열은 히데요시가 조선의 원수였으나 이에야스가 그를 제거했으므로 이에야스와 연결해 청을 견제해야 한다고 주장했다. 그리고 그 배경엔 정묘·병자호란의 치욕과 복수심이 작용하고 있다. 한명기는 조경·윤휴 등의 이러한 주장을 들어 '以倭制淸論'으로 설명하고 있다.[50]

4. 맺음말

이상과 같이 검토한 것을 중심으로 정리하여 보자.

조선이 이에야스의 '先爲致書' 이행을 계기로 講和로 전환한 것은, 이에야스가 히데요시의 침략행위를 '前代非'로서 서한에서 사죄했고 反히데요시 노선을 취해왔으며, '敵禮'(대등) 외교를 지향할 것이라는 기대와 희망

---

[50] 한명기, 「17~18세기 東아시아 세계와 韓日관계」 한일관계사연구논집편찬위원회 편, 『중·근세 동아시아 해역세계와 한일관계』, 경인문화사, 2010, 287쪽.

때문이었다. 임진왜란을 히데요시의 행위로 강조하면 할수록, 이에야스는 세키가하라의 전투(1600년)에서 그 잔당을 일소하였고 오사카(大坂)의 陣 (1615년)에서는 히데요시의 아들 히데요리마저 제거하여 준 존재가 된다.

이에야스는 히데요시 정권의 남겨놓은 대외적 과제를 청산하고 막부의 권위를 높여줄 유일한 나라로서 조선을 선택했기 때문에 '선위치서' 요구마저 이행하였다. 이미 明과의 국교 관계 회복 전망은 視野 제로였다. 그런 이에야스가 反히데요시 정책으로 그 정통성을 확보하려 했다면 조선과는 공존의 존재일 수 있었던 것이다. 에도시대를 통해 평화스런 조·일관계가 구축될 수 있었던 것은 에도막부가 기본적으로 히데요시 정권을 무너뜨리고 성립된 정권이었기 때문일 것이다.

명나라에게 일본은 10年1貢의 조공국이었다. 더구나 조공사절이 영파의 난(1523년)을 벌이자 이를 계기로 일본의 조공무역을 더욱 제한하고 있었다. 게다가 명나라는 일본에 책봉사를 파견하지 않고 조공사절에게 책봉 詔書를 지참·귀국케 하는 '領封'의 국가로 설정되어 15세기 중반부터 이미 책봉사가 일본에 가지 않고 있었다.[51] 그런 일본으로부터 다시 임진왜란의 쓴 경험을 맛보게 되자 명나라는, 히데요시 책봉에서 보이는 것처럼 책봉하되 조공은 불허한다는 비정상적인 책봉을 내리게 된 것이다. 이윽고 히데요시가 정유재란마저 일으키자 명나라의 모든 對日외교 의지는 내던져지기에 이르렀다.[52]

일본은 임진왜란을 통해 명나라의 군사적 능력의 정도와 自國방어 위주

---

51) 명나라는 조공사절에게 책봉 조서를 지참·귀국케 하는 '領封' 국가와, 책봉사가 직접 해당국가에 가서 책봉하는 '頒封' 국가로 구분하고 있었다. 琉球는 후자에 해당한다.

52) 이계황은, 임진왜란 이후의 일본의 어떠한 요청에 대해서도 "明은 일체 불응하여 일본과 명의 외교관계는 회복되지 못했다. 명의 입장에서 말하면 일본을 당시의 국제질서에서 추방해 버렸다고 할 수 있을 것이다."라고 표현하고 있다(이계황, 「에도 막부의 대외관계 형성과정」 인하대학교 한국학연구소편, 『중국 없는 중화』, 인하대학교출판부, 2009, 103쪽).

의 제한적 국방 전략을 察知했을 것이다. 그래서 조선에서의 실패를 거울 삼아 이번엔 琉球 방면으로 만회하려 하지 않았을까? 1609년 사츠마를 통한 유구침략과 복속이 그것이다. 그러나 유구는 병자호란을 맞이하는 조선처럼 명나라와의 관계를 중시하여 이에야스의 거듭된 來聘 요구를 뿌리쳐 왔다. 더구나 임진왜란에서 조선을 지원한 것처럼 유사시 유구도 군사적으로 보호해 줄 것으로 믿어마지 않았다. 그러나 일본이 예상한대로 유구 침략과 복속에 명나라의 군사적 간섭은 전혀 행해지지 않았다. 그럼에도 에도시대 유구는 일본과 중국(明·淸)의 완충지대가 되었다. 일본은 중국과의 대립을 우려해 유구왕국 체제를 존속시켜 주어야 했고, 중국 또한 유구를 책봉질서 안에 포함시켜 일본을 견제하려 하였다.

임진왜란기에 이르러 왜구가 종식되고 조선과 독자적으로 교섭하는 '巨酋'도 사라졌다. 통합체로서 '일본'이 등장한 것이다. 이에 '武威'의 일본이 차중과 연대의 대상으로 부상한다. 후금에서 淸으로 확대되면서 조선의 목을 더 옥죄어오자 조선은 '奴酋' '北虜'에 대한 굴욕에 대항하기 위해 일본을 차중하고, 나아가서는 일본과 連帶하는 이른바 以倭制淸을 꾀한다. 한국사의 전개에 일본이 차중과 연대의 대상으로 설정되는 것은 이때가 특히 주목되나 유일하지는 않을 것이다.[53]

그후 청나라의 거듭되는 일본 정보 요구에 조선이 답하여 '倭情咨文'을 청나라에 보내기 시작하는 것은 1630년대 말의 일로, 조선으로선 애초에는 일본과 긴밀한 사이임을 드러내는 의미로서도 청나라의 요청에 응한 것이었다. 그러나 이것이 관례화되어감에 따라 통신사의 파견까지도 倭情을 탐문하여 咨文으로 보고하는 절차를 불러왔다.[54] 결국 청나라는 조선을 통

---

53) 그 한 예로 1413년 7월, 명나라 영락제가 몽고를 100만 대군으로 親征하면서 3천의 전함을 만들어 일본도 공격할 예정이라는 소식에 접한 조선에서, 명나라의 조선에 대한 위협으로 간주하여 그 대응을 논의하는 가운데 대신들이 명나라에 대해 일본과 연대하자는 의견("僉曰, … 且與日本同力爲可.")을 내놓고 있다(민덕기, 앞의 책, 108~109쪽).

해 일본 정세를 파악하고 견제할 계기를 갖게 된 것이다. 이러한 '왜정자문' 관행이 일본에 탄로되었기 때문일까, 18세기 초 일본의 아라이 하쿠세키(新井白石)는, 1607년부터 조선의 사신이 오기 시작했지만 모두 일본을 정탐하여 황제에게 보고하기 위한 것이었다고 조선을 비난하고 있다.[55]

54) 홍성구, 「淸 入關 前 동아시아 국제질서의 再編과 日本」 『明淸史硏究』 33, 2010, 104쪽.
55) 민덕기, 앞의 책, 423쪽.

참고문헌

제1장 경인통신사의 활동과 일본의 대응

1. 자료

『조선왕조실록』

김성일, 『학봉전집』

유성룡, 『징비록』

신숙주, 『海東諸國記』

김건서, 『增正交隣志』

山科言經, 『言經卿記』

勸修寺晴豊, 『晴豊記』

松浦霞沼, 『朝鮮通交大紀』

相國寺鹿苑, 『蔭凉軒日錄』

2. 단행본

김명준, 『임진왜란과 김성일』, 백산서당, 2005.

金文子, 『文祿·慶長期に於ける日明和議交渉と朝鮮』, お茶の水女子大學大學院·人間文化研究科課程·博士學位論文.

민덕기, 『前近代 동아시아 세계의 韓·日關係』, 경인문화사, 2007.

프로이스 지음, 오만·장원철 옮김, 『프로이스의 「일본사」를 통해 다시 보는 임진왜란과 도요토미 히데요시』, 국립진주박물관, 2003.

北島万次, 『豊臣政權の対外認識と朝鮮侵略』, 校倉書房, 1990.

北島万次, 『豊臣秀吉の朝鮮侵略』, 吉川弘文館, 1995.

北島万次, 『加藤淸正』, 吉川弘文館, 20070.

中里紀元, 『秀吉の朝鮮侵攻と民衆·文綠の役 - 日本民衆の苦惱と朝鮮民衆の抵抗 - 』, 文獻出版, 1993.

池內宏, 『文祿慶長の役 正編 第1』, 南滿洲鐵道株式會社, 1915.

笠谷和比古·黑田慶一 共著, 『秀吉の野望と誤算』, 文英堂, 2000.

中里紀元, 『秀吉の朝鮮侵攻と民衆文綠の役 - 日本民衆の苦惱と朝鮮民衆の抵抗 - 』, 文獻出版, 1993.

3. 논문

김문자, 「壬辰倭亂期 일본사료연구 – 풍신수실의 조선침략관련 사료를 중심으로 – 」『한일관계사연구』 30, 2008.

김석희, 「鶴峯 金誠一論(1) – 특히 그의 通信使 報告를 중심으로」『又軒 丁中煥博士 還曆紀念論文集』 1974.

김정신, 「16世紀末 性理學 理解와 現實認識 – 對日外交를 둘러싼 許筬과 金誠一의 갈등을 중심으로 – 」朝鮮時代史學會, 『朝鮮時代史學報』 13, 2000.

김태준, 「鶴峯 金誠一의 日本日錄」 명지대학 국어국문학과, 『明知語文學』 8, 1976.

민덕기, 「조선후기 對日 通信使行이 기대한 반대급부 – 일본에서 받은 私禮單의 처리와 관련하여 – 」『한일관계사연구』 24, 2006.

민덕기, 「이율곡의 십만양병설은 임진왜란용이 될 수 없다 – 동북방의 여진 정세와 관련하여 – 」『한일관계사연구』 41, 2012.

방기철, 「鶴峯 金誠一의 日本觀」, 建國大 大學院 사학과 석사학위논문, 1999.

방기철, 「鶴峯 金誠一의 對日인식」『건국대 인문과학논총』 42, 2004.

윤유숙, 「임진왜란 발발전 한일교섭의 실태」, 한국일본어문학회 학술발표대회논문집, No.7, 2006.

윤유숙, 「도요토미 히데요시의 조선침략 발발전 한일교섭 실태」『일본학보』 70, 2007.

한문종, 「壬辰倭亂 직전의 국내정세와 韓日關係」『(강원대) 인문과학연구』 21, 2009.

小幡倫裕, 「鶴峰 金誠一의 日本使行에 대한 思想的 考察 – 학봉의 사상과 華夷觀의 관련을 중심으로 – 」『韓日關係史研究』 10, 1999.

田中敏昭, 「豊臣政權의 日本統合과 對馬島主 宗氏의 朝鮮交涉」『동서사학』 5, 1999.

三鬼清一郎, 「秀吉の國家構想と朝鮮出兵」 大石愼三郎編, 『海外視点 日本の歴史 8』 ぎょうせい, 1986.

高橋公明, 「朝鮮遣使ブームと世祖の王權」 田中健夫編, 『日本前近代の國家と對外關係』, 吉川弘文館, 1988.

제2장. 이율곡의 십만양병설은 임진왜란用이 될 수 없다
제3장 임진왜란용이 되어버린 율곡의 십만양병설

1. 자료
『선조실록』
『선조수정실록』
김장생, 「栗谷行狀」
이정구, 「栗谷諡狀」
이항복, 「栗谷神道碑銘」
송시열, 「栗谷年譜」
우성전, 『癸甲日錄』
김만중 『서포만필』
이익, 『성호사설』
저자미상, 『癸未記事』
『국역 율곡전서』한국정신문화연구원, 1988.
『증보문헌비고』

2. 단행본
고석규·고영진, 『역사 속의 역사읽기 2 - 우리다움의 전통 조선왕조 500년』, 풀빛,
    1997.
김성우, 『조선중기 국가와 사족』, 역사비평사, 2001.
송복, 『위대한 만남, 서애 류성룡』, 지식마당, 2007.
이덕일 『교양 한국사 3 - 사림의 등장에서 대한제국의 멸망까지』, 휴머니스트, 2005.
이병도, 『한국사 대관』 제5권 「왜인의 동태와 임진, 정유의 왜란」, 1964.
이상백, 『한국사』(근세전기편) 제6장 「왜란과 대외관계」, 진단학회, 1971.
이재호, 『조선사 3대 논쟁』, 역사의 아침, 2008.

3. 논문
강성문, 「임진왜란 初期陸戰과 防禦戰術 연구」, 한국학중앙연구원 박사학위논문,
    2006.
김강녕 「율곡의 10만양병론 :군사적 함의와 교훈」 한국군사학회 『군사논단』 61,
    2010.

김언수, 「율곡 10만 양병론의 진실」 『인물과사상』 160, 2011.

민덕기, 「임진왜란 직전 조선의 국방 인식과 대응에 대한 재검토 - 동북방 여진에 대한 대응을 중심으로 - 」 『역사와 담론』 57, 2010.

민덕기, 「이율곡의 십만양병설은 임진왜란용이 될 수 없다 - 동북방의 여진 정세와 관련하여 - 」 『한일관계사연구』 41, 2012.

송우혜, 「조선 선조조의 니탕개란 연구」 『역사비평』 72, 2005년 가을호.

신봉승, 「10만 양병론의 허구」 전국한자교육추진총연합회 『한글한자문화』 137, 2010.

심승구, 「朝鮮 宣祖代 武科及第者의 신분」 『역사학보』 144, 1994.

윤경하, 「임진왜란 직전 조선의 전쟁정보에 대한 연구」, 강원대 사학과 석사논문, 2011.

윤호량, 「선조 16(1583) '尼湯介의 亂'과 조선의 군사전략」, 고려대학교 한국사학과 석사학위논문, 2009.

이기남, 「이이의 십만양병론에 대한 재검토」 『율곡사상연구』 5, 2002.

이재호, 「선조수정실록 기사의 의점에 대한 변석 - 특히 이율곡의 '십만양병론'과 유서애의 '양병불가론'에 대하여 - 」 성균관대학교 대동문화연구원, 『대동문화연구』 19, 1985.

이진표, 「율곡의 경세사상」 『대불대학교 논문집』 4, 1998.

장숙필, 「율곡의 십만양병설에 대한 소고」 『율곡학보』 12, 1999.

전병철, 『임진왜란기 납속정책』, 단국대학교 사학과 석사논문, 1986.

정문교, 「율곡선생 양병 10만론: 조선왕조실록 계재자료」 『율곡학보』 12・13호, 1999.

최병길, 「율곡 국방론의 이론과 실제」 『율곡학보』 4, 1997.

한문종, 「壬辰倭亂 직전의 국내정세와 韓日關係」 『(강원대)인문과학연구』 21, 2009.

황준연, 「율곡 '10만양병설'의 의문점」 『한중철학』 5, 1999.

田中敏昭, 「豊臣政權의 日本統合과 對馬島主 宗氏의 朝鮮交涉」 『동서사학』 5, 1999.

제4장 임진왜란 직전 조선의 국방 인식과 대응에 대한 재검토

1. 사료

『癸甲日錄』
『癸未記事』
『국조보감』

『亂中雜錄』
『明史』
『西厓先生文集』
『선조실록』
『선조수정실록』
『연려실기술』
『林下筆記』
『징비록』

2. 단행본
고석규·고영진, 『역사 속의 역사읽기 2 - 우리다움의 전통 조선왕조 500년』, 풀빛, 1997.
국사편찬위원회, 『한국사 29 - 조선 중기의 외침과 그 대응』탐구당, 2003.
민덕기, 『조선시대 일본의 대외 교섭』, 경인문화사, 2010.
박영규, 『한권으로 읽는 조선왕조실록』, 웅진닷컴, 2004.
백지원, 『조일전쟁』, 진명출판사, 2009.
이덕일, 『교양 한국사 3 - 사림의 등장에서 대한제국의 멸망까지』, 휴머니스트, 2005.
이야기 한국역사 편집위원회, 『이야기 한국역사 7 - 지배체제의 재편과 거듭되는 전란』, 풀빛, 1997.
이영·김동철·이근우 지음, 『전근대한일관계사』, 한국방송대학교출판부, 1999.
최영희, 『임진왜란』, 세종대왕기념사업회, 1974.

3. 논문
송우혜, 「조선 선조조의 니탕개란 연구」『역사비평』72, 2005년 가을.
민덕기, 「임진왜란기 조선의 북방 여진족에 대한 위기의식과 대응책 - '南倭北虜'란 측면에서 -」『한일관계사연구』34, 2009.
심승구, 「朝鮮 宣祖代 武科及第者의 신분」『역사학보』144, 1994.
심승구, 「朝鮮初期 武科制度」『북악사론』1, 1989.
심승구, 「조선후기 무과의 운영실태와 기능」『조선시대사학보』23, 2002.

제5장 임진왜란 초기의 전개상황과 그 배경

1. 사료
『寄齋史草』
『난중일기』
『大東野乘』
『明史』
『西厓先生文集』
『선조실록』
『李忠武公全書』
『芝峰類說 精選』

2. 단행본
도현신, 『임진왜란, 잘못 알려진 상식 깨부수기』, 역사넷, 2008.
민덕기, 『조선시대 일본의 대외 교섭』, 경인문화사, 2010.
오만·장원철 옮김, 『프로이스의 『일본사』를 통해 다시 보는 임진왜란과 도요토미 히
　　데요시』, 국립진주박물관, 2003.
이영·김동철·이근우 지음, 『전근대한일관계사』, 한국방송대학교출판부, 1999.
조원래, 『새로운 관점의 임진왜란사 연구』, 아세아문화사, 2005.

3. 논문
강성문, 「임진왜란 初期陸戰과 防禦戰術 연구」, 한국학중앙연구원 박사학위논문, 2006.
권기중, 「임진왜란 시기 향리층의 동향과 戰後의 향리사회」『역사와 현실』64, 한국
　　역사연구회, 2007.
김만호, 「임진왜란기 일본군의 함경도 점령과 지역민의 동향」『역사학연구』38,
　　2010.
노영구, 「임진왜란 초기 양상에 대한 기존 인식의 재검토 - 和歌山縣立박물관 소장
　　'壬辰倭亂圖屛風'에 대한 새로운 이해를 바탕으로 -」『한국문화』31, 서울
　　대학교 규장각 한국학연구원, 2003.
노영구, 「전쟁과 일상 - 『고대일록(孤臺日錄)』을 통한 임진왜란 이해 -」『역사와 현
　　실』64, 한국역사연구회, 2007.
민덕기,「임진왜란기 조선의 북방 여진족에 대한 위기의식과 대응책 - '南倭北虜'란 측

면에서 - 」『한일관계사연구』 34, 2009.

민덕기, 「임진왜란 직전 조선의 국방 인식과 대응에 대한 재검토 - 동북방 여진에 대한 대응을 중심으로 - 」『역사와 담론』 57, 2010.

방기철, 「조일전쟁기 明人 許儀後의 陳奏文」『충북사학』 19, 2007.

서태원, 「壬辰倭亂에서의 地方軍 指揮體系」『역사와 실학』 19·20, 2001.

정해은, 「임진왜란 초기 영남 의병의 활동과 지방관의 역할」『2011년 워크샵 〈임진왜란 의병〉』, 2011년 2월 18일.

윤경하, 「임진왜란 직전 조선의 전쟁정보에 대한 연구」강원대학교 사학과 석사학위논문, 2011.

윤유숙, 「임진왜란 발발전 한일교섭의 실태」한국일본어문학회, 韓國日本學術合會 第4回 國際學術發表大會 Proceedings 2006.

윤호량, 「선조 16(1583) '尼湯介의 亂'과 조선의 군사전략」고려대학교 대학원 한국사학과 석사학위논문, 2009.

이선희, 「임진왜란 시기 咸陽 守令의 전란대처 - 『孤臺日錄』을 중심으로 - 」『진단학보』 110, 2010.

정호훈, 「임진왜란과 17세기 조선 사회의 기억 - 元豪의 戰功과 조선 사회의 褒獎을 중심으로 - 」『역사와 실학』 39, 2009.

하태규, 「임진왜란 초기 전라도 관군의 동향과 호남방어」『한일관계사연구』 26, 2007.

하태규, 「임진왜란 초기 호남군병의 난과 운암전투의 실상」『역사와 담론』 56, 2010.

한문종, 「임진왜란 직전의 국내정세와 한일관계」강원대학교 인문과학연구소, 『인문과학연구』 21, 2009.

제6장 임진왜란기 조선의 북방 여진족에 대한 위기의식과 대응책

1. 사료

『建州紀程圖記』

『선조실록』

『선조수정실록』

2. 단행본

이장희, 『임진왜란사연구』, 아세아문화사, 1999.

최호균, 『조선중기 對女眞관계의 연구』, 성균관대학 박사학위논문, 1995.

한명기, 『임진왜란과 한중관계』, 역사비평사, 1999.

한명기, 『탁월한 외교정책을 펼친 군주 광해군』, 역사비평사, 2000.

北島万次, 『豊臣秀吉の対外認識と朝鮮侵略』, 校倉書房, 1990.

中里紀元, 『秀吉の朝鮮侵略と民衆, 文祿の役(壬辰倭亂)』, 文獻出版, 1994.

3. 논문

계승범, 「임진왜란과 누르하치」 정두희·이경순 엮음, 『임진왜란 동아시아 삼국전쟁』, 휴머니스트, 2007.

김문자, 「임란시 항왜문제」 『임진왜란과 한일관계』, 경인문화사, 2005.

류주희, 「임진왜란을 전후한 尹卓然의 활동」 『한국사상과 문화』 28, 2005.

박재광, 「임진왜란 연구의 현황과 과제」 『임진왜란과 한일관계』, 경인문화사, 2005.

서병국, 『宣祖時代 女眞交涉史硏究』 교문사, 1970.

심승구, 「임진왜란의 발발과 동원체제의 개편」 『임진왜란과 한일관계』, 경인문화사, 2005.

송우혜, 「조선 선조조의 니탕개란 연구」 『역사비평』 72, 2005.

조원래, 「임진왜란사 연구의 현황과 과제」 『새로운 관점의 임진왜란사 연구』, 아세아문화사, 2005.

제7장 임진왜란기 대마도의 조선 교섭

1. 사료

老峯 閔鼎重, 『泉谷集』「泉谷先生集卷之二, 附錄, 壬辰遺聞」

유성룡, 『징비록』

김성일 지음·정선용 번역, 『국역 학봉전집 1』

프로이스 지음, 오만·장원철 옮김, 『프로이스의 '일본사'를 통해 다시 보는 임진왜란과 도요토미 히데요시』, 국립진주박물관, 2003.

山科言經, 『言経卿記』

勸修寺晴豊, 『晴豊記』

天荊, 『西征日記』

「加藤文書」

「黑田家譜 朝鮮陣記」

『時慶卿記』

『朝鮮通交大紀』名著出版, 1978.

『通航一覽』

新井白石, 『新井白石全集』國書刊行會, 1905.

2. 단행본

김경태, 「壬辰倭亂 直後 朝鮮의 對日講和政策 性格研究」, 고려대학교 대학원, 2007.

金文子, 『文祿·慶長期に於ける日明和議交涉と朝鮮』, お茶の水女子大學大學院·人間文化研究科課程·博士學位論文, 1991.

민덕기, 『前近代 동아시아 세계의 韓·日관계』, 경인문화사, 2007.

민덕기, 『조선시대 일본의 대외 교섭』, 경인문화사, 2010.

손은주, 「壬辰倭亂期의 講和交涉에 關한 考察 : 小西行長의 講和交涉을 中心으로」, 경상대학교 대학원 석사논문, 2003.

李啓煌, 『文祿·慶長の役と東アジア』, 臨川書店, 1997.

이민호, 『조선 宣祖朝의 對日외교연구』, 남양문화, 1999,

北島万次, 『豊臣秀吉の朝鮮侵略』, 吉川弘文館, 1995.

北島万次, 『加藤淸正』, 吉川弘文館, 2007.

中里紀元, 『秀吉の朝鮮侵攻と民衆·文祿の役 – 日本民衆の苦惱と朝鮮民衆の抵抗 – 』, 文獻出版, 1993.

池內宏, 『文祿慶長の役 正編 第1』南滿洲鐵道株式會社, 1915.

笠谷和比古·黑田慶一 共著, 『秀吉の野望と誤算』, 文英堂, 2000.

三鬼淸一郎, 「秀吉の國家構想と朝鮮出兵」大石愼三郎編, 『海外視点 日本の歷史8』ぎょうせい, 1986.

中村榮孝, 『日鮮關係史の研究(下)』, 吉川弘文館, 1969.

3. 논문

김경태, 「임진왜란 직후, 대일강화정책의 성격연구」 『한국사연구』 138, 2007.

김문자, 「임진왜란기의 강화교섭과 加藤淸正」 『한일관계사연구』 42, 2012.

김문자, 「임진왜란기 일·명 강화교섭의 파탄에 관한 一考察」 『정신문화연구』 28(3),

2005.

김문자, 「壬辰倭亂期 일본사료연구 - 풍신수실의 조선침략관련 사료를 중심으로 - 」
『한일관계사연구』 30, 2008.

민덕기, 「임진왜란 이후의 朝·日 講和교섭과 대마도(1)(2)」 『사학연구』 39·40, 1987·
1989.

민덕기, 「朝鮮後期 朝·日 講和와 朝·明관계」 『국사관논총』 12, 1990.

윤유숙, 「도요토미 히데요시의 조선침략 발발전 한일교섭 실태」 『일본학보』 70,
2007.

윤유숙, 「임진왜란 발발전 한일교섭의 실태」 한국일본어문학회 학술발표대회논문집,
Vol. 2006, No.7.

한문종, 「壬辰倭亂 직전의 국내정세와 韓日關係」 『(강원대) 인문과학연구』 21, 2009.

홍성덕, 「壬辰倭亂 직후 日本의 對朝鮮 講和交涉」 『한일관계사연구』 3, 1995.

田中敏昭, 「壬亂前의 豊臣政權과 對馬島主宗氏의 朝鮮外交 : 總無事令을 中心으로」
단국대학교 석사학위논문, 1996.

田中敏昭, 「豊臣政權의 日本統合과 對馬島主 宗氏의 朝鮮交涉」 『동서사학』 5, 1999.

荒野泰典, 「大君外交体制의 確立」 『講座日本近世史2 鎖國』 有斐閣, 1981.

ロナルド·トビ, 「初期德川外交政策における『鎖國』の位置づけ」 社會經濟史學會編, 『新
しい江戸時代史像を求めて』, 1977.

제8장 임진왜란기 정경운의 『孤臺日錄』에서 보는 아래로부터의 聞見정보

1. 사료
『선조실록』
『선조수정실록』
『연려실기술』
『再造藩邦志』
『鶴峯逸稿』

2. 저서 및 논문
민덕기, 『전근대 동아시아 세계의 한·일관계』, 경인문화사, 2007.
김윤우, 「함양 義兵有司 정경운과 『고대일록』」 『남명학연구』 2, 1992.

노영구, 「전쟁과 일상 -『고대일록』을 통한 임진왜란 이해」 『역사와 현실』 64, 2007.

박병련, 「『고대일록』에 나타난 정치사회적 상황과 의병활동의 실상」 『남명학』 15, 2010.

설석규, 「정경운의 현실인식과 『고대일록』의 성격」 『남명학』 15, 2010.

신병주, 「『고대일록』을 통해서 본 정경운의 영원한 스승, 정인홍」 『남명학』 15, 2010.

원창애, 「『고대일록』을 통해본 함양 사족층의 동향」 『남명학연구』 33, 2012.

이선희, 「임진왜란 시기 함양 수령의 전란대처 -『고대일록』을 중심으로 -」 『진단학보』 110, 2010.

정우락, 「『고대일록』에 나타난 서술의식과 위기의 일상」 경북대학교 퇴계연구소 『퇴계학과 유교문화』 2009.

정해은, 「임진왜란 시기 경상도 사족의 전쟁 체험 - 함양 양반 정경운을 중심으로 -」 『역사와 현실』 64, 2007.

한명기, 「『고대일록』에 나타난 明軍의 모습」 『남명학연구』 15, 2010.

제9장 임진왜란기 '부왜'(附倭) 정보와 조선 조정의 대응

1. 사료

김성일, 『鶴峯集 -鶴峯先生文集續集卷之三』

오희문, 『쇄미록』

유성룡, 『西厓集 - 서애선생문집 제16권』

정경운, 『고대일록』

정희득, 『해상록 - 충효전』

조경남, 『亂中雜錄』

조헌, 『重峯先生文集』 卷之十三

2. 저서 및 논문

김성우, 『조선중기 국가와 사족』, 역사비평사, 2001.

권기중, 「임진왜란 시기 향리층의 동향과 戰後의 향리사회」 『역사와 현실』 64, 2007.

김만호, 「임진왜란기 일본군의 함경도 점령과 지역민의 동향」 『역사학연구』 38, 2010.

김문자, 「임진·정유재란기의 조선 피로인 문제」 『중앙사론』 19, 2004.

김정신, 「임진왜란 조선인 포로에 대한 기억과 전승」 『한국사상사학』 40, 2012.

노영구, 「전쟁과 일상-『고대일록(孤臺日錄)』을 통한 임진왜란 이해-」 『역사와 현실』 64, 2007.

민덕기, 「임진왜란에 납치된 조선인과 정보의 교류」 『사학연구』 74, 2004.

박재광, 「임진왜란기 일본군의 漢城 점령과 蘆原坪전투」 『인문사회과학논문집』 31, 2002.

이선희, 「임진왜란 시기 咸陽 守令의 전란대처-『孤臺日錄』을 중심으로-」 『진단학보』 110, 2010.

정해은, 「임진왜란 시기 경상도 사족의 전쟁 체험-함양 양반 정경운을 중심으로-」 『역사와 현실』 64, 2007.

제10장 임진왜란에 활약한 조선 장수들의 성장기반에 대하여

1. 사료
『선조실록』
『선조수정실록』
『난중일기』
『이충무공전서』
『燃藜室記述』
『制勝方略』
『亂中雜錄』
『孤臺日錄』
『懲毖錄』

2. 단행본
김종수 외, 『고등학교 국사』, 금성출판사, 2013.
김태훈, 『이순신의 두 얼굴』, 창해, 2004.
박희봉, 『김시민의 전투일지로 임진왜란을 다시 쓰다』, 논형, 2016.
백지원, 『조일전쟁』, 진명출판사, 2009.
이한우, 『선조 조선의 난세를 넘다』, 해냄, 2007.
전국역사교사모임, 『살아있는 한국사 교과서-민족의 형성과 민족 문화-』, 휴머니스트 출판그룹, 2002.

한철호 외, 『고등학교 한국사』, 미래엔, 2014.

KBS 역사저널 그날 제작팀, 『역사저널 그날 4 - 임진왜란』, 민음사, 2015.

3. 논문

권기중, 「임진왜란 시기 향리층의 동향과 戰後의 향리사회」『역사와 현실』 64, 2007.

노영구, 「임진왜란 초기 양상에 대한 기존 인식의 재검토 - 和歌山縣立박물관 소장
    '壬辰倭亂圖屏風'에 대한 새로운 이해를 바탕으로 - 」『한국문화』 31, 2003.

김구진·이현숙, 「『제승방략』의 북방 방어체계」세종기념사업회, 『국역 제승방략』
    1999.

김봉렬, 「忠武公 金時敏의 생애와 정신」『가라문화』 20, 2006.

김성우, 「임진왜란 초기 제승방략 전법의 작동 방식과 상주 북천전투」『한국사연구』
    163, 2013.

김진수, 「선조대(1587년) 녹둔도(鹿屯島) 전투에 대한 고찰」『군사연구』 140, 2015.

민덕기, 「임진왜란용이 되어버린 율곡의 십만양병설」『역사와 담론』 55, 2013.

민덕기, 「임진왜란 직전 조선의 국방 인식과 대응에 대한 재검토 - 동북방 여진에 대
    한 대응을 중심으로」『역사와 담론』 57, 2010.

민덕기, 「임진왜란기 조선의 북방 여진족에 대한 위기의식과 대응책 - '南倭北虜'란
    측면에서 - 」『한일관계사연구』 34, 2009.

박정민, 「임진왜란과 여진인 '來朝'의 종언」『만주연구』 18, 2014.

박정민, 「조선 중기 武將 최초의 북방 활동」『백산학보』 105, 2016.

송우혜, 「조선 선조조의 니탕개란 연구」『역사비평』 72, 2005.

심승구, 「조선 宣祖代 武科 급제자의 신분 - 1583~1584년의 大量試取 榜目을 중심으
    로 - 」『역사학보』 144, 1994.

이상훈, 「신립의 작전지역 선정과 탄금대 전투」『군사』 87, 2013.

이선희, 「임진왜란 시기 咸陽 守令의 전란대처 -『孤臺日錄』을 중심으로 - 」『진단학
    보』 110, 2010.

정내수, 「武愍公 黃進에 대한 고찰」전북대 교육대학원 석사논문, 1985.

정해은, 「임진왜란 초기 경상도 수령의 동향과 의병 지원 활동」『조선시대사학보』
    70, 2014.

정해은, 「임진왜란기 대구 수령의 전쟁 대응과 사족의 전쟁 체험」『역사와 경계』 98,
    2016.

제장명, 「임진왜란 시기 李舜臣 幕下人物의 활동」『역사와 경계』 52, 2004.

한성주, 「임진왜란 전후 여진 번호의 조선 침구 양상과 조선의 대응」『동양사학연구』 132, 2015.

제11장 정유재란기 황석산성 전투와 김해부사 백사림

1. 사료

『선조실록』

『선조수정실록』

『난중잡록』

『징비록』

정경운 지음, 문인채·문희구 옮김, 『고대일록』, 서해문집, 2016.

정온(鄭蘊), 『桐溪集』 제2권 「傳 - 書郭義士傳後」

佐賀縣立圖書館藏 『鍋島家文書』

秋月鄕土館所藏 『秋月黑田家文書』

馬場勇道編, 『佐賀縣史料集成 古文書編 第5卷』(佐賀縣史料編纂委員會, 1960)의 「泰長院文書」

2. 단행본

국사편찬위원회, 『한국사29 - 조선 중기의 외침과 그 대응』, 탐구당, 2003.

양재숙, 『임진왜란은 우리가 이긴 전쟁이었다』, 가람기획, 2001.

이이화, 『한국사 이야기 7 - 조선과 일본의 7년 전쟁』, 한길사, 2000.

北島万次, 『豊臣秀吉 朝鮮侵略關係史料集成 3』, 平凡社, 2017.

中野等, 『秀吉の軍令と大陸侵攻』, 吉川弘文館, 2006.

3. 논문

김시덕, 「근세 일본 영웅담의 주인공이 된 사람들 - 임진왜란 강우지역 의병활동 재조명」『남명학연구논총』 18, 2013.

민덕기, 「임진왜란기 정경운의 『孤臺日錄』에서 보는 아래로부터의 聞見정보 - 實錄의 관련정보와의 비교를 중심으로 -」『한일관계사연구』 45, 2013.

오인택, 「임진왜란기의 삶과 죽음, 그 표상방식 : 김해부사 백사림과 동래부사 송상현을 중심으로」『동아시아사의 인물과 라이벌』, 아세아문화사, 2008.

이선희, 「임진왜란 시기 咸陽 守令의 전란대처 – 『孤臺日錄』을 중심으로」『진단학보』 110, 2010.

정출헌, 「문학과 정치 혹은 문학의 정치: 17세기 전반 재지사족의 자기정체성 확립과 기억의 정치학 – 황석산성(黃石山城) 전투에 대한 엇갈린 기억의 『용문몽유록(龍門夢遊錄)』을 중심으로」『민족문학사연구』 46, 2011.

정해은, 「임진왜란 시기 경상도 사족의 전쟁 체험 – 함양 양반 정경운을 중심으로」『역사와 현실』 64, 2007.

하영휘, 「화왕산성의 기억」『임진왜란 – 동아시아 삼국전쟁』, 휴머니스트, 2007.

津野倫明, 「黑田長政宛鼻請取狀について」『高知大學人文學部人間文化學科人文科學研究』 17, 2008.

제12장 사명당에 대한 역사적 전승

1. 사료

『광해군일기』

신유한 편·안계현 옮김, 『四溟大師壬亂記 – 奮忠紓難錄 – 』, 동국대부설 譯經院, 1979.

『영조실록』

2. 단행본

사명당기념사업회 편, 『사명당 유정—그 인간과 사상과 활동』, 지식산업사, 2000.

사명당기념사업회 편, 『사명당과 임란 및 강화교섭』, 1999.

신태수, 『壬辰錄 作品群의 등장인물 성격 연구』, 경북대 박사학위논문, 1992.

임철호, 『說話와 民衆의 歷史認識』, 집문당, 1989.

임철호, 『壬辰錄 研究』, 정음사, 1986

3. 논문

김승호, 「壬亂時 僧將의 설화전승 양상」, 『東岳語文論集』 36, 2000.

민덕기, 「임진왜란 이후의 朝·日 講和 교섭과 대마도」 1, 『사학연구』 39, 1987.

임철호, 「四溟堂 說話 研究」, 『한국언어문학』 23, 1985.

河宇鳳, 「國交再開期における松雲大師の活動とその意義」 仲尾 宏·曺永祿 編, 『朝鮮

義僧將·松雲大師と德川家康』, 明石書店, 2002.

제13장 임진왜란의 '戰後처리'와 동아시아 국제질서의 변동

1. 사료
『선조실록』
『광해군일기』
『인조실록』
慶暹, 『海槎錄』
新井白石, 『新井白石全集』國書刊行會, 1905.
近藤守重)『外蕃通書』『史籍集覽 – 近藤正齋全集』1900.
『鶴峯先生文集』
조경남, 『續雜錄』.
안방준 지음·안동교 역주『國譯 隱峯全書(1)』, 신조사, 2002.

2. 단행본
계승범, 『조선시대 해외파병과 한중관계』, 푸른역사, 2009.
민덕기, 『전근대 동아시아 세계의 한일관계』, 경인문화사, 2007.
민덕기, 『조선시대 일본의 대외교섭』, 경인문화사, 2010.
이장희, 『임진왜란사연구』, 아세아문화사, 1999.

3. 논문
김문자, 「임진왜란기의 조일관계」『동아시아 세계와 임진왜란』, 경인문화사, 2010.
민덕기, 「일본·중국에 있어서의 근세 琉球의 지위」인하대학교 한국학연구소편, 『중
　　　국 없는 중화』2009.
민덕기, 「朝日 國交 재개교섭에 나타난 朝·明·日의 입장과 대응」『동아시아 세계와
　　　임진왜란』, 경인문화사, 2010.
이계황, 「에도 막부의 대외관계 형성과정」인하대학교 한국학연구소편, 『중국 없는
　　　중화』2009.
한명기, 「東아시아 國際關係에서 본 壬辰倭亂」『임진왜란과 동아시아세계의 변동』,
　　　경인문화사, 2010.

한명기, 「17~18세기 東아시아 세계와 韓日관계」『중·근세 동아시아 해역세계와 한일관계』, 경인문화사, 2010.

홍성구, 「淸 入關 前 동아시아 국제질서의 再編과 日本」『明淸史硏究』33, 2010.

ロナルド・トビ, 「初期德川外交政策における『鎖國』の位置づけ」 社會經濟史學會編, 『新しい江戶時代史像を求めて』, 1977.

찾아보기

후기

12년 만에 다시 책을 내기로 하였다. 그런데 그 사이 나는 철이 났을까? 30대 후반에 박사학위, 그리고 청주대에 취직하여 강의와 연구만을 거듭하는 단조로운 생활만큼이나 총각 마인드로 살았던 사오십대. 정년퇴직을 2년 전에 했음에도 그저 중년이겠지 착각하며 살아간다. 어느 날 술김에 거울 앞에 서서 알랭 들롱 미소를 그리다가 마주치는 어느 할아범에 화들짝 놀라 비명을 지르곤 한다. 그러나 아직도 '엽기적인 그녀'와 운명적인 조우를 할지 모른다는 꿈을 꾸곤 한다.

이젠 느끼게 된다. 여전히 건강하신 구순 넘은 부모님, 여전히 '남편'의 눈길로 도닥이는 아내, 여전히 소녀 같은 딸인데 즈그 딸들을 바라보는 눈길은 어쩜 저리 자애로울까! 어린 시절 내 엄마의 눈길도 저랬으리라. 여전히 미스터 빈 흉내로 엄마빠에게 재롱떨 줄 알았는데 이젠 마동석의 그 우람한 팔뚝으로 아빨 부축하려 드는 아들. 귀염둥이 외손녀들을 품에 안노라면 그 크다는 宇宙가 온통 가슴 속으로 빨려 들어와 내가 안은 걸까 손녀에게 안긴 걸까 아늑하기 짝이 없다. 그렇게 나는 충만한 감사함으로 하늘 향해 큰 절을 올리고 싶어진다.

한일관계사학회 月例 발표회가 기다려진다. 뒤풀이에 가서 한잔과 함께 파안대소할 수 있는 연구자 동료들이 거기에 있어 좋다.

고향 청주에는 여전히 그리운 불알친구들이 있어 행복하다. 코로나가 잠잠해지면 때론 내 온몸을 맡길 수 있는 소중한 벗들이다.

와세다 대학 석·박사 과정의 지도교수인 후카야 카츠미(深谷克己)선생님께 이젠 매년처럼 세배를 드리고 싶어진다. 박사논문의 일본어 문장을 꼼꼼히 손봐준 와세다 대학의 동료 시모쥬(下重清)·사이토(齋藤善之)·호리(堀新)에게 또 다시 감사의 악수를 내밀고 싶다. 와세다 유학을 독려해 주신 고려대 명예교수 김동규 교수님, 유학시절 아버지 같았던 오카지마(岡島三郎)님·사토(佐藤隆司)님께 고마움의 꽃다발을 드리고 싶다.

언젠가 다시 뵐, 청주대 스승님이신 이동복 교수님, 식도락가 멋쟁이 야노(矢野修一郎) 형님, 그저 같은 '사람'으로 날 친구해준 마사이(政井正勝) 친구에게 명복을 빈다.

마지막으로 부족한 논문을 흔쾌히 저서로 간행해 주신 도서출판 온샘의 신학태 사장님께 감사를 드린다.

2022년 6월   일